CONTEÚDO DIGITAL PARA ALUNOS
Cadastre-se e transforme seus estudos em uma experiência única de aprendizado:

1 Entre na página de cadastro:
https://sistemas.editoradobrasil.com.br/cadastro

2 Além dos seus dados pessoais e dos dados de sua escola, adicione ao cadastro o código do aluno, que garantirá a exclusividade do seu ingresso à plataforma.

1343491A1155860

3 Depois, acesse: https://leb.editoradobrasil.com.br/
e navegue pelos conteúdos digitais de sua coleção :D

Lembre-se de que esse código, pessoal e intransferível, é valido por um ano. Guarde-o com cuidado, pois é a única maneira de você acessar os conteúdos da plataforma.

SÉRIE BRASIL
Ensino Médio

ENSINO MÉDIO

BIOLOGIA
Natureza e sociedade

2

Diarone Paschoarelli Dias

Licenciado em Ciências Biológicas pela Universidade de São Paulo, mestre em Melhoramento Genético Vegetal pela Faculdade de Ciências Agrárias e Veterinárias Unesp - SP. Professor de Biologia do Ensino Médio, de Ciências do Ensino Fundamental e de Genética no Ensino Superior. Diretor de Escola de Ensino Básico de escolas particulares. Autor de apostilas de Biologia para Ensino Médio e Pré-vestibular de três sistemas de ensino. Membro da Sociedade Brasileira de Genética.

2ª edição
São Paulo – 2016

COMPONENTE CURRICULAR
BIOLOGIA
2º ANO ENSINO MÉDIO

Editora do Brasil

© Editora do Brasil S.A., 2016
Todos os direitos reservados

Direção geral: Vicente Tortamano Avanso
Direção adjunta: Maria Lúcia Kerr Cavalcante Queiroz

Direção editorial: Cibele Mendes Curto Santos
Gerência editorial: Felipe Ramos Poletti
Supervisão editorial: Erika Caldin
Supervisão de arte, editoração e produção digital: Adelaide Carolina Cerutti
Supervisão de direitos autorais: Marilisa Bertolone Mendes
Supervisão de controle de processos editoriais: Marta Dias Portero
Supervisão de revisão: Dora Helena Feres
Consultoria de iconografia: Tempo Composto Col. de Dados Ltda.
Licenciamentos de textos: Cinthya Utiyama, Jennifer Xavier, Paula Harue Tozaki e Renata Garbellini
Coordenação de produção CPE: Leila P. Jungstedt

Concepção, desenvolvimento e produção: Triolet Editorial e Mídias Digitais
Diretora executiva: Angélica Pizzutto Pozzani
Diretor de operações: João Gameiro
Gerente editorial: Denise Pizzutto
Editora de texto: Verônica Bercht
Assistente editorial: Tatiana Gregório
Preparação e revisão: Amanda Andrade, Carol Gama, Érika Finati, Flávia Venezio, Flávio Frasqueti, Gabriela Damico, Juliana Simões, Leandra Trindade, Mayra Terin, Patrícia Rocco, Regina Elisabete Barbosa, Sirlei Pinochia
Projeto gráfico: Triolet Editorial/Arte
Editor de arte: Wilson Santos Junior
Assistentes de arte: Beatriz Landiosi (estag.), Lucas Boniceli (estag.)
Ilustradores: Estúdio Ornitorrinco, Suryara Bernardi
Iconografia: Pamela Rosa (coord.), Erika Freitas, Joanna Heliszkowski
Tratamento de imagens: Fusion DG
Capa: Beatriz Marassi
Imagem de capa: Mark Moffett/Getty Images

Imagem de capa: Formigas *Oecophylla smaragdina*, no Camboja.

Dados Internacionais de Catalogação na Publicação (CIP)
(Câmara Brasileira do Livro, SP, Brasil)

Dias, Diarone Paschoarelli
  Biologia natureza e sociedade, 2 : ensino médio / Diarone Paschoarelli Dias. – 2. ed. – São Paulo : Editora do Brasil, 2016. – (Série Brasil : ensino médio)

  Componente curricular: Biologia.
  ISBN 978-85-10-06130-8 (aluno)
  ISBN 978-85-10-06131-5 (professor)

  1. Biologia (Ensino médio) I. Título.
  II. Série.

16-05813   CDD-574.07

Índice para catálogo sistemático:
1. Biologia : Ensino médio   574.07

Reprodução proibida. Art. 184 do Código Penal e Lei n. 9.610 de 19 de fevereiro de 1998.
Todos os direitos reservados

2016
Impresso no Brasil

2ª edição / 3ª impressão, 2025
Impresso na Forma Certa Gráfica Digital

Avenida das Nações Unidas, 12901
Torre Oeste, 20º andar
São Paulo, SP – CEP: 04578-910
Fone: +55 11 3226-0211
www.editoradobrasil.com.br

Suryara Bernardi

APRESENTAÇÃO

Caro aluno,

Os animais, principalmente os mamíferos, são extremamente curiosos, desde que nascem. Filhotes e crianças se aventuram voluntariamente e, em geral, sem qualquer cuidado, para elucidar o mundo que os cerca e satisfazer as curiosidades que naturalmente têm.

As ciências, entre elas a Biologia, também nasceram, cresceram e se desenvolveram a partir do desejo intenso das pessoas que procuravam explicações convincentes sobre o que observavam ao seu redor.

As plantas, os animais, o céu, a Terra e o Sol despertaram profundo interesse nos povos primitivos que, procurando os "por quês" e "comos", começaram a investigar a natureza e a si próprios. Assim, geração após geração, acumulamos conhecimentos sobre a nossa realidade e desenvolvemos tecnologias que trouxeram grandes benefícios para a humanidade. A produção de alimentos aumentou, a cura das doenças tornou-se possível, o bem-estar das pessoas melhorou, as informações chegam-nos rapidamente – ou seja, o conhecimento científico possibilitou a melhoria das condições de vida e o prolongamento dela.

Essa coleção foi elaborada com a intenção de colaborar na sua iniciação nos conhecimentos e métodos científicos das Ciências Biológicas de que atualmente dispomos e de prepará-lo para perguntar, duvidar e procurar por esclarecimentos. Esperamos incrementar a curiosidade que cada um tem dentro de si e que ela os oriente para a pesquisa e investigação.

Não tenha dúvidas, Mendel, Darwin, Pasteur, Einstein, Newton, Lavoisier e muitos outros pesquisadores que marcaram época eram extremamente curiosos e atentos em suas observações, como qualquer um é e pode ser.

O autor

Conheça o livro

Abertura de unidade
Uma imagem representativa e interessante, acompanhada de um breve texto, traz questões instigantes sobre o tema da unidade.

Biologia e...
Aproxima temas próprios da Biologia de saberes de outras disciplinas, conectando conhecimentos biológicos a temáticas das diferentes áreas do conhecimento.

Para explorar
Atividades de investigação e experimentação estimulam a relação entre o que se aprende na escola e os diferentes aspectos da realidade.

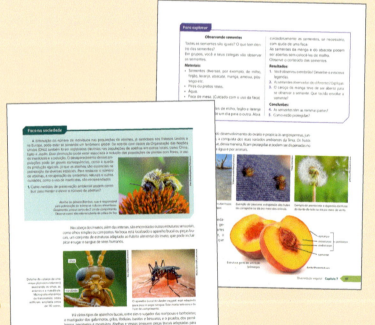

Glossário
Verbetes são destacados no texto principal.

Em foco
Valoriza o caráter multidisciplinar de diversos tópicos, relacionando-os a temas de saúde, tecnologia, cotidiano e sociedade.

Para ler e refletir

Destaca o desenvolvimento de habilidades de leitura e escrita, e da capacidade de reflexão crítica. É um exercício não apenas de letramento científico, mas de incentivo à prática da cidadania crítica por meio do domínio da língua.

Mãos à obra!

Propõe o estudo do meio com a realização de seminários, debates e jogos. Voltada especialmente ao desenvolvimento de valores na convivência escolar.

Ação e cidadania

Propostas de atividade em grupo, de caráter interdisciplinar, voltadas para a solução coletiva de situações da comunidade escolar ou de seu entorno.

Veja também

Indicação de aprofundamento do tema.

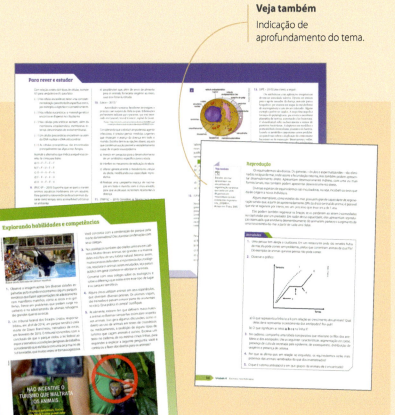

Para rever e estudar
(Enem e Vestibulares)

Revisão de conteúdos da unidade, com base em questões selecionadas do Enem e dos principais vestibulares do país.

Explorando habilidades e competências

Atividades contextualizadas trabalham o desenvolvimento de habilidades e competências da matriz de referência do Enem.

Atividades

Revisão dos assuntos abordados no capítulo, para realização individual, preferencialmente.

Sumário

UNIDADE 1 A diversidade biológica

Capítulo 1 A origem da vida 10
   Teoria da geração espontânea 10
   Biogênese 12
   Origem inorgânica da vida 13
   Os experimentos de Miller e Fox 15
   Heterótrofos *versus* autótrofos 16
   Atividades 17

Capítulo 2 Classificação e nomenclatura
              biológica 18
   O sistema de classificação de Lineu 19
   Regras de nomenclatura 21
   O conceito de espécie 22
   Classificação filogenética 23
   Atividades 25
   Para ler e refletir – *Nova espécie de primata é
      descoberta na Amazônia brasileira* 26
   Mãos à obra! 27
   Explorando habilidades e competências 28
   Para rever e estudar 29

UNIDADE 2 Vírus, procariontes, protistas e fungos

Capítulo 3 Vírus 34
   Tipos de vírus 34
   Classificação dos vírus 36
   O que são as vacinas 37
   Doenças provocadas por vírus 38
   Atividades 40

Capítulo 4 Procariontes 41
   Arqueas 41
   Bactérias 43
   Nutrição 44
   Atividades 50

Capítulo 5 Protistas 51
   Protozoários 52
   Algas 59
   Atividades 64

Capítulo 6 Fungos 65
   Reprodução 66
   Principais classes 66
   Líquens: associação entre algas e fungos ... 68

Importância ecológica dos fungos 69
Doenças provocadas por fungos 69
Para exlorar 70
Atividades 71
Para ler e refletir – *Zika em expansão* 72
Ação e cidadania – *Zika vírus* 74
Para rever e estudar 76

UNIDADE 3 Plantas

Capítulo 7 – Diversidade vegetal 84
   Características gerais 85
   Plantas avasculares 85
   Plantas vasculares 88
   Para explorar 97
   Atividades 99

Capítulo 8 - Tecidos e órgãos vegetais 100
   Para explorar 101
   Tecidos permanentes 102
   Órgãos das angiospermas 107
   Para explorar 111
   Atividades 112

Capítulo 9 Fisiologia vegetal 113
   Transporte da seiva bruta 113
   Transporte da seiva orgânica 118
   Fatores limitantes da fotossíntese 119
   Movimentos vegetais 121
   Hormônios vegetais 123
   Fotoperiodismo 127
   Atividades 130
   Para ler e refletir – *Por que só consumimos 0,06%
      das plantas comestíveis do planeta?* 131
   Mãos à obra 132
   Explorando Habilidades e competências 133
   Para rever e estudar 134

UNIDADE 4 Animais invertebrados

Capítulo 10 Introdução ao reino dos animais e aos
           poríferos e cnidários 142
   Introdução ao reino Metazoa 142
   Filo Porifera 143
   Filo Cnidaria 146
   Atividades 150

Capítulo 11 Platelmintos e nematódeos
   Filo Platyhelminthes 151
   Filo Nematoda 156
   Atividades 161

Capítulo 12 Moluscos e anelídeos 162
Filo Mollusca 162
Filo Annelida 167
Atividades 171

Capítulo 13 Artrópodes e equinodermos 172
Filo Arthropoda 172
Para explorar 179
Filo Echinodermata 180
Atividades 182
Para ler e refletir – *Os insetos serão o alimento do futuro?* 183
Mãos à obra! 184
Explorando habilidades e competências 185
Para rever e estudar 186

UNIDADE 5 Cordados

Capítulo 14 Filo chordata 194
Características gerais 194
Atividade 197

Capítulo 15 Peixes 198
Características gerais 198
Reprodução 202
Atividades 203

Capítulo 16 Anfíbios 204
Características gerais 204
Reprodução 205
Atividades 206

Capítulo 17 Répteis 207
Características gerais 207
Reprodução 209
Atividades 209

Capítulo 18 Aves 210
Características gerais 210
Reprodução 212
Atividades 212

Capítulo 19 Mamíferos 213
Características gerais 213
Reprodução 214
Evolução dos animais 215
Atividades 215

Capítulo 20 Fisiologia comparativa 216
Digestão 216
Para explorar 217
Respiração e circulação 218
Excreção 222
Coordenação nervosa e hormonal 224
Ectotermia e endotermia 225

Atividades 226
Para ler e refletir 227
Ação e cidadania – *Animais ameaçados de extinção* 228
Explorando habilidades e competências 229
Para rever e estudar 230

UNIDADE 6 Fisiologia humana

Capítulo 21 Digestão 238
Nutrientes e saúde 238
Para explorar 239
Digestão física e digestão química 240
O processo digestivo 241
O sistema digestório e a saúde 245
Atividades 245

Capítulo 22 Circulação 246
Sistema cardiovascular ou circulatório 246
Circulação linfática 250
As defesas do corpo 251
Atividades 254

Capítulo 23 Respiração 255
Sistema respiratório 255
O sistema respiratório e a saúde 258
Atividades 258

Capítulo 24 Excreção 259
Sistema urinário 259
O sistema urinário e a saúde 262
Atividades 262

Capítulo 25 Coordenação nervosa e sentidos 263
Células nervosas 264
Sistema nervoso humano 267
Para explorar 271
Controle sensório-motor 271
Atividades 275

Capítulo 26 Coordenação hormonal 276
Glândulas e sistema endócrino 276
Retroalimentação 280
Para explorar 280
Atividades 280
Para ler e refletir – *Nível de obesidade no Brasil é estável, mas excesso de peso aumenta* 281
Ação e cidadania – *Acessibilidade* 282
Explorando habilidades e competências 283
Para rever e estudar 284

Siglas 287
Bibliografia 287
Sites 288

UNIDADE 1

A DIVERSIDADE BIOLÓGICA

As barracas de uma feira-livre expõem frutos, raízes, caules, folhagens e sementes de dezenas de espécies de plantas, além de ovos, aves, peixes e frutos do mar. Algumas espécies são nativas, outras foram introduzidas no Brasil ao longo do tempo ou são importadas. Embora chame a atenção, essa diversidade é uma diminuta parcela dos cerca de 1,9 milhão de espécies descritas pela ciência. E estima-se que ainda existem aproximadamente 7,5 milhões de espécies desconhecidas. Qual é a origem de toda a variedade de espécies de seres vivos? E como os cientistas identificam cada uma delas? Esses são os temas dos capítulos desta unidade.

Frutas expostas no Mercado Municipal de São Paulo (SP), em junho de 2015.

CAPÍTULO 1

A ORIGEM DA VIDA

Entre os povos de cultura judaico-cristã e islâmica é muito comum a ideia de que a vida é uma dádiva divina, insuflada na matéria por um ente sobrenatural, não sendo, portanto, explicável por meio de leis naturais. A origem dessa concepção não é precisa, mas ela já estava presente entre os filósofos gregos da Antiguidade, como Aristóteles, e permaneceu como a principal explicação da origem da vida no ambiente científico até o século XIX, quando a teoria da evolução começou a se estabelecer.

Durante esse período, no entanto, considerava-se, também, que o solo e os restos vegetais e animais podiam gerar alguns tipos de vida, como os insetos e os vermes. Essa ideia foi objeto de investigação científica por parte de muitos naturalistas e filósofos e promoveu intensos debates. A partir de então, o desenvolvimento das ciências e da tecnologia propiciou a descoberta de novas evidências alterando a compreensão sobre o assunto e promovendo novos debates.

Os filósofos gregos Platão (de azul) (c. 428 a.C.-c. 347 a.C.) e Aristóteles (384 a.C.-322 a.C.), no detalhe do afresco *Escola de Atenas* do pintor renascentista italiano Rafael, pintado entre 1509 e 1511. A origem da vida era tema de debate dos filósofos gregos na antiguidade.

▶ Teoria da geração espontânea

Aristóteles supunha a existência de um "princípio ativo" que, entre os animais superiores, passaria aos descendentes por meio da reprodução. Entretanto, para explicar o aparecimento de seres como insetos, enguias e ostras, ele admitia que a vida pudesse surgir da matéria bruta, de modo espontâneo. Nesses casos, sob certas condições, o princípio ativo no interior de determinadas estruturas brutas podia torná-las capazes de se transformarem em seres vivos. Segundo ele, uma pedra, por exemplo, nunca se transformaria em ser vivo por não ter o princípio ativo. Já uma porção de lixo, úmido, com matéria orgânica, poderia se transformar em moscas porque nela o princípio estaria presente.

O princípio ativo, segundo Aristóteles, desencadeava, dirigia e organizava uma sequência de fatos que conduziam à produção de vida. No livro *História dos animais*, Aristóteles escreveu:

> Em relação aos animais, alguns nascem de pais animais conforme o seu tipo, enquanto outros crescem espontaneamente, e não de uma linhagem semelhante; e desses exemplos de geração espontânea alguns provêm da matéria vegetal ou terra em putrefação, como é o caso de certo número de insetos, enquanto outros são gerados espontaneamente no interior de animais, a partir de secreções de seus diversos órgãos.
>
> MARTINS, Lilian A. C. P. Aristóteles e a geração espontânea. *Cadernos de História e Filosofia da Ciência*, Campinas, p. 214, jul-dez. 1990.

A ideia de que a vida poderia surgir regularmente a partir da matéria bruta ficou conhecida como **teoria da geração espontânea**, ou **abiogênese**, e foi amplamente difundida no mundo ocidental, permanecendo como a principal explicação de cunho científico para a origem de certos seres vivos durante os quase dois mil anos que se seguiram aos estudos do filósofo grego.

Em meados do século XVII, as descobertas feitas com o uso do microscópio reacenderam as dúvidas e a discussão sobre os limites entre o mundo vivo e a matéria inanimada. Neste contexto, em 1668, Francesco Redi (1626-1697), biólogo e médico de Florença (Itália), realizou uma experiência sobre a geração de insetos.

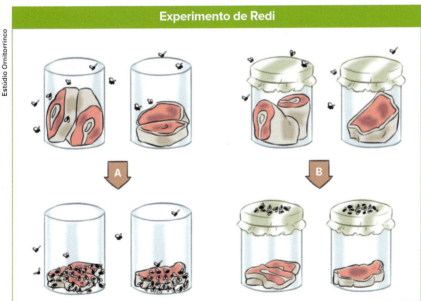

Ilustração sem escala; cores-fantasia.

Experiência de Redi. Recipientes com os mesmos componentes foram deixados abertos (em A) e fechados com papel (em B).

Ele colocou pedaços de carne e pequenos animais mortos em oito frascos grandes, de boca larga. Quatro desses frascos foram bem fechados com papel e selados; os outros quatro foram deixados abertos. Passado um tempo, ele observou vermes e moscas nos frascos que permaneceram abertos, mas não nos frascos fechados. Nestes, haviam vermes sobre o papel que os fechava. A partir dessas observações, Redi propôs que todos os vermes seriam gerados por seres vivos, como as moscas, e que o material em putrefação seria o local onde eles depositariam os ovos e, também, fonte de alimento.

As experiências de Redi contestavam a teoria da geração espontânea e favoreciam a concepção de que a vida se origina apenas de vida preexistente, ideia denominada **biogênese**.

Francesco Redi.

A origem da vida Capítulo 1 11

John Turberville Needham.

As conclusões de Redi, no entanto, foram muito criticadas na época com o seguinte argumento: não somente as moscas não podiam entrar nos frascos fechados, mas o ar também não se renovava no seu interior, e isso poderia ser a causa do não aparecimento de vermes.

Mesmo combatidas, as explicações de Redi deixaram alguns seguidores da abiogênese em dúvida. Seu maior mérito foi o de ter sido o primeiro pesquisador a realizar um experimento que pôs em dúvida uma ideia que, até então, era tida como certa.

Cerca de um século depois, em 1748, o padre e naturalista inglês John Turberville Needham (1713-1781) fez uma série de experiências que reforçavam a ideia da origem da vida por abiogênese. Suas experiências consistiam de vários tipos de líquidos nutritivos como caldo de galinha, suco de vegetais e sucos com partículas de alimento em tubos de ensaios. Após o aquecimento, os tubos de ensaio foram fechados para impedir a entrada de ar e aquecidos novamente. Passados alguns dias, os líquidos nos interiores dos tubos estavam repletos de microrganismos, e Needham interpretou esses resultados como evidência em favor da geração espontânea, ao menos para os microrganismos.

Os resultados de Needham, no entanto, foram contestados em 1768 pelos experimentos do padre e fisiologista Lazzaro Spallanzani (1729-1799). Ele colocou sucos vegetais diferentes em 19 frascos que foram fechados e aquecidos até a fervura, durante uma hora. Posteriormente, foram resfriados e devidamente guardados. Após vários dias, Spallanzani constatou que não havia sinal de vida em nenhum deles. Com esse resultado, criticou Needham afirmando que ele não havia aquecido suficientemente seus tubos para matar todos os seres vivos existentes nele. Needham reagiu dizendo que, se alguém aquecesse o líquido a uma temperatura muito elevada, destruiria o "princípio ativo".

▶ Biogênese

Lazzaro Spallanzani.

Apesar das experiências de Redi e Spallanzani, a credibilidade da abiogênese foi muito pouco afetada e continuou dominando o pensamento científico e a opinião pública por mais um século. Em 1860, Louis Pasteur (1822-1895), químico e microbiologista francês, idealizou os frascos com "pescoço de cisne" e com eles realizou suas experiências, que derrubaram definitivamente a teoria da abiogênese.

A experiência de Pasteur consistia em colocar soluções nutritivas (como urina, suco de beterraba, suspensão de levedo em água e açúcar) dentro de frascos cujos gargalos eram, posteriormente, aquecidos sobre uma chama e curvados em "S", formando o "pescoço de cisne". Os frascos assim preparados eram então aquecidos e as soluções mantidas em fervura por alguns minutos; em seguida, os frascos eram colocados para resfriar.

Com esse procedimento, o ar atmosférico que entra dentro do frasco é filtrado pois, ao ser aspirado para dentro do frasco à medida que a solução esfria, as partículas de poeira e os microrganismos em suspensão no ar ficam presos às gotículas de água que se formam na superfície interna do frasco. Isso ocorria apesar de Pasteur não ter conhecimento sobre esse fato.

Pasteur observou que nenhuma forma de vida se manifestou nas soluções, mesmo após muitos dias. Ele então quebrou o tubo em "S" dos frascos, deixando as soluções expostas ao ar atmosférico não filtrado. Poucas horas depois, ele detectou a presença de microrganismos nas soluções.

O experimento de Pasteur. Em (A), a solução que contém os nutrientes é colocada no frasco; em (B), o gargalo é curvado em S; em (C), a solução é submetida à fervura. Ilustrações sem escala; cores-fantasia.

Dois são os méritos das experiências de Pasteur:

1º) não impedia a formação de vida por meio do "princípio ativo" vindo do ar, porque ele poderia entrar e sair do frasco através do tubo em "S".

2º) mesmo depois da fervura, a solução conservava a "capacidade" de manter um ser vivo, quando nela introduzido por ocasião da quebra do tubo em "S".

Se, por um lado, as experiências de Pasteur confirmaram que a vida se origina apenas de outros seres vivos, derrubando a teoria da abiogênese, por outro lado, elas criaram uma questão fundamental: "como teria surgido o primeiro ser vivo?".

Foco em saúde

Pasteur e a conservação de alimentos

A partir de seus experimentos, Louis Pasteur demonstrou que o aquecimento de certos alimentos e bebidas acima de 60 °C, por alguns minutos, seguido do resfriamento e selagem da embalagem evitava a sua deterioração, reduzindo de maneira sensível o número de microrganismos presentes na sua composição. Esse processo de conservação de bebidas ficou conhecido como **pasteurização**. No final do século XIX, pesquisadores alemães iniciaram a aplicação da pasteurização para o leite *in natura*, comprovando que o processo era eficiente para a destruição das bactérias que o contaminam. Atualmente, a pasteurização do leite comercializado é obrigatória em grande parte dos países, inclusive no Brasil.

1. Elabore uma hipótese para explicar por que o aquecimento impede o desenvolvimento de microrganismos.

▶ Origem inorgânica da vida

No início do século XX, as ideias sobre a evolução das espécies estavam amplamente disseminadas, os conhecimentos da Química orgânica estavam avançados e as teorias sobre a origem do Universo e do Sistema Solar provocavam discussões no meio científico. Nesse ambiente, o inglês John B. S. Haldane (1892-1964) e o russo Aleksandr I. Oparin (1894-1980), de forma independente, na década de 1920, propuseram a hipótese de que os primeiros seres vivos teriam surgido de moléculas orgânicas formadas na atmosfera e nos oceanos da Terra primitiva a partir de substâncias inorgânicas.

Segundo Oparin e Haldane, a vida se originou como consequência da evolução gradual de moléculas complexas, semelhantes às que formam os seres vivos atuais, que existiam na Terra primitiva. Essas moléculas complexas, por sua vez, originaram-se por evolução química de moléculas simples. Assim, antes de existir vida, essas moléculas orgânicas, produzidas durante muito tempo, acumularam-se em oceanos, lagos e mares. Elas permaneceram estáveis e se acumularam porque não existiam organismos que as consumissem nem oxigênio na atmosfera que as decompusessem por oxidação.

John B. S. Haldane.

Aleksandr I. Oparin.

Desse modo, a teoria atualmente aceita por parte da comunidade científica supõe que:

1. A atmosfera primitiva da Terra era composta de gases simples, tais como metano (CH_4), amônia (NH_3), vapor de água (H_2O) e hidrogênio (H_2).

2. Toda a água existente no planeta se encontrava no estado de vapor, porque a temperatura da crosta terrestre era elevadíssima. Com o acúmulo de vapor de água nas camadas mais elevadas da atmosfera, formaram-se nuvens e ocorreram chuvas, que caíam sobre rochas superaquecidas e isso provocava rápida evaporação da água. Nessas condições, as chuvas devem ter sido tempestades intensas, acompanhadas de muitas descargas elétricas.

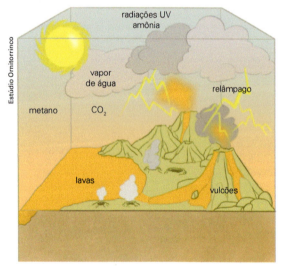

Representação artística do ambiente da Terra primitiva, há cerca de 4,5 bilhões de anos, segundo evidências de várias áreas científicas, entre elas a astronomia, geologia e química.

3. As descargas elétricas, durante as tempestades, e as radiações ultravioleta do Sol, foram as fontes de energia no desencadeamento de reações químicas entre os componentes da atmosfera primitiva, que formaram moléculas mais complexas. Entre elas, muitas eram orgânicas. Também, nesse período, devem ter ocorrido muitas erupções vulcânicas.

4. Essas moléculas orgânicas acumularam-se durante milhões de anos nos oceanos, lagos e mares formados após o resfriamento da crosta terrestre, provocado pelas constantes chuvas. Os mares, lagos e oceanos, consequentemente, passaram a ser verdadeiras "sopas" ou "caldos" de matéria orgânica.

5. Várias moléculas complexas se agruparam em pequenas gotas nos mares e lagos, semelhantes a microesferas ou "coacervados", conforme Oparin.

6. Com o passar do tempo, algumas microesferas diferentes se aproveitaram da energia das ligações químicas das moléculas orgânicas da "sopa" para se desenvolverem e se manterem. Tinham, assim, a capacidade de se alimentar dessa "sopa orgânica", sendo, portanto, heterótrofas.

7. Muito provavelmente, com o passar do tempo, devem ter surgido heterótrofos que, ao se alimentarem do material orgânico do meio, utilizavam a fermentação (anaeróbios) para obter energia. Durante o processo fermentativo, eliminavam o gás carbônico (CO_2), que passou a fazer parte da atmosfera.

Unidade 1 A diversidade biológica

8. Alguns heterótrofos, depois de atingirem certo tamanho, apresentaram a capacidade de se duplicar, formando outros iguais. Essa característica, facilitou a proliferação desses preorganismos.

9. Havia condições de sobrevivência das estruturas que conseguiam absorver energia luminosa do ambiente e gás carbônico acumulado na atmosfera para produzir seu próprio alimento. Foi esse, provavelmente, o primeiro autótrofo fotossintetizante. Além de produzir alimento, essa forma liberava um gás não existente até então na atmosfera: o oxigênio (O_2).

10. A crescente produção de gás oxigênio possibilitou a formação da camada de ozônio em altas camadas da atmosfera. Após milhões de anos de produção de oxigênio e formação de ozônio, a camada de ozônio passou a atuar como filtro da radiação ultravioleta proveniente do Sol. Estavam criadas as condições para que qualquer heterótrofo aeróbio pudesse sobreviver: a disponibilidade de uma fonte inesgotável de alimento e oxigênio livre.

Os experimentos de Miller e Fox

A hipótese de que poderiam se formar moléculas orgânicas complexas a partir de gases simples da suposta atmosfera foi alvo de testes experimentais.

Em 1953, Stanley L. Miller simulou, em um experimento, as condições da Terra primitiva.

Stanley Miller (1930-2007) junto ao equipamento construído para simular as condições da Terra primitiva na Universidade de Chicago (EUA) em 1953.

Sua ideia era de que compostos orgânicos, que são a base da vida, formaram-se quando a atmosfera era composta de metano, amônia, água e hidrogênio, em lugar de gás carbônico, nitrogênio, oxigênio e água. Para testar essa hipótese foi construído um aparelho em que circulavam CH_4, NH_3, H_2O e H_2 sob a ação de descargas elétricas.

Ao identificar as substâncias formadas, Miller constatou a presença de aminoácidos, além de outros compostos orgânicos.

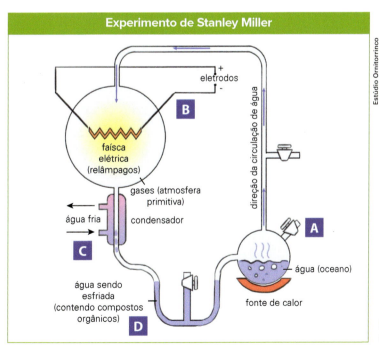

Ilustração sem escala; cores-fantasia.

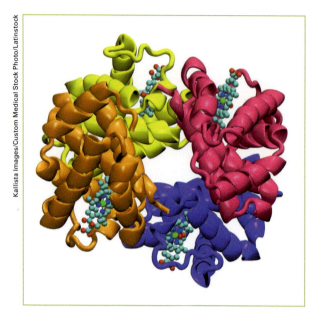

Imagem computadorizada da proteína da hemoglobina. Note as suas estruturas helicoidais, as quais foram identificadas por Sidney Fox em seus proteinoides. Os experimentos aqui retratados seguem em busca da origem de aminoácidos, os quais formam peptídios, que se juntam formando polipeptídios e estes se agregam formando proteínas. De maneira geral, são as proteínas que estão no controle de todos os processos biológicos que ocorrem em uma célula. Elas são formadas por biomoléculas grandes, extremamente complexas de se estudar, não apenas em virtude de seu tamanho e estrutura tridimensional, mas também porque realizam interações com outras moléculas que podem ser extremamente específicas.

Continuando a investigação de Miller, Sidney W. Fox (1912-1998), bioquímico norte-americano, em 1957, foi por outro caminho: "[...] o nosso trabalho, no entanto, continuando o de Miller, começa com uma tentativa para compreender somente a origem pré-bioquímica da proteína [...] testei a hipótese de que as ligações peptídicas poderiam ter se formado em temperaturas suficientemente elevadas para provocar a volatilização do subproduto resultante, a água.", escreveu em seu artigo publicado, também, na *Science*.

Fox aqueceu uma mistura seca de aminoácidos, e, quando ocorreu o resfriamento, notou que muitos deles se ligaram e formaram moléculas mais complexas. A água produzida durante a formação das ligações peptídicas evaporou. A cadeia de aminoácidos resultantes era semelhante às proteínas e foram chamadas de proteinoides. As diferenças entre eles limitaram-se, principalmente, à estrutura dos proteinoides, que não apresentaram a disposição helicoidal, comum das proteínas.

Observou também que os proteinoides formam microesferas quando se encontram em meio aquoso, conforme Haldane e Oparin haviam proposto. As microesferas, obtidas por Fox, têm o tamanho próximo ao das bactérias, apresentam algumas propriedades das células, porque se dividem por cissiparidade e, na presença de zinco, decompõem o ATP, uma reação significativa para os seres vivos.

As evidências sugerem que os primeiros organismos eram formas mais complexas que os vírus atuais e mais simples que as células procariotas hoje existentes.

Atualmente, admite-se a necessidade de, pelo menos, duas condições para caracterizar um ser vivo: constituir um sistema químico altamente organizado e isolado do ambiente e a capacidade de autoduplicação, de reprodução.

No fim do século passado foi demonstrado que o RNA pode se replicar mesmo quando ocorre a ausência de enzimas (proteínas), o que levou muitos pesquisadores a acreditarem que ele tenha sido o intermediário entre a não vida e a vida. Mas algumas características da Terra primordial tornam improvável seu surgimento em virtude de sua instabilidade.

Mas essa história ainda não está concluída. Cada vez que se resolve um mistério, surge outro que desafia a mente humana em sua saga de entender e explicar o mundo em que vivemos.

Heterótrofos *versus* autótrofos

A hipótese de que o primeiro ser vivo seria capaz de se nutrir de outras moléculas, chamada de **hipótese heterotrófica** da origem da vida, é contestada por alguns cientistas que propõem a **hipótese autotrófica**, segundo a qual o primeiro ser vivo teria sido um autótrofo.

No entanto, a hipótese heterotrófica é mais aceita, pois se observa que, na evolução dos seres vivos, há uma tendência do mais simples para o mais complexo e a fotossíntese é um processo extremamente mais complexo do que aquele que ocorre nos heterótrofos anaeróbios.

Biologia e Astronomia

Panspermia

Qual a origem das moléculas orgânicas que são a base do fenômeno da vida?

Uma primeira resposta sugere que aminoácidos poderiam ter sido criados a partir de moléculas presentes na atmosfera terrestre expostas à radiação ultravioleta e a descargas elétricas, como sugeriu um experimento clássico ainda na década de 1950. Mais recentemente, tem-se especulado que as fontes geotermais submarinas poderiam ter sido a origem desses processos químicos.

Outra possibilidade, no entanto, é a origem extraterrestre desses componentes. No início do século passado, o químico sueco Svante Arrhenius (1859-1927) propôs a teoria da panspermia: a vida teria se desenvolvido fora da Terra e aqui chegado sob a forma de esporos. Essa teoria — inicialmente abandonada — foi retomada por dois astrofísicos, o britânico Fred Hoyle (1915-2001) e o cingalês Nalin Wickramasinghe (1939), na década de 1970, que passaram a defender que compostos orgânicos necessários para o aparecimento da vida foram trazidos para a Terra por cometas que colidiram com nosso planeta.

Em 2004, a sonda espacial Stardust coletou material da cauda do cometa P/Wild, e sua análise mostrou a presença de glicina (aminoácido presente em proteínas), bem como compostos à base de dois elementos essenciais à vida como a conhecemos, nitrogênio e carbono. O meteorito Murchison, que caiu na Austrália em 28 de setembro de 1969, apresentou, em sua análise química, um conteúdo orgânico ainda mais surpreendente: cerca de 70 tipos de moléculas, muitas delas, como adenina, guanina, uracilo e purinas, essenciais para a constituição das duas moléculas do material genético, o RNA e o DNA.

Contaminação?

Observações radioastronômicas indicam a presença de moléculas orgânicas com 10 ou mais átomos (por exemplo, benzeno, butanona e cianeto de propila) em regiões densas do meio interestelar, onde se formam estrelas, planetas, cometas e asteroides.

Sabemos que a formação dessas moléculas ocorre necessariamente na presença de grãos de poeira interestelar, encontrados também em discos protoplanetários, ou seja, aqueles que darão origem a planetas. [...]

Esses fatos levantam uma questão: poderia a Terra primitiva ter sido "contaminada" por cometas e/ou meteoritos, portadores dos "tijolos" que constituem a base da vida — como, por exemplo, os aminoácidos?

Há aproximadamente 3,8 bilhões de anos, a Terra sofreu um importante "bombardeio" de cometas e meteoritos. Diferentemente do que ocorreu na Lua, onde as crateras são ainda visíveis, o processo de erosão na Terra deixou poucos traços dessas colisões.

[...]

Podemos, então, imaginar que as moléculas orgânicas formadas nas nuvens interestelares densas estivessem presentes na composição química dos cometas e asteroides que colidiram com a Terra. Com condições físicas adequadas, essas moléculas poderiam ter dado origem a compostos mais complexos que estão na base da formação das duas moléculas da vida, o RNA e o DNA.

PACHECO, José Antônio de Freitas. Quando a vida surgiu no universo? *Ciência Hoje on-line*, 11 set. 2014. Disponível em: <http://cienciahoje.uol.com.br/revista-ch/2014/318/quando-a-vida-surgiu-no-universo/?searchterm=origem%20da%20vida>. Acesso em: 1º fev. 2016.

1. Suponha que confirmasse que a vida na Terra é proveniente de meteoritos. Isso resolve o mistério da origem da vida?

Atividades

1. "Tanto a teoria da geração espontânea quanto a teoria da origem inorgânica da vida pressupõem que a vida tenha se originado da matéria bruta, no entanto, as duas teorias são muito diferentes." Essa afirmação está correta? Por quê?

2. Por que se pode afirmar que a teoria da panspermia não é contrária à teoria da origem inorgânica da vida?

A origem da vida **Capítulo 1** 17

CAPÍTULO 2

CLASSIFICAÇÃO E NOMENCLATURA BIOLÓGICA

A princípio, só conseguimos estudar efetivamente a enorme diversidade de seres vivos se tivermos à disposição uma forma ordenada e organizada de registrar os dados coletados em sistemas de classificação.

A **taxonomia** (do grego, *taxis* = arranjar, por em ordem + *nomo* = regra, leim + *ia* = qualidade, propriedade) corresponde aos estudos que envolvem a classificação e a nomenclatura dos seres vivos; é a ciência que lida com a descrição, identificação e classificação dos organismos.

Carlos Lineu (1707-1778).

Diversos tipos de sistemas de classificação dos seres vivos foram propostos desde épocas remotas. Dentre eles, o que mais se notabilizou foi sugerido pelo naturalista sueco Carlos Lineu, em 1735, na primeira edição do livro *Systema naturae*, de sua autoria. Essa obra continha um plano de classificação dos seres vivos que se mostrou tão bem elaborado que resistiu às reformulações a que, por exigência dos avanços da ciência, foi frequentemente submetido, não sendo abandonado, como os demais, porque sua estrutura aceitava atualizações.

Na época de **Aristóteles**, há 2 300 anos, eram conhecidas cerca de mil espécies, e as pessoas dividiam os seres vivos em vegetais e animais. Aristóteles estabeleceu subgrupos dividindo as plantas em "árvores", "arbustos" e "ervas"; os animais, em "com sangue" e "sem sangue". Bem depois de Aristóteles, no início do século XVIII, quando microrganismos já eram observados com o uso do microscópio, eram conhecidas cerca de 10 mil espécies. E esse aumento tornou o sistema de Aristóteles obsoleto. Como seria possível encaixar nesse sistema os bolores, por exemplo?

As descobertas estavam acontecendo rapidamente e, no final do século XVIII, o número de espécies conhecidas ultrapassou mais de 70 mil, ou seja, apenas durante o século XVIII o número de espécies conhecidas passou de 10 mil para 70 mil.

Os viajantes que participavam das navegações traziam das regiões visitadas coleções enormes de espécies desconhecidas na Europa. O primeiro procedimento dos pesquisadores ao receberem esses novos exemplares era o de identificar e classificar cada um deles.

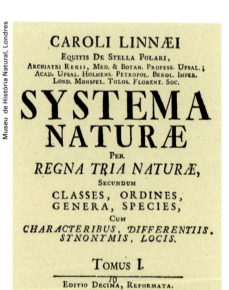

Reprodução do frontispício do livro *Systema Naturae*, em uma de suas primeiras edições, de autoria de Carolus Linnaeus.

Muitas das novidades trazidas pelos viajantes compunham coleções numerosas, que congestionavam as instituições encarregadas de identificá-las. Além disso, um problema sério foi percebido na época: nem todas as espécies encaixavam-se adequadamente no sistema de classificação existente. Diante dessa dificuldade, os naturalistas sentiram a necessidade de introduzir alterações no sistema para que fosse possível acolher as espécies que apareciam.

Foi justamente nessa época conturbada pelo crescimento vertiginoso da ciência, de suas carências e de descobertas de novas espécies que viveu Lineu.

O naturalista concebeu um sistema de classificação que podia abranger quase 100 mil espécies, principalmente vegetais. A partir disso, ao mesmo tempo que novas espécies iam sendo descobertas, o sistema lineano foi atualizado para incluí-las no sistema.

Hoje, temos cerca de 1,9 milhões de espécies conhecidas e todas catalogadas.

Durante esses séculos, o sistema não se tornou ultrapassado porque, desde a sua criação, passou por ajustes periódicos. Podemos dizer, então, que o sistema de classificação idealizado por Lineu tem como grande qualidade a flexibilidade, que, por enquanto, é quase ilimitada.

Foco no cotidiano

A classificação no dia a dia

Em que seção você encontraria sabão em pó em um supermercado? Perto do molho de tomate? Certamente, não.

Quando temos que lidar com uma grande variedade de objetos, tendemos a reuni-los em grupos por sua semelhança, classificando-os. Classificamos as coisas porque isso as torna mais fáceis de serem compreendidas ou para que seja mais fácil encontrá-las.

Em qualquer sistema de classificação, são usados determinados critérios. Por exemplo, em um supermercado, os produtos de limpeza ficam em determinada prateleira de alguma seção; os doces, em outra; e os pães, ainda em outra seção.

Os pesquisadores também classificam e, para isso, utilizam critérios. A classificação biológica ordena e distribui os seres vivos em grupos hierárquicos, o que facilita a compreensão da enorme variedade de seres vivos existentes. Para isso, agrupam e categorizam as espécies de seres vivos.

1. Qual a importancia de classificar corretamente microrganismos para um profissional de saúde?

▶ O sistema de classificação de Lineu

As categorias da classificação dos seres vivos, denominadas categorias taxonômicas ou simplesmente **táxons**, propostas por Lineu são: a espécie, o gênero, a ordem, a classe e o reino. O sistema previa três reinos – Plantae , Animalia e Mineralia, este último incluía a matéria bruta, ou seja, os minerais.

Os táxons definidos por Lineu obedecem a um plano hierárquico no qual a espécie é a base, o princípio da classificação, e o reino, o topo; os demais táxons são intermediários entre esses dois. Além disso, os táxons compreendem categorias inclusivas, ou seja, várias espécies semelhantes estão incluídas no mesmo gênero; gêneros semelhantes incluídos em uma mesma ordem, e assim por diante.

Táxons	Nome	Exemplos
Reino	Animalia	
Filo	Chordata	
Classe	Mammalia	
Ordem	Carnívora	
Família	Felidae	
Gênero	*Felis*	
Espécie	*Felis catus*	

Representação da hierarquia das principais categorias taxonômicas do sistema de classificação dos seres vivos. As categorias filo e família foram incorporadas ao sistema de classificação posteriormente.

Como critério para formar os agrupamentos de cada categoria, Lineu adotou a semelhança morfológica definida por características particulares e escolhidas por ele, e não por atributos comuns a todos os organismos do grupo. Assim, Lineu colocou, por exemplo, o lobo e o cão no mesmo gênero em virtude de suas semelhanças específicas. Como consequência, a organização das espécies em gêneros, famílias, ordens, classes, e assim sucessivamente, não reflete a história evolutiva dos seres vivos. O sistema criado por Lineu acabou sendo mais um catálogo dos seres vivos reunidos por semelhanças aparentes de anatomia e morfologia, sem levar em conta o grau de parentesco evolutivo dos representantes do mesmo grupo.

As espécies *Vulpes vulpes* (raposa vermelha, com cerca de 1,0 m de comprimento incluindo a cauda), à esquerda, e *Canis latrans* (coiote, que mede cerca de 1,40 m de comprimento incluindo a cauda), à direita, pertencem à família Canidae, mas não possuem semelhanças suficientes para serem incluídas no mesmo gênero.

Unidade 1 A diversidade biológica

Regras de nomenclatura

Além de um sistema de classificação, Lineu criou regras de nomenclatura dos seres vivos, resumidas a seguir.

1. Nomenclatura binomial, isto é, cada espécie apresenta dois nomes.

2. Os nomes devem ser em latim ou latinizados.

3. O primeiro nome indica o gênero e deve ser escrito com a inicial maiúscula.

4. O segundo nome indica o epíteto (palavra ou expressão que se associa a um nome ou pronome para qualificá-lo, expressar uma ou mais das suas qualidades) da espécie, sendo escrito com a inicial minúscula, mas também pode ser substituído por "sp", se alguma dúvida pairar sobre ele ou se o nome se referir apenas ao gênero da espécie.

5. Os nomes devem ser destacados do texto onde estão inseridos. Para tanto, devem ser escritos com letra de tipos diferentes da utilizada no texto, ou então sublinhados. Adotou-se internacionalmente, nos textos impressos, a letra do tipo itálico (letras em itálico são assim, **inclinadas**), e sublinhado no texto manuscrito.

6. Um terceiro nome pode ser acrescentado, com inicial minúscula, que indica a subespécie (ou variedade ou raça).

Para explorar

Observe a tabela ao lado e responda às questões a seguir.

a) Identifique os seres vivos que pertencem ao mesmo gênero.

b) Quantas espécies estão listadas na tabela? E quantos gêneros?

c) O que significa o terceiro nome das duas espécies de trigo?

d) O segundo nome do arroz e do alface são iguais. Pode-se afirmar que eles pertencem à mesma espécie?

Nome vulgar	Nome científico
Cachorro, cão	*Canis familiaris*
Lobo	*Canis lupus*
Ser humano	*Homo sapiens*
Trigo duro	*Tritricum turgidum durum*
Trigo	*Triticum aestivum aestivum*
Feijão	*Phaseolus* sp
Arroz	*Orysa sativa*
Alface	*Lactuca sativa*

A descoberta de novas espécies, à medida que a ciência progredia, tornou o sistema de Aristóteles obsoleto, em virtude da impossibilidade de ser atualizado, o que não aconteceu com o de Lineu. Com a intenção de atualizá-lo, o sistema lineano passou por várias reformulações e outras categorias, como família e filo ou divisão, foram acrescentadas. Mais recentemente, revendo os táxons e os critérios de classificação, foi acrescentada nova categoria, acima de reino, o domínio.

Os principais sistemas de classificação dos seres vivos			
Três reinos (Haeckel,1894)	Cinco reinos (Whittaker, 1959)	Seis reinos (Woese, 1977)	Três domínios (Woese, 1990)
Protista	Monera	Eubacteria	Bacteria
		Archaebacteria	Archaea
	Protista	Protista	Eukarya
Plantae	Fungi	Fungi	
	Plantae	Plantae	
Animalia	Animalia	Animalia	

Neste livro, adotaremos a classificação do microbiologista norte-americano Carl Richard Woese (1928-2012), de 1990, segundo a qual os seres vivos são classificados em três domínios – Archaea, Bacteria e Eukarya – e as categorias taxonômicas subsequentes são: reino, filo, classe, ordem, família, gênero e espécie, podendo haver categorias intermediárias, tais como: superclasse, subfamília, subgênero e subespécie.

Os domínios Bacteria e Archaea compreendem organismos procariontes e Eukarya, os eucariontes. Diferentemente da célula procariota, a eucariota apresenta núcleo e orgânulos membranosos, como complexo golgiense, retículo endoplasmático, mitocôndria e outros. Cada orgânulo é encarregado de executar uma função específica na célula, e o conjunto deles torna a estrutura celular mais complexa e ordenada quando comparada à procariota. O domínio Eukarya inclui os reinos Protista (ou Protoctista), Funghi, Plantae e Animalia.

O conceito de espécie

O critério adotado para agrupar os organismos no táxon espécie é a capacidade dos organismos de se intercruzarem e gerarem descendentes férteis. Assim sendo, podemos conceituar espécie como o grupo formado por todos os organismos capazes de se reproduzirem naturalmente entre si e procriarem descendentes férteis.

Foco em ciência

Os primórdios da filogenética

Na época de Lineu (século XVIII), e seguindo os preceitos da cultura judaico-cristã, muito difundidos na cultura ocidental, a tarefa dos naturalistas — os que estudavam a natureza — consistia principalmente em descobrir a ordem divina de criação de Deus e montar uma "classificação natural" que revelasse essa ordem. Esse foi o princípio norteador de Lineu.

Em seus textos, Lineu deixou claro que a criação divina teve como objetivo a produção de espécies-padrão de cada gênero, a partir das quais, por pequenas variações, teriam sido criadas as outras espécies do mesmo gênero. O desafio que cabia ao naturalista era descobrir a espécie-padrão de cada gênero.

Em meados do século XX, ou seja, pouco mais de 200 anos depois de Lineu, o biólogo alemão Emil Willi Hennig (1913-1976), sob o impacto da teoria da evolução das espécies, sugeriu que a classificação dos seres vivos deveria refletir a história evolutiva dos táxons em vez da ordem divina de criação e, desde 1968, a classificação lineana vem sendo gradativamente substituída com essa nova orientação, mantendo-se, no entanto, a estrutura de táxons e grande parte dos grupos de animais e vegetais proposta por Lineu.

A principal contribuição de Lineu não foi a classificação propriamente dita, mas o método que desenvolveu de classificar, descrever e nomear as espécies, metodologia até hoje empregada.

Por uma questão histórica da ciência, ainda estudamos a classificação natural de Lineu mesmo sabendo que ela já está ultrapassada.

1. Pesquise e responda: no que consiste a história evolutiva de uma espécie?

Unidade 1 A diversidade biológica

▶ Classificação filogenética

O sistema proposto por Woese, na década de 1990, adotado neste livro, incorpora a **filogenia**, ou seja, a classificação fundamentada no grau de parentesco evolutivo das espécies.

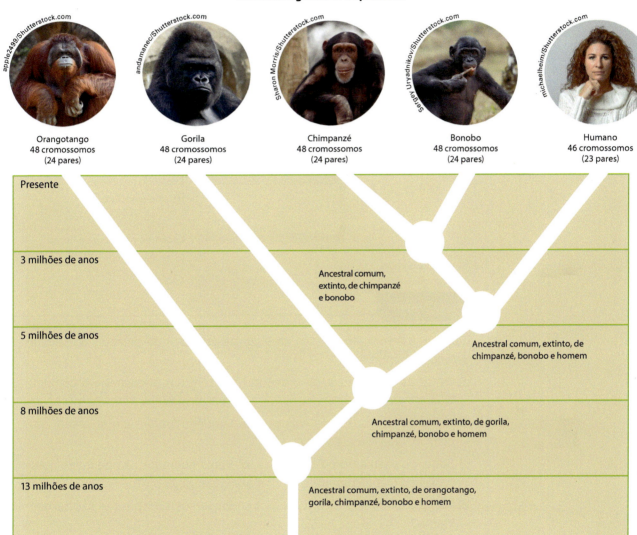

Árvore filogenética de algumas espécies de primatas.

O seu sistema de classificação, amplamente aceito pela comunidade científica, tem como base pesquisas de parentesco entre seres vivos realizadas por meio da análise do DNA que transcreve o RNA ribossômico, o DNA que se localiza no cromossomo organizador do nucléolo. Esse DNA tem pouquíssima variação e peculiaridades que se revelaram extremamente úteis na determinação do grau de parentesco dos táxons. Portanto, o sistema proposto por Woese está fundamentado no grau de semelhança do DNA dos táxons.

A partir dessas análises, é possível construir cladogramas, representações gráficas das árvores filogenéticas, ou seja, a história evolutiva de um grupo de organismos. Chamamos de **clado** o grupo de espécies e o ancestral comum delas.

As espécies leão, leopardo, onça, tigre e leopardo-das-neves formam um clado que tem como ancestral comum a espécie extinta 2.

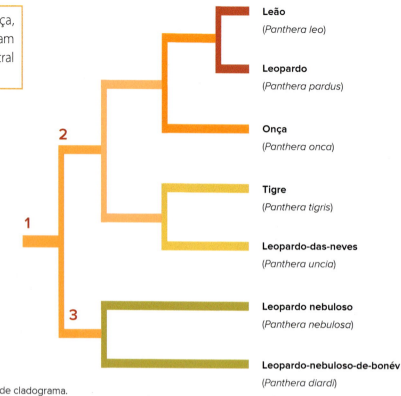

Exemplo de cladograma.

> ### Para explorar
>
> Observe a árvore filogenética de algumas espécies de primatas da página anterior e responda:
>
> a) Os seres humanos e os orangotangos têm um ancestral em comum. Quando ele viveu?
>
> b) O seres humanos e os chimpanzés também tiveram um ancestral em comum. Quando ele viveu?
>
> c) Segundo essa árvore filogenética, os seres humanos são parentes mais próximos dos chimpanzés ou dos orangotangos?
>
> d) Por que podemos dizer que os bonobos e os chimpanzés são táxons irmãos?

Foco em tecnologia

Identificação e preservação de espécies ancestrais

Por meio da filogenia, conseguiu-se descobrir os ancestrais de muitas espécies domesticadas e úteis ao ser humano, entre elas a batata, o tomate, o milho, o arroz e o trigo. Alguns ainda são encontrados em seus ambientes naturais, como o do milho, no México, o da batata e do tomate, no Peru. As sementes dessas espécies nativas são recolhidas e armazenadas em condições especiais de conservação e preservação, nos bancos de Germoplasma que mantêm a integridade delas por longo tempo, conservando também seu poder de germinação.

24 Unidade 1 A diversidade biológica

Pesquisadores modernos valorizam muito essas espécies ancestrais porque elas vivem perfeitamente adaptadas em seus respectivos ambientes resistindo a praticamente todas as pragas, o que não acontece com as domesticadas. Essa resistência é herdada pelas plantas sendo, portanto, condicionada por genes. Os biólogos atuais vêm nos ancestrais uma excelente fonte de genes de resistência ou de outras características desejáveis para os males típicos da espécie domesticada.

Pelo fato de pertencerem a espécies extremamente parecidas, com carga genética altamente semelhante, os pesquisadores perceberam nas espécies ancestrais a grande possibilidade de se tornarem bancos de genes desejáveis que pudessem ser transferidos para as domesticadas com elevadas chances de sucesso devido ao elevado grau de parentesco.

Banco de germoplasma: banco de semente para preservar as culturas vegetais, como o da Embrapa, em Brasília (DF), em abril de 2014.

1. Qual é a importância de conhecer os ancestrais de uma espécie atual?

Atividades

1. Por que o sistema de classificação biológico precisa ser regularmente revisto?

2. Qual foi o princípio que Lineu adotou para chamar de *Canis* o gênero que inclui o cão, o lobo e o coiote?

3. De acordo com o sistema de classificação, podemos dizer que há mais:
   a) gêneros que espécies.
   b) classes que ordens.
   c) famílias que ordens.
   d) filos que espécies.
   e) reinos que gêneros.

4. Determine os clados que compõem o cladograma abaixo.

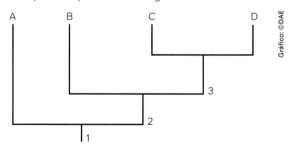

5. Segundo Lineu, o que o sistema de classificação procura representar? E segundo Hennig?

PARA LER E REFLETIR

Nova espécie de primata é descoberta na Amazônia brasileira

O zogue-zogue rabo de fogo (*Callicebus miltoni*) mede cerca de 70 cm.

Uma faixa grisalha na testa, costeletas e garganta em cor ocre e uma cauda cor de fogo. Essas são algumas características do novo primata descoberto na região da Amazônia brasileira. Do gênero *Callicebus*, popularmente reconhecido como zogue-zogue, o pequeno primata foi apelidado de Rabo de Fogo. O estudo, que teve início em 2011 com a descoberta da espécie, foi divulgado recentemente com a publicação de sua descrição.

A publicação na revista científica *Papéis Avulsos de Zoologia*, do Museu de Zoologia da Universidade de São Paulo (USP), traz a descrição completa da nova espécie de primata que foi nomeada *Callicebus miltoni*, em homenagem ao Dr. Milton Thiago de Mello em reconhecimento a sua contribuição ao desenvolvimento da primatologia. *Callicebus* é um dos gêneros de primatas neotropicais mais diverso em número de espécies, com 31 reconhecidas atualmente.

A distribuição geográfica da espécie recém-descoberta é o interflúvio dos rios Roosevelt e Aripuanã, nos estados do Mato Grosso e Amazonas. "Os rios são importantes barreiras para a dispersão dos zogue-zogues da Amazônia. Este é um dos fatores que interfere na diversidade do número de espécies desse gênero. Esse número tende a aumentar tanto devido às novas descobertas, quanto às revisões taxonômicas em andamento que consideram parâmetros morfológicos e moleculares", ressalta Felipe Ennes, pesquisador do Instituto Mamirauá e um dos autores do estudo.

A publicação é um trabalho conjunto dos pesquisadores Felipe Ennes, do Instituto de Desenvolvimento Sustentável Mamirauá, Júlio César Dalponte, do Instituto para a Conservação dos Carnívoros Neotropicais (Pró-Carnívoros) e de José de Souza e Silva Júnior, conhecido como Cazuza, coordenador de Zoologia do Museu Paraense Emílio Goeldi.

O esforço para a descrição do zogue-zogue rabo de fogo teve início em 2011, quando Júlio Dalponte realizou a expedição Guariba-Rosevelt e percorreu extensas áreas ao longo desse rio, até que se deparou com a espécie e notou características diferenciadas dos outros zogue-zogues da região. Na época, um espécime coletado para fins científicos comparativos foi analisado no Museu Emílio Goeldi e reconhecido como uma nova espécie pelo primatólogo Dr. José de Souza e Silva Júnior. A partir daí, deu-se início aos esforços para identificação do animal.

[...]

De acordo com Felipe, a identificação dessa nova espécie é uma importante contribuição para o conhecimento científico da biodiversidade amazônica. "A falta de conhecimento é uma ameaça tão grande quanto a perda de *habitat*, a caça e outros fatores. Esse é um animal recém-descoberto que já podemos considerar em situação de vulnerabilidade. Ele ocorre em uma área de ávido desmatamento com o avanço da agropecuária na região do Mato Grosso e Rondônia", afirmou. [...]

LELIS, Amanda. Nova espécie de primata é descoberta na Amazônia brasileira. Disponível em: <www.mamiraua.org.br/pt-br/comunicacao/noticias/2015/3/9/nova-especie-de-primata-e-descoberta-na-amazonia-brasileira>. Acesso em: 5 fev. 2016.

QUESTÕES

1. Quais são as principais características do novo primata descoberto na Amazônia brasileira?
2. Qual é a importância da descoberta dessa nova espécie, segundo o pesquisador Felipe Ennes?
3. O pesquisador Felipe Ennes afirma também que esse animal recém-descoberto já está em situação de vulnerabilidade. Por quê?

Mãos à obra!

No livro *Cartas a um jovem cientista* (São Paulo, Companhia das Letras, 2015, p. 12-13), o biólogo Edward O. Wilson, um dos mais proeminentes biólogos da atualidade, escreve:

"Lineu não tinha ideia, nem mesmo numa escala de potência de 10 (ou seja, se seriam 10 mil, 100 mil ou 1 milhão), da magnitude da tarefa a que havia se proposto. Ele imaginava que as espécies de plantas, sua especialidade, ficariam em torno de 10 mil. Ele desconhecia a riqueza das regiões tropicais. O número das espécies de plantas conhecidas e classificadas hoje é de 310 mil e estima-se que vá chegar a 350 mil. Quando se acrescentam animais e fungos, o número de espécies atualmente conhecido excede 1,9 milhão – e estima-se que chegue a 10 milhões ou mais. Das bactérias, a "matéria escura" da diversidade da vida, apenas cerca de 10 mil tipos são atualmente conhecidos (em 2013), mas o número está crescendo rapidamente e é provável que acrescente milhões de espécies ao rol global. Portanto, assim como no tempo de Lineu, 250 anos atrás, a maior parte da vida sobre a Terra permanece desconhecida.

O poço ainda profundo da ignorância sobre a biodiversidade é um problema não apenas para os especialistas, mas para todas as pessoas. Como vamos administrar o planeta e mantê-lo sustentável sabendo pouco sobre ele?"

Organizados em grupos, releiam o texto atentamente e procurem as palavras desconhecidas no dicionário. Em seguida respondam às questões abaixo. Se necessário, pesquisem na internet, em livros e revistas informações que possam ajudá-los.

a) Sobre a matéria escura, o professor Luiz Vitor de Souza Filho, docente do Grupo de Física Computacional e Instrumentação Aplicada do Instituto de Física de São Carlos (USP), explicou para o *site* USP On-line:

"Temos certeza que a matéria escura existe, porque às vezes vemos objetos girando em torno de algo massivo, da mesma forma como os planetas circulam em redor do Sol. Esse mesmo fenômeno acontece em situações em que não enxergamos essa massa, que no caso é a matéria escura. Basicamente, sabemos que ela está lá, [...] acredita-se que a matéria escura representa 24% de tudo o que há no universo, enquanto a matéria ordinária, elemento que nos compõe e nos cerca, é responsável por 4% – os outros 72% referem-se à energia escura, algo que ainda é menos conhecido pelos cientistas."

Agência USP. Estudo sugere modelo para detectar a matéria escura do Universo, USP On-line, Ciências, 13 jul. 2015.

- Por que Edward Wilson compara as bactérias à matéria escura?

b) "Espécies ameaçadas são aquelas cujas populações e *habitats* estão desaparecendo rapidamente, de forma a colocá-las em risco de tornarem-se extintas. A conservação dos ecossistemas naturais, sua flora, fauna e os microrganismos, garante a sustentabilidade dos recursos naturais e permite a manutenção de vários serviços essenciais à manutenção da biodiversidade, como, por exemplo: a polinização; reciclagem de nutrientes; fixação de nitrogênio no solo; dispersão de propágulos e sementes; purificação da água e o controle biológico de populações de plantas, animais, insetos e microrganismos, entre outros. Esses serviços garantem o bem estar das populações humanas e raramente são valorados economicamente."

Brasil, Ministério do Meio Ambiente. Espécies brasileiras ameaçadas de extinção, sobreexplotadas ou ameaçadas de sobre-explotação. Disponível em: <www.mma.gov.br/biodiversidade/especies-ameacadas-de-extincao>. Acesso em: 23 mar. 2016.

Troquem ideias entre si relacionando o texto acima à frase: "Como vamos administrar o planeta e mantê-lo sustentável sabendo pouco sobre ele?". Em seguida, escrevam uma redação argumentando a favor ou contra a ideia de que o conhecimento sobre a biodiversidade é necessário para manter o planeta sustentável.

Com a orientação do professor, organizem um debate sobre o assunto, com a participação de toda a turma.

O biólogo norte-americano Edward O. Wilson (1929) é um estudioso e defensor da biodiversidade.

Classificação e nomenclatura biológica **Capítulo 2** 27

Explorando habilidades e competências

Evolução é um dos conceitos mais importantes na biologia. Ele se refere a mudanças que ocorrem nos seres vivos ao longo do tempo, que são originados de um ancestral comum. As mudanças são selecionadas pelo ambiente em que vivem, tornando-os mais aptos a viver nesses locais. Os cladogramas são representações que ajudam a visualizar as relações evolutivas entre grupos, isso é, qual o parentesco entre eles.

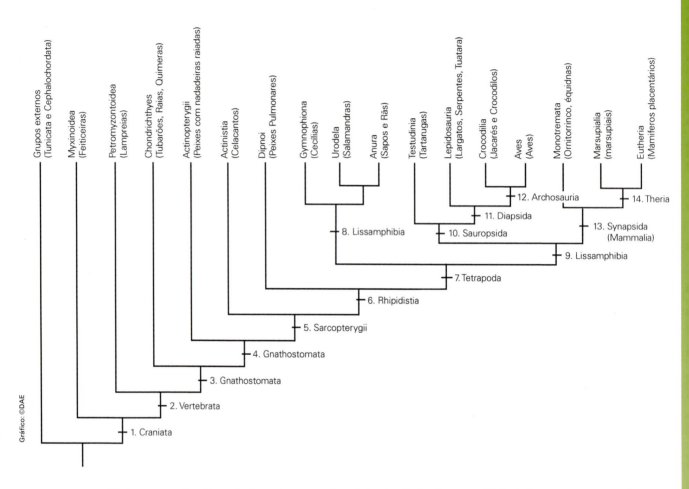

Cladograma mostrando as relações entre grupos de vertebrados. Cada número ou divisão indica uma nova característica.

Fonte: POUGH, F. H.; HEISER, J. B.; JANIS, C. M. *A vida dos vertebrados*. 4. ed. São Paulo: Atheneu, 2008.

Com base no texto e no cladograma, responda no caderno:

1. Por que dizemos que um cladograma reflete a evolução dos grupos mostrados?

2. Quais animais são mais similares: aves e crocodilos ou lagartos e sapos? Justifique.

3. Os agrupamentos cladísticos estão agrupados progressivamente; isto significa que todos os mamíferos são Theria, todos os Theria são Synapsida, todos os Synapsida são amniotas, todos os amniotas são tetrápodes e assim por diante. O que essa frase significa?

4. O cladograma mostrado reflete uma hipótese, ou seja, ele pode ser modificado após novas descobertas. Caso novas evidências sejam descobertas, o que deve acontecer com esse cladograma? Essas mudanças alteram o conceito de evolução dos seres vivos?

Para rever e estudar

Questões do ENEM

1. (Enem – 2012) Em certos locais, larvas de moscas, criadas em arroz cozido, são utilizadas como iscas para pesca. Alguns criadores, no entanto, acreditam que essas larvas surgem espontaneamente do arroz cozido, tal como preconizado pela teoria da geração espontânea.

Essa teoria começou a ser refutada pelos cientistas ainda no século XVII, a partir dos estudos de Redi e Pasteur, que mostraram experimentalmente que

a) seres vivos podem ser criados em laboratório.
b) a vida se originou no planeta a partir de microrganismos.
c) o ser vivo é oriundo da reprodução de outro ser vivo preexistente.
d) seres vermiformes e microrganismos são evolutivamente aparentados.
e) vermes e microrganismos são gerados pela matéria existente nos cadáveres e nos caldos nutritivos, respectivamente.

2. (Enem – 2014) A classificação dos seres vivos permite a compreensão das relações evolutivas entre eles. O esquema representa a história evolutiva de um grupo.

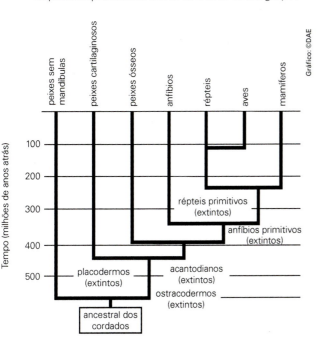

Fonte: Disponível em: <www.sobiologia.com.br>. Acesso em: 22 jan. 2012.

Os animais representados nesse esquema pertencem ao filo dos cordados, porque

a) possuem ancestrais que já foram extintos.
b) surgiram há mais de 500 milhões de anos.
c) evoluíram a partir de um ancestral comum.
d) deram origem aos grupos de mamíferos atuais.
e) vivem no ambiente aquático em alguma fase da vida.

3. (Enem – 2011)

Os Bichinhos e o Homem - Arca de Noé

(Toquinho & Vinicius de Moraes)

Nossa irmã, a mosca

É feia e tosca

Enquanto que o mosquito

É mais bonito

Nosso irmão besouro

Que é feito de couro

Mal sabe voar

Nossa irmã, a barata

Bichinha mais chata

É prima da borboleta

Que é uma careta

Nosso irmão, o grilo

Que vive dando estrilo

Só pra chatear

MORAES, V. A arca de Noé: poemas infantis.
São Paulo: Companhia das Letrinhas, 1991.

O poema acima sugere a existência de relações de afinidade entre os animais citados e nós, seres humanos. Respeitando a liberdade poética dos autores, a unidade taxonômica que expressa a afinidade entre nós e estes animais é

a) o filo.
b) o reino.
c) a classe.
d) a família.
e) a espécie.

Para rever e estudar

Questões de vestibulares

1. (Uece – 2008) Embrulhar as goiabas para protegê-las contra o aparecimento de bichos é uma ação que lembra um experimento famoso, que foi idealizado para refutar a teoria da abiogênese, o qual demonstrou que larvas não surgem espontaneamente em carne. Esse experimento famoso foi realizado no século XVII e seu idealizador foi

a) Spallanzani.
b) Needham.
c) Pasteur.
d) Redi.

2. (Fuvest-SP –2016) Atualmente, os seres vivos são classificados em três domínios: Bacteria, Archaea e Eukarya. Todos os eucariotos estão incluídos no domínio Eukarya, e os procariotos estão distribuídos entre os domínios Bacteria e Archaea. Estudos do DNA ribossômico mostraram que os procariotos do domínio Archaea compartilham, com os eucariotos, sequências de bases nitrogenadas, que não estão presentes nos procariotos do domínio Bacteria. Esses resultados apoiam as relações evolutivas representadas na árvore

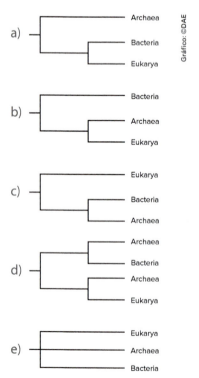

3. (UPM-SP – 2015)

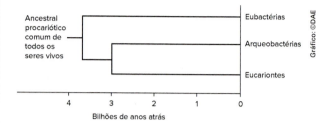

O esquema acima mostra, de maneira simplificada, a árvore filogenética dos grandes grupos de seres vivos.

A respeito dessa árvore, são feitas as seguintes afirmações:

I. As arqueobactérias são mais antigas do que as eubactérias.

II. As arqueobactérias são parentes mais próximas dos animais e vegetais do que as eubactérias.

III. As arqueobactérias e eubactérias apareceram na mesma época geológica.

IV. Arqueobactérias, eubactérias e eucariontes tiveram o mesmo ancestral comum.

Estão corretas, apenas,

a) I e II.
b) I e III.
c) I e IV.
d) II e III.
e) II e IV.

4. (Uepa – 2014) A pessoa adoece quando, por qualquer razão, as células deixam de se comunicar adequadamente. Em decorrência disso, o estudo da célula, como unidade estrutural e funcional dos seres vivos, que apresenta peculiaridades nos diferentes reinos em relação a sua estrutura, possibilita ao cientista melhor compreensão sobre a origem das doenças, facilitando a pesquisa de novos medicamentos.

Sobre a unidade biológica abordada no texto, leia as afirmativas abaixo:

I. No Reino Monera, o material genético encontra-se envolvido por uma membrana nuclear.

II. No Reino Fungi, apresenta a membrana plasmática envolvida por uma parede quitinosa.

III. No Reino Vegetal, possui como características parede celular constituída de celulose e organela cloroplasto.

IV. No Reino Animal, apresenta-se destituída de celulose.

A alternativa que contém todas as afirmativas corretas é:

a) I, II e III.
b) I, II e IV.
c) I, III e IV.
d) II, III e IV.
e) I, II, III e IV.

5. (PUC-RJ – 2014) Protistas e bactérias são seres vivos que podem ser classificados em diferentes domínios, pois:

a) protistas se alimentam de bactérias.
b) bactérias não são constituídas de células.
c) protistas têm um núcleo envolto por membranas, do qual as células bacterianas carecem.
d) bactérias decompõem protistas.
e) protistas são fotossintéticos.

6. (PUC-RJ – 2014)

Os três domínios da vida são conhecidos como Bacteria, Archaea e Eukarya. O domínio Eukarya inclui três reinos de eucariontes multicelulares: Plantae, Fungi e Animalia. Evidências recentes sugerem que os reinos Fungi e Animalia apresentam parentesco mais íntimo entre si do que o apresentado com o reino Plantae.

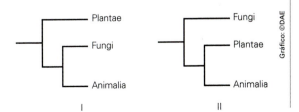

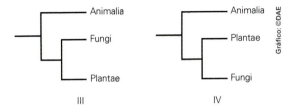

De acordo com a figura acima, a relação de parentesco entre os reinos Fungi e Animalia é melhor representada pelo(s) cladograma(s).

a) I.
b) III.
c) I e II.
d) II e IV.
e) I e III.

7. (UFPB – 2012) A figura abaixo mostra uma das possíveis filogenias de um dos grandes grupos de primatas, os *Ceropithecidae*.

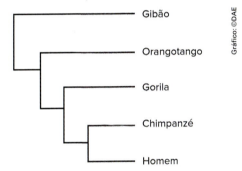

Com base na figura e no conhecimento acerca da filogenia do grupo, identifique as afirmativas corretas:

(•) O gorila, filogeneticamente, é mais próximo do chimpanzé e do homem que do orangotango.

(•) O homem, o chimpanzé e o gorila formam um grupo monofilético.

(•) O gibão é o único representante do grupo que não possui o dedo oponível.

(•) O orangotango, o gorila e o chimpanzé formam um grupo parafilético.

(•) O chimpanzé e o gibão apresentam glândulas mamárias como consequência de homoplasia.

UNIDADE 2

VÍRUS, PROCARIONTES, PROTISTAS E FUNGOS

Esta unidade trata dos vírus e dos seres mais simples que existem na natureza. Esses grupos têm uma enorme importância para a manutenção da vida no planeta e estão presentes na vida humana de diversas maneiras. Nos capítulos desta unidade, vamos estudar os vírus, as arqueas e as bactérias, os protozoários, as algas e os fungos.

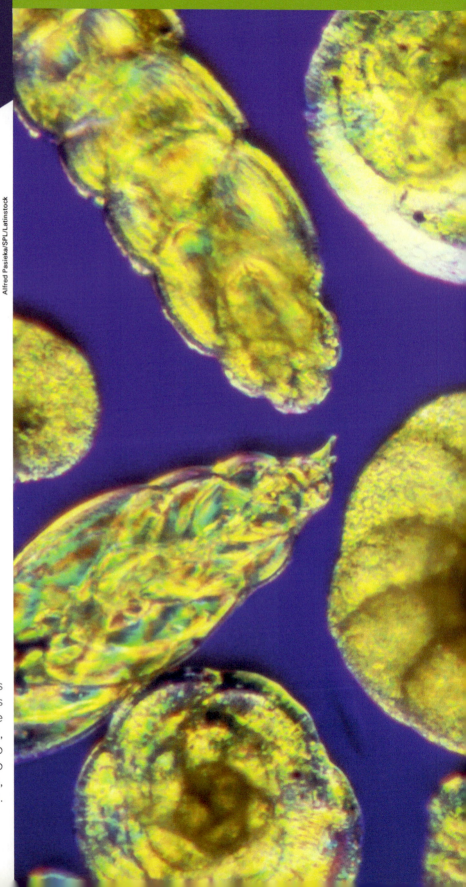

Alfred Pasieka/SPL/Latinstock

Conchas de diferentes espécies de seres unicelulares, geralmente menores do que 1 mm, pertencentes ao grupo dos foraminíferos, vistas ao microscópio óptico, ampliadas 510 vezes.

CAPÍTULO 3

VÍRUS

Os vírus (do latim, *virus* = veneno) possuem algumas características típicas dos seres vivos, como reprodução, hereditariedade e mutação, mas, ao mesmo tempo, podem ser caracterizados como simples substâncias químicas. Por apresentarem comportamento biológico, apesar de não terem uma estrutura biológica típica – a célula –, são considerados organismos de transição entre os seres vivos e os inanimados. Visíveis somente ao microscópio eletrônico, os vírus têm formas regulares e simples: são formados por uma molécula de ácido nucleico (DNA ou RNA) envolvida por uma cápsula proteica, o capsídeo, e apresentam glicoproteínas que permitem reconhecer o hospedeiro. Diferentemente das células, os vírus nunca apresentam, ao mesmo tempo, os dois tipos de ácido nucleico. Existem, portanto, vírus de DNA e vírus de RNA.

Ilustrações sem escalas; cores-fantasia.

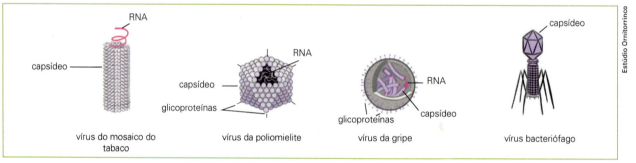

Estruturas ilustrativas de alguns vírus.

Quando estão isolados, os vírus são inertes. Já no interior de células vivas, tornam-se ativos, pois utilizam os componentes dessas células para se reproduzirem, multiplicando-se em larga escala. Comportam-se, portanto, como **parasitas intracelulares obrigatórios** e exclusivamente de células vivas.

Muitos vírus provocam o rompimento da célula hospedeira e, nesse caso, são chamados de virulentos; outros, no entanto, produzem apenas modificações em seu genoma e, assim, provocam divisões celulares desordenadas e o surgimento de tumores, como é o caso dos **oncovírus**, relacionados ao câncer.

▶ Tipos de vírus

Os vírus que infectam bactérias são conhecidos como **bacteriófagos**. Eles podem apresentar DNA ou RNA como ácido nucleico.

O vírus bacteriófago mais conhecido e estudado é o fago T, um vírus de DNA que infecta a *Escherichia coli*. No processo de infecção, o fago T injeta seu DNA na bactéria *E. coli* (célula hospedeira). O DNA injetado, denominado DNA viral, prevalece sobre o DNA da bactéria e passa a ser replicado e transcrito, produzindo o RNA-mensageiro do vírus, que, por sua vez, utilizando-se dos ribossomos da bactéria, sintetiza as proteínas que vão formar as cápsulas dos novos fagos T.

Unidade 2 Vírus, procariontes, protistas e fungos

A maioria dos vírus que infectam células vegetais tem RNA como material genético; são raros os que têm DNA. A cápsula desses vírus não penetra na célula hospedeira porque a parede celular atua como um escudo e impede que isso ocorra.

Os vírus que infectam as células animais podem ter DNA ou RNA como material genético. No processo de infecção, as cápsulas desses vírus, que contêm o ácido nucleico, penetram nas células hospedeiras. Os vírus que provocam hepatite B, herpes e varíola, por exemplo, são de DNA. Os que causam aids, encefalite, gripe, alguns tipos de leucemia, poliomielite e raiva são de RNA.

Reprodução de bacteriófago

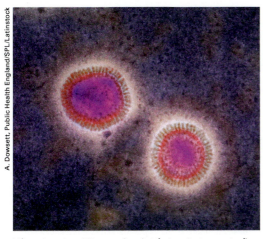

1. O bacteriófago se prende a proteínas da superfície externa da bactéria e injeta o seu DNA.
2. O DNA bacteriano é hidrolisado e o DNA viral passa a comandar a produção de proteínas e ácidos nucleicos virais.
3. Proteínas e ácidos nucleicos virais formam novos bacteriófagos.
4. Enzimas produzidas pelos bacteriófagos danificam a parede celular bacteriana e ela se rompe, liberando diversos bacteriófagos.

As ilustrações desta página estão sem escala; cores-fantasia.

Esquema simplificado da reprodução de um bacteriófago.

Vírus da gripe. Micrografia eletrônica de transmissão colorida. O vírus mede entre 80 nm e 200 nm de diâmetro.

Entre os vírus que infectam células estão os retrovírus que, além do RNA, possuem uma enzima no seu interior, a transcriptase reversa. Ao infectar uma célula, a transcriptase reversa inverte o processo da transcrição fazendo com que o RNA do vírus produza vários DNAs, que, em seguida, transcrevem novos RNAs dos vírus. Os RNAs do vírus, assim produzidos, coordenam a síntese das proteínas virais usando os componentes da célula. O vírus da aids, conhecido por HIV (virus da imunodeficiência adquirida, em inglês), é um retrovírus que ataca células do sistema imunológico humano. Com isso, o corpo perde a capacidade de combater certos agentes estranhos, e isso provoca vários sintomas que caracterizam a aids (sigla do inglês para síndrome de imunodeficiência adquirida).

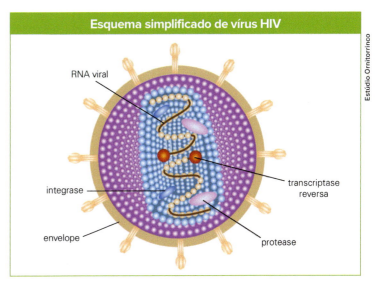

Esquema simplificado de vírus HIV

Vírus Capítulo 3 35

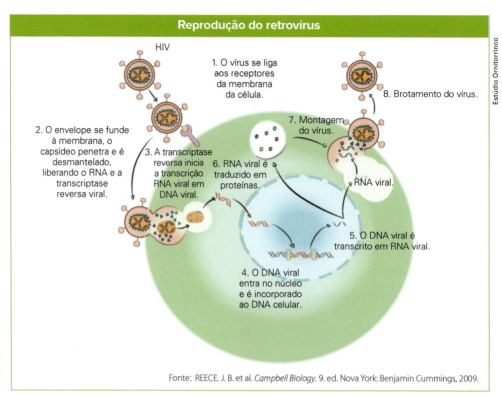

Ilustração sem escala; cores-fantasia.

Esquema simplificado da reprodução de um retrovírus.

Fonte: REECE. J. B. et al. *Campbell Biology*. 9. ed. Nova York: Benjamin Cummings, 2009.

▶ Classificação dos vírus

Em virtude de não terem células, os vírus não estão incluídos nos sistemas de classificação elaborados até agora; eles recebem um tratamento à parte. Em 1962, o Comitê Internacional de Taxonomia de Vírus (ICTV, sigla em inglês) desenvolveu um sistema de classificação dos vírus dentro do sistema lineano.

Outra classificação, proposta pelo biólogo norte-americano David Baltimore (1938-), em 1971, agrupou os vírus segundo o tipo do genoma viral em sete categorias, numeradas em algarismos romanos. Atualmente, os vírus são classificados levando-se em conta os dois sistemas e constituem sete ordens, 96 famílias, 22 subfamílias, 420 gêneros e 2 618 espécies de vírus, segundo o ICTV, em 2012.

Classificação dos vírus	
ICVT	**Baltimore**
Ordem: nome + sufixo VIRALES. **Família**: nome + sufixo VIRIDAE. **Gênero**: nome + sufixo VIRUS. **Espécie**: nome da doença + sufixo VIRUS.	I – Vírus de dsDNA (vírus com DNA de fita dupla). II – Vírus ssDNA (vírus com DNA de fita simples). III – Vírus dsRNA (vírus de RNA de fita dupla). IV – Vírus (+)ssRNA (vírus de RNA de fita simples positiva). V – Vírus (–)ssRNA (vírus de RNA de fita simples negativa). VI – Vírus ssRNA-RT (vírus de RNA de fita simples com DNA intermediário, os retrovírus). VII – Vírus dsDNA-RT (vírus de DNA de fita dupla com RNA intermediário).

Unidade 2   Vírus, procariontes, protistas e fungos

▶ O que são as vacinas

A principal forma de prevenção contra doenças causadas por vírus são as vacinas. Nos vertebrados, existem moléculas proteicas que têm a função de defesa do corpo – os anticorpos. São encontradas no sangue e nos tecidos, sendo produzidas em resposta à presença de uma molécula (proteína ou outra molécula orgânica) estranha ao organismo – o antígeno.

Quando um antígeno invade o organismo, os anticorpos combinam-se com ele, desativando-o ou destruindo-o. Essa reação faz parte da denominada resposta imune e se constitui na essência da defesa orgânica.

O anticorpo tem alta especificidade. Assim, um anticorpo formado contra o vírus do sarampo (antígeno), por exemplo, não apresentará nenhuma resposta imune contra qualquer outro tipo de antígeno além do sarampo.

A proteção de que o organismo dispõe contra os agentes infecciosos depende de sua carga de anticorpos e de sua capacidade de produzi-los. Essa proteção pode ser artificialmente provocada por meio de vacinas ou soros.

A vacina é um antígeno atenuado ou parte do antígeno, que, ao ser introduzido no organismo, desencadeia a produção de anticorpos. Dizemos, nesse caso, que a imunização é ativa porque o organismo é estimulado a produzir os anticorpos.

De modo geral, as vacinas são utilizadas como prevenção às doenças causadas por vírus ou bactérias e têm longa duração, pois a imunização perdura por muito tempo.

As vacinas contra tuberculose, varíola, febre amarela, raiva e poliomielite são produzidas com bactérias ou vírus atenuados. As vacinas contra a febre tifoide e contra a coqueluche são feitas com microrganismos mortos. As vacinas contra difteria e tétano e a vacina estafilotóxica apresentam formas atenuadas das toxinas (toxoides) secretadas pelos microrganismos.

Quando um indivíduo sadio é vacinado pela primeira vez com uma pequena dose de antígeno, depois de alguns dias ele vai produzir anticorpos. Se esse indivíduo receber a segunda dose da vacina do mesmo antígeno, a produção de anticorpos em seu organismo será muito mais rápida e em quantidade superior à da primeira dose, o que lhe dará alta imunidade. É o que ocorre com as vacinas que necessitam de doses de reforço, como a vacina Sabin, contra a poliomielite. Esse procedimento é necessário para garantir a imunização e evitar que as pessoas corram riscos.

Em outras vacinas, como a do sarampo, a quantidade de antígenos não oferece risco, por isso a aplicação de uma única dose é suficiente para a pessoa desenvolver alta imunidade.

O soro, ao contrário das vacinas, é constituído por anticorpos extraídos do sangue de outro organismo e, posteriormente, introduzidos no organismo contaminado pelo antígeno. Desse modo, o antígeno é combatido por anticorpos importados de outro organismo. Tem efeito curativo e de curta duração. Os soros contra os venenos das cobras contêm anticorpos geralmente extraídos do sangue de equinos.

1. A partir de linhagens selvagens do vírus, são produzidas linhagens capazes de crescer dentro de ovos de galinha.

2. Os vírus são inoculados em um grande número de ovos fertilizados.

3. Após um tempo de incubação, os vírus se replicam dentro dos ovos.

4. Os vírus são coletados, inativados e purificados para a produção de um concentrado de antígeno viral.

5. A vacina é envasada.

6. No processo de produção, 120 mil ovos transformam-se em 1 000 mL de vacina, que correspondem a cerca de 400 doses.

Fonte: PURVES, W. R.; SADAVA, D.; ORIANS, G. H. & HELLER, H. C. *Vida*: a ciência da Biologia. 6. ed. Artmed: Porto Alegre, 2002.

> **Veja também**
>
>
>
> No site da Fiocruz (RJ) há informações sobre o vírus *Aedes aegypt*, a epidemia e o desenvolvimento de uma vacina contra a doença. Explore o site para conhecer mais sobre outras doenças. Disponível em: <www.ioc.fiocruz.br/dengue/>. Acesso em: 12 fev. 2016.

▶ Doenças provocadas por vírus

Os vírus causam várias doenças em plantas, animais e também no ser humano. No entanto, a invasão e a proliferação de um vírus, de uma bactéria ou de um protozoário (chamada de infecção) em um organismo nem sempre produz doença. O resultado de uma infecção depende não somente das características do agente patogênico, mas também do estado físico do organismo infectado. Quando uma pessoa se alimenta corretamente, mantém a rotina de sono saudável e faz atividades físicas, ela geralmente mantém elevada a resistência de seu organismo às infecções.

Em geral, os primeiros sintomas das infecções virais ocorrem alguns dias após a infecção. Esse período entre a infecção e o surgimento dos sintomas é denominado **período** de **latência** e varia conforme a doença.

Algumas viroses humanas comuns			
Doenças	**Nome do vírus e formas de contágio**	**Características e sintomas**	**Vacinas**
Aids (Síndrome da Imunodeficiência Adquirida)	Vírus da imunodeficiência humana (HIV). Pode ser transmitido por meio de relações sexuais; da mãe para o filho, durante a gestação, parto ou amamentação; transfusão de sangue; instrumentos cortantes; seringa ou agulha compartilhada.	Ataca o sistema imunológico, tornando o organismo vulnerável a diversas doenças.	Não há.
Catapora (varicela)	*Varicela zoster*, transmitido pelo contato com saliva, lesões da pele e objetos contaminados.	Manchas vermelhas pelo corpo, que evoluem para bolhas, inclusive nas mucosas. Febre, dor de cabeça e dor no corpo são outros sintomas da doença, que é bastante contagiosa. Em crianças, a catapora é frequentemente benigna. Já em adultos pode ser mais grave.	Varicela e quádrupla viral.
Caxumba	*Paramyxovirus*, transmitido pelo contato com a saliva.	Aumento das glândulas salivares, febre e dor de cabeça. É mais frequente na infância.	Tríplice viral e quádrupla viral.
Condiloma acuminado	Papilomavírus humano (HPV), transmitido frequentemente pelo contato sexual: contato oral-genital, genital-genital e manual-genital.	Verrugas na região genital, anal, colo do útero, boca e garganta.	HPV 16, 18 e HPV 6, 11, 16, 18.
Dengue	É provocada por quatro variações do vírus DEN (DEN-1, DEN-2, DEN-3 e DEN-4). É transmitida pelo mosquito *Aedes aegypti*.	Doença infecciosa que causa febre alta, dor de cabeça, dor atrás dos olhos, dores nas costas e manchas vermelhas no corpo. A dengue hemorrágica, outra forma da doença, causa sangramento em vários órgãos e pode levar à morte.	Em testes.
Ebola	*Ebola vírus* apresenta cinco espécies diferentes. Pode ser transmitido de animais para os seres humanos por contato com secreções e sangue infectados. De pessoa para pessoa, é transmitido pelo contato físico e pelo contato com sangue e secreções.	Febre repentina, inflamação na garganta, dor de cabeça e nas articulações. Após esses sintomas iniciais, náuseas, vômitos, diarreia com sangue, sangramento interno e externo.	Não há.
Febre amarela	*Flavivírus*. No meio urbano, a transmissão ocorre por meio do mosquito *Aedes aegypti*, o mesmo que transmite a dengue. Em áreas silvestres, o vírus é encontrado em macacos, que são hospedeiros intermediários, e transmitido pelo mosquito *Haemagogus*.	Febre, dor de cabeça, náuseas, vômito, dores no corpo, icterícia (a pele e os olhos ficam amarelos) e sangramentos (de gengivas, nariz, estômago, intestino).	Febre amarela.

Febre chicungunha	*Chikungunya virus* (CHIKV), transmitido pelos mosquitos-vetores *Aedes aegypti* e *Aedes albopictus*.	Febre alta, dor de cabeça, dores musculares, náuseas, vômitos, manchas vermelhas no corpo e dores articulares, que podem persistir por um logo período de tempo.	Não há.
Gripe comum (influenza)	*Influenza vírus* A e B e seus subtipos. É transmitida pelas gotículas de saliva e secreção infectadas, suspensas no ar.	Febre, calafrios, dor de cabeça, dores no corpo, perda de apetite, tosse (em geral seca), dor de garganta e coriza.	Influenza trivalente e Influenza quadrivalente.
Hepatite A	VHA, transmitido por via oral-fecal, alimentos ou água contaminada.	Febre, cansaço, perda de apetite, náuseas, vômitos, mal-estar, urina escura, icterícia (pele e olhos amarelados).	Hepatite A e hepatite A e B.
Hepatite B	VHB, transmitido pelo sangue e/ou secreções corporais contaminadas.	Febre, cansaço, dores musculares, perda de apetite, náuseas, vômitos, urina escura, icterícia (pele e olhos amarelados).	Hepatite B e hepatite A e B.
Herpes zóster	Reativação do vírus da catapora, o *Varicela zoster*.	Lesões em regiões delimitadas da pele e dor, que pode permanecer por muitos meses após o desaparecimento das lesões.	Herpes zóster, para pessoas com mais de 50 anos e que já tiveram catapora.
Poliomielite	*Poliovírus*, transmitido por via oral, por meio de gotículas de saliva, ou por via fecal-oral, por água e alimentos contaminados por fezes. O último caso da doença no Brasil foi registrado em 1989.	Febre, náusea, vômitos, prisão de ventre, dor abdominal. Na forma paralítica, que atinge cerca de 1% dos infectados, provoca também paralisia em um dos membros inferiores.	Vacina oral poliomielite (VOP) e vacina inativada poliomielite (VIP).
Raiva	*Lyssavirus*, transmitido aos seres humanos pela mordida de animais infectados.	Inicia com febre, mal-estar, dores no corpo e prostração e evolui para encefalite, com paralisia, espasmos musculares, hidrofobia, delírios e convulsões.	Raiva.
Resfriado	*Rinovírus* ou *coronavírus*. O contágio ocorre pelo ar ou por meio de contato físico.	Coriza, espirros, tosse, dor de garganta, dor no corpo, febre baixa.	Não há.
Rotavirose	*Rotavirus*, transmitido por via fecal-oral, contato direto entre pessoas, utensílios, água e alimentos contaminados	Diarreia aguda, vômitos, febre, mal-estar, desidratação.	Vacina rotavírus monovalente e vacina rotavírus pentavalente.
Rubéola	*Rubeolla vírus*, transmitido por meio de gotículas de saliva e/ou secreção nasal.	Manchas avermelhadas no corpo, gânglios do pescoço inchados, febre baixa. A infecção em mulheres grávidas pode causar a Síndrome da Rubéola Congênita. Pode ocorrer aborto ou sequela no feto, como glaucoma, surdez, malformação cardíaca, deficiência mental.	Tríplice viral e quádrupla viral.
Sarampo	*Morbili vírus*, transmitido por gotículas de saliva eliminadas pelo espirro e pela tosse.	Placas avermelhadas no corpo, febre, mal--estar, tosse, coriza, conjuntivite e manchas brancas na mucosa da boca.	Tríplice viral e quádrupla viral.
Varíola	*Orthopoxvírus variolae*, transmitido por gotículas de saliva.	Febre alta, dor de cabeça, dores musculares, mal-estar, manchas e bolhas na pele.	Foi erradicada mundialmente nos anos 1970.
Zika	*Zika virus* (ZIKV), transmitido pelo mosquito *Aedes aegypti*, o mesmo da dengue, da febre chicungunha e também da febre amarela.	Febre, dor de cabeça e nas articulações, diarreia, náuseas e mal-estar. O vírus está relacionado também com a microcefalia, má-formação congênita em que o cérebro do feto não cresce normalmente.	Não há.

Vírus **Capítulo 3** 39

Foco em saúde

Infecção e câncer

Atualmente, há evidências suficientes de que alguns tipos de vírus, bactérias e parasitos associados a infecções crônicas estão presentes no processo de desenvolvimento do câncer. No mundo, estima-se que 18% dos casos de câncer se devam a agentes infecciosos, percentual que os coloca, ao lado do fumo, como os mais importantes agentes cancerígenos, com destaque para o papilomavírus humano (HPV), o *Helicobacter pylori*, e os vírus das hepatites B e C.

A tabela abaixo apresenta os principais agentes cuja evidência de potencial carcinogênico é considerada adequada pela International Agency for Research on Cancer (IARC), a unidade da OMS para pesquisa em câncer, com sede na França.

Principais infecções associadas ao câncer	
Agente	**Tipo de câncer**
Papilomavírus humano (HPV)	Carcinoma cervical
Helicobacter pylori (HP)	Carcinoma gástrico e Linfoma gástrico
Vírus da hepatite B (HBV); Vírus da Hepatite C (HCV)	Hepatocarcinoma
Vírus Epstein-Barr	Linfoma de Burkitt, Linfoma de Hodgkin e Carcinoma de nasofaringe
Herpes vírus tipo 8 (HHV8)	Sarcoma de Kaposi
Vírus T-linfotrópico humano tipo I (HTLV-I)	Linfoma de Células T do adulto
Opisthorchis viverrini	Carcinoma de vias biliares
Schistosoma haematobium	Carcinoma de bexiga

Fonte: IARC 1994, 1997, 2005.

A prevenção de algumas infecções evitaria 26% dos casos de câncer no mundo.

Instituto Nacional de Câncer - INCA. A situação do câncer no Brasil. Causalidade em Câncer, p. 28-29.
Disponível em: <www.inca.gov.br/situacao/arquivos/causalidade_infeccao_cancer.pdf>. Acesso em: 23 mar. 2016.

1. Cite uma possível forma de precaução ao câncer causado por agentes infecciosos.

Atividades

1. Descreva a reprodução do Fago T.

2. Descreva a reprodução de um retrovírus.

3. Escreva um texto que relacione os conceitos listados abaixo e justifique o constante surgimento de novos tipos de vírus.
- Simplicidade metabólica.
- Parasita obrigatório.
- Elevada taxa de alterações no material genético.

4. Explique como a vacina produz defesa ao organismo sem alterar-lhe o genoma.

Unidade 2 Vírus, procariontes, protistas e fungos

PROCARIONTES

CAPÍTULO 4

Os domínios Archae e Bacteria reúnem todos os seres procariontes: unicelulares cujas células são desprovidas de núcleo individualizado. Os seres desses domínios possuem formato variado e algumas espécies mantêm suas células unidas em uma estrutura denominada colônia, dando a falsa impressão de serem pluricelulares.

A parede celular dos procariontes (chamada de membrana esquelética), responsável pelo formato da célula e pela resistência em ambiente hipotônico, não é composta por celulose, como nas plantas, nem por quitina, como nos fungos (mofos, bolores, cogumelos), mas por uma combinação complexa de carboidratos e polipeptídeos.

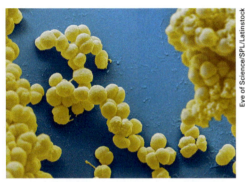

Os cocos, ou *coccus*, têm a forma esférica e podem formar colônias, como os diplococos, estreptococos, estafilococos. Na imagem, a bactéria *Neisseria meningitidis* vista ao microscópio eletrônico, com cores artificiais e aumentada cerca de 10 000 vezes.

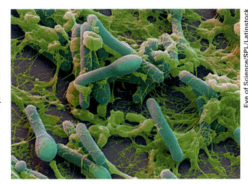

Os bacilos, ou *bacillus*, apresentam célula em formato de bastão. Na imagem, *Clostridium botulinum*, bactéria causadora do botulismo vista ao microscópio eletrônico, com cores artificiais e aumentada cerca de 5 200 vezes.

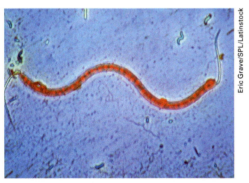

Os espirilos, *spirillum*, apresentam formato espiralado. Na imagem, *Spirillum volutans* visto ao microscópio eletrônico, com cores artificiais e aumentado cerca de 920 vezes.

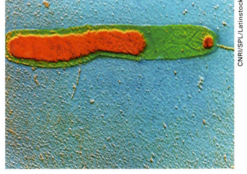

Os vibriões, ou *vibrio*, apresentam formato semelhante ao de uma vírgula. Na imagem, *Vibrio cholerae*, bactéria causadora da cólera vista ao microscópio eletrônico, com cores artificiais e aumentada cerca de 17 000 vezes.

▶ Arqueas

O domínio Archaea agrupa procariontes que, em sua maioria, habitam ambientes de condições extremas, sendo, por isso, chamados também de **extremófilas** (do latim, *extremum* = extremo; do grego, *phylos* = com afinidade). As células desses organismos são pequeníssimas e costumam variar de 0,1 μm a 10 μm (1 μm = 10^{-6} m).

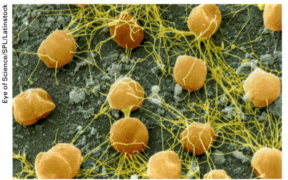

Estão incluídas nesse domínio as **halófilas extremas**, as **termófilas extremas** e as **metanogênicas**.

As termófilas extremas habitam regiões muito quentes, como as arqueas do gênero *Sulfolobus* e *Pyrococcus* encontradas em regiões vulcânicas em temperaturas próximas a 90 °C e riquíssimas em enxofre.

Arquea termófila *Pyrococcus furiosus*. Os fios finos vistos na imagem são os flagelos. Cada organismo tem um grupo de flagelos em uma das extremidades da célula que utiliza para a locomoção. Imagem vista ao microscópio eletrônico e colorida artificialmente. Ampliação de cerca de 16 600 vezes.

Foco em tecnologia

Arqueas e testes de DNA

A espécie *Pyrococcus furiosus*, mostrada acima, é uma termófila extrema que vive em água com temperaturas próximas ao ponto de ebulição, alta pressão e falta de oxigênio. Em temperaturas abaixo de 70 °C, ela morre. Em vez de oxigênio, essa bactéria usa enxofre na respiração.

Foi encontrada nos sedimentos marinhos aquecidos geotermicamente na praia de Porto Levante, Ilha Vulcano, Itália. Uma de suas principais características, que lhe dá condições de suportar ambientes com essa temperatura, é seu conjunto de enzimas termoestáveis, ou seja, enzimas que não sofrem desnaturação quando fervidas. Aproveitando-se dessa propriedade, os pesquisadores extraíram dela a enzima DNA polimerase com a finalidade de usá-la na técnica do PCR (sigla em inglês para *Polymerase Chain Reaction*; ou Reação em Cadeia da Polimerase), que consiste na duplicação cíclica de DNA em laboratório. A enzima dessa arquea mostrou-se útil porque não sofre alteração durante os ciclos do PCR, tendo em vista que em cada ciclo a mistura é aquecida. Sem a descoberta dessa enzima com característica especial, o PCR seria mais difícil de ser feito, o que dificultaria os testes de DNA de esclarecimento de paternidade, por exemplo.

1. O que significa dizer que uma enzima desnaturou?

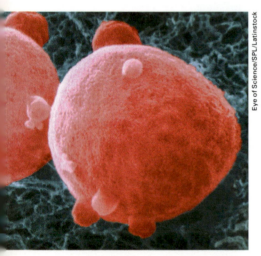

Haloferax mediterranei, halófila encontrada em ambientes altamente salinos, tais como lagos ou lagoas salgadas e, ocasionalmente, na superfície de alimentos muito salgados, como carne e peixe. Imagem obtida por microscópio eletrônico, com cores artificiais, e ampliada cerca de 16 000 vezes.

As halófilas extremas são encontradas em ambientes demasiadamente salgados, como o Great Salt Lake (Utah, EUA), o mar Morto (Israel) e o lago Oweans (Califórnia, EUA). As arqueas, do gênero *Halobacterium* apresentam qualidades notáveis: vivem em ambiente cuja salinidade supera em muito a do mar (a concentração de sal no mar é de 3,5%), mas sucumbem em salinidades de concentrações inferiores a 9%. Apesar de constar em seu nome o termo *bacterium*, essa espécie é uma arquea. Recebeu essa denominação porque, ao ser descoberta, foi identificada como bactéria, nome conservado mesmo após revisão de sua classificação, quando, então, passou a pertencer ao domínio Archaea.

As metanogênicas são as arqueas capazes de produzir, por meio da fermentação anaeróbia, grandes quantidades do gás metano (CH_4). São encontradas em ambientes anaeróbios (sem O_2), como pântanos, esgotos, lodos e charcos, e constituem cerca de 50% das espécies do domínio. As arqueas metanogênicas, encontradas também em grande quantidade no interior dos intestinos (região anaeróbia) dos herbívoros, principalmente dos pastadores e dos cupins, ajudam na digestão dos alimentos ao decompor a matéria orgânica ingerida pelos animais.

O metano é o produto final da fermentação anaeróbia de dejetos animais, resíduos vegetais e lixo orgânico residencial e industrial, quando mantidos em condições adequadas de umidade. Também chamado de biogás, o metano é o gás normalmente expelido dos aterros sanitários nos quais o lixo coletado na cidade é despejado. É incolor, altamente combustível e sua queima produz um mínimo de poluição. Nos aterros sanitários, tem sido usado como fonte de energia limpa.

▶ Bactérias

As bactérias são encontradas em quase todos os tipos de ambientes, aquáticos, terrestres e também na superfície ou no interior de outros organismos.

Possuem uma membrana esquelética, conhecida também como parede bacteriana, permeável e rígida, que protege e dá sustentação à célula. É constituída de peptideoglicano, uma combinação de aminoácidos e carboidratos modificados, e não apresenta celulose.

Sua membrana plasmática, como em todas as células vivas, pode selecionar os produtos que entram ou saem da célula. Essa capacidade é conhecida como permeabilidade seletiva, que, por sua vez, confere proteção à bactéria.

Outro componente da bactéria é a cromatina, ou cromossomo bacteriano. Composta de DNA, tem formato circular e constitui o material hereditário da bactéria.

O mesossomo é uma **invaginação** da membrana plasmática que, além de ter função respiratória (fornecedor de energia), desempenha, nas bactérias aeróbias, papel análogo ao das cristas mitocondriais; participa também da separação dos cromossomos durante a divisão celular.

As bactérias podem apresentar flagelos, cuja função é locomotora, e fímbrias (ou *pilus*, plural: *pili*), estruturas filamentosas curtas e finíssimas que estão relacionadas à capacidade de adesão da bactéria, ajudando-as a se fixarem em outra bactéria ou em células de tecidos.

Methanosarcina mazei, arquea metanogênica encontrada em ambientes semiaquáticos desprovidos de oxigênio, como lodo e depósitos de lixo. Imagem obtida por microscópio eletrônico, com cores artificiais, e ampliada cerca de 6 200 vezes.

Invaginação: penetração de parte de uma superfície no interior da própria estrutura orgânica que recobre.

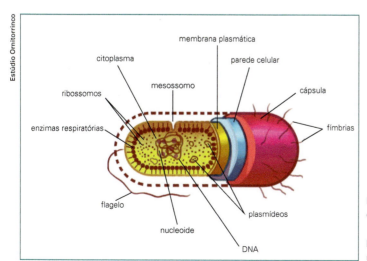

Ilustração sem escala; cores-fantasia.

Representação esquemática de uma célula bacteriana.

Procariontes Capítulo 4 43

▶ Nutrição

Quanto à nutrição, as bactérias podem ser divididas em autótrofas ou heterótrofas.

Bactérias autótrofas

As bactérias autótrofas produzem seus alimentos por fotossíntese (bactérias fotoautótrofas) ou quimiossíntese (bactérias quimioautótrofas). As fotossintetizantes apresentam bacterioclorofila, uma clorofila especial, com molécula diferente das encontradas nos vegetais. A fotossíntese dessas bactérias é denominada **fotorredução** ou **fotossíntese bacteriana**, e, assim como nas plantas, sintetiza a glicose como produto final.

A quimiossíntese é um processo de produção de matéria orgânica (alimento) que ocorre graças à energia proveniente da oxidação de substâncias minerais presentes no solo e que dispensa a participação da clorofila. As bactérias quimiossintetizantes são as sulfobactérias, que oxidam minerais que contêm enxofre; as ferrobactérias, que utilizam minerais de ferro, e as nitrobactérias, que oxidam minerais de nitrogênio.

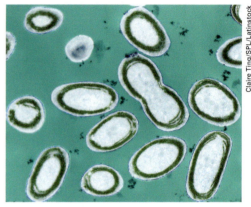

Bactéria fotossintetizante do gênero *Prochlorococcus*. Esses organismos, abundantes nos oceanos tropicais e subtropicais, desempenham papel importante na regulação dos níveis de CO_2 e O_2 na atmosfera. Imagem obtida por microscópio eletrônico, com cores artificiais, e ampliada 23 000 vezes.

Mycobacterium tuberculosis, exemplo de bactéria heterótrofa patogênica (causa tuberculose em seres humanos). Imagem obtida por microscópio eletrônico, com cores artificiais, e ampliada 50 000 vezes.

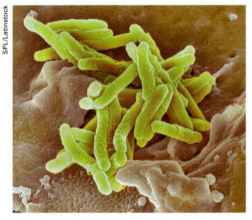

Bactérias heterótrofas

As bactérias heterótrofas, em geral, são decompositoras, isto é, alimentam-se da matéria orgânica que conseguem encontrar: restos dos organismos ou cadáveres. Algumas, conhecidas como patogênicas, são parasitas e provocam doenças, tais como: tuberculose, tétano, cólera, sífilis e meningite. Entre as heterótrofas, encontram-se as bactérias mutualísticas, como as que existem na pança dos ruminantes – estômago do boi, onde digerem a celulose. Dizemos que a relação entre organismos de espécies diferentes é mutualística quando há ajuda mútua: a bactéria do estômago do boi digere a celulose beneficiando-o. Em troca, é protegida pelo corpo do boi e recebe alimento quando o boi pasta.

Biologia e Química

Bactérias na indústria

Algumas bactérias heterótrofas são largamente empregadas nas indústrias de laticínios, como as do gênero *Lactobacillus*, na produção de iogurtes e queijos. Essas bactérias, usando a lactose – açúcar do leite –, realizam a fermentação com a produção de ácido lático. Eliminado no leite, o ácido faz com que ele coalhe, formando a coalhada. A partir dela, a indústria de laticínios produz seus derivados. Na indústria farmacêutica, bactérias do gênero *Streptomyces* são utilizadas na produção do antibiótico neomicina. A indústria química utiliza bactérias para produzir substâncias como metanol, butanol e acetona.

1. Você conhece alguma outra aplicação de bactérias pelo ser humano? Qual?

Reprodução

As bactérias se reproduzem principalmente por divisão binária (cissiparidade ou bipartição). Nesse tipo de reprodução a célula procariótica se divide e gera dois novos organismos com material genético idêntico, os quais, por sua vez, se reproduzem da mesma forma. As bactérias se reproduzem muito rapidamente e, durante o processo de divisão, podem ocorrer erros no material genético causando mutações que podem se estabelecer em uma população bacteriana com facilidade.

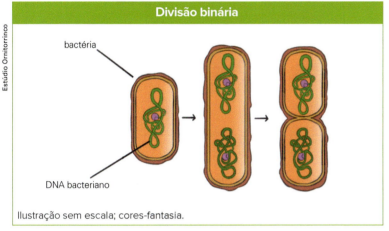

Esquema da reprodução bacteriana por divisão binária.

Fase final da reprodução por divisão binária de *E. coli*, quando as duas células recém-formadas ainda estão unidas. Imagem obtida por microscópio eletrônico, com cores artificiais, e ampliada 17 500 vezes.

As mutações são a principal fonte das variações gênicas das bactérias, no entanto, elas apresentam mecanismos próprios que promovem recombinação gênica, uma característica da reprodução sexuada. Esses mecanismos são a conjugação, a transformação ou transdução.

Na **conjugação** uma bactéria se une a outra por meio da fímbria sexual, um filamento oco um pouco mais longo que os demais *pili*, e transmite a cópia de uma fração de seu DNA diretamente a outra bactéria.

Na **transformação**, uma bactéria absorve pedaços de DNA que estão livres no ambiente em seu entorno. Muitas bactérias possuem, na superfície externa, proteínas que reconhecem trechos de material genético de espécies intimamente relacionadas e são capazes de transportá-los para o interior da célula, onde podem ser incorporados ao genoma.

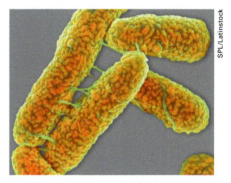

Bactérias *E. coli* unidas pela fímbria sexual, em processo de conjugação. Imagem obtida por microscópio eletrônico de varredura, com cores artificiais, e ampliada 20 000 vezes.

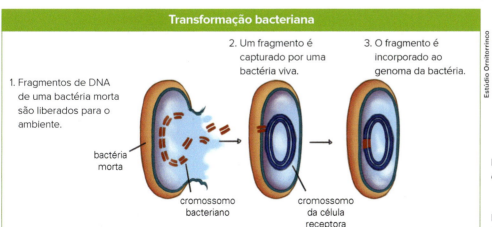

Esquema do processo de transformação bacteriana.

Procariontes Capítulo 4 45

Na **transdução**, um vírus serve de transmissor do material genético de um organismo para outro. Nesse exemplo, o organismo é uma bactéria; e o vírus, um bacteriófago.

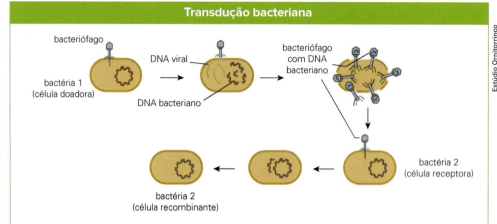

Ilustração sem escala; cores-fantasia.

Esquema do processo de transdução em bactérias.

Foco em saúde

O que será que elas falam de nós?

"As bactérias são consideradas seres com um ciclo de vida, estrutura e hábitos muito simples. Por muito tempo, acreditou-se que suas células tinham vida independente em relação a seus vizinhos, exceto por um ou outro contato ocasional durante sua reprodução. Porém, essa visão tem sofrido uma grande reviravolta nos últimos anos, e pesquisas têm mostrado que esses seres primitivos possuem uma vida muito mais rica e diversa do que se supunha.

Entre os cientistas envolvidos na "redescoberta" da biologia das bactérias está a microbiologista brasileira Vanessa Sperandio, professora da Universidade do Texas em Dallas. Ela e sua equipe pesquisam bactérias da espécie *Escherichia coli*, que ocorrem normalmente aos trilhões em nossos intestinos, onde são parte da chamada flora microbiana.

Ali, essas bactérias encontram abrigo e alimentação farta. Porém, elas não são meras comensais e acredita-se que contribuam – desde que mantidas sob estrito controle de nosso sistema imune – para que absorvamos nutrientes e vitaminas, além de evitarem que nossos intestinos sejam invadidos por outras bactérias patogênicas.

Apesar disso, todo ano um grande número de pessoas são vítimas de infecções alimentares – muitas vezes fatais – causadas por uma cepa virulenta dessas bactérias, conhecida como *Escherichia coli* êntero-hemorrágica (EHEC). [...]

Essas bactérias também são capazes de ativar a produção de compostos químicos que coordenam a proliferação de outras bactérias no local por um processo conhecido como percepção de quórum (*quorum sensing*).

As bactérias produzem compostos químicos em resposta a sinais de seu microambiente. Assim, podem decidir quando é o melhor momento para se reproduzirem, se dirigirem para outro local ou mesmo formar esporos em resposta a situações adversas. Hoje sabemos que bactérias interagem entre si e que são capazes de se comunicar com representantes de outras espécies e, talvez, mesmo com células eucarióticas. [...]

Porém, o processo de percepção de quórum acrescenta uma complexidade muito maior à vida das bactérias. A possibilidade de que bilhões desses organismos – muitas vezes de espécies diferentes – possam agir de forma coordenada, utilizando-se de sinais de nosso próprio organismo para provocar infecções, é assustadora e ao mesmo tempo explica grande parte da dificuldade que a medicina atual enfrenta para combater doenças bacterianas.

Vanessa Sperandio, microbiologista brasileira que atua nos Estados Unidos em pesquisas sobre bactérias.

BORGES, Jerry. O que será que elas falam de nós?. *Ciência Hoje On-line*. Disponível em: <cienciahoje.uol.com.br/colunas/por-dentro-das-celulas/o-que-sera-que-elas-falam-de-nos/>. Acesso em: 22 fev. 2016.

1. Você considere um organismo procarionte como simples? Justifique.

Tipos de bactéria

Com base nas diferenças da composição da parede bacteriana, as bactérias são agrupadas entre gram-positivas e gram-negativas.

As bactérias gram-negativas possuem parede bacteriana complexa, recoberta por uma cápsula externa, que é formada por carboidratos ligados a lipídios. A cápsula é uma espécie de cola e dá à célula a capacidade de aderir a alguma superfície ou a outras células, formando colônias.

A febre que aparece em doenças bacterianas é geralmente atribuída à ação tóxica dos componentes da parede bacteriana das bactérias gram-negativas. O tratamento das doenças por elas causadas é mais difícil porque essa parede oferece resistência na ação dos nossos anticorpos e dão a elas maior resistência aos antibióticos.

As gram-positivas têm paredes mais simples e, por isso, são menos resistentes aos medicamentos (antibióticos) e ao nosso sistema imunológico.

Os pneumococos, bactérias causadoras da pneumonia, existem em duas formas: com cápsulas e sem cápsulas. As que têm cápsula são bem mais virulentas (mais agressivas) e resistentes ao tratamento medicamentoso, por isso provocam pneumonias bem mais graves (severas) que as outras.

Para identificar se a bactéria causadora de uma infecção é gram-positiva ou gram-negativa utiliza-se a técnica de Gram, desenvolvida em 1884, pelo médico dinamarquês Hans Christian Gram (1853-1938), que consiste na coloração das bactérias preparadas em um esfregaço. As bactérias que descoram, quando submetidas à um solvente orgânico, são gram-negativas, e as que permanecem coradas, mesmo quando em contato com o solvente, são denominadas gram-positivas.

Cianobactérias

As cianobactérias já foram conhecidas por algas azuis e cianofíceas; elas são semelhantes às bactérias na organização celular (procariontes) e na parede celular. São seres autótrofos, tendo a clorofila do tipo A como pigmento fotossintetizante. Possuem outros pigmentos, como a ficobilina (avermelhado), a ficocianina (azul) e a ficoeritrina (vermelho). Não têm plastos, mas apresentam um sistema de membranas citoplasmáticas semelhante ao que se encontra nas bactérias fotossintetizantes, onde se localizam os pigmentos fotossintetizantes. Estão presentes em ambientes aquáticos (água doce e marinho) e em troncos de árvores, rochas, pedras e solo úmidos.

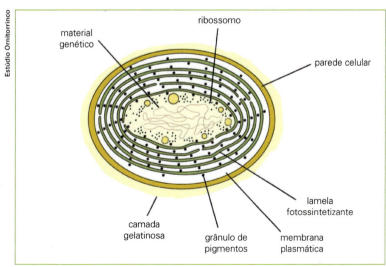

Ilustração sem escala; cores-fantasia.

Esquema da estrutura interna das cianobactérias (em corte) mostrando o sistema de membranas citoplasmáticas relacionadas ao processo de fotossíntese.

Foco em agricultura

Bactérias e fertilidade do solo

A presença de nitrogênio no solo é fundamental para a nutrição e o fortalecimento das plantas, que são fonte de alimento direto ou indireto da maioria dos seres heterótrofos. O nitrogênio do solo pode ter origem em dois processos básicos: por decomposição dos restos orgânicos e dos organismos mortos ou por fixação biológica. Nos dois casos, as bactérias têm funções decisivas, porque participam diretamente da decomposição e são responsáveis pela fixação do nitrogênio. O grande desafio da humanidade é adotar modelos de produção agrícola sustentáveis, que não prejudiquem o solo, especialmente por torná-lo inviável para a sobrevivência das bactérias.

Algumas espécies de cianobactérias, como as dos gêneros *Anabaena* e *Nostoc* são seres que fixam o nitrogênio por meio do processo de quimiossíntese. Os seres fixadores de nitrogênio são capazes de captar o nitrogênio gasoso (N_2) atmosférico e combiná-lo com outro elemento químico, formando um sal nitrogenado. Dizemos que o processo é de fixação porque o nitrogênio gasoso que se encontrava livre e solto na atmosfera, ao ser incorporado na forma de sal, é lançado ao solo ou na água, onde fica retido, ou seja, fixado como sal mineral. Como sal, é absorvido pelas raízes das plantas, que usam esse nitrogênio para sintetizar principalmente os aminoácidos. As cianobactérias fixam o nitrogênio gasoso na forma de amônia (NH_3).

Os nódulos na raiz de algumas plantas leguminosas são formados pela interação com bactérias *Rizhobium leguminosarum*, fixadoras de nitrogênio.

1. Qual a vantagem de cultivar plantas com nódulos bacterianos?

As cianobactérias, como todos os procariotos, são unicelulares e podem ser encontradas isoladas ou em colônias, nas formas filamentosas, laminares ou esféricas. As que formam colônias se reproduzem assexuadamente por cissiparidade. Já a reprodução assexuada das filamentosas consiste na formação de hormogônios, fragmentos de filamentos que se desprendem e formam novas colônias. Até hoje não se conhece qualquer forma de reprodução sexuada nesses organismos.

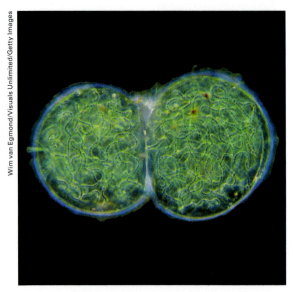

Colônias esféricas microscópicas formadas por colônias filamentosas da cianobactéria *Nostoc*. Imagem vista ao microscópio óptico e aumentada 10 vezes.

Colônias esféricas macroscópicas da cianobactéria *Nostoc*.

Doenças provocadas por bactérias

As bactérias causam uma série de doenças, entre elas, várias doenças sexualmente transmissíveis (DST), apresentadas no Volume 1. Algumas das principais doenças bacterianas estão resumidas na tabela a seguir.

Algumas doenças humanas causadas por bactérias			
Doenças	**Nome da bactéria e formas de contágio**	**Características e sintomas**	**Vacinas**
Cólera	*Vibrio cholerae*. É transmitida por via fecal-oral e ocorre por meio da água ou de alimentos contaminados.	Diarreia, náuseas, vômitos, desidratação, cãibras.	Não são recomendadas pelo Ministério da Saúde, pois sua eficácia é baixa.
Difteria	*Corynebacterium diphtheriae*, transmitida por gotículas de secreção eliminadas durante a tosse, espirro ou ao falar.	Febre, cansaço, calafrios, lesões brancas na laringe, amídalas e nariz.	DTP – Tríplice bacteriana.
Doença meningócica (DM)	*Neisseria meningitidis* (meningococo). Cinco tipos são responsáveis pela maioria dos casos: A, B, C, W e Y. O meningococo é transmitido pela saliva e por secreções respiratórias.	Febre alta, dor de cabeça intensa, vômitos, rigidez no pescoço, manchas vermelhas no corpo.	Existem três tipos de vacinas.
Doença pneumocócica (DP)	*Streptococcus pneumoniae* (pneumococo), transmitido por gotículas de saliva e secreções.	Existem cerca de 90 tipos de pneumococos, que causam desde doenças simples, como otite e sinusite, até outras graves, como pneumonia, meningite e septicemia.	Existem três tipos de vacinas.
Haemophilus influenzae tipo B (Hib)	*Haemophilus influenzae* tipo B, transmitida por gotículas de saliva ou secreções, por meio de espirros, tosse ou respiração.	Atinge principalmente crianças de até 5 anos. Podem causar meningite, otite, pneumonia, artrite, entre outras doenças. Até o final dos anos 1980, a bactéria foi a maior causadora de meningite bacteriana em crianças. Com a vacinação em massa, os casos diminuíram cerca de 90%.	Hib.
Tétano	*Clostridium tetani*, é encontrada em fezes humanas e de animais, na terra, plantas, poeira. A bactéria penetra na pele pelas lesões.	Rigidez muscular, dificuldade para abrir a boca e para engolir. Pode levar à morte.	DTP – Tríplice bacteriana.
Tuberculose	*Mycobacterium tuberculosis*, transmitida por gotículas de saliva.	Atinge os pulmões, provocando tosse, falta de ar, fraqueza, febres e suores noturnos. Afeta outros órgãos, como pele, rins, cérebro, ossos.	BCG.

Foco em saúde

Antibiótico

O termo antibiótico – antivida ou contravida – já fornece algum indício do seu efeito. Trata-se de um veneno específico porque combate apenas certo tipo de organismo, principalmente bactérias.

Deve ser usado sob orientação médica e as doses e tempo de tratamento precisam ser seguidos rigorosamente.

Uma doença bacteriana é provocada por uma população de bactérias que se instala no organismo. Como o número delas depende do estágio da doença, a dose e o tempo necessários para destruí-las também são variáveis.

Doses exageradas de antibiótico podem ser prejudiciais ao nosso organismo e provocar efeitos colaterais indesejáveis. Já as doses insuficientes eliminam somente as bactérias mais sensíveis a ele, e as que apresentam alguma resistência sobrevivem. Desse modo, se o antibiótico for usado indevidamente, ele faz uma seleção, permitindo a sobrevivência das bactérias resistentes.

Como essa característica foi herdada (a bactéria nasceu com ela), ou seja, é hereditária, as bactérias resistentes transmitem essa resistência aos seus descendentes. Consequentemente, a população de bactérias se refaz e a doença volta a se manifestar, porém, dessa vez, com bactérias resistentes àquele determinado antibiótico.

Para evitar o uso indevido, nas farmácias os antibióticos, desde 2010, são vendidos apenas com apresentação de receita médica, segundo determinação da Agência Nacional de Vigilância Sanitária (Anvisa).

1. É comum pessoas se automedicarem com antibióticos. Quais os riscos dessa prática?

Atividades

1. Sabemos que uma forma de conservar os alimentos é salgá-los excessivamente. Os peixes salgados, por exemplo, o bacalhau, se conservam por muito tempo. Em laboratório, foram encontrados em porções de bacalhau seres unicelulares vivos, vermelhados, identificados como *Hallobacterium* e que não nos fazem mal à súde. Como se explica a presença desse organismo vivo no bacalhau?

2. O mesossomo é uma prega da membrana plasmática das bactérias que invade o citoplasma. Que funções estão relacionadas a ele?

3. Quando analisamos as formas de reprodução sexuada das bactérias, notamos que, na conjugação duas bactérias se unem e trocam material genético. Nesse caso, duas células iniciam e terminam o processo, sem a geração de descendentes. Na transdução, um vírus age como transportador de gene de uma bactéria para a outra. Aqui também o processo começa com duas e termina também com duas bactérias, ou seja, sem formação de descendentes. Na transformação, uma bactéria incorpora o DNA solto no ambiente e proveniente de uma bactéria destruída. Em nenhum dos três casos há formação de descendentes. Por que, então, pelo que conhecemos por reprodução sexuada, a transformação, a transdução e a conjugação podem ser considerada, reprodução se não houve geração de descendentes (sem aumento do número de indivíduos)?

4. Algumas espécies de bactérias podem apresentar uma cápsula envolvendo-a totalmente e formada sobre a parede celular. Que qualidades essa cápsula confere às bactérias?

5. Admitindo que uma bactéria se reproduza assexuadamente a cada vinte minutos e que um determinado antibiótico retarde esse processo em dez minutos.
   a) iniciando-se com cinco bactérias às 13 h, calcule o número delas as 16 h sem os efeitos do antibiótico.
   b) faça o mesmo cálculo considerando que as bactérias se encontram, agora, sob o efeito do antibiótico.

6. Quais são as fontes de energia utilizadas por bactérias fotossintetizantes e quimiossintetizantes na síntese dos seus alimentos?

7. O que significa dizer que uma doença não confere imunidade?

8. Existem doenças hereditárias e congênitas. A sífilis é uma doença que pode ser congênita, enquanto a anemia falciforme é hereditária. Por que uma é congênita e a outra, hereditária?

9. Na época de frio, os alunos de uma mesma sala de aula fecham as janelas e pedem ao professor para manter fechada a porta da sala devido ao frio. Assim, com o ambiente mais aconchegante, as aulas transcorrem normalmente, durante horas. Da mesma forma procedem quando estão no ônibus, fechando todas as janelas. Supondo que, entre esses alunos, haja um com gripe (ou meningite) – a gripe e a meningite são transmitidas da mesma forma, por que depois de alguns dias boa parte dos alunos dessa turma acaba pegando gripe?

10. Por que os copos usados por doentes de meningite têm de ser bem lavados para que outra pessoa possa usá-lo sem risco?

11. A gripe é causada por vírus e a tuberculose por bactéria. Por que não se deve usar antibiótico no tratamento da gripe?

12. Uma das técnicas utilizadas para estudos em biologia molecular é a reação de PCR (sigla em inglês para Reação em Cadeia da Polimerase). Nessa reação, a fita dupla hélice de DNA é aberta à temperatura de ± 90 °C e cada fita simples serve de molde para que a enzima DNA polimerase promova a síntese de novas moléculas de DNA. O processo se repete várias vezes, sempre a temperaturas em torno de 90 ºC, e produz milhares de cópias da fita de DNA. A mecanização e o emprego dessa técnica permitiram o desenvolvimento do projeto genoma humano. Considerando que, nessa técnica, a enzima DNA polimerase deve manter-se estável e atuar sob temperatura elevada, é possível deduzir que essa enzima foi obtida de:
    a) alguma espécie de bactéria.
    b) vírus bacteriófagos.
    c) algum tipo de vírus infectante de células eucariontes.
    d) células-tronco mantidas *in vitro*.
    e) células de animais adaptados a climas quentes.

CAPÍTULO 5
PROTISTAS

O reino Protista (ou Protoctista) reúne organismos unicelulares (em sua maioria) e multicelulares, que, informalmente, são conhecidos por protozoários e algas. Esse Reino inclui também os oomicetos, seres anteriormente classificados como fungos.

Há algum tempo, Protozoário era o nome oficial de um filo e hoje representa um táxon **parafilético** de classificação. De forma geral, um táxon parafilético engloba organismos que não apresentam um ancestral comum exclusivo. Trata-se, portanto, de uma categoria taxonômica incompleta, mas útil para atender a necessidades específicas, como as didáticas, por exemplo. Assim, decidimos continuar usando nesta obra os termos "protozoários" e "algas".

Fundamentalmente, o reino Protista reúne os eucariontes que não se encaixam no reino dos fungos, animais ou plantas. Por essa razão, constitui um grupo amplamente diversificado.

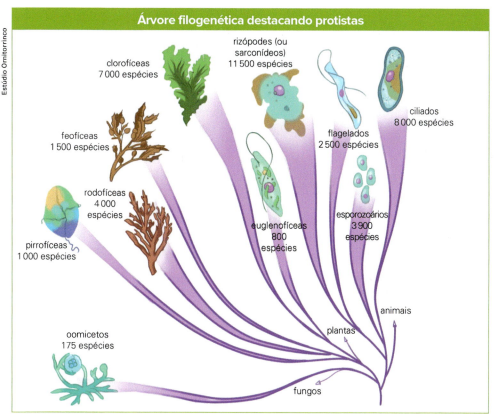

Ilustração sem escala; cores-fantasia

Representação de uma das propostas de árvore filogenética dos principais grupos do Reino Protista, que reúne seres de origens evolutivas muito diferentes.

Os protistas multicelulares não apresentam células especializadas (cada uma pode realizar todas as funções) e, portanto, não existem tecidos diferenciados e nem órgãos em sua estrutura corporal.

Quanto à nutrição, são bastante diversificados: há algumas espécies heterótrofas, que recolhem grandes moléculas orgânicas e partículas alimentares no meio na qual vivem; outras são fotoautótrofas; outras, ainda, são mixótrofas e combinam a fotossíntese com a nutrição heterotrófica.

Amoeba proteus realizando fagocitose. A ameba emite pseudópodes e engloba o alimento que é incorporado ao animal e digerido no vacúolo digestivo.
Imagem vista no microscópio eletrônico; colorida artificialmente e ampliada 96 vezes.

▶ Protozoários

Os protozoários são unicelulares e heterótrofos. Encontram-se em quase todos os ambientes, preferencialmente nos úmidos, vivendo de forma livre, ou em relações de mutualismo (quando há benefício mútuo) ou de parasitismo (quando há benefício para uma espécie e prejuízo para a outra). A seguir, apresentamos algumas características dos principais grupos.

Rizópodes

Os eucariotos unicelulares conhecidos como rizópodes (ou sarcodíneos) têm a capacidade de emitir pseudópodes (expansões citoplasmáticas) para se locomoverem ou capturarem alimento por fagocitose. Fazem parte desse grupo os foraminíferos e as amebas.

Os foraminíferos habitam principalmente o ambiente marinho e são providos de carapaça externa formada por carbonato de cálcio ou outros compostos minerais. Essa carapaça possui perfurações por onde eles emitem pseudópodes filamentosos para o exterior.

A *Amoeba proteus* é a ameba comum, de vida livre, que se encontra na água doce e no solo. Já a *Entamoeba histolytica* é uma ameba parasita do intestino humano. Provoca a disenteria amebiana ou amebíase, que se caracteriza por diarreias e lesões na mucosa intestinal.

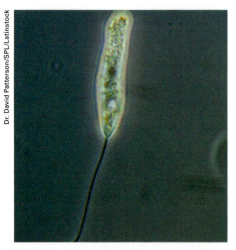

Peranema sp é um flagelado comum em água doce. Imagem vista ao microscópio óptico e ampliada 200 vezes.

Flagelados

Os flagelados, ou mastigóforas, são unicelulares eucariotos que usam os flagelos para se locomoverem. Podem ou não formar colônias e se reproduzem preferencialmente por divisão binária. Além disso, não apresentam cloroplasto e podem ser de vida livre como a *Peranema* sp, mutualísticos, como o *Trichonympha* sp, ou parasitas, como o *Trypanosoma cruzi*, causador da doença de Chagas.

Esporozoários

Os protozoários desprovidos de estruturas locomotoras são os esporozoários (Sporozoa). Todos eles são parasitas e se reproduzem assexuadamente por esporos (esporulação). Entre eles, destacam-se os do gênero *Plasmodium*, como o *P. vivax*, *P. falciparum* e *P. malariae* causadores de diversos tipos de malária (ou maleita, febre intermitente e impaludismo) e o *Toxoplasma gondii*, causador da toxoplasmose.

Ciliados

Os protozoários que possuem cílios em grande quantidade são os ciliados ou cilióforos (Ciliata), cujo representante típico é a espécie *Paramecium caudatum*, o paramécio.

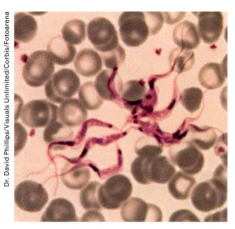

O *Trypanosoma cruzi*, flagelado parasita causador da doença de Chagas. Imagem vista ao microscópio óptico e ampliada cerca de 80 vezes.

O paramécio é um protozoário de vida livre que pode ser encontrado em grande quantidade em água doce estagnada, onde existem muitas bactérias, que são o seu alimento. Reproduzem-se assexuadamente por divisão binária e trocam material genético por conjugação. O organismo apresenta dois núcleos celulares, o macronúcleo e o micronúcleo. O macronúcleo participa apenas dos processos de manutenção do indivíduo. O micronúcleo tem papel importante no processo de conjugação.

Paramecium caudatum durante a conjugação. Imagem vista ao microscópio óptico e aumentada 84 vezes. Os paramécios, como outros protozoários que vivem em ambiente de água doce, possuem **vacúolo pulsátil** (ou contrátil), cuja função é eliminar o excesso de água que penetra na célula por osmose. Nesse caso, as células apresentam concentração superior (hipertônica) à do ambiente aquático (hipotônica) e, por causa dessa diferença, a água passa pela membrana para o interior da célula. Sem esses vacúolos, essas células estourariam. Os protozoários marinhos não apresentam vacúolo pulsátil já que não têm excedente de água porque as concentrações da célula e do mar são iguais (isotônicos).

Doenças provocadas por protozoários

Entre os protozoários, encontram-se diversas espécies que causam doenças em seres humanos. As doenças provocadas por eles são genericamente conhecidas por **protozooses**.

Amebíase

São várias as amebas que podem ser encontradas no organismo humano, porém, somente a *Entamoeba histolytica* é capaz, em determinadas condições, de provocar doença, a amebíase. Na maioria das pessoas, essa ameba vive no intestino grosso sem desenvolver os sintomas.

A presença da ameba é identificada por meio do exame de fezes, quando são encontrados os cistos – estruturas produzidas por amebas e outros tipos de organismos unicelulares que apresentam grande resistência às condições ambientais.

As amebas, em determinadas condições, penetram nos tecidos do intestino e os destroem, provocando a formação de uma úlcera intestinal. Nesse estágio, as amebas podem penetrar nos vasos sanguíneos e serem carregadas pelo sangue para outros órgãos, como o fígado, o baço, o rim, o cérebro e os pulmões, onde provocam sérias lesões. Essa doença é chamada de amebíase extraintestinal.

Os sintomas das pessoas que apresentam amebíase intestinal são os seguintes: várias evacuações diarreicas (fezes moles), às vezes contendo sangue, conhecidas como disenteria amebiana e acompanhadas de cólicas abdominais. O doente elimina cistos nas fezes e fica **prostrado**.

Prostrado: abatido, enfraquecido.

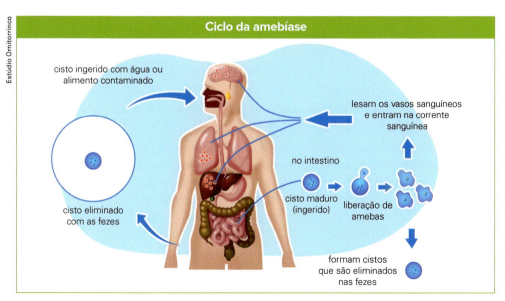

Ilustração sem escala; cores-fantasia.

Esquema simplificado do ciclo infeccioso da *Entamoeba histolytica*, causadora da amebíase.

Protistas **Capítulo 5** 53

O tratamento contra a amebíase intestinal consiste na ingestão de determinados medicamentos, na forma de comprimidos, por cerca de uma semana.

A contaminação ocorre quando os cistos das amebas são ingeridos com alimentos (verduras e legumes crus e mal lavados) e água contaminados. A água sem tratamento, recolhida da superfície (rios, lagos, represas, açudes) pode estar contaminada por dejetos humanos (fezes humanas).

As medidas preventivas consistem em lavar muito bem as verduras e legumes que vão ser consumidos crus. Não adianta deixar as verduras cruas em molho na água com cloro, porque o cloro não mata os cistos. Além disso, deve-se evitar o esgoto a céu aberto, pois os cistos podem ser transportados nas patas das moscas e baratas. Portanto, recomenda-se a construção de fossas, que também impedem o esgoto de atingir as águas de superfície (rios, lagos, represas, açudes, lagoas).

Giardíase

Giardia lamblia, na sua forma ativa. Micrografia eletrônica; cores artificiais e ampliada cerca de 2 040 vezes.

A *Giardia lamblia* é um protozoário dotado de flagelo. Vive no intestino e, na maioria das pessoas, provoca infecção assintomática, isto é, sem sintomas. Em algumas pessoas, ela se apresenta na forma aguda, conhecida como giardíase, com os seguintes sintomas: diarreia do tipo aquosa, de odor fétido, com muitos gases e cólicas abdominais. Essa forma aguda dura poucos dias e os sintomas regridem à medida que os dias decorrem. Durante a manifestação aguda, a *Giardia lamblia* reduz drasticamente a absorção dos alimentos no intestino, o que leva o doente a um estado de profunda fraqueza e debilidade. Nessas condições, o doente pode ter, em virtude de sua debilidade, outras doenças, que, se não forem tratadas devidamente, podem comprometer sua sobrevivência. Em todos esses casos, assintomático ou não, o paciente elimina cistos de *G. lamblia* nas fezes. A forma de contaminação, bem como as medidas de prevenção, são semelhantes às da ameba.

Doença de Chagas

Também chamada tripanossomíase, é provocada por um protozoário denominado *Trypanosoma cruzi*, dotado de flagelo e cujo agente transmissor é um percevejo (inseto) contaminado, vulgarmente conhecido como barbeiro, chupança ou chupão. As principais espécies de barbeiros transmissores do *T. cruzi* são a *Triatoma infestans* e a *Panstrongylus megistus*, mas há outras como a *Rhodnius prolixus*, encontrada na região amazônica. O barbeiro é um inseto hematófago de hábito noturno, isto é, alimenta-se de sangue durante a noite e se contamina por *Trypanosoma cruzi* quando suga sangue de pessoas ou animais portadoras desse protozoário.

Muitos parasitas não são transmitidos diretamente de uma pessoa doente para outra. Elas passam por um intermediário conhecido como **vetor**, que pode ser um animal ou outro meio. O vetor transmite o parasita de um hospedeiro para outro.

Durante o dia, o barbeiro fica escondido em frestas, fendas, no meio de palhas, em cascas de árvores etc. À noite, sai de seu esconderijo e procura um animal como um gambá, um macaco ou um ser humano, para dele se alimentar. Suga-lhe o sangue por uma perfuração que faz na pele ou por qualquer lesão. Ao mesmo tempo que suga o sangue, o barbeiro esvazia seu intestino, eliminando urina e fezes perto do local da picada. Dessa forma, consegue sugar maior volume de sangue.

Ao ingerir o sangue de uma pessoa com doença de Chagas (chagásico), o barbeiro se infecta. No intestino dele, o tripanossomo se reproduz, multiplicando-se, e é eliminado nas fezes. A infecção humana ocorre quando o barbeiro pica uma pessoa, defeca próximo à perfuração e os tripanossomos penetram no organismo, dirigindo-se para a corrente sanguínea. Na maioria das vezes, a infecção é provocada pela pessoa ao coçar o local da picada.

Uma vez no sangue, o tripanossomo se reproduz muito, alojando-se, posteriormente, em diversos órgãos. O mais afetado é o coração, onde o tripanossomo perde o flagelo e transforma-se em amastigóforo. No coração, provoca lesões permanentes, causando sérias insuficiências cardíacas. Podem, também, se instalar no intestino e no esôfago.

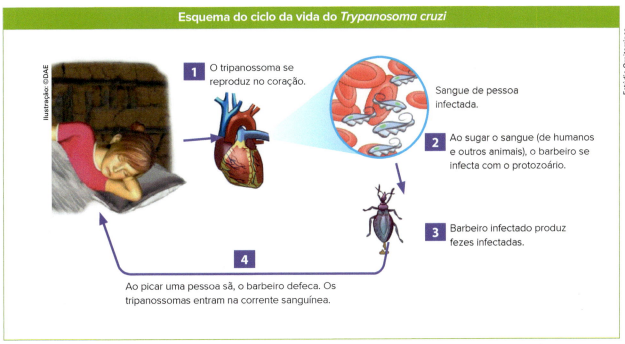

Esquema do ciclo de vida simplificado do *Trypanosoma cruzi*, causador da doença de Chagas.

Ilustração sem escala; cores-fantasia.

Não há cura para a doença de Chagas, mas, na maioria dos casos, alguns medicamentos prescritos por médicos podem ajudar na fase aguda; na fase crônica, em que as lesões são definitivas, restam apenas os cuidados gerais para controlar os sintomas e evitar inchaços. No entanto, para controlar a disseminação da doença é fundamental combater o inseto transmissor por meio de aplicações de inseticidas nas residências, principalmente rurais, que possuam fendas ou rachaduras nas paredes ou sejam cobertas com palhas. Outra forma de combate à doença é melhorar a qualidade das construções rurais, substituindo-as por casas de alvenaria e cobertas com telhas de cerâmica.

A doença de Chagas recebe esse nome em homenagem ao cientista brasileiro Carlos Chagas, que descobriu a doença em 1909, na cidade de Lassance – distante cerca de 250 km de Belo Horizonte, no estado de Minas Gerais.

Inseto barbeiro, sobre a pele humana. Ele atua como vetor do *Trypanosoma cruzi*, causador da doença de Chagas. Mede 2 cm-3 cm.

Protistas **Capítulo 5** 55

Biologia e História

A descoberta da doença de Chagas

A pesquisa sobre a doença de Chagas foi iniciada em 1907, mas apenas em 1909 foi anunciada a sua descoberta. A doença de Chagas recebeu esse nome em homenagem a seu descobridor: Carlos Chagas (1879-1934).

Carlos Chagas estava trabalhando no combate à malária quando tomou conhecimento da existência do "barbeiro", inseto hematófago (que se alimenta de sangue) nas habitações do lugar.

Examinando exemplares desse inseto, descobriu um protozoário desconhecido e enviou esse material ao Instituto Oswaldo Cruz, no Rio de Janeiro, para que eles fossem inoculados em diversas espécies de animais de laboratório. Esses animais desenvolveram a doença e foi constatado que o sangue deles continha o protozoário.

Sabendo disso, Carlos Chagas começou a procurar pelo protozoário no sangue das pessoas e dos animais que conviviam com essas pessoas.

Assim trabalhando, em 14 de abril de 1909, ao examinar uma criança de 2 anos e com febre, chamada Berenice, encontrou o protozoário tanto no sangue dela como em seu animal de estimação. Berenice é o primeiro caso humano descrito da doença.

Nessa ocasião, Carlos Chagas batizou o protozoário de *Trypanosoma cruzi*. Em 1962, já morando em casa de alvenaria, Berenice foi submetida a um *check-up* (exame médico minucioso) para investigar a presença de protozoários em seu sangue, mas ela já não apresentava os sintomas da doença. Em 1968, Berenice foi reavaliada e os resultados foram os mesmos.

O que aconteceu com Berenice é o mesmo que ocorre com a maioria das pessoas infectadas por *Trypanosoma cruzi*: a doença de Chagas na forma indeterminada. Berenice faleceu em 1982, com 75 anos, tendo convivido com a doença de Chagas por 73 anos.

Carlos Chagas.

1. Qual a importância de se identificar o organismo que causa determinada doença?

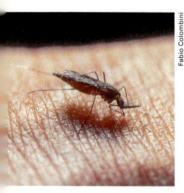

Mosquito-prego (*Anopheles darlingi*), transmissor da malária. Mede cerca de 0,5 cm.

Malária

Protozoários do gênero *Plasmodium* provocam a malária, doença conhecida por vários outros nomes, como febre intermitente, maleita, febre terçã ou quartã, impaludismo, paludismo e tremedeira.

As três espécies mais importantes do gênero *Plasmodium* que parasitam o ser humano são: *Plasmodium vivax*, *Plasmodium falciparum* e *Plasmodium malariae*. O ciclo dessas três espécies depende de dois hospedeiros: o ser humano e o mosquito-prego. No ser humano, elas se reproduzem assexuadamente, e, no mosquito-prego, sexualmente. Dizemos, então, que, na malária, o ser humano é o hospedeiro intermediário e o mosquito-prego, o hospedeiro definitivo. O hospedeiro é definitivo quando abriga a forma do parasita que se reproduz sexuadamente, e intermediário quando abrigada a forma do parasita com reprodução assexuada.

A malária é transmitida pela picada das fêmeas dos insetos que pertencem ao gênero *Anopheles*, principalmente da espécie *Anopheles darlingi*, popularmente conhecida como mosquito-prego. A forma infectante do *Plasmodium*, que o mosquito inocula no ser humano é conhecida por esporozoíto. O macho não transmite a doença porque é herbívoro (vegetariano), ao contrário da fêmea, que é hematófaga.

No ser humano, o *Plasmodium* parasita o fígado e o sangue, no *Anopheles*, o estômago e as glândulas salivares.

Ao se alimentar do sangue, a fêmea do *Anopheles*, desde que esteja contaminada, inocula esporozoítos na corrente sanguínea, onde permanecem por pouco tempo. Do sangue, migram para o fígado, onde se instalam e se reproduzem assexuadamente por dias seguidos.

Decorrido o período hepático (no fígado), o parasita, na forma de merozoíto, é lançado em grande quantidade na circulação sanguínea. No sangue, penetra nas hemácias (glóbulos vermelhos), onde inicia um novo ciclo reprodutor assexuado, gerando quantidades enormes de descendentes. No interior da hemácia, o merozoíto se transforma em trofozoíto, que se alimenta das moléculas de hemoglobina das hemácias, multiplica-se assexuadamente e, sofrendo nova alteração, volta a ser merozoíto.

O número de merozoítos no interior de cada hemácia é tão grande que ela se rompe, liberando-os novamente na circulação. Em geral, todas as hemácias repletas de merozoítos se rompem quase ao mesmo tempo, em um sincronismo perfeito, em intervalos regulares.

Espécies de plasmódios e período do ciclo de rompimento das hemácias		
Nome da espécie	Período do ciclo	Tipo de malária
Plasmodium vivax	48 horas	malária terçã benigna
Plasmodium malariae	72 horas	malária quartã benigna
Plasmodium falciparum	36 a 48 horas	malária terçã maligna

Os merozoítos liberados penetram em hemácias sadias, onde dão início a uma nova fase reprodutiva assexuada. Passado novo intervalo de tempo, as hemácias se rompem, liberam merozoítos, e o ciclo recomeça. Cada ciclo de destruição das hemácias corresponde aos acessos febris. A palidez, característica da doença, decorre da destruição maciça de hemácias, que conduz a uma anemia profunda, cuja consequência é a redução da capacidade física e a prostração do doente.

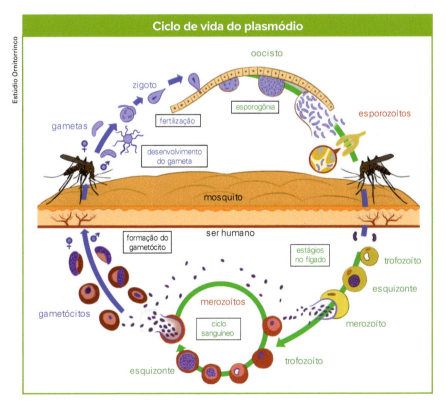

Ilustração sem escala; cores-fantasia.

Esquema do ciclo de vida do plasmódio, causador da malária.
Alguns merozoítos penetram em hemácias jovens, ali se transformam em gametócitos machos e fêmeas, que são lançados na circulação sanguínea. Esse é o início da fase reprodutiva sexual, que só se completa no *Anopheles*.
No estômago da fêmea do *Anopheles*, que sugou o sangue de uma pessoa com malária, os gametócitos se trasformam em gametas e se unem (fecundação), formando o zigoto (reprodução sexuada). No sistema digestório, o zigoto se reproduz assexuadamente (esporogônia), gerando grande quantidade de parasitas, que se deslocam para as glândulas salivares do inseto, onde permanecem na forma de esporozoítos. Os esporozoítos das glândulas salivares estão prontos para serem inoculados em uma pessoa.

Para combater a malária são necessárias as seguintes medidas profiláticas:

- Tratar do doente para eliminar o foco contaminador de *Anopheles*.
- Combater o agente transmissor usando os mesmos métodos de combate ao *Aedes*: não deixar latas, vidros e pneus nos quintais e terrenos baldios, locais de reprodução do inseto. Aliás, o *Aedes aegypti*, transmissor da dengue, é também o transmissor da malária e da febre amarela em área urbana. Além de não deixar água empoçada na qual o *Aedes* bota ovos, é possível usar inseticidas para combatê-lo em áreas urbanas.
- Colocar telas nas janelas das residências.

Foco em saúde

Proteção contra picadas de insetos

As medidas de proteção contra picadas de mosquitos devem ser enfaticamente recomendadas a todos os viajantes com destino a áreas de risco de malária e também do vírus zica. As medidas mais importantes são:

- Informação sobre o horário de maior atividade de mosquitos vetores da malária, do pôr do sol ao amanhecer.
- Uso de roupas claras e com mangas longas, durante atividades de exposição elevada.
- Uso de medidas de barreira, tais como telas nas portas e janelas, ar-condicionado e uso de mosquiteiro impregnado com piretroides.
- Uso de repelente. Os principais produtos disponíveis no mercado nacional à base de dietilmetaloamida (DEET) possuem concentrações que variam de 7 a 12% e devem ser reaplicados, pelo menos, a cada duas horas. Já existem disponíveis no país, em algumas redes de distribuição, novos produtos com concentrações mais elevadas (DEET 20%, 35% e 50%). Esses produtos permitem reaplicações com intervalos maiores e podem ser aplicados a cada cinco horas os que possuem concentração de 50%.

1. Quais atitudes devem ser tomadas em caso de suspeita de malária?

Leishmanioses

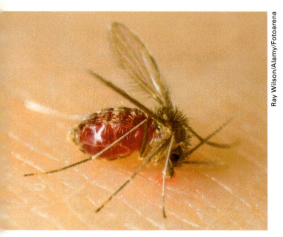

Lutzomyia longipalpis, uma das espécies de mosquito vetor da leishmaniose. Mede 0,3 cm.

As leishmanioses são provocadas por protozoários do gênero *Leishmania*. A espécie *L. donovani*, assim como *L. chagasi*, causa a chamada leishmaniose visceral ou calazar; a *L. tropica*, a leishmaniose cutaneomucosa; e *L. braziliensis*, a úlcera de bauru, ou leishmaniose tegumentar. A leishmaniose cutaneomucosa tem uma evolução curta, pois se torna ulcerada em poucas semanas. Em seguida, começa a se curar espontaneamente. A úlcera de bauru é caracterizada por úlceras em forma de cratera, de grandes dimensões, que destroem totalmente a pele, deixando marcas e deformações. O transmissor natural das leishmânias são as fêmeas dos insetos dos gêneros *Phlebotomus* e *Lutzomyia*, porque, tal como nos *Anopheles*, somente elas são hematófagas. Os parasitas que o mosquito ingere ao sugar o sangue de organismos contaminados (pessoas ou animais) multiplicam-se intensamente em seu interior e, por isso, ele se torna um vetor permanente da leishmânia. Com isso, a possibilidade de infectar mais pessoas é muito ampliada. O flebótomo também transmite a doença para todo animal do qual ele suga o sangue, principalmente os cães. Os cães, no entanto, não transmitem a doença aos seres humanos, apenas os mosquitos o fazem.

Tricomoníase

Tricomoníase é uma doença provocada pelo protozoário flagelado *Trichomonas vaginalis*, que habita o sistema urinário e genital do homem e da mulher, onde produz a infecção. É uma doença sexualmente transmissível.

▶ Algas

O termo algas se refere a um grupo formado por grande número de espécies, na maioria aquática, todas autótrofas clorofiladas, eucariontes, uni ou pluricelulares, cujos zigotos jamais se desenvolvem no interior das estruturas sexuais femininas.

O fitoplâncton compreende o conjunto de organismos autótrofos, principalmente algas, geralmente microscópicos, que vivem em suspensão na água, carregados passivamente pelas correntes.

As algas têm importância ecológica fundamental, pois cerca de 70% do oxigênio existente no ar atmosférico se deve à atividade fotossintética que elas realizam, especialmente pelas algas marinhas. Além disso, elas estão na base da cadeia alimentar em águas salgadas e doces.

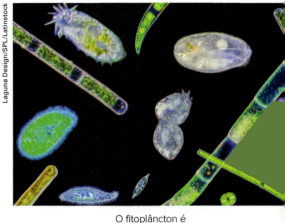

O fitoplâncton é constituído por algas e outros organismos fotossintetizantes. Imagem vista ao microscópio óptico e ampliado 135 vezes.

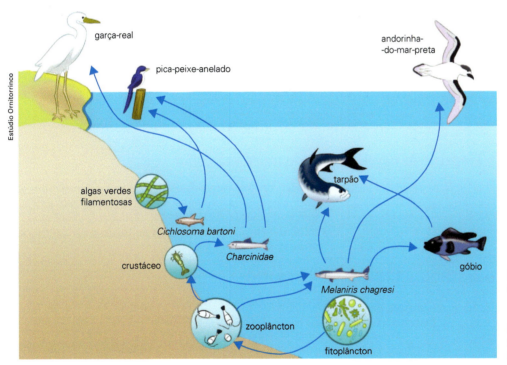

Ilustrações sem escala; cores-fantasia.

Esquema mostrando cadeia alimentar em ambiente marinho.

Euglenofíceas

As euglenofíceas (*Euglenophyta*) são algas unicelulares dotadas de flagelos, que permitem sua locomoção, têm vida livre e se encontram na água doce. A Euglena é o gênero mais importante desse grupo. É revestida por uma membrana elástica e não possui membrana celulósica. No citoplasma, tem um vacúolo contrátil que elimina o excesso de água e o cloroplasto, que contém como pigmentos as clorofilas **a** e **b**, o caroteno e a xantofila. Ela se reproduz assexuadamente por cissiparidade e sexuadamente por conjugação.

Pirrofíceas

As pirrofíceas (*Pyrrophyta*) são algas unicelulares móveis, de vida livre, dotadas de flagelos, que se encontram principalmente no mar. Seus cloroplastos contêm vários pigmentos, entre eles, as clorofilas **a** e **c** e pigmentos avermelhados, como o caroteno e peridinina. Devido à predominância dos pigmentos avermelhados, as pirrofíceas são conhecidas como algas "cor de fogo". A ordem Dinophysiales (dinoflagelados) é a mais importante do grupo. Reproduzem-se assexuadamente por cissiparidade, sendo rara a reprodução sexuada. Os dinoflagelados dos gêneros *Ceratium* e *Noctiluca* são abundantes no fitoplâncton e provocam a bioluminescência do mar.

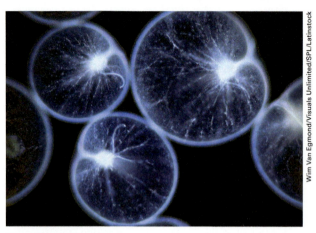

Noctiluca scintillans. Imagem vista ao microscópio óptico e ampliada cerca de 100 vezes.

Fenômeno da bioluminescência no mar. Hong Kong (China), janeiro de 2015.

Foco em saúde

Floração de algas nocivas ou maré vermelha

O crescimento excessivo de algumas espécies de algas microscópicas pode provocar um fenômeno denominado floração. Dependendo da espécie de alga, a água pode ficar vermelha, marrom, laranja, amarela e até roxa.

No Brasil, algumas praias já foram vítimas da floração de algas. A última grande infestação de algas ocorreu na Baía de Todos-os-Santos (Bahia), em 2007. Ela provocou a morte de cerca de 50 toneladas de mariscos e peixes. Milhares de bagres, parus, carapebas, pescadas amarelas e outros peixes amanheceram mortos em praias e ilhas da Baía de Todos os Santos.

Maré vermelha no Rio de Janeiro, em março de 2014.

Isso ocorreu em virtude da presença exagerada de nutrientes no ambiente aquático, notadamente o fósforo e potássio. Essa condição dá início ao processo de eutrofização do ambiente aquático: o excesso de nutrientes provoca a proliferação desordenada de algas e microalgas em lagos, represas e nas águas costeiras – golfos, baías e enseadas. A floração, dependendo da microalga que a provoca, causa a morte dos seres marinhos por ação das toxinas que libera, ou apenas pela posterior decomposição da massa, seguida da gradual redução da concentração de oxigênio dissolvido na água, até sua ausência completa (anoxia), quando o corpo de água está eutrofizado, como ocorreu no exemplo citado.

As toxinas também podem afetar as pessoas, caso alguns seres marinhos sirvam de alimento. Corre-se o risco de sofrer algum tipo de envenenamento, intoxicação alimentar, diarreia, paralisia e até morte. Na Austrália, em 2012, a maré vermelha que ocorreu na costa leste provocou a interdição de diversas praias próximas a Sydney.

O excesso de nutrientes em ambientes aquáticos é, muitas vezes, provocado por ações humanas, como o despejo de esgoto ou a contaminação de rios e lagos por adubos e agrotóxicos.

Em certas regiões marinhas podem ocorrer correntes de água que fluem do fundo para a superfície. Nesse movimento, essa corrente arrasta para a superfície os sais minerais que estão depositados no fundo. Com isso, a água da superfície se torna bastante fértil e, como está exposta diretamente à luz solar, favorece o desenvolvimento rápido de algas, principalmente das pirrófitas, do gênero *Gonyaulax*, que são responsáveis pelas marés vermelhas.

1. Mesmo após o desaparecimento da floração, as águas atingidas pela floração não são seguras para uso e consumo. Por quê?

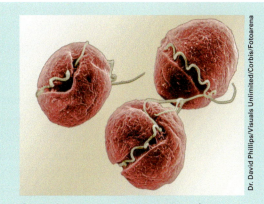

Gonyaulax sp, imagem vista ao microscópio eletrônico de varredura; cores artificiais; ampliada cerca de 3 000 vezes.

Crisofíceas

As crisofíceas (*Chrysophyta*), também conhecidas como algas douradas, são unicelulares, podendo formar colônias. Junto com os dinoflagelados, constituem os principais componentes do fitoplâncton. A ordem Diatomales (diatomáceas) é a mais importante dessa classe. Não possuem cílios ou flagelos e se deslocam por deslizamento.

A célula de uma diatomácea possui duas carapaças rígidas e impregnadas de sílica que se encaixam uma na outra, denominadas **frústulas** ou **valvas**, que substituem a membrana celulósica. A superfície externa das valvas não é lisa, apresenta estrias, depressões e saliências, que colaboram para o seu deslocamento.

As diatomáceas se reproduzem assexuadamente por divisão binária, e sexuadamente por processos variados. A flutuação das diatomáceas e pirrofíceas é facilitada pelo óleo que acumulam como substância de reserva.

Clorofíceas

As clorofíceas (algas da classe *Chlorophyta*), ou algas verdes, são uni ou pluricelulares, podendo formar colônias. Em uma mesma célula, podemos encontrar um ou mais núcleos e um ou mais cloroplastos no citoplasma. Os cloroplastos têm formas características, tão específicas que são usadas na identificação dos diversos gêneros. As clorofilas **a** e **b**, carotenos e xantofilas são os pigmentos que normalmente são encontrados nos seus cloroplastos.

Ulva sp, ou alface-do-mar em costão rochoso. The Burren (Irlanda), maio de 2013.

As clorofíceas vivem principalmente no ambiente aquático de água doce e têm papel secundário no plâncton marinho.

Por terem o amido como substância de reserva e membrana esquelética de celulose, as algas verdes se assemelham muito às plantas terrestres, mais do que as demais algas. Os botânicos interpretam essas características como uma evidência evolutiva de que elas são ancestrais das plantas terrestres.

A reprodução assexuada nas clorofíceas ocorre por divisão binária nas unicelulares, pela fragmentação dos filamentos, nas filamentosas, ou por formação de zoósporos (esporos flagelados). Mas a reprodução sexuada também ocorre nesse grupo de algas, em geral em ciclos alternados com a reprodução assexuada. A maioria das algas verdes apresenta ciclo haplodiplobionte.

Ilustração sem escala; cores-fantasia.

Representação esquemática do ciclo de vida haplodiplobionte na *Ulva* sp.

Sargassum sp, em arrecife de corais, na Praia de Serrambi (PE), 2013.

Feofíceas

As algas feofíceas (da classe Phaeophyta), ou algas pardas, são principalmente marinhas, pois existem poucas espécies de água doce, e, geralmente, alcançam grande tamanho. Seus cloroplastos, numerosos por célula, apresentam clorofila **a** e **c**, carotenos, xantofilas e fucoxantina (pigmento marrom) que mascara os demais pigmentos, dando a cor característica da alga. Não possui nehum representante unicelular, todos são pluricelulares. A grande maioria das feofíceas apresenta alternância de gerações (ciclo haplodiplobionte).

As feofíceas do gênero *Sargassum* dão o nome ao "Mar do Sargaço", no oceano Atlântico, que se estende das Bahamas até os Açores, porque, nessa região, formam densas massas flutuantes, verdadeiras jangadas de algas. Também são comuns no litoral do Brasil.

Os *kelps* são algas pardas que podem atingir 70 metros de comprimento. São organismos sésseis, isto é, vivem presos, pela sua base, ao fundo do mar, em regiões de água fria. Os *kelps* compreendem um grupo de gêneros, principalmente *Macrocystis, Laminaria, Fucus, Alaria* e *Chorda*.

Unidade 2 Vírus, procariontes, protistas e fungos

Em países orientais, algumas algas do kelps são utilizadas como alimento. Na parede celular das feofíceas, encontra-se o ácido algínico. Extraído industrialmente, esse ácido é conhecido como algina ou alginina ou alginato, uma substância viscosa utilizada comercialmente como estabilizador e emulsificador, espessante de sorvetes, iogurtes, cosméticos, doces e pastas dentais.

Rodofíceas

A imensa maioria das algas da classe Rhodophyta (rodofíceas), ou algas vermelhas, é pluricelular, sendo raras as unicelulares. Apresentam as clorofilas **a** e **b**, carotenoides e um pigmento vermelho, a ficoeritrina, que dá a cor característica da classe. São principalmente marinhas e podem crescer em profundidades superiores a 100 metros, desde que a água seja suficientemente limpa para que a luz chegue até elas. Algumas espécies, abundantes em águas tropicais, são conhecidas como algas coralíneas, porque absorvem o carbonato de cálcio.

Podem se reproduzir assexuadamente e sexuadamente, por processos muito variáveis. Uma característica marcante das algas vermelhas é que nenhum dos gametas é móvel, sendo transportados pelos movimentos da água.

O *nori* é uma folha de algas secas e prensadas que se utiliza na culinária oriental.

Rodofíceas em arrecife de corais na Praia de Serrambi (PE), 2013.

Foco em sociedade

Algas vermelhas do Nordeste são usadas na produção de doces

Algas não estão associadas a alimentos para pessoas apenas quando se fala em sushis. As algas vermelhas, encontradas na costa do Nordeste brasileiro, são matéria-prima importante de indústrias como a de cerveja e a de doces.

Décadas atrás, a procura por essas algas chegou a acabar com sua ocorrência em algumas das praias onde podiam ser encontradas. Hoje, no entanto, a coleta mais consciente diminui os riscos ambientais. Experiências de cultivo também ajudam a preservar as algas.

[...]

Outra substância extraída desse tipo de algas é usada [...] para dar consistência ao marrom-glacê, feito de batata-doce. "O ágar-ágar 'rouba' água do doce e a textura fica apropriada para o corte", afirma Alana Queiroz, técnica de qualidade [...].

Quando misturado com água, o ágar-ágar forma uma gelatina sem gosto, que não derrete em temperatura ambiente.

Algas marinhas vermelhas podem ser cultivadas

Apesar de as algas serem normalmente coletadas em recifes de coral próximos à costa, há no Brasil algumas experiências de cultivo.

Uma delas é a da Amar (Associação das Maricultoras de Rio do Fogo), na praia de Rio do Fogo (RN), a cerca de 80 km de Natal. Maricultores são todos os trabalhadores que se dedicam à produção de espécies marinhas, como mariscos, ostras e algas.

A presidente da Amar, Nizia Maria Silva de Freitas, conta que o cultivo de algas vermelhas começou com um projeto mantido pelo governo. "Já apanhávamos e vendíamos as algas, mas agora ficou melhor, porque protegemos os bancos de corais", afirma. [...]

No cultivo, mudas de algas vermelhas da espécie *Gracilaria birdiae* são colocadas dentro de estruturas chamadas de cestas, feitas de malha de plástico, em formato cilíndrico, e levadas ao mar com a maré baixa, durante a época da lua minguante.

Quinze dias depois, as associadas voltam para a água e removem algas invasoras, de espécies sem aplicação comercial, que se acumulam sobre as malhas. Depois de mais dois meses, é feita a colheita [...].

FABIO, André Cabette. Algas vermelhas do Nordeste são usadas na produção de cerveja e doces. *UOL/Folhapress*, 27 nov. 2013. Disponível em: <http://economia.uol.com.br/agronegocio/noticias/redacao/2013/09/27/usadas-na-producao-de-cerveja-algas-sao-cultivadas-no-nordeste-brasileiro.htm>. Acesso em: 25 fev. 2016

1. Como a criação de fazenda de algas vermelhas pode ajudar em sua conservação?

Cultivo de *Gracilaria birdiae*, na praia de Rio do Fogo (RN), 2010.

Atividades

1. Por que o grupo Protista reúne grupos de espécies muito diversificados?

2. Quanto à nutrição, por que classificamos a *Euglena viridis* como mixotrófica?

3. São feitas três afirmativas:
   I. O plasmódio é parasita humano e causa a malária.
   II. O *Trypanosoma cruzi* causa a doença de Chagas.
   III. A *Entamoeba histolytica* parasita nosso intestino.
   Qual(is) é(são) verdadeira(s)?

4. O protozoário Trichonympha exerce nos insetos (cupins e baratas) o mesmo papel que:
   a) A ameba em nosso intestino.
   b) A giárdia em nosso intestino.
   c) As bactérias no estômago dos uminantes?
   d) O plasmódio em nosso sangue.
   e) Os foraminíferos no mar.

5. O prefixo "fito" significa planta; o "zoo" animal. Por que os biólogos chamam alguns protozoários de fitoflagelados e outros de zooflagelados?

6. Com relação às doenças estudadas, quais podem ser prevenidas com a construção de fossas sépticas?

7. Qual é a forma mais comum da transmissão da doença de Chagas?

8. Em uma temporada de verão, nas praias de Santa Catarina, vários turistas contraíram a doença de Chagas por via oral ao consumirem suco de acerola. Nesse caso, a doença teve evolução rápida porque a quantidade de *Trypanosoma cruzi* ingerida deve ter sido muito grande. Como podemos explicar esse fato?

9. De quais doenças é possível se prevenir ao se combater o mosquito *Aedes aegypti*?

10. Com relação ao ciclo da malária, por que o ser humano é o hospedeiro intermediário e o mosquito anófeles, o definitivo?

11. Apesar de polêmica, alguns cães são sacrificados em cidades ou bairros onde ocorrre uma epidemia de leishmaniose. Por que as autoridades tomam essa medida? Há outas formas de resolver o problema?

12. Algas como as diatomáceas e pirrofíceas acumulam óleo como substância de reserva. O que esse óleo proporciona para elas?

13. Quais são as algas que predominam no fitoplâncton marinho? E no de água doce?

14. A textura mais cremosa da massa de sorvete industrializado é dada por um produto adicionado durante a sua produção. Que produto é esse? De que alga ele é obtido?

15. Abaixo de cada jangada de sargasso no mar mediterrâneo, encontramos uma grande quantidade de peixes. Essas jangadas são levadas pelas correntes e os peixes as acompanham. Por que há tantos peixes junto a elas?

16. Cite dois aspectos fundamentais que tornam as algas tão importantes para o ambiente.

17. Explique o que é maré vermelha.

18. Entre os amantes de aquários, é comum se ouvir que excesso de algas marrons significa falta de luz e de algas verdes significa excesso da mesma. Explique por que essa explicação não é correta.

CAPÍTULO 6
FUNGOS

Os fungos, juntamente com as bactérias, são organismos que decompõem os compostos orgânicos do ambiente, um processo que permite a reciclagem da matéria para o mundo vivo. São pouco exigentes, pois conseguem se desenvolver em praticamente todos os ambientes onde haja água e matéria orgânica.

A parede celular das células dos fungos é constituída por quitina, um carboidrato nitrogenado resistente e suficientemente flexível. Além disso, a substância de reserva deles é o glicogênio, o mesmo dos animais. Podem ser uni ou multicelulares.

Caracterizam-se pela nutrição exclusivamente heterotrófica e extracelular. Produzem poderosas enzimas, capazes de decompor a maioria das substâncias orgânicas do ambiente. Secretam essas enzimas sobre o material orgânico onde se alojam, e elas realizam a digestão, formando moléculas mais simples, que são prontamente absorvidas. Por causa disso, dizemos que eles se alimentam por absorção.

São formados por filamentos microscópicos, denominados hifas. A massa de hifas entrelaçadas recebe o nome de **micélio**. Em alguns fungos, parte do micélio, chamada de **corpo vegetativo**, cresce imersa no material do qual se alimenta e a outra parte, chamada de **corpo de frutificação** e conhecida como cogumelo, emerge, expondo-se ao meio aéreo. O corpo de frutificação produz esporos, responsáveis pela reprodução e dispersão das espécies. O corpo vegetativo é responsável pela nutrição, pois são as suas hifas que secretam as enzimas e absorvem o material previamente digerido.

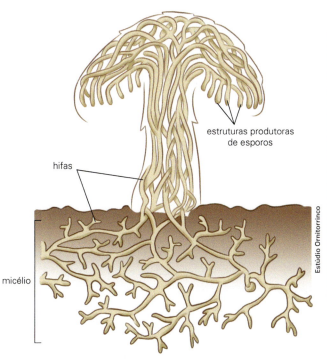

Representação esquemática da estrutura de um fungo. Ilustração sem escala; cores-fantasia.

Corpo de frutificação de *Amanita muscaria*, fungo pluricelular de regiões temperadas. Ele pode chegar a 10 cm de altura.

▶ Reprodução

A maioria dos fungos se reproduz por esporos, que podem ser sexuados (produzidos por meiose) ou assexuados (produzidos por mitose). Os esporos são estruturas muito pequenas, produzidos em grande quantidade e desprovidos de meios próprios de locomoção. Devido ao seu tamanho diminuto, podem permanecer em suspensão no ar durante longos períodos, sendo transportados pelas correntes aéreas a grandes distâncias.

Há registros de deslocamentos de esporos a cerca de 100 km de distância. Além do meio aéreo, os esporos podem ser transportados por animais, principalmente por insetos, ao aderir ao corpo deles. Os esporos dos fungos são encontrados em praticamente todos os ambientes da biosfera, inclusive no interior e na superfície de outros organismos.

Esporângio do bolor do pão (*Rhizopus stolonifer*). Micrografia eletrônica; cores artificiais, ampliada cerca de 220 vezes.

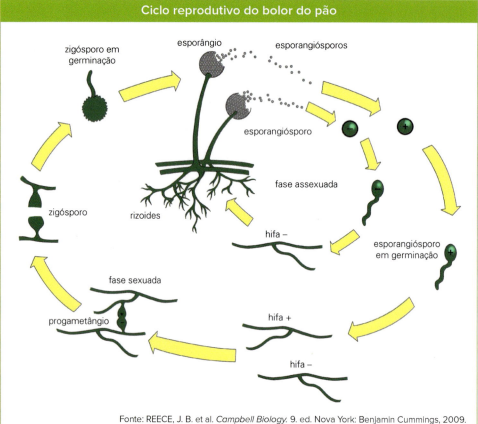

Ilustração sem escala; cores-fantasia

Representação esquemática do ciclo reprodutivo do bolor de pão.

Fonte: REECE, J. B. et al. *Campbell Biology*. 9. ed. Nova York: Benjamin Cummings, 2009.

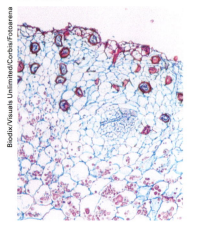

Tecido de batata-inglesa infectado por *Synchytrium endobioticum* (em roxo), um quitrídio. Imagem vista ao microscópio óptico; ampliada cerca de 20 vezes.

▶ Principais classes

Os fungos são classificados em:

Quitrídios

Possuem representantes na maioria dos solos e lagos. Alguns formam colônias com suas hifas; outros se apresentam como células esféricas isoladas. São os únicos fungos que produzem esporos flagelados, os zoósporos. Quanto ao modo de vida, alguns são decompositores, outros vivem mutualisticamente, como os anaeróbios que vivem no tubo digestivo de ovelhas e que ajudam na digestão do material vegetal.

Zigomicetos

Os principais representantes são os mofos de crescimento rápido, responsáveis pelo apodrecimento de frutas, pães e produtos armazenados com certa umidade.

Na reprodução assexuada, os esporos dos zigomicetos são produzidos nas extremidades das hifas do corpo de frutificação, em estruturas denominadas esporângios. A hifa que forma o esporângio é conhecida como esporangióforo. A reprodução assexuada também pode ocorrer por meio da fragmentação das hifas, e por brotamento, nos fungos unicelulares.

Ascomicetos

Nos fungos da classe ascomicetos, duas hifas monocarióticas (com um núcleo) se fundem, formando hifas dicarióticas (com dois núcleos). Cada núcleo é haploide. Em uma estrutura localizada na extremidade da hifa, denominada **asco**, os dois núcleos se fundem (cariogamia), formando um núcleo diploide. O núcleo diploide sofre meiose e dá origem a quatro núcleos haploides. Esses núcleos se dividem, em seguida, por mitose, formando, cada um, dois núcleos haploides. Desse modo, cada asco passa a conter oito núcleos, e cada núcleo é envolvido por parede celular, passando a ser um esporo, conhecido, nesse caso, como ascósporo. Depois de formados, os ascósporos são liberados quando o asco se rompe.

Morchella elata, um ascomiceto comestível que pode ter 10 cm de altura.

Penicillium glaucum, ascomiceto usado na fabricação do queijo gorgonzola.

Biologia e História

A descoberta da penicilina

Em 1928, o médico escocês Alexander Fleming fazia pesquisas com bactérias quando notou que havia crescido uma colônia de mofo (fungo da espécie *Penicillium notatum*, um ascomiceto) em suas bactérias e elas haviam sofrido lise, isto é, processo que leva à morte.

Passou a fazer parte de uma equipe de pesquisadores, composta por Howard Walter Florey, Ernest Boris Chain e Norman Heatley, que criou uma maneira de extrair e purificar a penicilina do fungo. Em 1945, eles receberam o prêmio Nobel de Medicina.

Antes do advento da penicilina, a lista das dez doenças que mais matavam humanos era composta quase exclusivamente por doenças infecciosas bacterianas; após o uso dos antibióticos, essa situação mudou, e as doenças que hoje mais matam são as cardiovasculares, os derrames, as doenças respiratórias (ligadas à poluição do ar e ao tabagismo), o diabetes e o câncer.

Cultura de *Penicillium notatum*, fungo que produz a penicilina.

1. Como é possível relacionar o desenvolvimento científico com o aumento da expectativa de vida?

Basidiomicetos

Os basidiomicetos compreendem os cogumelos e certos tipos de mofos. A principal característica deles é a produção de esporos em basídios.

Nos fungos da classe basidiomicetos, o processo inicial da produção dos esporos sexuados é bastante semelhante ao dos ascomicetos. A estrutura localizada na extremidade da hifa dos basidiomicetos é o basídio, onde são formados os basidiósporos.

Ilustração sem escala; cores-fantasia.

Representação da estrutura do corpo de frutificação dos basidiomicetos.

Deuteromicetos

É um grupo à parte dos fungos, no qual estão incluídos aqueles cuja forma de reprodução sexuada é desconhecida. Esses fungos também são chamados de *Fungi imperfecti* (fungos imperfeitos). À medida que se consegue esclarecer a reprodução sexuada de alguma espécie, a sua classificação é refeita e, de modo geral, ela é realocada em outro táxon dos fungos.

▶ Liquens: associação entre algas e fungos

Certos fungos se associam mutualisticamente a algas verdes ou cianobactérias e formam os liquens que crescem em rochas, troncos de árvores, telhados e paredes úmidas. Os liquens são considerados organismos pioneiros porque costumam ser os primeiros a se instalarem em locais inóspitos, como acontece nas erupções vulcânicas ou nos deslizamentos de encostas com exposição da rocha matriz. Instalam-se sobre a lava esfriada e solidificada e suportam a incidência direta de luz solar (aquecimento excessivo) e a falta de água (a rocha vulcânica não retém a água da chuva).

Por outro lado, apesar de resistirem às intempéries ambientais são altamente suscetíveis à poluição e não resistem a ela. Por causa disso, são bons indicadores do índice de poluição de determinada região. Uma área sem líquen significa "poluída".

Nos liquens, as células das algas produzem nutrientes por meio da fotossíntese. Esses nutrientes, bem como os minerais e a água, são absorvidos por hifas fúngicas que rodeiam as algas e penetram nelas.

Líquen, associação de algas e fungos.

▶ Importância ecológica dos fungos

Dispondo de água e matéria orgânica, os esporos dos fungos germinam, dando início ao processo de decomposição do material orgânico. Ecologicamente são importantes nesse processo porque decompõem troncos caídos, folhas, cadáveres de animais e plantas, além de restos dos seres vivos. Ao mesmo tempo, são considerados pragas comerciais porque também destroem a matéria orgânica, por exemplo, das madeiras dos móveis e portas, tintas, papelão, couro e do alimento. Os fungos decompositores são também conhecidos como sapróvoros, saprófitos ou saprófagos.

Existem fungos, as micorrizas, que se associam mutualisticamente a raízes de plantas, como samambaias, orquídeas e pinheiros, aumentando a superfície de absorção e, recebendo, em troca, o alimento necessário.

Os fungos e as formigas também mantêm relação de mutualismo. As formigas conhecidas como saúvas cortam folhas e as carregam para o formigueiro. Nas galerias do formigueiro, elas constroem estruturas maiores, as panelas, onde depositam as folhas recolhidas e recortadas. Sobre essas folhas, colocam os esporos de fungos, que germinam e formam o mofo do qual as formigas cortadeiras se alimentam. O mofo encontra ambiente adequado para se reproduzir nas galerias construídas pelas saúvas, e elas, sem esse tipo específico de mofo, não teriam o que comer.

▶ Doenças provocadas por fungos

No ser humano, a espécie *Candida albicans* (deuteromiceto) e as do gênero *Penicillium* (ascomicetos) merecem destaque. *Candida albicans* é uma espécie patogênica que causa a candidíase, uma doença popularmente conhecida como "sapinho". Fungos do gênero *Penicillium* emboloram roupas, calçados e alimentos. Outros fungos patogênicos provocam, por exemplo, frieiras, "pé de atleta" e micoses.

Certos fungos do gênero *Aspergillus* (ascomiceto) crescem sobre grãos de amendoim armazenados com excesso de umidade e representam um perigo para a saúde humana porque secretam aflatoxinas, compostos que causam câncer principalmente no fígado. Certas espécies também atacam plantas, dificultando a atividade agrícola.

Folhas de cafeeiro infectadas pelo fungo *Hemileia vastatrix*.

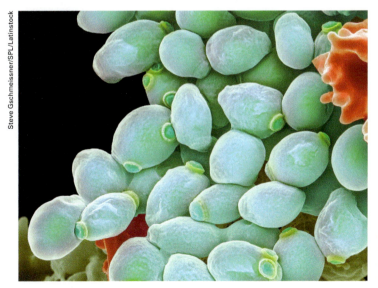

Candida albicans, fungo unicelular. Imagem vista ao miscroscópio eletrônico, com cores artificiais e aumentada cerca de 3 600 vezes.

Para explorar

A ação da levedura *Saccharomyces cerevisiae*

O uso da levedura *Saccharomyces cerevisiae* é fundamental na biotecnologia por seu papel milenar na produção de pão, vinho e cerveja, devido à sua capacidade de produzir álcool (principalmente o etanol, presente em bebidas fermentadas) e dióxido de carbono (que permite a expansão da massa do pão) a partir de açúcares.

Na preparação de pães, é importante deixar a massa "descansar". Você sabe por que isso é necessário? Por que se recomenda também embrulhar ou cobrir a massa com um pano para aquecê-la?

Vamos fazer uma massa de pão para responder a essas questões.

Materiais (por grupo)

- 50 g de fermento biológico (fermento de pão)
- 500 g de farinha de trigo
- 300 ml de água
- 1 colher de chá de sal
- Forno (manipulado apenas pelo professor)

Procedimentos

Misture a farinha e o sal e faça quatro montes (numere-os de 1 a 4). Adicione ¼ do fermento biológico desmanchado em cada monte. Reserve dois montes.

1ª etapa

- Adicione água aos poucos em um dos montes (monte 1) e amasse-o até obter uma massa lisa e homogênea. Cubra a massa com pano de cozinha limpo e deixe-a descansar bem.
- Sove a massa assim que ela dobrar de tamanho, depois corte-a em pedaços no formato de pão. Coloque os pãezinhos numa forma comum limpa e deixe descansar mais um pouco.
- Após a massa do montinho 1 ter crescido, adicione água ao montinho 2 (contendo farinha, sal e fermento) e misture bem. Faça pãezinhos como no anterior.
- Sem esperar crescer, coloque imediatamente esses pães, juntamente com a primeira receita (montinho 1), no forno a 180 °C por cerca de 20 minutos.
- Observe o que acontece.

2ª etapa

- Adicione água aos montinhos 3 e 4 (contendo farinha, sal e fermento) e misture bem.
- Coloque o montinho 3 na geladeira e cubra o montinho 4 com um pano de cozinha limpo. Deixe-o em um local mais aquecido, um armário, por exemplo.
- Aguarde cerca de 30 minutos e observe o que ocorreu com os dois montinhos.

Resultados

Descreva o que ocorreu com os montinhos de 1 a 4.

Conclusões

1. Por que houve diferenças entre os montes:
   a) 1 e 2?
   b) 3 e 4?

2. Que processo ocorre na massa do pão com fermento?

3. Qual é a importância desse processo para o fermento?

4. Qual é a importância desse processo para o ser humano na fabricação de pães?

5. O sal influenciou?

6. Por que é recomendado deixar a massa descansar em um ambiente mais aquecido?

Unidade 2 Vírus, procariontes, protistas e fungos

Foco na sociedade

Plantas e fungos patogênicos

[...] As interações entre as plantas e os fungos patogênicos são de extremo interesse para a humanidade, uma vez que grande parte da economia mundial tem por base a utilização de espécies vegetais, as quais podem sofrer sérios danos em virtude do ataque de patógenos. A devastação de uma espécie cultivada devido à ação de fungos pode ter como última consequência não somente a fome das pessoas que dependem diretamente do cultivo desta espécie, mas pode envolver também a mudança de costumes de toda uma nação. Este foi o caso da substituição do café pelo chá como bebida nacional dos ingleses, relatado por BERGAMIN FILHO & KIMATI (1995). Na antiga colônia inglesa do Ceilão (atual Sri Lanka) chegaram a ser cultivados em torno de 200 mil hectares de café no ano de 1870, sendo que praticamente toda a produção era exportada para a Inglaterra. No entanto, houve um ataque de ferrugem da folha nos cafezais, causadas por *Hemileia vastatrix*, fungo desconhecido até então, que reduziu para próximo de zero a produção de café no Ceilão em cerca de 20 anos. As plantações de café foram sendo pouco a pouco substituídas por plantações de chá, o que acabou transformando os ingleses de grandes bebedores de café em bebedores de chá. Outra consequência desta epidemia foi a falência do sólido Banco do Oriente, além da repatriação de milhares de indianos que trabalhavam na colheita, e da fome dos nativos, que, sem o dinheiro do café, não tinham como pagar pelo arroz importado. [...]

Fonte: BARBIERI, Rosa L; CARVALHO, Fernando I. F. de. Coevolução de plantas e fungos patogênicos. *Rev. Bras. de Agrociência*, v. 7, n. 2, p. 79-83, maio-ago., 2001. Disponível em: <https://periodicos.ufpel.edu.br/ojs2/index.php/CAST/article/download/376/369>. Acesso em: 23 mar. 2016.

1. De que maneira pode ser combatida uma infestação de fungos?

Atividades

1. O que significa dizer que os fungos se nutrem por absorção?

2. Os fungos pertencem ao reino Funghi, mas, até algum tempo, acreditava-se que se assemelhavam-se aos vegetais.
a) Que característica permitiu considerá-los com pertencentes ao reino Plantae?
b) Que características diferenciam vegetais e fungos?

3. A primeira recomendação que um médico dermatologista faz a um paciente que o procura para tratar de frieira nos pés e manter os pés sempre bem secos, não usar sapatos ou tênis fechados e, sim, sandália ou chinelo. Por quê?

4. O fungo da espécie *Saccharomyces cerevisiae* é aeróbio facultativo, isto é, na presença de oxigênio (O_2) ele realiza respiração aeróbia para obter energia; na ausência de O_2, ele realiza fermentação alcoólica. Quando respira, forma gás carbônico (CO_2) e água (H_2O); quando fermenta, álcool etílico (C_2H_5OH) e gás carbônico. Por que, nas usinas sucroalcooleiras, o tanque de fermentação da garapa (caldo de cana) não deve ser agitado em hipótese alguma depois que o fungo é adicionado a ele?

5. Um agricultor desavisado aplicou fungicida em uma área de pinheiros. Passado algum tempo, notou que não mais nasciam cogumelos no chão daquela área, mas, por outro lado, os pinheiros começaram a definhar. Qual a relação que se pode estabelecer entre a aplicação de um fungicida no solo com a debilidade dos pinheiros?

6. O combate à saúva é feito colocando-se nas proximidades de suas trilhas pequenos grãos de alimento contaminado com fungicida. A formiga carrega esse material para dentro do formigueiro e o deposita em suas fazendas (panelas onde cultivam o próprio alimento). Passados alguns dias, as formigas começam a morrer e o formigueiro se extingue. Qual a relação entre o fungicida que contamina o alimento e a morte das formigas?

PARA LER E REFLETIR

Zika em expansão

[...] O vírus que assombra o mundo com a ameaça da microcefalia levou quase 70 anos para atravessar metade do globo. Mas em pouco tempo conquistou um potencial explosivo de disseminação. Sua capacidade de se espalhar parece ter aumentado nos últimos tempos, em especial depois de chegar ao Brasil, onde, segundo estimativas do governo, já infectou de 440 mil a 1,3 milhão de pessoas.

Adaptações sofridas pelo vírus durante a sua viagem a partir da África aparentemente facilitaram a sua reprodução no organismo humano. Essa característica, somada à alta mobilidade da população atual e ao fato de que o vírus costuma pegar carona no sangue humano sem ser notado (em 80% dos casos a infecção não provoca sintomas), está transformando o zika em uma dor de cabeça internacional. Em um breve artigo apresentado na edição de 23 de janeiro da revista *Lancet*, uma das mais importantes da área médica, um grupo de pesquisadores do Canadá, dos Estados Unidos e da Inglaterra prevê um cenário de rápido espalhamento do zika por regiões com elevada concentração de pessoas nas Américas e na Europa.

A equipe chefiada pelo médico Kamran Khan, infectologista da Universidade de Toronto que investiga o espalhamento de doenças por viajantes, usou um modelo matemático que reproduz os surtos de dengue para estimar a capacidade de disseminação do zika. Os pesquisadores alimentaram o modelo com informações sobre as áreas de ocorrência atual dos mosquitos do gênero *Aedes*, que, além do zika, transmitem os vírus da febre amarela, da dengue e da *chikungunya*, e as regiões com clima favorável à proliferação dos insetos. Com esses dados, eles conseguiram ter uma ideia de onde haveria condições favoráveis para o zika se espalhar, caso chegasse lá.

Numa etapa seguinte, os pesquisadores precisaram calcular a probabilidade de o vírus alcançar as regiões onde vive seu transmissor – o *Aedes aegypti*, nas Américas e na África, e o *Aedes albopictus*, na Ásia e na Europa. Para isso, mapearam o destino internacional de pessoas que entre setembro de 2014 e agosto de 2015 estiveram em regiões do Brasil onde havia transmissão de zika.

Nesse período, quase 10 milhões de pessoas viajaram para o exterior a partir de 146 aeroportos brasileiros situados em áreas onde circulava o vírus. Cerca de 6,5 milhões de pessoas (65% do total) foram para países das Américas do Sul e do Norte. Outros 27% viajaram para a Europa e 5% para a Ásia. Só os Estados Unidos receberam 2,8 milhões de pessoas vindas do Brasil, enquanto a Argentina acolheu 1,3 milhão e o Chile, 614 mil. Na Europa os destinos mais comuns foram Itália, Portugal e França, cada um recebendo 400 mil pessoas. Algumas dezenas de milhares também foram para a Ásia, em especial a China, e para a África, principalmente Angola.

Esse cenário preocupa as autoridades da saúde por várias razões. Em primeiro lugar, porque algumas regiões que receberam os viajantes abrigam uma elevada concentração de pessoas. "Mais de 60% da população da Argentina, da Itália e dos Estados Unidos vive em regiões favoráveis à transmissão sazonal do vírus", escreveram os pesquisadores. No México, na Colômbia e também nos Estados Unidos entre 23 milhões e 30 milhões de habitantes estariam ainda em áreas com risco de transmissão contínua, nas quais insetos podem espalhar o vírus durante o ano todo.

O segundo motivo de inquietação é que o zika parece ter adquirido a capacidade de infectar mais facilmente o organismo humano no longo e lento caminho que percorreu na Ásia, desde que deixou as florestas de Uganda por volta de 1945, até chegar à Polinésia Francesa em 2013, de onde alcançou o Brasil. Nessa travessia, mapeada recentemente pelo biomédico Caio de Melo Freire, da Universidade Federal de São Carlos (UFSCar), e colegas da USP e do Instituto Pasteur no Senegal, o vírus se humanizou: alguns de seus genes hoje contêm receitas para fazer proteínas mais compatíveis com o organismo humano, o que facilita a infecção (ver Pesquisa FAPESP nº 239). "Isso pode ter ocorrido porque ao longo dessa viagem o vírus circulou entre poucos vetores, provavelmente o ser humano e o inseto", explica o biólogo Atila Iamarino, coautor do estudo. Membro da equipe da USP, Iamarino também faz divulgação científica e, com a zoóloga Sônia Carvalho Lopes, coordenou a produção de um material disponível no site Wikiversidade com orientações para professores do ensino básico e médio auxiliarem os alunos a desmentir boatos sobre o zika disseminados pela internet.

Enquanto o vírus avança, pesquisadores de todo o Brasil seguem com seus estudos para tentar entender o que o zika causa no organismo humano e como poderia provocar os casos de microcefalia a ele atribuídos. De 22 de outubro de 2015 a 30 de janeiro deste ano [2016], o Ministério da Saúde registrou o nascimento de 4.783 bebês com suspeita de ter microcefalia (antes da epidemia de zika a notificação não era obrigatória).

Dos 1 113 casos já analisados, 404 foram confirmados. Esses bebês têm de fato o cérebro pequeno demais para a idade e, além dos sintomas clínicos, apresentam sinais de lesão cerebral compatíveis com os de uma infecção adquirida durante a gestação (congênita). Até agora, porém, só se conseguiu comprovar a infecção por zika em 17 dos 404 casos de microcefalia – os outros 387 dependem da realização de testes imunológicos, ainda não disponíveis, para descartar de vez essa associação. [...]

ZORZETTO, Ricardo. Zika em expansão. Disponível em: <http://revistapesquisa.fapesp.br/2016/02/12/zika-em-expansao/>.
Acesso em: 20 fev. 2016.

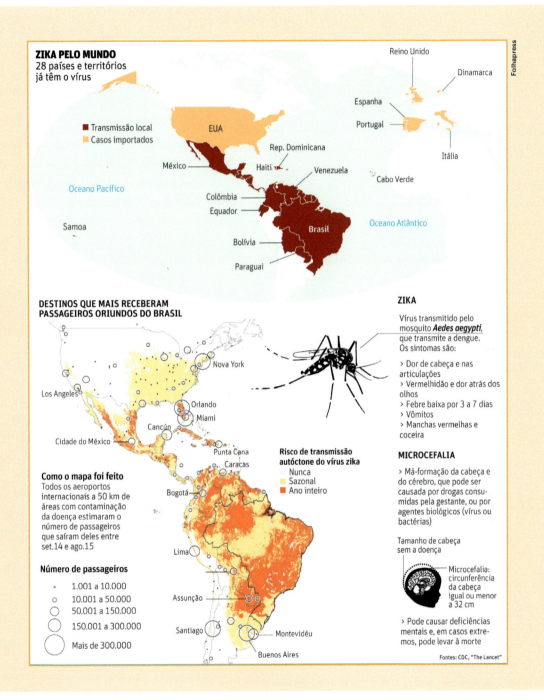

QUESTÕES

1. Que fatos comprovam o aumento de capacidade do zika vírus se espalhar rapidamente?

2. Quais características permitiram que o zika se tornasse "uma dor de cabeça internacional"?

3. Estudos revelam que existem indícios de que o zika vírus está capacitado a infectar mais facilmente o organismo humano? Quais são eles?

Ação e cidadania

Zika vírus

Essa atividade tem como objetivo atualizar os dados sobre a infecção do zika vírus no Brasil desde o final de 2015 até o momento e fazer um levantamento de como a comunidade e as autoridades de saúde vem enfrentando essa questão.

Com a ajuda do professor, a classe será dividida em três grupos, que realizarão as seguintes atividades:

Atividade 1 – Pesquisa e atualização dos dados sobre o número de pessoas infectadas pelo vírus no Brasil.

Atividade 2 – Pesquisa de campo na escola e no seu entorno para avaliar se as medidas de controle e prevenção vem sendo seguidas.

Atividade 3 – Entrevista com um agente da área de saúde do município.

Atividade 4 – Divulgação dos resultados e discussão sobre o tema.

O caminho para as Ámericas

O vírus Zika possivelmente já havia migrado em dois momentos distintos para o oeste da África e uma vez para a Ásia antes de ser identificado em 1947 em um macaco sentinela em uma floresta de Uganda.

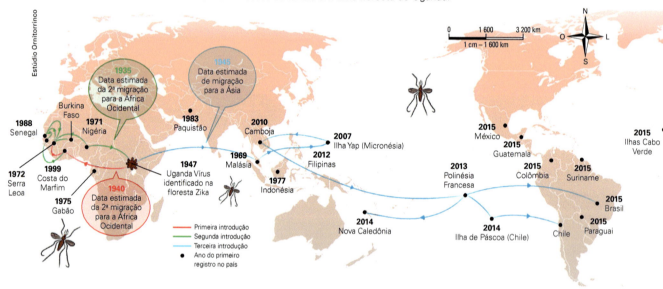

Fonte: Disponível em: <http://revistapesquisa.fapesp.br/2016/01/12/zika-o-virus-que-pegou-o-pais-de-surpresa/>. Acesso em: 18 fev. 2016.

Atividade 1 – Pesquisa, levantamento e atualização de dados.

Leia novamente o texto "Zika em expansão", da seção "Para ler e refletir", e anote os principais dados. A seguir, faça uma pesquisa em grupo para levantar dados atuais sobre o zika vírus.

- Esse número aumentou, diminuiu ou se manteve estável?
- O vírus se espalhou para outros continentes?
- A associação do zika vírus com o nascimento de bebês portadores de microcefalia congênita foi confirmada ou descartada? Os casos aumentaram ou diminuíram?

- Observe o mapa acima. Ele mostra o caminho percorrido pelo zika vírus desde 1947, quando foi identificado, na África, até 2015, quando chegou à América do Sul. Com base nas pesquisas feitas pelo grupo, acrescente novas informações sobre o trajeto do vírus zika pelo mundo fazendo uma cópia desse mapa no caderno e modificando-o.

Atividade 2 – Pesquisa de campo na escola e no seu entorno.

O vírus zika é transmitido pela picada do mosquito *Aedes aegypti*. As medidas de controle e prevenção contra esse vírus são iguais às da dengue e da febre chikungunya. O grupo que participar dessa etapa deve visitar a área da escola e a vizinhança para verificar se as recomendações estão sendo seguidas. Prepare uma tabela para anotar: local, situação, data da observação. Verifique:

- focos de água parada: caixas-d'água, vasos de plantas, garrafas, potes, poças de água, pneus velhos, calhas, privadas sem tampa, baldes etc.

- lixo: os recipientes de lixo devem ter tampa, e os sacos devem ser bem fechados.

- materiais de construção podem ser um foco de larvas do mosquito, por isso não devem ficar expostos ou espalhados.

- junto à direção da escola se foi realizada a dedetização.

Atividade 3 – Entrevista com agente de saúde

A equipe responsável por essa etapa deverá entrevistar um agente de saúde do município. O objetivo é saber o que vem sendo feito pelas autoridades em relação ao controle do mosquito, e também atualizar os dados em relação à doença. Elaborem um questionário prévio, que poderá ser complementado no momento da entrevista. A entrevista deve ser feita junto a um responsável. Seguem algumas sugestões:

- Que medidas de controle e prevenção à zika, dengue e chicungunha vem sendo realizadas pela prefeitura?

- Foram criadas equipes especializadas no combate ao mosquito *Aedes aegypti*?

- Além das medidas realizadas pelos agentes públicos, existem ações de educação com o objetivo de conscientizar a população sobre seu papel no combate à doença?

- Quantos casos da doença foram registrados no município desde 2015? Como tem sido a evolução dos casos?

- No município foi registrado algum caso de microcefalia congênita? E da síndrome de Guillain-Barré?

Atividade 4 – Divulgação dos resultados e discussão sobre o tema

Nessa etapa, os grupos se reúnem para discutir e compartilhar as informações obtidas nas etapas anteriores e também para organizar um seminário dirigido à comunidade escolar, ou seja, aos professores, funcionários, alunos e familiares.

Escolham a data e o local do seminário (auditório, quadra, sala de aula).

O seminário pode ser apresentado com o apoio de cartazes, fotos, desenhos, utilização de recursos audiovisuais. A decisão é da turma.

Apresentem os dados atualizados sobre a doença, as novas descobertas, novas formas de prevenção e a comprovação, ou não, da relação entre o zika com outras doenças. O mapa com o caminho do vírus pelo mundo, agora atualizado, também deverá ser exposto, assim como a interpretação dele.

O relatório da pesquisa de campo sobre as medidas de controle e prevenção será apresentado e discutido com os participantes. Apresentem os pontos positivos e as falhas e discutam que medidas poderiam ser tomadas pela comunidade.

Apresentem os dados obtidos na entrevista com o agente de saúde. Esse é um bom momento para avaliar as ações do poder público e discutir a importância do empenho e da participação de todos os cidadãos, mesmo que seja em pequenas ações.

É importante que a classe consiga mobilizar os alunos de outras séries, professores, funcionários e familiares para participar da apresentação. A divulgação pode ser feita por meio de folhetos, cartazes e visitas às residências. Organizem a produção do material de divulgação.

Os alunos participantes do projeto devem atuar como monitores para esclarecer dúvidas.

Fungos **Capítulo 6**

Para rever e estudar

Questões do Enem

1. (Enem – 2015)

Tanto a febre amarela quanto a dengue são doenças causadas por vírus do grupo dos arbovírus, pertencentes ao gênero *Flavivirus*, existindo quatro sorotipos para o vírus causador da dengue. A transmissão de ambas acontece por meio da picada de mosquitos, como o Aedes aegypti. Entretanto, embora compartilhem essas características, hoje somente existe vacina, no Brasil, para a febre amarela e nenhuma vacina efetiva para a dengue.

> MINISTÉRIO DA SAÚDE. Fundação Nacional de Saúde.
> Dengue: Instruções para pessoal de combate ao vetor.
> Manual de Normas Técnicas. Disponível em:
> <http://portal.saude.gov.br>. Acesso em: 7 ago. 2012 (adaptado).

Esse fato pode ser atribuído à

a) maior taxa de mutação do vírus da febre amarela do que do vírus da dengue.

b) alta variabilidade antigênica do vírus da dengue em relação ao vírus da febre amarela.

c) menor adaptação do vírus da dengue à população humana do que do vírus da febre amarela.

d) presença de dois tipos de ácidos nucleicos no vírus da dengue e somente um tipo no vírus da febre amarela.

e) baixa capacidade de indução da resposta imunológica pelo vírus da dengue em relação ao da febre amarela.

2. (Enem PPL – 2014) No ano de 2009, registrou-se um surto global de gripe causada por um variante do vírus *Influenza A*, designada H1N1. A Organização Mundial de Saúde (OMS) solicitou que os países intensificassem seus programas de prevenção para que não houvesse uma propagação da doença. Uma das ações mais importantes recomendadas pela OMS era a higienização adequada das mãos, especialmente após tossir e espirrar.

A ação recomendada pela OMS tinha como objetivo.

a) reduzir a reprodução viral.

b) impedir a penetração do vírus pela pele.

c) reduzir o processo de autoinfecção viral.

d) reduzir a transmissão do vírus no ambiente.

e) impedir a seleção natural de vírus resistentes.

3. (Enem – 2013)

Milhares de pessoas estavam morrendo de varíola humana no final do século XVIII. Em 1796, o médico Edward Jenner (1746-1823) inoculou em um menino de 8 anos o pus extraído de feridas de vacas contaminadas com vírus da varíola bovina, que causa uma doença branda em humanos. O garoto contraiu uma infecção benigna e, dez dias depois, estava recuperado. Meses depois, Jenner inoculou, no mesmo menino, o pus varioloso humano, que causava muitas mortes. O menino não adoeceu.

> Disponível em: <www.bbc.co.uk>. Acesso em: 5 dez. 2012 (adaptado).

Considerando o resultado do experimento, qual a contribuição desse médico para a saúde humana?

a) A prevenção de diversas doenças infectocontagiosas em todo o mundo.

b) A compreensão de que vírus podem se multiplicar em matéria orgânica.

c) O tratamento para muitas enfermidades que acometem milhões de pessoas.

d) O estabelecimento da ética na utilização de crianças em modelos experimentais.

e) A explicação de que alguns vírus de animais podem ser transmitidos para os humanos.

4. (Enem – 2012)

Um estudo modificou geneticamente a Escherichia coli, visando permitir que essa bactéria seja capaz de produzir etanol pela metabolização do alginato, açúcar presente em grande quantidade nas algas marrons. A experiência mostrou que a bactéria transgênica tem capacidade de obter um rendimento elevado na produção de etanol, o que pode ser aplicado em escala industrial.

> Combustível de algas. *Revista Pesquisa Fapesp*,
> 12. ed. fev. 2012 (adaptado).

O benefício dessa nova tecnologia, em comparação às fontes atuais de produção de etanol, baseia-se no fato de que esse modelo experimental.

a) aumentará a extensão de área continental cultivada.

b) aumentará a captação de CO_2 atmosférico.

c) facilitará o transporte do etanol no final da etapa produtiva.

d) reduzirá o consumo de água doce durante a produção de matéria-prima.

e) reduzirá a contaminação dos mares por metais pesados.

5. (Enem – 2012) Para preparar uma massa básica de pão, deve-se misturar apenas farinha, água, sal e fermento. Parte do trabalho deixa-se para o fungo presente no fermento: ele utiliza amido e açúcares da farinha em reações químicas que resultam na produção de alguns outros compostos importantes no processo de crescimento da massa. Antes de assar, é importante que a massa seja deixada num recipiente por algumas horas para que o processo de fermentação ocorra.

Esse período de espera é importante para que a massa cresça, pois é quando ocorre a

a) reprodução do fungo na massa.

b) formação de dióxido de carbono.

c) liberação de energia pelos fungos.

d) transformação da água líquida em vapor d'água.

e) evaporação do álcool formado na decomposição dos açúcares.

6. (Enem – 2011)

Certas espécies de algas são capazes de absorver rapidamente compostos inorgânicos presentes na água, acumulando-os durante seu crescimento. Essa capacidade fez com que se pensasse em usá-las como biofiltros para a limpeza de ambientes aquáticos contaminados, removendo, por exemplo, nitrogênio e fósforo de resíduos orgânicos e metais pesados provenientes de rejeitos industriais lançados nas águas. Na técnica do cultivo integrado, animais e algas crescem de forma associada, promovendo um maior equilíbrio ecológico.

SORIANO, E. M. Filtros vivos para limpar a água.
Revista Ciência Hoje. v. 37, n. 219, 2005 (adaptado).

A utilização da técnica do cultivo integrado de animais e algas representa uma proposta favorável a um ecossistema mais equilibrado porque

a) os animais eliminam metais pesados, que são usados pelas algas para a síntese de biomassa.

b) os animais fornecem excretas orgânicos nitrogenados, que são transformados em gás carbônico pelas algas.

c) as algas usam os resíduos nitrogenados liberados pelos animais e eliminam gás carbônico na fotossíntese, usado na respiração aeróbica.

d) as algas usam os resíduos nitrogenados provenientes do metabolismo dos animais e, durante a síntese de compostos orgânicos, liberam oxigênio para o ambiente.

e) as algas aproveitam os resíduos do metabolismo dos animais e, durante a quimiossíntese de compostos orgânicos, liberam oxigênio para o ambiente.

7. (Enem – 2011) Durante as estações chuvosas, aumentam no Brasil as campanhas de prevenção à dengue, que têm como objetivo a redução da proliferação do mosquito *Aedes aegypti*, transmissor do vírus da dengue. Que proposta preventiva poderia ser efetivada para diminuir a reprodução desse mosquito?

a) Colocação de telas nas portas e janelas, pois o mosquito necessita de ambientes cobertos e fechados para a sua reprodução.

b) Substituição das casas de barro por casas de alvenaria, haja vista que o mosquito se reproduz na parede das casas de barro.

c) Remoção dos recipientes que possam acumular água, porque as larvas do mosquito se desenvolvem nesse meio.

d) Higienização adequada de alimentos, visto que as larvas do mosquito se desenvolvem nesse tipo de substrato.

e) Colocação de filtros de água nas casas, visto que a reprodução do mosquito acontece em águas contaminadas.

Para rever e estudar

Questões de vestibulares

1. (PUC-PR – 2016)

A febre *chikungunya* é uma doença viral transmitida aos seres humanos por mosquitos, como o *Aedes aegypti* e *A. albopictus*, os mesmos que transmitem a dengue. Em razão da alta incidência desses mosquitos no país, os pesquisadores estimaram o risco de transmissão do vírus *chikungunya* por outras regiões do Brasil. Para isso, submeteram dados sobre a presença das duas espécies de mosquitos transmissores da doença a modelos matemáticos capazes de predizer possíveis padrões geográficos de disseminação do vírus. O vírus *chikungunya* (CHIKV) possui genoma de RNA positivo de fita simples, pertencente ao gênero *Alphavirus* da família *Togaviridae*.

Fonte: Adaptado de: <http://revistapesquisa.fapesp.br/2015/05/20/pesquisadores-identificam-linhagem-do-virus-chikungunya-no-brasil/>.

As características do agente etiológico e da doença permitem inferir que:

a) o risco de transmissão é maior, uma vez que o agente etiológico é específico a um único vetor.

b) o genoma viral apresenta pareamento de bases nitrogenadas.

c) o RNA do virion é de mesmo sentido que o RNA mensageiro e, portanto, funciona como RNA mensageiro, sendo totalmente ou parcialmente traduzido em proteínas na primeira etapa da replicação viral.

d) a utilização de modelos matemáticos capazes de predizer possíveis padrões geográficos de disseminação do vírus será útil na imunização passiva de pessoas não afetadas pela febre chikungunya.

e) *Aedes aegypti* e *Aedes albopictus* são espécies pertencentes ao mesmo gênero, mas de famílias diferentes.

2. (Unicamp-SP – 2016) O sarampo é uma doença infectocontagiosa provocada pelo *Morbilivirus*. Em 2015 apareceram vários casos dessa doença em diversas cidades do Brasil e do mundo. O que faz com que esta doença seja extremamente contagiosa e muito comum na infância?

a) O fato de ser transmitida por um vírus para o qual não existe vacina.

b) O fato de ser frequentemente transmitida por secreções das vias respiratórias, como gotículas eliminadas pelo espirro ou pela tosse.

c) O fato de ser transmitida apenas por meio de insetos vetores.

d) O fato de ser extremamente contagiosa apenas em crianças desnutridas, recém-nascidos e crianças portadoras de imunodeficiências.

3. (Ufes – 2015) Em 2014, a imprensa noticiou exaustivamente o surto de febre hemorrágica provocada pelo vírus ebola. Os vírus são organismos bastante peculiares em relação à sua estrutura corporal e à sua reprodução e, muitas vezes, não são considerados seres vivos. No que se refere aos vírus, explique

a) o que diferencia o corpo de um vírus do corpo dos demais organismos vivos;

b) como se reproduzem os vírus de RNA;

c) o motivo pelo qual parte da comunidade científica não considera vírus como ser vivo.

4. (UPE – 2015)

O papiloma vírus humano (HPV) é o principal causador do câncer de colo do útero, enfermidade considerada um dos principais problemas de saúde pública do Brasil. Em Recife, esse tipo de câncer tem colocado o estado de Pernambuco em evidência mundial, principalmente pelo elevado número de casos registrados e por ser a terceira neoplasia mais comum entre mulheres. Atualmente, para prevenir e ou reduzir a mortalidade por essa doença, o Ministério da Saúde resolveu imunizar jovens na faixa entre 11 e 13 anos de idade.

Diário de Pernambuco, 11 mar. 2014.
Disponível em: <http://monsystemeimmunitaire.fr/etiquette/cancer> (adaptado).

Assinale a alternativa correta, com base no conhecimento sobre o papiloma vírus humano.

a) São vírus de DNA de dupla fita, ou seja, adenovírus, que provocam o aparecimento de verrugas de coloração rosada, úmidas e macias, de aspecto semelhante à couve-flor tanto no órgão sexual do homem quanto no da mulher.

b) Pode ser transmitido indiretamente, pelo contato com a pele ou mucosa contaminada, durante a relação sexual, ou pela contaminação por meio de objetos como toalhas, roupas íntimas, vasos sanitários ou banheiras.

c) São vírus heterogêneos capazes de multiplicarem-se e de alterarem o seu genoma no interior da célula hospedeira, a partir dos seus processos metabólicos, recodificando sua própria replicação.

d) Tem um ciclo biológico no qual as partículas virais penetram inicialmente, nas células da camada profunda da pele ou das mucosas que são células mais diferenciadas do epitélio escamoso e que não têm atividade mitótica.

e) Nos seus estágios de ativação, pode replicar-se e permanecer em sítio primário, ou pode trilhar outros caminhos, tais como causar o condiloma, doença que, nos seres humanos, pode se expressar de forma assintomática, após o contato inicial.

5. (Unicamp-SP – 2015) O vírus Ebola foi isolado em 1976, após uma epidemia de febre hemorrágica ocorrida em vilas do noroeste do Zaire, perto do rio Ebola. Esse vírus está associado a um quadro de febre hemorrágica extremamente letal, que acomete as células hepáticas e o sistema reticuloendotelial. O surto atual na África Ocidental (cujos primeiros casos foram notificados em março de 2014) é o maior e mais complexo desde a descoberta do vírus. Os morcegos são considerados um dos reservatórios naturais do vírus. Sabe-se que a fábrica onde surgiram os primeiros casos dos surtos de 1976 e 1979 era o habitat de vários morcegos. Hoje o vírus é transmitido de pessoa para pessoa.

a) Como é a estrutura de um vírus? Dê exemplo de duas zoonoses virais.

b) Compare as formas de transmissão do vírus Ebola e do vírus da gripe.

6. (Fuvest-SP – 2015) Existem vírus que

a) se reproduzem independentemente de células.

b) têm genoma constituído de DNA e RNA.

c) sintetizam DNA a partir de RNA.

d) realizam respiração aeróbica no interior da cápsula proteica.

e) possuem citoplasma, que não contém organelas.

7. (Uepa – 2014) Leia o texto para responder à questão.

A ideia de utilizar organismos vivos e elementos químicos como instrumentos bélicos não é nova. Ao que tudo indica a criatividade, uma incrível faculdade humana, trabalha há muito tempo a serviço da maldade. Desde o século XIV, na época em que a peste bubônica eliminou quase um quarto da população europeia, cadáveres humanos eram catapultados para dentro dos muros das cidades para causar contaminações. Entre os organismos patogênicos causadores de doença destacam-se os pertencentes aos grupos de Vírus, Monera e Protistas.

(Texto modificado de *Bio*, Sonia Lopes, 2008.)

Quanto aos grupos destacados no texto, assinale a alternativa que contempla as características de cada grupo, respectivamente:

a) presença de capsídeo; ausência de carioteca; são autótrofos e heterótrofos.

b) presença de capsídeo; são pluricelulares filamentosos; presença de nucleoide.

c) são unicelulares; possuem citoesqueleto; reprodução por esporulação.

d) são unicelulares; ausência de carioteca; reprodução por conjugação.

e) são autótrofos; gram positivo e negativo; nutrição heterotrófica.

8. (Udesc – 2015) A organização dos componentes orgânicos nos seres vivos (com exceção dos vírus), em nível celular, pode ser de dois tipos básicos: procarióticas e eucarióticas.

Para rever e estudar

Com relação a estes dois tipos de células, assinale (V) para verdadeiro e (F) para falso.

( ) Nas células eucarióticas existe uma compartimentalização para atividades específicas como, por exemplo, a digestão e o armazenamento.

( ) Nas células eucarióticas o material genético encontra-se disperso no citoplasma.

( ) Nas células procarióticas existem, além da membrana citoplasmática, membranas internas denominadas de endomembranas.

( ) Em células procarióticas encontram-se além do DNA nuclear o DNA mitocondrial.

( ) As células procarióticas são encontradas principalmente nas algas e nos fungos.

Assinale a alternativa que indica a sequência correta, de cima para baixo.

a) V – F – F – F – F
b) F – F – V – F – F
c) V – V – V – F – V
d) F – F – V – F – V
e) V – V – F – F – V

9. (PUC-SP – 2015) Suponha que se queira manter animais aquáticos herbívoros em um aquário. Para garantir a sobrevivência desses animais durante certo tempo, seria aconselhável adicionar ao ambiente

a) plantas aquáticas e algas que, além de servirem de alimento para os animais, forneceriam oxigênio ao meio, caso esse fosse iluminado.

b) plantas aquáticas e algas que, além de servirem de alimento para os animais, forneceriam oxigênio ao meio, mesmo que esse não fosse iluminado.

c) fungos e bactérias que, além de servirem de alimento para os animais, forneceriam gás carbônico ao meio, caso esse fosse iluminado.

d) fungos e bactérias que, além de servirem de alimento para os animais, forneceriam gás carbônico ao meio, mesmo que esse não fosse iluminado.

e) zooplâncton que, além de servir de alimento para os animais, forneceria oxigênio ao meio, caso esse fosse iluminado.

10. (Uece – 2015)

Autoridades sanitárias brasileiras investigam o primeiro caso suspeito de ebola no país. Informações preliminares indicam que o paciente, que está internado em Cascavel, veio de Conacre, capital da Guiné.

Fonte: <http://zh.clicrbs.com.br/rs/noticias/noticia/2014/10/brasil investiga-primeiro-caso-suspeito-de-ebola-4618002.html>.

Considerando que o ebola é um poderoso agente infeccioso, é preciso pensar medidas urgentes que impeçam o avanço da doença em todo o mundo. Escolha dentre as opções abaixo, aquela que contém uma ação possível e verdadeiramente capaz de impedir essa epidemia.

a) Investir em pesquisas para o desenvolvimento de um antibiótico específico para o ebola.

b) Interferir no mecanismo de replicação do ebola.

c) Alterar geneticamente o metabolismo celular do ebola, modificando sua capacidade reprodutiva.

d) Realizar uma campanha maciça de vacinação em todo o mundo, com o vírus ativado, para que as pessoas se tornem resistentes à doença.

11. (FMP-SC – 2014) Considere as figuras I e II, que ilustram duas células típicas: uma eucariótica e outra procariótica. Os traços indicam diferentes estruturas subcelulares.

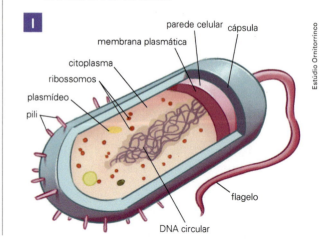

80

II

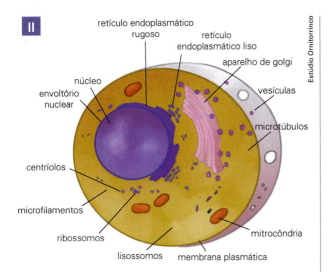

Sabendo-se, então, as principais diferenças entre esses eucariotos e procariotos, exemplificam e justificam serem os tipos celulares I e II, respectivamente, o que se apresenta em

	I	II
a)	cianofícea: tem plastídio	plaqueta: tem ribossomos
b)	vírus: tem DNA circular	ameba: tem mitocôndrias
c)	espermatozoide: tem flagelo	bactéria: tem membrana plasmática
d)	bactéria: tem DNA no citoplasma	leucócito: tem envoltório nuclear
e)	bactéria: tem pili	vírus: tem núcleo

12. (UFSM – 2014)

A ideia dos pesquisadores da Universidade de Northhumbria, Reino Unido, é de uma simplicidade genial; eles adicionaram à mistura de construções esporos de certa bactéria encontrada em solos alcalinos (como é o cimento). Se houver rachaduras, a água entra pelo concreto e "ressuscita" os bacilos. A bactéria excreta a calcita (tipo de cristal de carbonato de cálcio) tornando a superfície do prédio mais impermeável.

Revista *Superinteressante*, p. 65, ago. 2012 (adaptado).

Para entender melhor, esporo é um(a)

a) forma inativa de resistência das bactérias.
b) tipo de reprodução assexuada das bactérias.
c) tipo de célula sexual das bactérias.
d) colônia de bactérias.
e) célula eucariótica encontrada nas bactérias.

13. (UPE – 2015) Leia o texto a seguir:

Os antibióticos com aplicações terapêuticas devem ter toxicidade seletiva. Devem ser tóxicos para o agente causador da doença, mas não para o hospedeiro, por atuarem em etapas do metabolismo de microrganismo e não do ser infectado. Alguns exemplos podem ser citados. A ampicilina impede a formação do peptidoglicano, que envolve a membrana plasmática da bactéria, acarretando a lise bacteriana. O cloranfenicol inibe exclusivamente a síntese de proteínas bacterianas. A daptomicina modifica a permeabilidade da membrana plasmática da bactéria, fazendo os metabólitos importantes serem perdidos. As quinolonas inibem a duplicação do cromossomo bacteriano ou da transcrição. Trimetoprima e sulfas, por sua vez, imitam substâncias usadas pela bactéria e se ligam a enzimas, inibindo-as.

Fonte: <www.moderna.com.br/lumis/portal/file/file Download.jsp?fileId=8A7A83CB30D6852A0130D7BC0E4E107A>.

Observe a figura que indica os principais modos de ação de antibióticos sobre bactérias por inibição de processos ou danos a estruturas celulares, por meio de balões numerados.

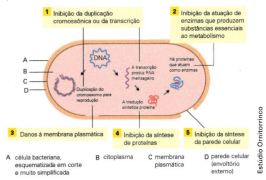

Assinale a alternativa que apresenta a correlação entre os antibióticos e o seu modo de atuação indicado no texto e nos balões numerados.

a) ampicilina (1), cloranfenicol (2), daptomicina (3), quinolonas (4), trimetoprima e sulfa (5)
b) ampicilina (2), cloranfenicol (1), daptomicina (4), quinolonas (5), trimetoprima e sulfa (3)
c) ampicilina (3), cloranfenicol (2), daptomicina (5), quinolonas (1), trimetoprima e sulfa (4)
d) ampicilina (4), cloranfenicol (5), daptomicina (3), quinolonas (2), trimetoprima e sulfa (1)
e) ampicilina (5), cloranfenicol (4), daptomicina (3), quinolonas (1), trimetoprima e sulfa (2)

Fungos Capítulo 6 81

UNIDADE 3

PLANTAS

As plantas fazem parte da paisagem de todo o planeta. Nas florestas tropicais, úmidas e quentes, há uma profusão de espécies diferentes; nas regiões próximas aos polos, elas formam verdadeiros tapetes vegetais, e nos desertos várias espécies distribuem-se enfrentando a falta de água e o solo infértil. Quais são as adaptações que permitem às plantas sobreviver em regiões com clima, solo e disponibilidade de água tão diversas? O estudo das plantas, tema desta unidade, permite-nos apreciar e preservar a riqueza vegetal existente na Terra.

Cacto xiquexique (*Pilosocereus gounellei*) na paisagem de caatinga no sertão paraibano. Cabaceiras (PB), em 2015.

CAPÍTULO 7

DIVERSIDADE VEGETAL

A vida na Terra provavelmente surgiu há cerca de 4,6 bilhões de anos, mas, até há aproximadamente 570 milhões de anos, os organismos vivos eram marinhos e consistiam em minúsculos seres unicelulares. Mais tarde, surgiram os primeiros seres multicelulares e os primeiros vermes.

Há 472 milhões de anos existia grande variedade de seres vivos. Havia algas e invertebrados marinhos e de água doce e uma nova forma de vida começava a colonizar o ambiente terrestre – as plantas.

Registros fósseis datados dessa época mostram a presença de organismos bastante primitivos, sem caule ou raiz, que guardam muitas semelhanças com as plantas atuais do grupo das hepáticas. As características dessas primeiras plantas sugerem que elas teriam evoluído a partir de algas verdes de água doce, as clorófitas.

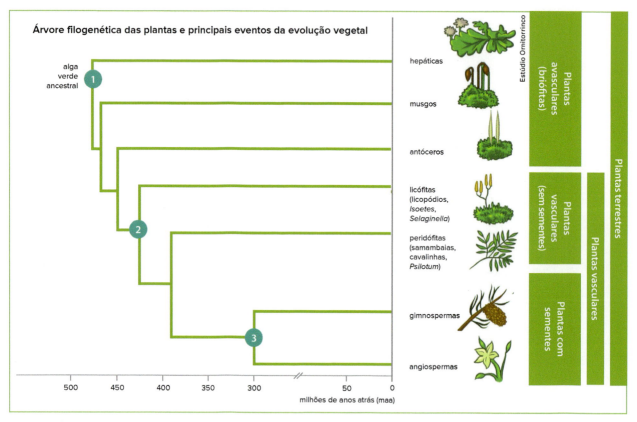

Ilustração sem escala; cores-fantasia.

O surgimento de plantas terrestres é um marco na história do planeta. Elas fornecem a maior parte do alimento consumido pelos animais terrestres, alteram a composição do solo, tornando-o adequado à sobrevivência de outros organismos, provocam alterações do clima e produzem gás oxigênio.

Atualmente, há cerca de 300 mil espécies de vegetais conhecidas e estima-se que 100 mil estão por ser descobertas. Esses organismos conquistaram o ambiente terrestre pouco a pouco, graças às adaptações para superar o ressecamento, realizar o transporte de seiva a grandes distâncias e se reproduzir em terra firme.

▶ Características gerais

Os vegetais são seres pluricelulares, eucariontes e autótrofos fotossintetizantes; podem ser muito simples, como as hepáticas, ou especializadas, como as plantas com flores e frutos. Todos os vegetais são classificados no domínio Eukarya.

Plantas e algas já foram incluídas no mesmo grupo e foram separadas na medida em que ficaram evidentes algumas características diferenciais: todos os representantes do Reino *Plantae* possuem tecidos verdadeiros, com células especializadas; produzem embriões multicelulares que são nutridos e protegidos pela planta que os originaram e apresentam ciclo de vida com alternância de gerações, no qual indivíduos multicelulares distintos – gametófitos e esporófitos – se alternam.

Enquanto algas e fungos não formam embrião e, por consequência, não apresentam tecidos verdadeiros, as plantas possuem tecidos verdadeiros porque, em seus primeiros momentos de vida, passam pelo estágio embrionário. Nas plantas, as células embrionárias compõem um tecido, o **meristema apical**, que permanece em constante divisão ao longo da vida do organismo. Ele se localiza na ponta das estruturas subterrâneas (raízes e rizoides) e aéreas (ramos e talos), sendo responsável pelo crescimento da planta na direção do comprimento. Embora as plantas não se movam, o crescimento constante permite a elas buscar e obter recursos ambientais como luz e CO_2, pela parte aérea, e água e nutrientes, pela parte subterrânea.

A maioria das plantas possui um extenso sistema vascular formado por tecido de células unidas entre si, constituindo tubos que conduzem água e nutrientes por todo o corpo. Os grupos que possuem esse sistema, as **plantas vasculares**, são as licófitas, pteridófitas, gimnospermas e angiospermas. Nas **plantas avasculares** esse sistema pode estar ausente, como nas hepáticas, ou ser muito rudimentar, como nos musgos e nos antóceros.

Marchantia sp, planta do grupo das hepáticas, semelhante às primeiras plantas. Essa planta pode chegar a 13 cm de comprimento.

▶ Plantas avasculares

As plantas avasculares, ou **briófitas**, são vegetais de pequeno porte encontrados em ambientes úmidos e sombreados. Ocorrem em abundância nas florestas tropicais, formando uma cobertura verde sobre troncos de árvores e barrancos, e em ambientes polares, sendo o tipo de vegetação que predomina na tundra.

O pequeno porte das briófitas deve-se ao fato de não terem sistema vascular. A circulação da água é lenta porque ocorre por osmose, de célula a célula. Essa lentidão faz com que elas raramente ultrapassem 20 cm de altura, tendo em média, cerca de 2 cm.

Em ambiente seco, a transpiração é intensa e a briófita desseca, porque a água, transportada por osmose, não chega às células a tempo de repor a água perdida. Por esse motivo, estão restritas a ambientes úmidos.

Outro fator que contribui para a permanência das briófitas em ambiente úmido é a forma como ocorre a fecundação nessas plantas; o gameta masculino é flagelado e precisa nadar para encontrar e fecundar o gameta feminino.

As briófitas não apresentam órgãos completos (raízes, caules e folhas), mas tecidos que desempenham as funções desses órgãos. O **rizoide** é um tecido que desempenha as funções das raízes (fixação e absorção), o **cauloide**, as do caule (sustentação), e o **filoide**, é o tecido fotossintetizante, similar à folha.

Tundra: vegetação encontrada nas regiões polares, composta de liquens, musgos, ervas e arbustos baixos.

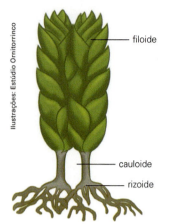

Representação das estruturas do talo das briófitas.

O corpo das briófitas é chamado **talo** porque não possui órgãos verdadeiros (raiz, caule e folha). Às vezes, algas e briófitas são agrupadas devido a essa característica no grupo das **talófitas**, enquanto as pteridófitas, gimnospermas e angiospermas são agrupadas como **cormófitas**, porque o corpo delas é o **cormo**, composto por raiz, caule e folhas.

Há três filos de briófitas: **Hepatophyta** (**hepáticas**), **Anthocerophyta** (**antóceros**) e **Bryophyta** (**musgos**).

As hepáticas, que recebem esse nome porque têm formato semelhante aos lobos do fígado, apresentam o corpo achatado e crescem rente ao solo, fixadas por rizoides.

Os antóceros formam um grupo pequeno, com cerca de 100 espécies, que vivem em locais úmidos e sombreados.

Os musgos compreendem as briófitas mais comuns, desenvolvem-se no solo, paredes, rochas e árvores quando úmidos, cobrindo-os quase totalmente, formando um tapete verde.

Ciclo de vida das briófitas

O ciclo de vida das briófitas é haplodiplobionte, como em todas as plantas. Isso significa que há uma geração sexuada haploide (n), o gametófito, e uma geração assexuada diploide (2n), o esporófito. Embora existam peculiaridades no ciclo de vida de diferentes grupos e espécies de planta, ele é basicamente igual em todos os representantes do reino.

Os musgos são comuns em florestas da região tropical e subtropical, como a Mata Atlântica, e de zona temperada, como na foto. França, 2014.

Musgos do gênero *Polytrichum* com as duas gerações presentes: o gametófito é a estrutura verde e o esporófito é a marrom com cápsula branca. Mede entre 4 e 20 cm de altura.

Ilustração sem escala; cores-fantasia.

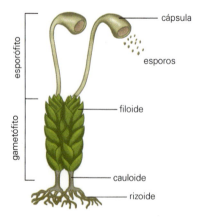

Estrutura do gametófito e do esporófito de musgo.

O esporo é uma célula haploide que, ao germinar, dá origem a uma planta pluricelular formada por células haploides, o **gametófito**. O gametófito é a geração sexuada (ou haploide) do ciclo haplodiplobionte dos vegetais. Ele recebe esse nome porque possui estruturas especializadas na produção dos gametas, chamadas **gametângios**. Nos gametângios haploides, os gametas são produzidos por mitose. O **gametângio feminino** é conhecido por **arquegônio** e o gameta feminino, por **oosfera**. O gametângio masculino, o **anterídio**, produz gametas masculinos flagelados chamados **anterozoides**.

A fecundação ocorre com a fusão do anterozoide (haploide) com a oosfera (haploide), formando o zigoto (diploide), que, por sua vez, se desenvolve dando origem a uma planta pluricelular, constituída por células diploides, o **esporófito**.

O esporófito é a geração assexuada (ou diploide) do ciclo haplodiplobionte das plantas. Apesar de pertencer à mesma espécie, em geral, ele tem aspecto diferente do gametófito.

O esporófito produz **esporângios**, estrutura com forma de cápsula e formada por células diploides, onde são produzidos os esporos. A célula do esporângio que sofre meiose para formar os esporos é conhecida por **célula-mãe do esporo**.

Os esporos originados por meiose têm maior variabilidade genética, e essa etapa do ciclo confere às plantas maiores chances de adaptação.

O tipo de fecundação das briófitas é a oogamia, em que o gameta masculino é pequeno, dotado de flagelo e móvel, e o gameta feminino é grande e fixo. Para chegar ao gameta feminino, o gameta masculino necessita de um meio líquido, que permita a sua locomoção.

O gametófito das briófitas é clorofilado (verde), portanto, autótrofo, enquanto o esporófito é heterótrofo e, em várias espécies, desenvolve-se à custa do gametófito, mais precisamente do arquegônio, sobre o qual cresce e vive. O gametófito das briófitas é mais desenvolvido e duradouro que o esporófito.

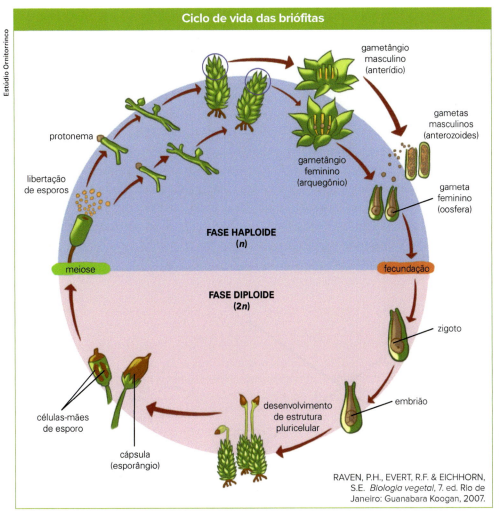

RAVEN, P.H., EVERT, R.F. & EICHHORN, S.E. *Biologia vegetal*, 7. ed. Rio de Janeiro: Guanabara Koogan, 2007.

Ilustração sem escala; cores-fantasia.

Esquema do ciclo de vida das briófitas.

▶ Plantas vasculares

Os grupos de plantas que se caracterizam pela presença de sistema vascular são: **pteridófita**, **gimnosperma** e **angiosperma**. A presença desse sistema favoreceu o surgimento de plantas com porte maior do que as briófitas. Entre as gimnospermas encontram-se, por exemplo, as sequoias, árvores que chegam a atingir 120 metros de altura, com diâmetros superiores a 10 metros.

As características das pteridófitas permitem supor que esse grupo seja intermediário entre as plantas avasculares e vasculares. Nas pteridófitas, por exemplo, o esporófito é um cormo, mas o gametófito, conhecido por **protalo**, é menos desenvolvido e duradouro que o esporófito e autótrofo.

Os ciclos de vida das briófitas e das pteridófitas são semelhantes, pois os representantes desses grupos produzem apenas um tipo de esporo. As gimnospermas e as angiospermas, chamadas **espermatófitas**, produzem dois tipos de esporos, que diferem no tamanho e no desenvolvimento. O esporo maior é o **megásporo**, e o menor, o **micrósporo**. A presença de dois tipos de esporos permitiu, durante a evolução das plantas, a formação das sementes.

As sementes são estruturas formadas por embrião (um ou mais) e reservas alimentares, revestidas externamente por tegumentos. Foi uma aquisição muito importante para os vegetais, pois a semente é uma estrutura que protege o embrião e favorece a dispersão da espécie. Protegido no interior da semente, o embrião tem condições de germinar no momento apropriado. A capacidade de produzir sementes é, sem dúvida, uma das causas principais da predominância das gimnospermas e angiospermas na flora terrestre atual.

Ao longo da evolução das plantas, é notável a progressiva redução do gametófito e o aumento do esporófito que ocorreu desde as briófitas até as espermatófitas (veja gráfico a seguir). A regressão progressiva dos gametófitos é uma evidência de simplificação e amadurecimento sexual precoce, que permite ao organismo antecipar e tornar mais rápida a reprodução. Essa característica, associada à produção de sementes, contribuiu, durante a evolução das plantas, para a ocupação de ambientes de condições climáticas extremas, além de contribuir para a predominância das espermatófitas no ambiente terrestre.

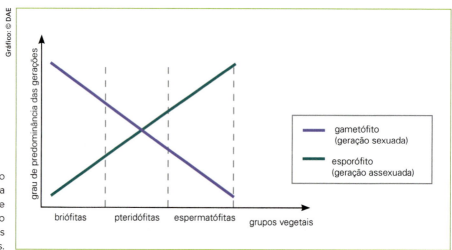

Gráfico: Evolução do grau de predominância das gerações de gametófito e esporófito em briófitas, pteridófitas e espermatófitas.

Pteridófitas

O termo **pteridófita** refere-se ao formato parecido com "asas pequenas" das suas folhas. Como representantes típicas das pteridófitas, adotaremos os pertencentes à classe das filicíneas, que compreende as samambaias (também conhecidas por fetos), as avencas e a renda-portuguesa.

As pteridófitas que costumamos cultivar em nossos lares são de pequeno porte. Há uma espécie de samambaia de grande porte, conhecida como samambaiaçu (*Dicksonia sellowiana*), encontrada em matas tropicais, cujo tronco foi intensamente usado para produção de xaxim, levando-a ao risco de extinção.

Avenca (*Adiantum* sp). Folhas com 30 a 60 cm de comprimento.

Samambaias na vegetação da Mata Atlântica, no Parque Estadual de Ilha Bela (SP), 2013.

Samambaiaçu (*Dicksonia sellowianas*) no Parque Nacional de Itatiaia (RS), 2014.

O indivíduo mais visível das samambaias é o esporófito, que apresenta raiz, caule e folha (é um cormo). A região de crescimento das folhas apresenta uma forma típica, espiralada, conhecida como **báculo**. O caule é do tipo rizoma: é subterrâneo e cresce paralelo à superfície do solo; deste caule eram feitos os xaxins. A folha, clorofilada, é dividida em folíolos.

Na face inferior dos folíolos, em determinadas épocas do ano, formam-se estruturas arredondadas, inicialmente esverdeadas, posteriormente marrons. Essas estruturas são conhecidas por **soros** e compreendem regiões de produção de esporos. Nos soros, estão reunidos vários esporângios. As folhas que possuem os soros são os **esporófilos**.

Orquídea plantada em vaso de fibra de coco.

Por estar ameaçado de extinção, o xaxim está protegido por lei desde 2001. Contudo, há um bom substituto: o coco-verde. O uso da fibra reciclada do fruto tem se mostrado altamente satisfatório para o cultivo de flores e plantas ornamentais.

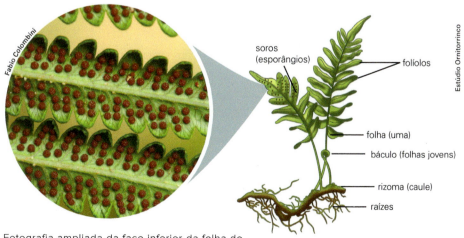

Fotografia ampliada da face inferior da folha de samambaia, mostrando os soros (estruturas circulares marrons). Eles medem cerca de 1 cm de diâmetro.

Estrutura geral das pteridófitas. Ilustração sem escala; cores-fantasia.

Diversidade vegetal Capítulo 7

Ciclo de vida das pteridófitas

As samambaias também se reproduzem por alternância de gerações, com fecundação por oogamia. Os gametas masculinos são flagelados (anterozoides), necessitando de água para chegar até o gameta feminino (oosfera). Isso torna as samambaias, pelo menos no período de reprodução, dependentes da água.

O esporófito é clorofilado, bem desenvolvido e duradouro. O gametófito, ou protalo, também é clorofilado e independente do esporófito. É menos desenvolvido que o esporófito e tem duração efêmera.

Protalo (gametófito) de samambaia, com esporófito em formação. Na maioria das espécies, ele não ultrapassa 5 cm de altura.

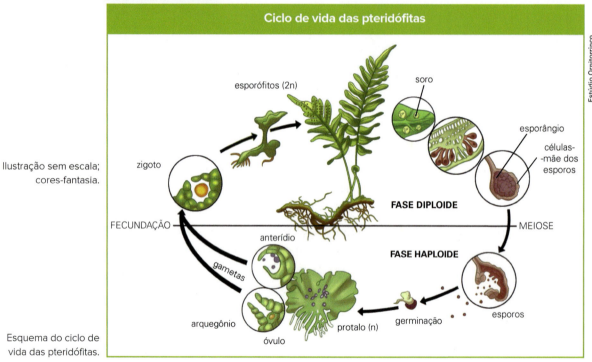

Esquema do ciclo de vida das pteridófitas.

Na época da reprodução, os soros amadurecem e os esporângios que se encontram dentro deles produzem esporos por meiose. Os esporângios se rompem e lançam os esporos no ar, que conduzidos pelo vento, podem percorrer longas distâncias. Quando caem em substrato úmido, germinam, dando origem ao protalo (gametófito), que se fixa por meio dos rizoides.

No protalo desenvolvem-se os anterídios, que produzem os gametas masculinos (anterozoides), e o arquegônio, que produz o gameta feminino (oosfera). Gotas de água de chuva ou de orvalho acumuladas na superfície superior do protalo fornecem o meio adequado para a movimentação dos anterozoides até a oosfera. Após a fecundação, o zigoto dá origem ao esporófito jovem, um embrião dependente do protalo para se nutrir. O esporófito amadurece e torna-se autônomo e o protalo regride.

Gimnospermas

As gimnospermas são vegetais que formam "sementes nuas". Uma semente é considerada nua quando não se encontra no interior do fruto. Portanto, a principal característica das gimnospermas é a formação de sementes sem frutos.

As gimnospermas compreendem os pinheiros (*Pinus* sp.), o pinheiro-do-paraná (*Araucaria angustifolia*), os ciprestes, os abetos, as cicas (palmeirinhas-de-sagu) e as sequoias. São abundantes em algumas regiões da Terra, formando florestas, como as florestas de pinheiros no hemisfério Norte (chamadas **taiga**) e a mata de araucárias no Paraná e Santa Catarina.

Taiga, ou floresta boreal, com espécies variadas de gimnospermas. Região da Sibéria (Rússia), 2014.

As folhas dos pinheiros são aciculadas (com forma de agulha) e as do pinheiro-do-paraná são escamiformes (formato de escamas).

As gimnospermas não apresentam flores verdadeiras, mas **estróbilos** ou **cones**. Por isso, os pinheiros e o pinheiro-do-paraná, por exemplo, são também conhecidos por coníferas. O estróbilo é uma parte do ramo, em geral, a ponta, que se encontra modificado. Do eixo se prendem vários esporófilos que não realizam fotossíntese. Os estróbilos masculinos são pequenos e chamados microstróbilos, enquanto os femininos, por serem grandes, são denominados megastróbilos. Os estróbilos femininos são vulgarmente conhecidos por **pinha**.

Floresta de pinheiro-do-paraná (*Araucaria angustifolia*), em São Joaquim (SC), 2015. Ela pode chegar a 35 m de altura.

Estróbilo feminino (megastróbilo) de *Araucaria angustifolia*, conhecida como pinha, que mede de 15 a 20 cm de diâmetro.

Estróbilo masculino (microstróbilo) de *Araucaria angustifolia*. Mede de 2 a 5 cm de diâmetro e de 10 a 22 cm de comprimento.

Ciclo de vida das gimnospermas

A polinização das gimnospermas é realizada pelo vento (do tipo anemofilia). O grão de pólen é dotado de expansões laterais em forma de asa (alado) e é produzido em grande quantidade. Quando maduro, é levado do saco polínico pelo vento e, atingindo as proximidades do óvulo, penetra pela micrópila e desenvolve o tubo polínico. O tubo polínico carrega dois gametas masculinos, na forma de núcleos celulares, denominados núcleos espermáticos ou núcleos gaméticos masculinos. O tubo polínico se abre quando alcança a oosfera, liberando os núcleos espermáticos. Um deles se une à oosfera, fecundando-a, e o outro se degenera. Esse tipo de fecundação, por meio de tubo polínico, é conhecido por **sifonogamia**.

Após a fecundação, o zigoto (2n) cresce, nutrindo-se do saco embrionário (n), formando o embrião (2n). O embrião permanece mergulhado no saco embrionário, agora denominado endosperma primário. O saco embrionário passa a ser o endosperma primário porque assume a função de reserva alimentar do embrião e o termo "primário" refere-se ao fato de ser formado por células haploides (n).

A estrutura formada pelos tegumentos, endosperma e embrião constitui a semente das gimnospermas. O pinhão é a semente do pinheiro-do-paraná. Descartamos o tegumento do pinhão e ingerimos a parte comestível, formada pelo embrião e o endosperma.

Na germinação da semente, em condições adequadas, o embrião se desenvolve à custa do endosperma primário, estimulado por fatores externos, dando origem a uma nova planta.

A araucária é um exemplo de dispersão de sementes por animais. A gralha-azul, ave símbolo do Paraná, coleta os pinhões liberados pela araucária e os enterra em diversos locais, para comê-los depois. Como as gralhas não lembram onde enterraram todos os pinhões, alguns acabam germinando. Assim, as gralhas-azuis são essenciais para a dispersão de sementes das araucárias.

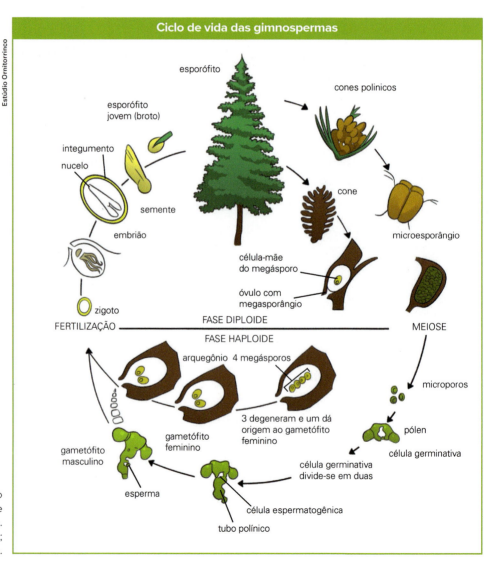

Representação esquemática do ciclo de vida das gimnospermas. Ilustração sem escala; cores-fantasia.

Foco na sociedade

A araucária

O pinheiro-do-paraná (*Araucária angustifolia*) é a única espécie do gênero araucária encontrada no Brasil. Essa árvore é símbolo do estado do Paraná e das cidades de Curitiba e Araucária. A distribuição se concentra nos estados do Sul do Brasil, mas também ocorre em regiões mais altas do Sudeste, com exceção do Espírito Santo, e em pequenas manchas na Argentina e no Paraguai.

É a espécie que prevalecia na Floresta Ombrófila Mista e possui grande importância ecológica. Seus pinhões servem de alimento para pequenos animais no inverno, época do ano com escassez de frutos e néctares. [...]

Produto madeireiro

A exploração da araucária, concentrada entre o início do século XX e a década de 1970, teve impactos expressivos na economia brasileira. Por um longo período foram exportadas madeiras serradas e laminadas para vários países. Essa ação intensificou-se a partir de 1934, tendo seu auge nas décadas de 1950 a 1970, e fez com que as reservas fossem praticamente esgotadas em São Paulo. Estima-se que entre 1958 e 1987 foram exportados mais de 15 milhões de m³ de madeira, fazendo com que a araucária fosse o produto madeireiro mais importante do Brasil até a década de 1970.

Ameaça de extinção

Como consequência dessa exploração, associada à destruição parcial do ambiente em que se desenvolve a araucária, a espécie está ameaçada, segundo Lista Oficial de Espécies da Flora Brasileira Ameaçadas de Extinção. [...]

Pinhão

O uso do pinhão como fonte de alimento é uma característica cultural forte. Essa semente é aproveitada desde os povos indígenas que habitavam as áreas de ocorrência da araucária. O pinhão é também uma importante fonte de renda para agricultores familiares. Muitos proprietários rurais mantêm e manejam populações de araucária em suas propriedades não apenas pelo significado cultural e valor alimentício, mas também pela possibilidade de geração de renda. [...]

Pinhão, semente da *Araucaria angustifolia*.

Fonte: Projeto Fundamentos para a conservação da araucária e uso sustentável do pinhão. Disponível em: <www.fapesc.sc.gov.br/0207-ufsc-desenvolve-estudo-sobre-conservacao-da-araucaria-e-uso-sustentavel-do-pinhao/>. Acesso em: 3 mar. 2016.

1. Você conhece outras plantas que sejam típicas de algum lugar e influenciem a cultura local? Se sim, quais?

Angiospermas

As angiospermas são plantas cujas sementes encontram-se no interior do fruto. Nessas plantas, o óvulo não está exposto, mas encerrado no interior de uma estrutura denominada ovário. Após a fecundação, o óvulo dá origem à semente e o ovário, ao fruto.

Uma das características mais importantes das angiospermas é a estrutura das suas flores.

Flor de lírio (*Lilium* sp). Pode medir de 7 a 10 cm de diâmetro.

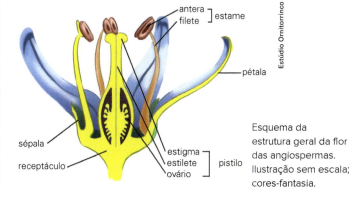

Esquema da estrutura geral da flor das angiospermas. Ilustração sem escala; cores-fantasia.

Diversidade vegetal **Capítulo 7**

O girassol (*helianthus* sp) é um exemplo de inflorescência.

O estame (microsporófilo) apresenta duas partes: o filete e a antera. A antera possui sacos polínicos (microsporângios), onde se formam os grãos de pólen. A deiscência da antera consiste na sua abertura espontânea, que expõe o grão de pólen ao ambiente.

O conjunto de estames é denominado **androceu**, que corresponde aos órgãos masculinos da flor.

O carpelo (megasporófilo) dobra-se, fundindo os seus bordos, formando o pistilo. O pistilo apresenta estigma, estilete e uma dilatação na base, o ovário, onde se alojam os óvulos.

O ovário maduro apresenta dois tegumentos, a micrópila, abertura por onde ocorre a fecundação, e o saco embrionário (megasporângio ou nucelo), muito simples, contendo, basicamente, a oosfera (n) e dois núcleos centrais, conhecidos por núcleos polares (haploides).

É denominado **gineceu** o conjunto de pistilos, que corresponde aos órgãos femininos da flor. O gineceu e o androceu encontram-se rodeados pelo envoltório foliar, conhecido por perianto. O perianto é formado pelo cálice e pela corola. Cálice é o conjunto das sépalas e a corola, das pétalas.

Gineceu, androceu, corola e cálice estão presos a uma estrutura dilatada, denominada receptáculo floral. O receptáculo floral está ligado ao tronco ou ramo por meio do pedúnculo floral.

Na maioria das angiospermas, as flores estão dispostas em agrupamentos denominados inflorescências.

| Tipos de polinização ||
Agente	Nome
vento	anemofilia
água	hidrofilia
insetos	entomofilia
aves	ornitofilia
morcegos	quiroptefilia

Polinização e formação da semente

A polinização consiste na transferência do grão de pólen da antera para o estigma. Essa transferência pode ocorrer de diferentes formas e, conforme o agente transportador, recebe nomes específicos (Veja tabela ao lado).

Instalando-se no estigma da flor, o grão de pólen germina, formando o tubo polínico, que cresce, através do estilete, até atingir o óvulo, no ovário.

Exemplo de entomofilia: na inflorescência do girassol, as abelhas carregam o pólen de uma flor a outra, polinizando-as.

Para explorar

Em grupos, observem flores de diversas espécies e caracterizem partes de plantas diversas, como o lírio, a azaleia, o hibisco.

Procedimento:

Com muito cuidado, desmonte a flor, cole as partes numa folha de papel e escreva uma legenda.

Separe o ovário e, com a ponta fina do lápis, abra-o e observe seu interior. Observe as estruturas com lupa e faça desenhos explicativos.

Resultados:

1. As flores têm estruturas iguais? Explique.
2. Onde ficam os grãos e o pólen em cada flor?
3. Como são os ovários?

Conclusões:

1. As partes das flores variam?
2. Como as flores atraem animais polinizadores?

Unidade 3 Plantas

No interior do tubo polínico, há três núcleos haploides: dois são os gametas (núcleos espermáticos) e um, localizado na extremidade do tubo, o núcleo do tubo. A função do núcleo do tubo é coordenar o crescimento do tubo.

Atingindo o óvulo, o tubo polínico libera os dois núcleos espermáticos. Um deles fecunda a oosfera, formando o zigoto, que dará origem ao embrião. O outro se reúne aos dois núcleos polares, formando um núcleo triploide. O saco embrionário, após a fecundação, passa a ser denominado endosperma secundário, porque é triploide e tem a função de reserva alimentar do embrião. A fecundação é do tipo sifonogamia e dupla. É dupla porque os dois núcleos espermáticos fundem-se a outros núcleos do saco embrionário (núcleos polares e o núcleo da oosfera).

O embrião desenvolve-se dentro de uma estrutura, agora chamada de semente, transferindo parte das reservas alimentares do endosperma secundário para algumas de suas folhas. Tais folhas são conhecidas por folhas cotiledonares ou cotilédones.

A semente libera-se da planta mãe e se dispersa no ambiente. Encontrando condições favoráveis de umidade, temperatura e arejamento, o embrião continua seu desenvolvimento e a semente germina, dando origem a uma nova planta.

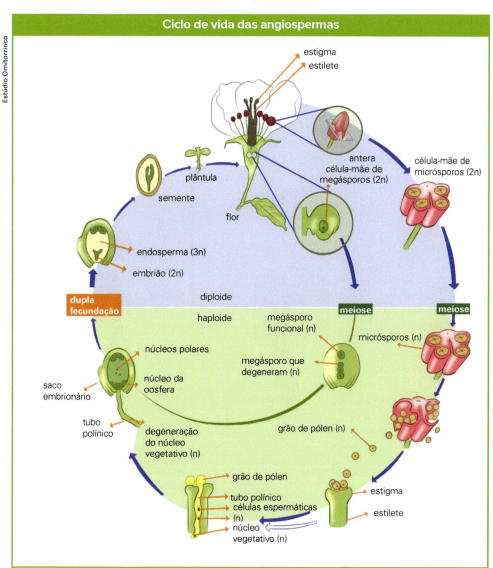

Ilustrações sem escala; cores-fantasia.

Esquema ilustrado do ciclo de vida das angiospermas

Diversidade vegetal Capítulo 7   95

A vitória-régia (*Victoria amazonica*) é exemplo de ninfeia.

O número de cotilédones existente nas sementes foi, durante muito tempo, o critério adotado para classificar as angiospermas em monocotiledôneas (um cotilédone) e dicotiledôneas (dois cotilédones). Atualmente, a classificação das angiospermas está sendo revista, tomando-se por base a história evolutiva do grupo. Segundo esse critério, as angiospermas podem ser agrupadas em **monocotiledôneas**, **eudicotiledôneas** e em uma série de grupos que são chamados, informalmente, de **angiospermas basais** (ou dicotiledôneas basais). Neste último grupo estão plantas que apresentam características comuns às monocotiledôneas e às eudicotiledôneas.

São exemplos de monocotiledôneas: as gramíneas (capim, milho, arroz, trigo, cevada, aveia, alpiste, centeio, sorgo), inhame, taboa, orquídeas, palmeiras, coqueiros, bananeiras e abacaxis.

São eudicotiledôneas as leguminosas (feijão, soja, ervilha, tremoço, grão-de-bico), as cítricas (laranja, limão, tangerina), mangueiras, abacateiros, mamão, uva e maracujá.

Entre as angiospermas basais encontram-se plantas como a magnólia, planta de porte arbóreo, e as ninfeias, plantas aquáticas cujo exemplo mais popular no Brasil é a vitória-régia e as ninfeias.

Diferenças entre monocotiledôneas e eudicotiledôneas

Características	Monocotiledôneas	Eudicotiledôneas
Número de cotilédones	Um	Dois
Tipo de nervação foliar	Paralela	Ramificada
Disposição dos feixes vasculares no caule	Difusos	Em círculo
Tipo de raiz	Fasciculada (em cabeleira)	Pivotante
Tipo de flor	Trímera (elementos florais em número múltiplo de três)	Tetrâmera ou pentâmera (elementos florais em número múltiplo de 4 ou 5)

Ilustrações sem escala; cores-fantasia.

Para explorar

Observando sementes

Todas as sementes são iguais? O que tem dentro das sementes?

Em grupos, você e seus colegas vão observar as sementes.

Materiais:
- Sementes diversas, por exemplo, de milho, feijão, laranja, abacate, manga, ameixa, pêssego etc.
- Pires ou pratos rasos.
- Água.
- Faca de mesa. (Cuidado com o uso da faca)

Procedimento:

Coloque as sementes de milho, feijão e laranja de molho na água de um dia para o outro. Abra cuidadosamente as sementes, se necessário, com ajuda de uma faca.

As sementes da manga e do abacate podem ser abertas sem colocá-las de molho.

Observe o conteúdo das sementes.

Resultados:

1. Você observou o embrião? Desenhe-o e escreva legendas.
2. As sementes observadas são diferentes? Explique.
3. O caroço da manga teve de ser aberto para se observar a semente. Que tecido envolve a semente?

Conclusões:

4. As sementes têm as mesmas partes?
5. Como estão protegidas?

O fruto

O fruto é resultado do desenvolvimento do ovário e propicia às angiospermas, juntamente com a semente, a conquista dos mais variados ambientes da Terra. Os frutos encerram as sementes, que, dessa maneira, ficam protegidas e podem ser dispersadas no ambiente pelo vento, pela água e por animais.

Exemplo de hidrocoria: a dispersão dos frutos do coqueiro se dá por meio da água.

Exemplo de zoocoria: a dispersão dos frutos do carrapicho se dá por meio dos animais.

Exemplo de anemocoria: a dispersão dos frutos do dente-de-leão se dá por meio do vento.

Há uma enorme variedade de tipos de frutos. Em geral, eles apresentam três partes bem distintas: o epicarpo, o mesocarpo e o endocarpo, que recobre a semente.

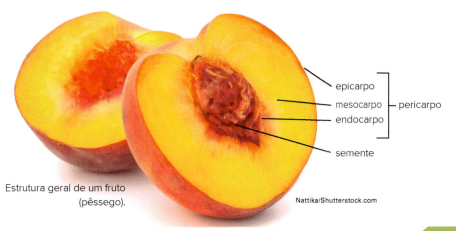
Estrutura geral de um fruto (pêssego).

Diversidade vegetal Capítulo 7

Eles são classificados segundo o número de sementes; a forma como se abrem e liberam as sementes (fenômeno chamado **deiscência**); o número e a disposição dos carpelos que lhes dão origem; o tipo de pericarpo; entre outras.

Classificação dos frutos

Número de sementes	Uma semente. Exemplos: pêssego, ameixa, jabuticaba, abacate (foto).		Mais de uma semente. Exemplos: nêspera, melancia, goiaba (foto).	
Deiscência	**Deiscentes** (que se abrem e liberam a semente) Exemplos: as vagens como as da ervilha, do feijão e do ipê-amarelo (foto).		**Indeiscentes** (que não se abrem) Exemplos: laranja, maçã, manga (foto).	
Origem carpelar	**Simples** (origina-se de uma flor com um ovário) Exemplos: tomate, berinjela (foto).	**Múltiplo** (origina-se do ovário de várias flores) Exemplos: jaca, abacaxi, figo (foto).	**Agregado** (origina-se de uma flor com vários ovários) Exemplos: morango, amora, framboesa (foto).	
Tipo de pericarpo	**Seco** (pericarpo não suculento) Exemplos: noz, feijão, girassol, trigo, castanha-do-pará (foto).		**Carnoso** (pericarpo suculento) Exemplos: melão, pêssego, azeitona, mamão (foto).	

Os frutos verdadeiros se originam do desenvolvimento do ovário, mas há frutos que fogem a essa regra e são chamados de **pseudofrutos**, como é o caso da maçã. Os frutos **partenocárpicos** se originam a partir de ovários cujos óvulos não se desenvolveram e, portanto, não foram fecundados. Esses frutos não têm sementes. Existem frutos partenocárpicos naturais, como a banana, e aqueles produzidos por seleção artificial, como o limão-taiti ou a uva Thompson Seedless.

O caju é um pseudofruto, pois a parte carnosa origina-se do pedúnculo; o fruto verdadeiro é a parte dura onde se localiza a semente.

O morango é um pseudofruto, pois a parte suculenta é originada do receptáculo floral.

Biologia e Língua Portuguesa

Fruto, fruta e legume

"Fruto" é o termo botânico aplicado ao órgão que tem função de proteger e disseminar sementes. Ou seja, se a estrutura tem sementes, é um fruto.

"Fruta" é termo popular aplicado aos frutos doces e comestíveis, como pêssego e uva, mas não é aplicado ao tomate, que é um fruto, mas não é doce.

"Legume" é outro termo que confunde as pessoas. Em termos populares, os legumes são alimentos que, em geral, ingerimos cozidos e que podem ser estruturas diversas, como, por exemplo, a beterraba, que é uma raiz, ou frutos, como abobrinha ou berinjela. Porém, em termos botânicos, legume é o fruto da leguminosa, planta cujos frutos são em forma de vagem, como a sibipiruna, o feijão, o jatobá, a soja etc.

O pepino é um fruto.

A vagem de jatobá é um fruto do tipo legume.

1. Que grupo vegetal pode apresentar frutos?

Atividades

1. Observe o cladograma e responda às questões a seguir.

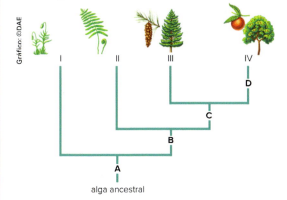

a) Identifique os clados representados por algarismos romanos.
b) Identifique os principais eventos evolutivos representados por letras maiúsculas.

2. As briófitas são plantas de pequeno porte que vivem em ambiente bastante úmido. A reprodução dessas plantas não ocorre por meio das flores, mas no seu ciclo há gametas envolvidos.

a) Qual o fator que delimita o tamanho das briófitas?
b) Qual é a fase transitória do seu ciclo reprodutivo?

3. Em que fase do ciclo reprodutivo das briófitas ocorre a meiose e por que isso é importante evolutivamente?

4. Considere que as células do gametófito de uma briófita de ciclo normal têm trinta cromossomos. Quantos cromossomos serão encontrados no esporo, na haste, na cápsula e no anterozoide?

5. No que diferem briófitas e pteridófitas quanto ao deslocamento da água no interior da planta?

6. No que se assemelham briófitas e pteridófitas quanto ao *habitat* e transporte de gametas?

7. Qual foi o grande avanço evolutivo das gimnospermas sobre as pteridófitas em relação à reprodução?

8. O pinhão, muito consumido nas festas juninas do Sudeste e na região Sul do país, é produzido por uma gimnosperma. Que planta é essa? O que é o pinhão para essa planta?

9. Gimnospermas possuem flores? Explique sua resposta.

10. Quais características possibilitaram o predomínio das angiospermas no planeta?

11. Suponha que em um determinado local tenham sido encontrados apenas grãos de pólen fósseis. A vegetação desse local pode ter sido formada por musgos, samambaias, pinheiros e ipês? Justifique sua resposta.

Diversidade vegetal **Capítulo 7**

CAPÍTULO 8

TECIDOS E ÓRGÃOS VEGETAIS

Os tecidos vegetais são classificados em dois grupos básicos: **tecidos meristemáticos** (ou embrionários) e **tecidos permanentes** (ou adultos). A diferença fundamental entre eles é a capacidade das suas respectivas células de se dividirem por mitoses. As células do tecido meristemático têm essa capacidade, enquanto as dos tecidos permanentes não. As células meristemáticas, passando por um processo de diferenciação, dão origem aos tecidos permanentes.

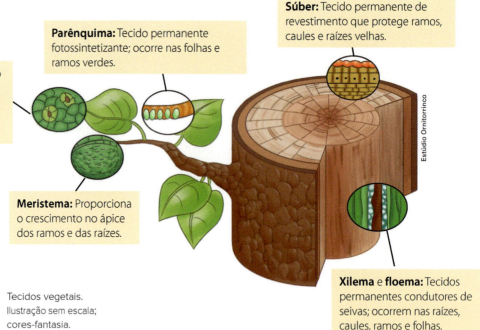

Epiderme: Tecido permanente de revestimento que protege as folhas e caules jovens.

Parênquima: Tecido permanente fotossintetizante; ocorre nas folhas e ramos verdes.

Meristema: Proporciona o crescimento no ápice dos ramos e das raízes.

Súber: Tecido permanente de revestimento que protege ramos, caules e raízes velhas.

Xilema e **floema:** Tecidos permanentes condutores de seivas; ocorrem nas raízes, caules, ramos e folhas.

Tecidos vegetais.
Ilustração sem escala;
cores-fantasia.

▶ Tecidos meristemáticos

O meristema é chamado primário quando as suas células se originam diretamente das células do embrião. Os meristemas primários são encontrados nas regiões apicais da raiz e do caule (meristemas apicais), nas gemas axilares, e nos primórdios foliares.

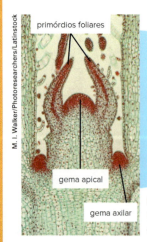

Localização do meristema apical (avermelhado) na ponta de um ramo de *Coleus* sp, em corte longitudinal. Micrografia óptica; cores artificiais; ampliado cerca de 25 vezes.

Coleus sp, planta ornamental usada em jardins e vasos. Pode medir 70 cm de altura.

100 Unidade 3 Plantas

Foco em Agricultura

Cultura de tecidos vegetais

A cultura de tecidos vegetais tem várias aplicações práticas utilizadas amplamente na agricultura. Dentre elas podem ser destacadas a clonagem de vegetais, o melhoramento genético e a produção de mudas sadias.

A cultura de tecidos *in vitro* consiste, basicamente, em cultivar segmentos de plantas, em tubos de ensaio contendo meio de cultura adequado. A partir desses segmentos que podem ser gemas, fragmentos de folhas ou raízes, ápices caulinares entre outros, podem ser obtidas centenas a milhares de plantas idênticas. Essas plantas são, posteriormente, retiradas dos tubos de ensaio, aclimatadas, e levadas ao campo, onde se desenvolvem normalmente. [...]

A técnica da clonagem *in vitro* de plantas é conhecida também como micropropagação. A micropropagação é, portanto, uma forma rápida de multiplicar uma determinada planta, ou genótipo, que apresente características agronômicas desejáveis. Essas características podem ser, por exemplo, elevada produtividade, elevada qualidade de grãos ou frutos, tolerância a pragas ou doenças, entre outras. [...]

A micropropagação tem demonstrado grande importância prática e potencial nas áreas agrícolas, florestal, na horticultura, floricultura, bem como na pesquisa básica. A multiplicação *in vitro* de plantas de importância econômica, em larga escala, tem resultado na instalação de verdadeiras "fábricas de plantas", as chamadas biofábricas comerciais, baseadas no princípio de linha de produção. [...]

Pesquisadora em laboratório de cultura de tecidos vegetais.

WILLADINO, Lilia; CAMARA, Terezinha. Cultura de tecidos vegetais. Departamento de Química. Universidade Federal Rural de Pernambuco. Disponível em: <www.dq.ufrpe.br/culttec.htm>. Acesso em: 3 mar. 2016.

1. Cite possíveis impactos comerciais que podem ser influenciados pela cultura de tecidos vegetais.

O meristema é secundário quando as suas células resultam de um tecido permanente que readquiriu a capacidade de se dividir, em um processo denominado **desdiferenciação**. São exemplos de meristemas secundários o felogênio (ou câmbio suberógeno) e o câmbio interfascicular, que serão apresentados mais adiante.

De modo geral, podemos dizer que o meristema primário é responsável pelo crescimento em comprimento da planta (da parte aérea, caule, e da parte subterrânea, raiz) e o meristema secundário, pelo crescimento em espessura de caules e raízes.

Para explorar

Gemulação em batata (*Solanum tuberosum*)

A batata tem o caule na forma de tubérculo que possui "olhos" ou "nós", onde há células meristemáticas.

O que você faria para observar a brotação da batata?

Elabore um protocolo com os seguintes itens:

• O que quero observar?
• Que materiais vão ser utilizados?
• Como vai ser feita a observação?

Realize o experimento e responda:

a) O que foi observado?
b) O que se pode concluir?

Gemulação da batata.

▶ Tecidos permanentes

A diferenciação das células do meristema primário envolve transformações sucessivas, mediante crescimento por dilatação, engrossamento, modificação química das membranas, alteração no conteúdo celular e, finalmente, perda da capacidade de divisão.

De acordo com as especializações que assumem, após a diferenciação, os tecidos permanentes são classificados em: parênquima ou tecido fundamental, de revestimento, de sustentação e condutores.

Parênquimas

O parênquima é formado por células vivas (conhecidas por células parenquimatosas) que apresentam parede celular delgada, raramente lignificada, citoplasma pequeno com um grande vacúolo. As células parenquimatosas mantêm ligações íntimas entre si, por meio de pontes citoplasmáticas através das pontuações. As **pontuações** são regiões em que há uma falha das membranas plasmáticas e celulósicas entre células que se tocam, o que permite a continuidade entre os citoplasmas de células vizinhas.

Quando as células parenquimatosas apresentam cloroplasto, o parênquima é chamado de **clorênquima** (assimilador ou fotossintetizante). É encontrado em caules verdes e folhas. O clorênquima das folhas pode ser de dois tipos: o clorênquima paliçádico recebe essa denominação porque se assemelha a uma **paliçada**; e o clorênquima lacunoso apresenta muitos espaços entre as suas células, o que facilita a circulação do ar, principalmente do CO_2, necessário à fotossíntese.

> **Paliçada:** tapume feito com estacas fincadas na terra, usado para defesa militar, cercando os quartéis.

Outros tipos de parênquima são:

- O **parênquima aerífero** ou **aerênquima** deixa bastante espaço entre as células, permitindo a acumulação de ar. Está presente em plantas aquáticas, como o aguapé, sendo responsável pela flutuação da planta.

- O **parênquima de reserva** armazena substâncias de reserva. Nos caules do tipo tubérculo, como o da batata-inglesa, por exemplo, as células do parênquima reservam amido e no caule dos cactos, a água (parênquima aquífero).

- O **parênquima condutor** se encontra associado aos tecidos condutores, porque também pode participar do processo de transporte das seivas e da água.

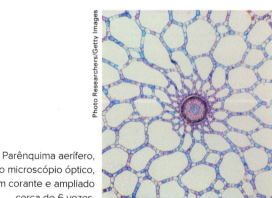

Parênquima aerífero, ao microscópio óptico, com corante e ampliado cerca de 6 vezes.

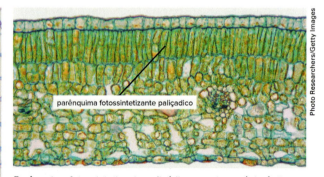

Parênquima fotossintetizante paliçádico ao microscópio óptico, com corantes e ampliado cerca de 90 vezes.

Unidade 3 Plantas

Tecidos de revestimento

Os tecidos permanentes de revestimento são: **epiderme** e **súber**.

A epiderme pode ser constituída por uma ou mais camadas de células vivas, que se aderem perfeitamente, sem deixar espaços, formando uma película contínua. Na maioria dos vegetais, a epiderme é formada por apenas uma camada de células. Ela reveste as raízes e caules jovens, ou que não cresceram em espessura, e as folhas.

As células da epiderme não possuem cloroplasto, apesar de ter outros tipos de plastos, como os leucoplastos, por exemplo. Secretam uma substância denominada cutina, que se deposita na sua superfície externa, formando uma camada conhecida por cutícula, impermeável à água.

Em consequência da perfeita aderência existente entre as suas células e da presença da cutícula, a epiderme tem a função de evitar a perda de água (transpiração) através das superfícies dos órgãos que reveste.

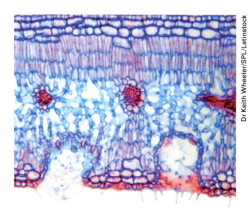

Epiderme e cutícula de folha, ao microscópio óptico, com corantes e ampliado cerca de 20 vezes.

Estômatos

Encontramos na epiderme da parte aérea das plantas pares de células **reniformes**, vivas, clorofiladas, conhecidas por **estômatos**, constituídos por **células-guarda** (células estomáticas ou células oclusivas), que deixam um espaço aberto entre si, denominado **ostíolo**. O ostíolo é uma abertura que permite a comunicação entre as células do interior da folha e o ambiente. Através dele, o CO_2 chega até o parênquima fotossintetizante, ao mesmo tempo em que, por ele, a planta perde água, na forma de vapor, e elimina o O_2 produzido na fotossíntese.

Reniforme: em formato de rim.

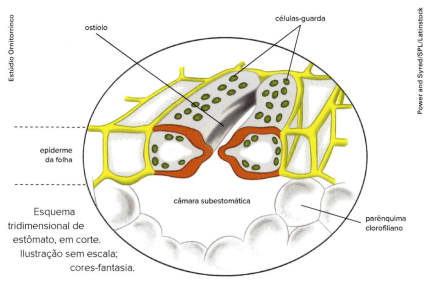

Esquema tridimensional de estômato, em corte. Ilustração sem escala; cores-fantasia.

Epiderme de folha com estômatos fechados e abertos. Micrografia eletrônica de Vonedurp, ampliado cerca de 1400 vezes; cores artificiais.

Mediante alterações nas formas das células-guarda, provocadas por variações de turgescência, o ostíolo pode ser fechado ou aberto. Abre-se quando as células-guarda tornam-se túrgidas (ganham água por osmose) e se fecha quando as células-guarda perdem água.

As células junto às células-guarda são as células anexas. Ao conjunto formado pelas células-guarda, células anexas e ostíolo, denominamos aparelho estomático ou estômato.

Tecidos e órgãos vegetais **Capítulo 8** 103

Muitas plantas, como, por exemplo, o morangueiro, apresentam estômatos especiais, localizados nos bordos das folhas, nas extremidades das nervuras, conhecidos por **hidatódios**. Eles eliminam a água excedente, na forma líquida. Nas madrugadas de noites frias, nos bordos das folhas dessas plantas, formam-se gotículas, não do sereno, como, se pode pensar, mas da água eliminada pelos hidatódios. A eliminação de água pelos hidatódios é denominada **gutação**.

Em substituição aos estômatos da epiderme, nos caules com súber há as lenticelas, que têm basicamente as mesmas funções. Diferente do estômato, a lenticela não regula a sua abertura porque é formada por células suberificadas, portanto, mortas. São pequenos pontos de ruptura no tecido suberoso, que fazem contato entre o meio ambiente e as células do parênquima.

Esquema da estrutura básica de uma raíz. Ilustração sem escala; cores-fantasia.

Gutação em folhas de morangueiro (*Fragaria virginiana*).

Lenticelas (marcas brancas) no tronco de *Betula papyrifera*.

A epiderme da raiz

As células epidérmicas da raiz podem emitir expansões, formando o que chamamos de **pelo absorvente**. Nesse caso, a epiderme, cuja função é absorver água e sais minerais do solo, não secreta a cutina.

A destruição da epiderme

Nas plantas lenhosas, a epiderme, devido ao crescimento em espessura das raízes e do caule, é "empurrada" de dentro para fora, o que provoca a sua ruptura e destruição. Quando isso ocorre, as células parenquimatosas que se encontravam abaixo da epiderme transformam-se em felogênio (tecido meristemático secundário). O felogênio divide-se ativamente, formando um grande número de células que irão substituir a epiderme. Essas células, logo após formadas, depositam **suberina** nas suas membranas. Por ser uma substância impermeável, a suberina depositada na membrana provoca a morte das células. As células mortas suberificadas constituem o súber ou cortiça, tecido morto que reveste raízes e caules, em substituição à epiderme.

Ao mesmo tempo que forma o súber (do latim, *suber* = cortiça, casca de árvore) para o exterior, o felogênio produz para o interior células vivas, parenquimatosas, formando um tecido denominado **feloderma**. **Periderme** é o nome dado ao conjunto formado pelo súber, felogênio e feloderme.

Extremidade da raíz de uma planta jovem de rabanete (*Raphareus sativis*) com pelos absorventes.

Tecidos mecânicos ou de sustentação

São tecidos que dão certa rigidez à planta, mantêm a sua forma típica e permitem a realização das suas atividades básicas. Os tecidos de sustentação podem ser: **colênquima** e **esclerênquima**.

O colênquima é encontrado em caules e raízes jovens e folhas. É formado por células vivas, que podem crescer e se dilatar, apresentando depósitos de celulose nas suas paredes, o que lhes confere certa flexibilidade.

O **esclerênquima** é formado por células mortas, que resistem à pressão e à tração, devido à grande quantidade de lignina depositada em suas paredes. Órgãos com muito esclerênquima são resistentes aos estiramentos e torceduras.

Tecidos condutores

Xilema e **floema** são os dois tipos de tecidos condutores, responsáveis pela circulação das seivas nos vegetais.

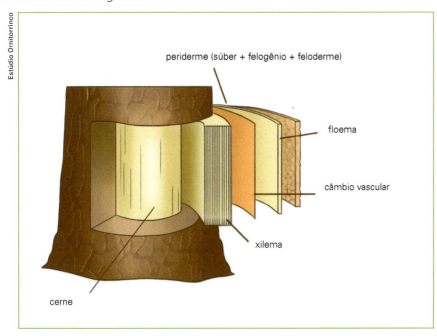

Ilustração esquemática da localização dos principais tecidos do caule de uma angiosperma arbórea. Ilustração sem escala; cores-fantasia.

Xilema

O xilema, ou lenho, é formado por diversos tipos de células, com predominância de células mortas, embora contenha poucas e raras células vivas. Os componentes principais do xilema são as **traqueídes** e as **traqueias**.

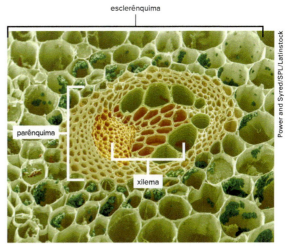

Corte transversal do caule de erva-ciática (*Ranunculus repens*), dicotiledônea, mostrando um feixe vascular. No centro está o xilema envolvido por células do parênquima do córtex do caule. Imagem obtida por microscópio eletrônico de varredura, colorida artificialmente e ampliada 113 vezes.

Tecidos e órgãos vegetais **Capítulo 8** 105

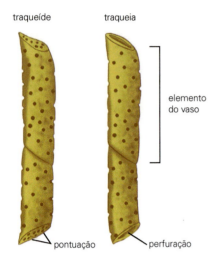

Esquema das células que compoem o xilema. Ilustração sem escala; cores-fantasia.

Tabique: do árabe, *taxbik*, que significa madeira delgada ou membrana delgada que separa dois compartimentos.

O xilema tem a função de transportar a **seiva mineral** (seiva bruta), composta de água e sais minerais, das raízes até as folhas e outras partes da planta.

Tanto as traqueídes como as traqueias são células mortas, ocas, alongadas, com formato de tubo, com membranas laterais lignificadas, apresentando muitas pontuações e normalmente cheias de água. Devido ao fato de apresentar grande quantidade de lignina, o xilema também desempenha a função de sustentação.

Traqueídes e traqueias se alinham no seu eixo maior, dispondo-se numa série longitudinal de células, formando o que denominamos vaso lenhoso. Cada célula do vaso lenhoso é um **elemento do vaso**. Traqueias e traqueídes são tipos de elementos do vaso.

As traqueídes limitam-se entre si, por meio de **tabiques** colocados obliquamente, com muitas pontuações. As pontuações, nesse caso, apresentam a membrana plasmática, o que constitui uma barreira. Desse modo, a comunicação entre as células não é totalmente livre.

As traqueias não apresentam tabique, deixando uma passagem livre entre elas, denominada perfuração (a perfuração é um orifício), formando um sistema contínuo de tubos.

Floema

O floema ou líber é formado por diversos tipos de células, todas vivas. A principal célula do floema é a **célula crivada**.

As células crivadas, também conhecidas por **elementos do tubo crivado**, são de formato tubular, apresentando nas extremidades um espessamento devido ao depósito de cera, todo cheio de crivos (ou furos), denominado **placa crivada**.

A célula crivada não tem núcleo. A membrana do vacúolo (tonoplasto) se desfaz, e o material vacuolar se mistura ao citoplasma. Portanto, o espaço interno da célula, conhecido como lúmen, é ocupado inteiramente pelo citoplasma. A placa crivada permite ao citoplasma de uma célula circular para a célula vizinha e vice-versa.

O tubo crivado, ou vaso liberiano, compreende uma série contínua e longitudinal de células crivadas, que se superpõe uma sobre as outras, por onde circula a **seiva orgânica** (seiva elaborada), composta de água e material orgânico, desde as folhas até as outras regiões da planta.

Nas angiospermas, a célula crivada apresenta **célula anexa** ou **célula companheira**. A célula companheira é nucleada, com grande número de mitocôndrias, não tem plastos e está ligada intimamente à célula crivada, por meio de pontes citoplasmáticas, através de pontuações.

Ilustração esquemática da célula crivada que constitui o floema. Ilustração sem escala; cores-fantasia.

Unidade 3 Plantas

▶ Órgãos das angiospermas

Os órgãos das angiospermas surgem de determinadas regiões do embrião. O embrião tem a forma de um eixo; numa das extremidades, encontra-se o meristema apical do caule; na outra, o meristema apical da raiz; entre eles, ligado ao eixo, os cotilédones.

A região do meristema apical do caule encontra-se acima do cotilédone e é conhecida por **epicótilo**. Localizado no epicótilo, em muitas plantas, existem algumas folhas jovens, conhecidas por **plúmulas**. Nas monocotiledôneas, as plúmulas encontram-se envolvidas por uma película protetora denominada **coleoptile**.

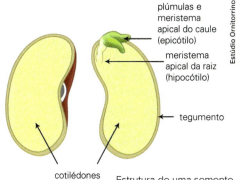

Estrutura de uma semente de dicotiledônea. Ilustração sem escala; cores-fantasia.

Formação dos órgãos vegetais durante a germinação da semente de eudicotiledônea (feijão).

O cotilédone das monocotiledôneas é maciço e denominado **escutelo**. Ele não tem a função de reserva alimentar, atuando como estrutura de absorção do alimento que se encontra armazenado no endosperma secundário.

A região onde se encontra o meristema apical da raiz no embrião é considerada "abaixo" do cotilédone e é conhecida por **hipocótilo**. O hipocótilo, no processo de germinação, apresenta características típicas de raiz, denominado, por isso, **radícula** ou **raiz primária**.

Raiz

É o órgão destinado à fixação e à absorção de água e sais minerais. Origina-se da radícula do embrião.

Externamente, a raiz de uma planta eudicotiledônea apresenta as seguintes regiões: zona de ramificação, de onde saem raízes secundárias, zona pilífera (ou pilosa), zona de crescimento (ou alongamento) e coifa.

Na zona de crescimento encontra-se o tecido meristemático apical da raiz. Como o nome indica, é a região onde a raiz cresce em profundidade. O papel da coifa é o de proteger o meristema apical da raiz, extremamente delicado.

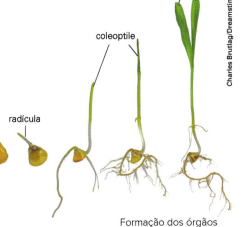

Formação dos órgãos vegetais durante a germinação da semente de monocotiledônea (milho).

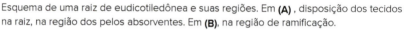

Raízes respiratórias (pneumatóforos) são encontradas em plantas que vivem em mangues e pântanos. São raízes com função respiratória, pois permitem captar oxigênio do ar, já que o solo é encharcado e pobre em oxigênio.

Esquema de uma raiz de eudicotiledônea e suas regiões. Em **(A)**, disposição dos tecidos na raiz, na região dos pelos absorventes. Em **(B)**, na região de ramificação.

A zona pilífera compreende a região onde estão os pelos absorventes, expansões da epiderme da raiz e têm a função de absorver água e sais minerais (seiva mineral) do solo.

Conforme a região da raiz, a disposição dos tecidos em seu interior é diferente. As diferenças são mais acentuadas quando comparamos a zona de ramificação com a zona pilífera.

Tipos de raízes

As raízes são classificadas em diversos tipos: pivotante (ou axial), tuberosa, fasciculada, adventícia, tabular, raiz-escora, entre outros.

Raízes tuberosas têm reservas de nutrientes, como, por exemplo, a batata-doce, cenoura, beterraba, rabanete e mandioca.

Raízes adventícias (do latim, *adventitius* = acidental, inesperado) são raízes que nascem fora da sua posição normal, podendo surgir de caule ou folhas. Exemplo: a hera e o milho (na foto).

Raízes sugadoras (ou **haustórios**) estão presentes em plantas parasitas, penetram até o floema da planta parasitada, de onde sugam a seiva elaborada. Exemplos: cipó-chumbo (na foto) e erva-de-passarinho. As raízes sugadoras também são conhecidas por haustórios.

Caule

O caule é o órgão que sustenta as folhas, interligando-as com as raízes.

A organização interna dos tecidos nos caules de eudicotiledôneas é simétrica e os vasos estão dispostos em círculos, enquanto nas monocotiledôneas a disposição dos vasos é dispersa.

Tipos de caules

Os caules, segundo o meio onde se encontram, são classificados em: aéreos, subterrâneos e aquáticos.

- **Caules aéreos**: encontram-se em contato direto com o ar atmosférico e podem ser tronco, haste, estipe, colmo, escora, rastejantes ou trepadores.
- **Caules subterrâneos**: podem ser rizomas, tubérculos e bulbos.
- **Caules aquáticos**: podem ser rizomas; em geral, são volúveis.

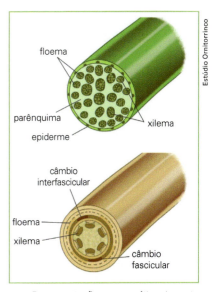

Representação esquemática de corte de caule de monocotiledônea (acima) e eudicotiledônea (abaixo).

Haste é um caule pequeno, flexível e pouco resistente. É encontrado em plantas denominadas herbáceas como orégano (na foto), couve e picão.

Estipe é um caule cilíndrico, fibroso e sem ramificações. As folhas permanecem na sua extremidade, como em palmeira (na foto) e coco-da-baía.

Colmo é um caule cilíndrico, apresentando, de espaço em espaço, nós bastante nítidos. Os colmos podem ser ocos (bambu) ou cheios (cana-de-açúcar).

Escora (ou **rizóforos**) é um caule comum em plantas que vivem em regiões de alagadiços, de difícil fixação.

Os **caules trepadores** são os caules das plantas conhecidas por trepadeiras. Podem ser sarmentosos, quando apresentam elementos de fixação, como nos cipós e na hera; ou volúveis, quando se enrolam no suporte como, por exemplo, no pé de chuchu (na foto).

Bulbo é o caule subterrâneo envolvido por um conjunto de folhas dispostas de forma circular, como na cebola (na foto) e no gladíolo.

Tecidos e órgãos vegetais **Capítulo 8** 109

Foco em saúde

Algumas plantas ornamentais podem causar problemas se forem ingeridas por animais e seres humanos.

Bico-de-papagaio (*Euphorbia pulcherrima*) produz brácteas vermelhas, amarelas, brancas ou róseas, envolvendo as pequenas flores. Produz também um látex tóxico.

A planta comigo-ninguém-pode (*Dieffenbachia picta*) apresenta folhas largas com manchas brancas e com nervuras reticuladas. As folhas são consideradas tóxicas.

A azaleia (*Rhododendron* sp.) produz flores brancas e coloridas (róseas, vermelhas e arroxeadas). As folhas e flores produzem substâncias tóxicas.

Bico-de-papagaio (*Euphorbia pulcherrima*).

Comigo-ninguém-pode (*Dieffenbachia picta*).

1. É seguro ingerir plantas sem conhecê-las? Justifique.

Foco em tecnologia

Látex – borracha natural

Quando os espanhóis começaram a invadir a América do Sul, sua atenção foi atraída pelo suco de uma planta com a qual os indígenas formavam bolas, que saltavam no chão. Uma curiosidade de viajantes em terras distantes deveria tornar-se, alguns séculos depois, a origem de uma indústria colossal, a da borracha.

O látex é líquido de aspecto leitoso, existente nas plantas ditas laticíferas e é colhido em incisões feitas no tronco, pelas quais escorre. Pode mostrar-se incolor, amarelo, alaranjado, vermelho e, mais comumente, branco.

A fluidez também é sujeita a gradações: pode apresentar-se aquoso ou altamente viscoso. Trata-se de um produto natural procedente do látex, de acidez neutra, com grande elasticidade, inodoro e sem resíduo, podendo ser esterilizado em qualquer sistema.

A borracha assim obtida, borracha em bruto, deformável como gesso, deve sofrer uma série de preparos para adquirir os requisitos da elasticidade, dureza, resistência etc., que fazem dela um dos produtos de consumo mais necessários no mundo moderno.

Ela é introduzida em máquinas especiais que funcionam mais ou menos como moedoras de carne, chamadas mastigadoras: elas servem para misturá-la e empastá-la, libertando-a do líquido e das impurezas.

Na indústria moderna, segue-se uma fase importante, a da mistura, isto é, à borracha são ajuntadas substâncias especiais, capazes de torná-la dura e elástica. Para tal fim, emprega-se enxofre ou seus compostos; juntam-se, ainda, corantes e outras substâncias químicas, capazes de orientar a reação. A borracha, agora, está pronta para ser utilizada dos modos mais variados. É dada a forma definitiva, antes de submetê-la à vulcanização, cujo processo final a tornará realmente tal qual nós a conhecemos.

Tal processo consiste em submeter o material, ao qual foram acrescidas as substâncias mencionadas, a uma elevada temperatura (cerca de 160 °C), de maneira que, entre borracha bruta e enxofre, ocorram aquelas complicadas reações, que dão as características químicas e físicas desejadas. Misturada a uma quantidade maior de enxofre e levada a uma temperatura ainda mais alta, a borracha se transforma em ebonite, uma substância dura que conhecemos.

As utilizações da borracha são infinitas e vão das modestas borrachinhas para apagar (um dos seus usos mais remotos), aos cabos elétricos, aos fios de tecido, aos tecidos impermeáveis, aos pneumáticos, às cintas etc.

O consumo e a procura de tal matéria-prima, extraída principalmente da seringueira (*Hevea brasiliensis*), como é fácil compreender, são tão grandes que as plantações do Brasil e da Ásia não bastam para satisfazer a indústria. Hoje, se produz borracha sintética em quantidades sempre crescentes.

110 **Unidade 3** Plantas

[...] o Brasil vem, também, incentivando a plantação da *Hevea brasiliensis* na Amazônia, pois se trata de produto de grande procura e aceitação no mercado. O látex é de grande importância econômica, pois dá origem à borracha natural, de alto valor comercial.

Ambiente Brasil. Disponível em: <http://ambientes.ambientebrasil.com.br/florestal/artigos/latex_-_borracha_vegetal.html>. Acesso em: 4 mar. 2016.

1. Deve existir algum limite para a extração do látex de seringueiras? Justifique.

A borracha é obtida a partir do látex exsudado pela seringueira (*Hevea brasiliensis*) em resposta à lesão.

Folha

É um órgão dotado de clorofila, cuja função principal é realizar a fotossíntese. É rica em parênquima fotossintetizante e, nas nervuras, apresenta xilema e floema (vasos condutores).

Algumas folhas podem se modificar, assumindo outras funções, tais como as gavinhas, os espinhos e as brácteas.

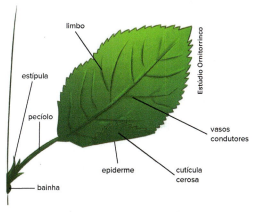

Partes de uma folha de dicotiledônea. Ilustração sem escala; cores-fantasia.

Gavinhas podem ser folhas ou ramos modificados que se enrolam num suporte, fixando, desse modo, o caule a ele, como no caso do pé de maracujá.

Os espinhos dos cactos são folhas modificadas que diminuem a perda de água.

Brácteas são folhas que protegem flores, como no pé de primavera (*Bouganville* sp).

Para explorar

Pesquisa sobre raízes, caules e folhas na alimentação humana

Uma variedade grande de vegetais faz parte da alimentação humana, como folhas, flores, frutos, caules, sementes, tubérculos e raízes. Entre as folhas, estão: rúcula, agrião, almeirão, espinafre, escarola, alface, acelga, repolho, couve, salsa, manjericão, orégano etc. A cebola tem um caule subterrâneo, mas o que utilizamos na alimentação são os catáfilos, folhas subterrâneas com reserva de amido.
As raízes mais utilizadas são: cenoura, beterraba, mandioca, rabanete, cará, batata-doce, inhame, gengibre etc.
Entre os caules, estão: aspargo, palmito, batata-inglesa, cana-de-açúcar etc.

Tecidos e órgãos vegetais Capítulo 8 111

A maioria dos vegetais é fonte de vitaminas, minerais e fibras, destacando-se a vitamina C, vitaminas do complexo B, vitamina A (beta-caroteno), presente nos vegetais amarelos e alaranjados. Nos minerais, destacam-se o ferro, cálcio, potássio e magnésio. Fibras solúveis e insolúveis também são encontradas.

- Faça uma pesquisa sobre os principais caules, raízes e folhas utilizados na alimentação das pessoas, na região onde você mora.

Para isso, visite feiras livres, supermercados, vendas, empórios ou qualquer outro ponto de venda de alimentos e relacione os vegetais mais comercializados. Faça isso acompanhado de um responsável.

- Anote os dados e procure informações em livros ou na internet sobre a importância nutricional desses vegetais.
- Escolha uma receita utilizando alguns desses vegetais e divulgue-a na sala de aula.

Atividades

1. Qual é a principal característica que diferencia meristemas de tecidos permanentes?

2. Qual é a diferença entre meristema primário e secundário?

3. Quais são os tecidos que permitem às plantas se manterem eretas?

4. Qual é a relação entre estômatos foliares abertos e a fotossíntese?

5. Em um experimento, pesquisadores estudaram o comportamento da transpiração em plantas jovens de *Pinus radiata*, em três condições de disponibilidade hídrica do solo: a) com bastante disponibilidade de água; b) depois de 9 dias sem água; e c) depois de 12 dias sem água. Os resultados do experimento estão representados no gráfico ao lado.

    a) Relacione as curvas A, B e C às condições de disponibilidade hídrica do solo.

    b) Em que hora do dia os estômatos das plantas atingem o ponto máximo de abertura em cada condição hídrica?

    c) Explique a importância do comportamento dos estômatos observado nessa espécie para a sobrevivência da planta.

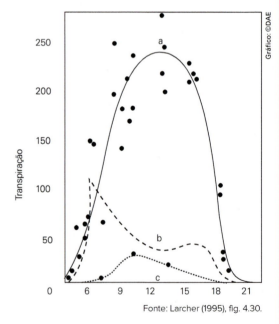

Fonte: Larcher (1995), fig. 4.30.

6. Muitas plantas se desenvolvem bem em ambientes com restrição de água. Que adaptações favorecem essa sobrevivência?

7. Onde estão localizados os estômatos e as lenticelas em uma árvore? Qual sua função?

8. Caules-escora e pneumatóforos são adaptações de vegetais de que ambiente? Qual é a importância dessas adaptações?

9. Apresente uma evidência para justificar que a batata-inglesa é caule e não raiz.

CAPÍTULO 9
FISIOLOGIA VEGETAL

General Sherman é uma sequoia-gigante, com cerca de 2 500 anos. Ela é conhecida por ser a mais volumosa árvore do mundo. Estima-se o seu volume em 1 487 m³. Ela é também uma das árvores mais altas do mundo, com 83,8 m de altura.

A árvore ganhou o nome de General Sherman em 1879, em homenagem ao general da guerra civil americana William Tecumseh Sherman. Outras árvores ainda maiores vivem no Parque Nacional da Sequoia (Sequoia National Park), no norte da Califórnia (EUA). É de se espantar que, mesmo com essa altura, quase a de um prédio de 30 andares, a água que penetra pelas raízes chega a cada folha dessa gigante. Como elas fazem isso?

▶ Transporte da seiva bruta

Como a planta obtém a água de que necessita e como conserva permanentemente seu conteúdo em níveis adequados às suas exigências são aspectos dos mais importantes da fisiologia dos vegetais.

Antes da germinação das sementes, a necessidade da água já se manifesta. De modo geral, a quantidade de água contida nas sementes é pequena, de tal forma que impossibilita a sua germinação. Quando umedecida, as sementes absorvem água e incham. Dizemos, então, que ela se encontra hidratada ou embebida. Tal processo, que é reversível, constitui-se um fenômeno puramente físico-químico.

Sequoia gigante (*Sequoiadendron gigantean*). A mais alta árvore conhecida. Região da Califórnia, Estados Unidos, 2014.

Após a germinação, a planta consegue água por absorção, diretamente do solo, através dos pelos absorventes.

O citoplasma das células que constituem os pelos absorventes é mais concentrado de sais minerais e glicose do que o meio externo. Graças a essa diferença de concentração, o processo de entrada de água e seu transporte desde a superfície do pelo até o xilema no interior da raiz ocorrem por osmose.

A água absorvida por pelos absorventes difunde-se por dois caminhos básicos até atingir o xilema. A maior parte da água chega ao xilema passando do pelo absorvente ao parênquima cortical (córtex), à endoderme, ao periciclo e, finalmente, ao xilema.

Uma pequena quantidade de água se difunde pelos espaços entre as células até a endoderme e, a partir daí, passa a se deslocar pelo interior das células do periciclo e chega ao xilema.

As células da endoderme apresentam um espessamento, em forma de fita, que as envolve totalmente e as mantém aderidas. Essa fita, de material impermeável (suberina e lignina), denominada **estria** ou **fita de Caspary**, impossibilita a passagem de água e sais minerais nos espaços entre as células da endoderme. Portanto, para chegar ao xilema, a água tem que, necessariamente, passar pelo interior das células.

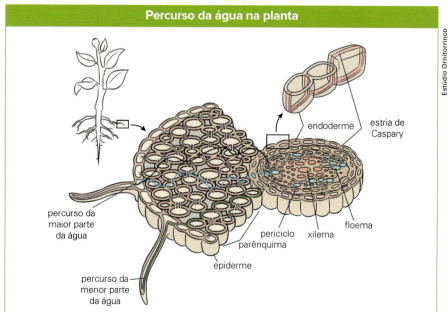

Ilustrações desta página estão sem escala; cores-fantasia.

Ilustração esquemática do percurso da água desde o ambiente até o interior do xilema da planta. Ilustrações desta página estão sem escala; cores-fantasia.

A água se movimenta por osmose, do pelo absorvente até o xilema, porque a concentração dos conteúdos celulares, das células por onde passa, aumenta na mesma sequência do seu deslocamento. A corrente de água que se forma é suficiente para encher o xilema e gerar uma pressão, conhecida por **pressão positiva da raiz**, que impulsiona a água, do interior do xilema, para cima. Acredita-se que essa pressão seja responsável pela gutação, por exemplo.

São várias as hipóteses que tentam explicar o mecanismo responsável pela condução da seiva mineral da raiz até as folhas, entretanto, a mais aceita é a **teoria da tensão-coesão**, proposta pelo botânico irlandês Henry Horatio Dixon (1869-1953). Segundo essa teoria, a água forma uma coluna contínua no interior do xilema, que se estende desde a raiz até a folha. Essa coluna, com diâmetro microscópico, apresenta muitas moléculas de água interligadas por atrações intermoleculares (ligações de hidrogênio). Como o número dessas ligações é enorme, a soma delas resulta numa forte coesão entre as moléculas de água. Desse modo, a folha, ao perder água por transpiração, "puxa" água do xilema (sucção), fazendo com que toda a coluna de água se eleve.

A coluna de água fica sujeita a duas forças: a força da sucção da folha, direcionada para cima; e o peso da própria coluna, para baixo. Essas forças, em direções opostas, desenvolvem a chamada tensão. A coluna de água não se rompe porque a coesão entre as moléculas é superior à tensão. Uma bolha de ar que se forme no xilema, provoca a ruptura da coluna de água, o que interrompe a condução da seiva mineral. As moléculas de água da coluna estão aderidas (adesão), também, à parede do xilema de tal forma que não há possibilidade de se formarem bolhas de ar. Dessa maneira, a coluna de água no interior do xilema é contínua e a circulação da seiva bruta é ininterrupta.

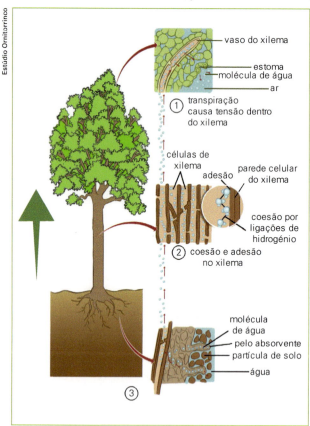

Esquema ilustrado do transporte da seiva bruta pelo xilema segundo a teoria da coesão-tensão.

114 Unidade 3 Plantas

> **Para explorar**
>
> O que acontece com o transporte de água no xilema se adicionarmos sal ao solo?

Da análise dos mecanismos responsáveis pela condução da seiva mineral, percebe-se que ela só pode circular porque há perda de água pela parte aérea da planta. Deduz-se, portanto, que a ausência de transpiração interromperia a circulação da seiva mineral.

Pelo fato de ser constituída por água e sais minerais, a seiva mineral também é conhecida por **seiva bruta** ou **inorgânica**. Como a sua condução é predominantemente de baixo para cima, também é conhecida por **seiva ascendente**.

É interessante destacar o delicado equilíbrio entre o controle de transpiração para evitar a perda de água em excesso, já que é um produto nobre para os seres vivos e de difícil obtenção, a manutenção da transpiração para que a seiva mineral circule, trazendo os sais minerais essenciais para a fotossíntese nas folhas.

> **Para explorar**
>
> ### Transporte de água no caule
>
> A água é transportada da raiz às folhas e outras partes pelos vasos lenhosos ou xilema. Será que a transpiração influencia a velocidade do deslocamento da seiva na planta? Para responder a esta questão, realize o seguinte experimento.
>
> **Materiais:**
> - Corante de alimentos.
> - Água.
> - Quatro flores brancas, que pode ser rosa, cravo, margarida ou crisântemo.
> - Ventilador.
> - Relógio.
> - 2 vasilhas ou caixas de sorvete vazias.
> - Faca de mesa (que deve ser manuseada com cuidado).
>
> **Procedimento:**
> Misture o corante na água e coloque a solução em duas vasilhas. Em cada vasilha, corte com a faca a ponta do cabo de duas flores sob a água, de modo chanfrado. Coloque uma das vasilhas (**A**) num local abrigado do vento e do calor e a outra (**B**), próxima de um ventilador. Observe e registre, por meio de desenhos, o que acontece com as flores de cada vasilha a cada 10 minutos.
>
> **Resultados:**
> 1. O que aconteceu com as flores do recipiente A?
> 2. O que aconteceu com as flores do recipiente B?
> 3. Registre a velocidade com que ocorreram as alterações em cada uma das flores.
>
> **Conclusões:**
> 1. Qual é o efeito do ventilador?
> 2. A transpiração influencia a velocidade do deslocamento da seiva na planta?
> 3. Compare o efeito observado com o que ocorre na natureza.
>
>
>
> Corte do cabo em chanfro.

Fisiologia vegetal Capítulo 9

Transpiração

A evaporação é a passagem da água do estado líquido para o de vapor, e a transpiração consiste na evaporação que acontece na superfície do corpo dos seres vivos. Do mesmo modo que a evaporação, a transpiração depende diretamente da área da superfície em contato com o ambiente, da temperatura e da ventilação ambientais e, indiretamente, da umidade do ar.

Quanto maior é a temperatura e a ventilação do ambiente, maior é a transpiração; e quanto maior é a umidade do ar, menor é a transpiração.

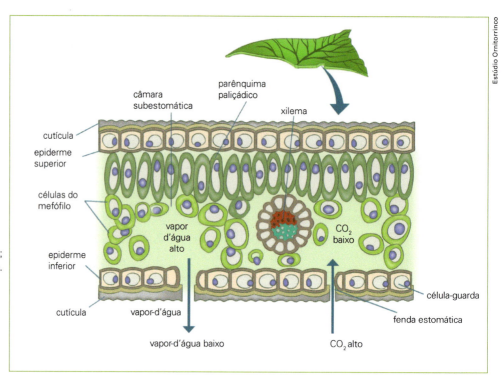

Esquema do percurso do vapor-d'água e do CO_2 nos tecidos foliares de uma folha em corte, com os estômatos abertos.

A transpiração é grandemente reduzida em caules e folhas devido à presença da cutícula (na epiderme) e do súber (em caules).

Os estômatos da epiderme das folhas, por meio da regulagem da abertura dos seus ostíolos, são as principais estruturas controladoras da transpiração das plantas.

A transpiração e a penetração do gás carbônico (CO_2) na folha, essencial para a fotossíntese, ocorre através dos ostíolos abertos, ao mesmo tempo em que o oxigênio (O_2), indispensável para os organismos aeróbios, produzido pela fotossíntese, é eliminado para o ambiente. Quando fechados, a planta praticamente não transpira e tem a sua fotossíntese comprometida devido à falta de CO_2.

A abertura e o fechamento dos estômatos sofrem influências dos seguintes fatores:

a) concentração de CO_2 do ambiente;

b) intensidade luminosa; e

c) disponibilidade de água no solo.

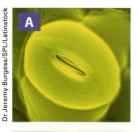

(A) Estômato fechado; (B) estômato aberto. Detalhe dos estômatos de tabaco. Imagem obtida por micrografia eletrônica; ampliação de cerca de 500 vezes.

Plantas que vivem em ambientes semiáridos, como os cactos, por exemplo, apresentam adaptações para reduzir ao máximo a perda de água. Assim, as folhas são modificadas em espinhos (redução da superfície de transpiração), os estômatos encontram-se em "cavidades" da superfície do caule, com mecanismos rápidos de abertura e fechamento, e a epiderme é bastante impermeabilizada por ser recoberta por espessa cutícula.

Plantas de ambientes úmidos, ao contrário, apresentam estômatos expostos, lentos no fechamento, epiderme com cutícula delgada e folhas geralmente com grandes superfícies.

Uma das maneiras disponíveis para medir a transpiração da folha é o método das pesagens sucessivas, em que se colocam algumas folhas, destacadas de uma planta, numa balança de precisão e se registra a massa das folhas em intervalos regulares. Observa-se que todos os estômatos das folhas se fecham em poucos minutos e, uma vez fechados, a folha passa a perder um mínimo de água.

O total de água transpirada, conhecido por transpiração total (T_t) compreende a soma da transpiração ocorrida através da cutícula (transpiração cuticular – T_c) e pelos estômatos (transpiração estomatar – T_e).

$$T_t = T_c + T_e$$

Plantas que vivem em ambientes secos, como cactos, apresentam diversas adaptações para não perder água. Folhas reduzidas em espinhos são uma delas.

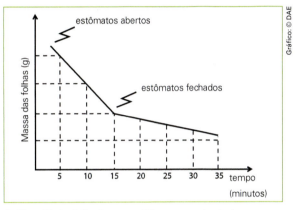

Gráfico: Diminuição da massa foliar por perda de água por meio de transpiração.

Para explorar

Transpiração foliar

Numa turma de alunos foram efetuados experimentos em grupo com a intenção de verificar a importância da folha na transpiração da planta.

Duas plantas foram colocadas em tubos, com igual quantidade de água, devidamente vedados para evitar a evaporação, como mostra a ilustração ao lado. A planta do tubo A foi mantida intacta; a do tubo B teve suas folhas totalmente cobertas por uma camada de vaselina.

Verificou-se que a quantidade do líquido do tubo A diminuiu mais do que a do tubo B.

Conclusões:

1. Por que os níveis da água ficaram diferentes nos tubos A e B?
2. Que estruturas da epiderme foliar tiveram seu funcionamento afetado pela vaselina?
3. Qual o papel dessas estruturas da epiderme para que a planta realize fotossíntese?

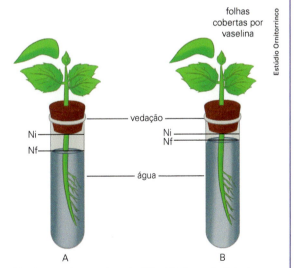

Montagem do experimento. Ni e Nf são o nível da água, respectivamente, no início e no final do experimento. Ilustração sem escala; cores-fantasia.

▶ Transporte da seiva orgânica

A seiva orgânica, constituída por água e compostos orgânicos, é também conhecida por **seiva elaborada** ou **seiva descendente**. Ela é produzida na folha, por meio da fotossíntese dos parênquimas assimiladores (paliçádico e lacunoso), é recolhida pelo sistema de vasos do floema (as nervuras das folhas) e conduzida, através dele, para as outras partes da planta, onde os compostos orgânicos poderão ser consumidos como alimento ou acumulados como tecido de reserva no fruto, na semente, no caule ou na raiz.

Pulgão.

Conhecemos pouco a respeito do mecanismo de condução da seiva elaborada pelo floema. Sabemos, por exemplo, que ela circula sob pressão. Tal fato pode ser constatado, por exemplo, quando observamos insetos como os pulgões em brotos tenros das plantas, geralmente com formigas circulando entre eles. O pulgão perfura os tecidos delicados do broto e insere o seu estilete oco no floema. Desse modo, ele consegue a seiva elaborada, que lhe serve de alimento. Portanto, é um parasita da planta. A pressão existente no floema é tal que a seiva elaborada penetra no seu sistema digestivo sem que ele precise sugar. Devido à pressão elevada, a seiva percorre todo o sistema digestivo do inseto, saindo pelo ânus na forma de gota açucarada. As formigas que circulam entre os pulgões alimentam-se dessas gotas.

O botânico Ernst Münch (1876-1946), em 1930, explicou o mecanismo da condução da seiva elaborada, por meio de um modelo experimental que representava as diversas partes da planta.

Observe o esquema ilustrativo do modelo experimental de Münch e acompanhe a explicação a seguir.

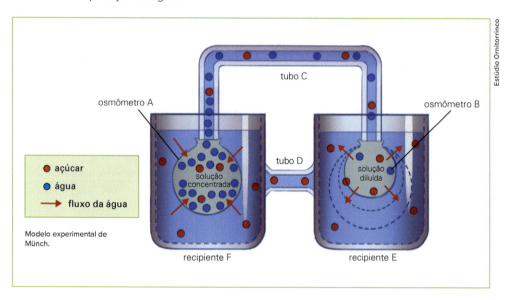

Modelo experimental de Münch.

O modelo de Münch consiste em duas bolsas (osmômetro A e B) de material semipermeável (que permite a osmose) conectadas por um tubo de vidro, C. Os osmômetros estão cheios de soluções de água com açúcar, sendo que a concentração da solução no osmômetro A é maior (hipertônica) do que em B (hipotônica). Os osmômetros são colocados nos recipientes E e F, que estão conectados entre si por um tubo de vidro, D. Os recipientes são completados com água pura (água destilada). Decorrido pouco tempo após a montagem do equipamento, observa-se que no tubo C circula água com açúcar, passando do osmômetro A para o B, e no tubo D, a água destilada passa do recipiente E para o F, criando uma circulação de água em um único sentido.

118   Unidade 3   Plantas

Segundo a **hipótese de Münch**, ou **condução da seiva elaborada por arrasto mecânico**, o açúcar é transportado do osmômetro A para o B devido à velocidade do fluxo em que as moléculas de água arrastam consigo as de açúcar. Desse modo, o osmômetro A seria um tecido fornecedor de açúcar para o B, que, por sua vez, seria um tecido receptor de material orgânico, podendo ser consumidor ou armazenador. O tubo C corresponde ao floema e o D, ao xilema. O recipiente E corresponde às folhas, porque tem um tecido fabricador de açúcar (parênquima assimilador), e o F corresponde a um fruto que acumula material orgânico ao receber seiva elaborada, ou à raiz, onde seria consumido.

Correspondência entre os elementos constituintes do modelo experimental de Münch e elementos vegetais	
Elemento do modelo	**Correspondente vegetal**
Osmômetro A	Célula parenquimatosa fotossintetizante
Osmômetro B	Célula parenquimatosa de reserva
Tubo C	Vaso liberiano (floema)
Tubo D	Vaso lenhoso (xilema)
Recipiente E	Folha
Recipiente F	Órgão de reserva (caule, raiz)

▶ Fatores limitantes da fotossíntese

Para realizar a fotossíntese, a planta precisa de água, gás carbônico e luz, estando, por isso, sob a influência desses fatores ambientais. Além disso, a temperatura ambiental também influencia a fotossíntese. Qualquer fator ambiental que exista em quantidade insuficiente para a plena realização da fotossíntese é conhecido como fator limitante da fotossíntese. Os fatores ambientais que podem ser limitantes para a fotossíntese são:

a) disponibilidade de água;

b) concentração de CO_2;

c) intensidade luminosa; e

d) temperatura.

Para analisarmos os efeitos dos fatores limitantes sobre a fotossíntese, devemos montar uma experiência em que a planta seja mantida sob condições controladas e constantes, variando-se apenas o fator que se deseja determinar os seus efeitos.

Assim, por exemplo, para se determinar os efeitos de diferentes concentrações de gás carbônico sobre a fotossíntese, devemos manter uma ou mais plantas sob condições constantes de temperatura, intensidade luminosa e suprimento de água. O único fator que sofrerá variações será a concentração do gás carbônico. Nessas condições, qualquer alteração que se observar na fotossíntese será devida, exclusivamente, à variação da quantidade de gás carbônico no ambiente.

Os gráficos a seguir mostram o efeito da intensidade da luz, da concentração de CO_2 e da temperatura sobre a intensidade da fotossíntese. Observe que, inicialmente, a intensidade de luz e a concentração de gás carbônico limitam a intensidade da fotossíntese, mas há um ponto a partir do qual o aumento da intensidade de luz, ou da concentração CO_2, não interfere mais na intensidade de fotossíntese, que se estabiliza (ponto ótimo ou nível máximo).

Fisiologia vegetal **Capítulo 9** 119

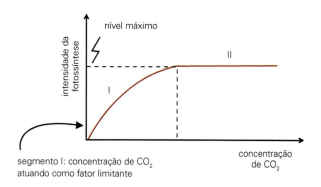

Gráfico A: Intensidade da fotossíntese em função da variação de concentração do CO_2.

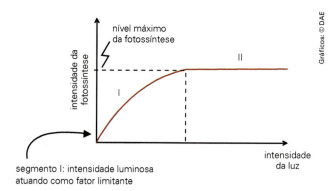

Gráfico B: Intensidade da fotossíntese em função da variação da intensidade de luz.

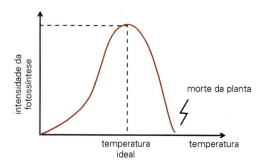

Gráfico C: Intensidade da fotossíntese em função da variação de temperatura.

Ponto de compensação luminoso

As plantas realizam a fotossíntese quando iluminadas, isto é, durante o dia, interrompendo o processo durante a noite, devido à falta de luz.

Diferente da fotossíntese, a respiração das plantas se processa durante as 24 horas do dia, independentemente de estar claro ou não.

Durante a fotossíntese, há consumo de energia; durante a respiração, há liberação de energia.

À noite não há fotossíntese e a planta realiza apenas a respiração, liberando CO_2 e consumindo O_2 do ambiente. A fotossíntese se inicia ao amanhecer, aumentando gradativamente a sua intensidade à medida que o dia transcorre, devido ao aumento da luminosidade. Ao entardecer, a intensidade da fotossíntese reduz gradualmente, anulando-se com o entardecer. Durante esse período, numa determinada intensidade de luz, denominada **ponto de compensação luminoso** ou **ponto de compensação fótico**, a intensidade da fotossíntese se iguala à da respiração. Nessas condições, tudo o que é produzido na fotossíntese (glicose e oxigênio) é consumido na respiração e vice-versa. A planta não libera O_2 nem consome CO_2 do ambiente, além de não acumular glicose.

Ultrapassado o período de saldo nulo, a planta, na maior parte do dia, vive acima do ponto de compensação fótico, onde realiza fotossíntese em intensidades bem superiores à da respiração. Em consequência, a planta elimina O_2 no ar atmosférico, retira dele o CO_2 e acumula alimento (glicose).

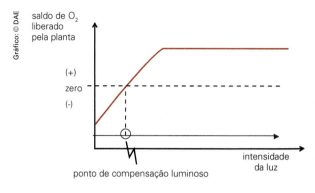

Variação do saldo de gás oxigênio (fotossíntese menos respiração) liberado pela planta em função da variação da intensidade luminosa.

Foco em saúde

Plantas no quarto: isso é perigoso?

As plantas fazem fotossíntese, processo no qual consomem gás carbônico e eliminam oxigênio. O processo ocorre na presença da luz e, à noite, parte do processo cessa. As plantas, como a maioria dos seres vivos, respiram para obter energia, absorvendo oxigênio e liberando gás carbônico. Porém, as plantas não consomem oxigênio em excesso a ponto de prejudicar o ser humano. O risco de dormir com uma planta no quarto é muito menor do que dormir com uma pessoa, que consome bem mais oxigênio.

1. Elabore um experimento para testar a hipótese de que é perigoso dormir com plantas no quarto.

O que pode ocorrer com plantas no quarto? Deixá-lo mais agradável.

▶ Movimentos vegetais

Como qualquer ser vivo, as plantas são sensíveis a certas condições ambientais que agem como estímulos e desencadeiam respostas na forma de crescimento e movimentos, que podem ser **nastismos** ou **tropismos**.

Os **nastismos** são movimentos da planta em resposta a estímulo ambiental, mas cuja direção não é orientada pela fonte de estímulo e sim por características da própria planta. Um exemplo é o que ocorre com as plantas chamadas dormideiras, que fecham as folhas ao receberem estímulo mecânico (um toque) ou outras leguminosas que fecham as folhas durante a noite.

Nastismo em dormideira (*Mimosa pudica*).

Fisiologia vegetal Capítulo 9 121

Gavinhas de parreira, exemplo de tigmotropismo.

Os **tropismos** consistem nos movimentos em resposta a estímulos externos que são orientados pela fonte do estímulo. Dizemos que a resposta é positiva quando a planta cresce ou se movimenta em direção à fonte do estímulo, e negativo, quando se distancia dela. Eles são classificados segundo o tipo de estímulo que os provocam: fototropismo é provocado pela luz, geotropismo, pela força de gravidade terrestre, tigmotropismo, por estímulos mecânicos e hidrotropismo, pela água.

O enrolamento de uma gavinha num suporte é uma resposta a um estímulo mecânico (contato) e exemplo de tigmotropismo.

O caule tem fototropismo positivo porque cresce em direção à luz, enquanto a raiz apresenta fototropismo negativo, pois afasta-se dela. Já a raiz apresenta geotropismo positivo, pois se movimenta em direção ao centro de gravidade terrestre enquanto o caule apresenta geotropismo negativo, pois, ao contrário, afasta-se.

Ilustrações sem escala; cores-fantasia.

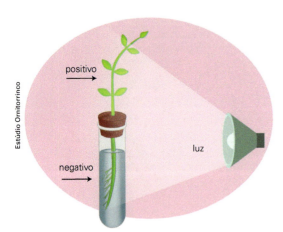

Fototropismo de raiz e caule.

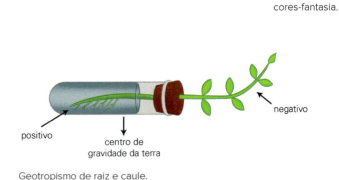

Geotropismo de raiz e caule.

Outro exemplo de fototropismo é o **estiolamento** que ocorre quando a planta em período de crescimento intenso é mantida no escuro. A planta estiolada tem caule muito distendido e o crescimento das folhas é retardado, ficando amareladas ou esbranquiçadas (sem clorofila).

Mudas de agrião (*Lepidium sativum*) cultivadas em luz normal (à esquerda) e sem luz (à direita).

▶ Hormônios vegetais

O crescimento das plantas depende de fatores internos, além dos estímulos externos. Os **hormônios vegetais**, também conhecidos por **fitormônios**, coordenam o crescimento e o desenvolvimento da planta.

Os vegetais não possuem órgãos especializados na produção de hormônios, que são produzidos em diferentes regiões da planta e se deslocam para outras partes. Os principais fitormônios são as auxinas, as giberelinas, as citocininas, o ácido abscísico e o etileno.

Auxinas

As auxinas foram as primeiras substâncias identificadas como hormônios vegetais. Elas atuam facilitando a distensão das paredes celulósicas das células vegetais.

Em 1881, Charles Darwin (1809-1882) fez uma série de experimentos com coleoptile de alpiste e demonstrou que, ao ser iluminada lateralmente, ela se curvava em direção à luz, no entanto, deixava de se curvar quando o ápice era coberto por um capuz opaco.

Muitas outras experiências foram feitas em anos posteriores, tais como a do botânico dinamarquês Boysen-Jensen (1883-1959), em 1913. (Veja ilustração).

Ilustrações sem escala; cores-fantasia.

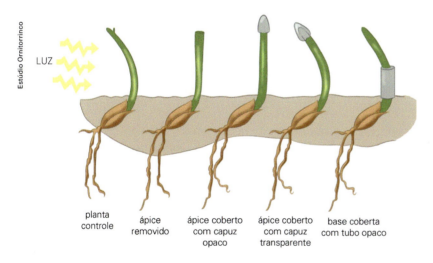
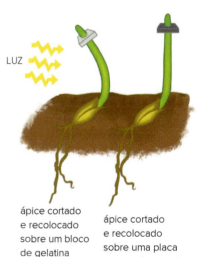

Algumas experiências de Darwin sobre o efeito da luz em coleoptile de alpiste.

Em 1928, Fritz W. Went (1903-1990), pesquisador holandês, cortou várias coleoptiles de aveia e colocou os ápices em placas de gelatina. Dividiu essas placas em pequenos cubos e colocou esses cubos, em posições variadas, sobre as coleoptiles cortadas. Notou que elas se curvavam para o lado oposto ao do contato com os cubos. Interpretando os resultados, concluiu que o ápice produz uma substância que se difunde para as partes mais baixas da planta, e também para a gelatina, e que era capaz de estimular o crescimento. Ele chamou essa substância de auxina.

A auxina produzida pelos vegetais é o ácido ß-indolil-acético (AIA).

O AIA é produzido no ápice das coleoptiles, nos meristemas apicais de caules e raízes, em folhas jovens e frutos, sendo abundante nos embriões. Apresenta transporte polar, isto é, desloca-se sempre numa única direção, do ápice do caule para a ponta da raiz.

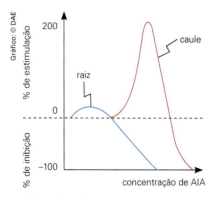

Gráfico: Relação entre a variação da inibição ou estimulação do crescimento do caule e da raiz e a concentração de auxina na planta.

Dependendo da concentração, o AIA pode tanto inibir como estimular o crescimento de raízes e caules. Baixas concentrações de AIA estimulam o crescimento da raiz, enquanto as altas estimulam o crescimento do caule e inibem o crescimento da raiz.

Raízes e caules apresentam sensibilidades diferentes para o AIA, sendo a raiz mais sensível, é estimulada com doses menores. Essa diferença nas sensibilidades é a causa das reações diversas que raízes e caules apresentam no geotropismo e no fototropismo.

Uma planta colocada artificialmente na posição horizontal terá, por ação da gravidade, maior concentração de auxina junto à sua superfície de baixo e menor na de cima. Essa diferença de concentração de AIA tem efeitos distintos na raiz e no caule.

A luz incidente num dos lados de uma planta, quando iluminada unilateralmente, provoca deslocamento da auxina para a parte não iluminada. A planta, nessas condições, passa a apresentar distribuição desigual de auxina. A concentração maior de AIA, no lado não iluminado, estimula o crescimento do caule, fazendo com que ele se curve em direção à fonte luminosa e, ao mesmo tempo, inibe o crescimento da raiz, provocando a sua curvatura em direção contrária à do caule.

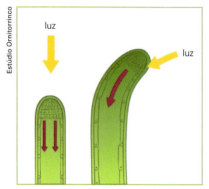

Esquema ilustrativo da atuação da auxina no fototropismo apical, em coleoptile de alpiste.

Além do AIA, produzido pela planta, existem numerosas auxinas produzidas sinteticamente, tais como: ácido 2,4-dicloro-fenoxi-acético (2,4-D), ácido alfa-naftaleno-acético (ANA) e ácido-naftoxi-acético (NOA).

Apesar de serem conhecidas por **hormônios do crescimento**, as auxinas produzem outros efeitos, como:

a) Dominância apical – O AIA produzido pelo meristema da gema apical do caule inibe o crescimento das gemas laterais (axilares), mantendo-as no estado de dormência. Eliminando-se a gema apical através da poda, as gemas laterais deixam de ser inibidas e se desenvolvem em ramos, folhas e flores.

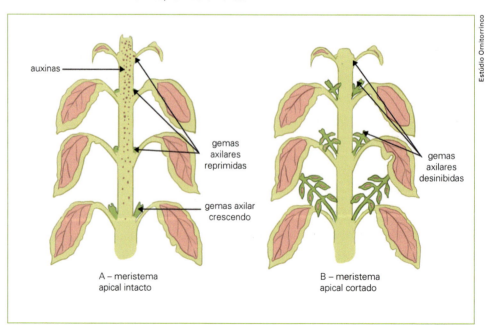

As ilustrações desta páginas estão sem escala; cores-fantasia.

Efeito da poda sobre a dominância apical.

b) Enraizamento – As auxinas, aplicadas artificialmente, são capazes de estimular a formação de raízes em estacas. Estaca é um pedaço de ramo do caule usado para a reprodução assexuada das plantas.

c) Efeito herbicida – As auxinas aplicadas em doses elevadas, principalmente 2,4-D, são tóxicas. Graças a essa propriedade, são utilizadas no controle de ervas daninhas. O efeito herbicida do 2,4-D é seletivo, porque o seu poder destruidor é alto, em certas doses, sobre as plantas de folhas largas, sendo praticamente inerte contra as plantas de folhas estreitas.

d) Partenocarpia – A auxina aplicada sobre o ovário de uma flor faz com que ele se desenvolva em fruto, sem que tenha sido polinizado. Desse modo, o fruto não apresenta sementes, sendo um fruto partenocárpico. Podemos, por exemplo, obter tomates sem sementes se impedirmos a polinização das flores do tomateiro ao aplicarmos auxina nos seus ovários. A partenocarpia natural ocorre na banana e na laranja-baiana. Uma das causas dessa partenocarpia é a elevada concentração de auxina encontrada nos seus ovários.

Giberelinas

As giberelinas, outro grupo de fitormônios, são produzidas principalmente pelas folhas jovens e, diferente das auxinas, apresentam transporte apolar. Recebem essa denominação porque foram primeiramente encontradas em *Gibberella fujikuroi*, um fungo que provoca uma doença no arroz.

As giberelinas compreendem um conjunto com mais de 40 substâncias, conhecidas genericamente por ácidos giberélicos (GA), das quais a mais conhecida é o GA3. Cada ácido giberélico é identificado por um número, colocado como índice de "GA".

Elas provocam a distensão celular (alongamento da célula), o crescimento de plantas anãs e também induzem à partenocarpia.

Foco em agricultura

Uso comercial de giberelinas

Os hormônios vegetais são amplamente empregados na agricultura, para aumentar o valor econômico das frutas ou para aumentar a produção. As giberelinas são empregadas, por exemplo:

- no cultivo de uva – para aumentar o comprimento da haste do cacho e, na uva Thompson, para produzir frutos sem sementes;
- no cultivo de maçã – para alongar o fruto, melhorando sua forma;
- no cultivo de frutas cítricas – para o retardar o amadurecimento da fruta.
- no cultivo da cana-de-açúcar – para aumentar o tamanho dos entrenós e, em consequência, a produção de sacarose.
- no cultivo de coníferas – para antecipar a produção de sementes em plantas jovens de coníferas.
- no cultivo de espinafre, beterraba, repolho, entre outras, para acelerar a produção de sementes.

Uva da variedade Thompson, que não contém semente.

1. Pesquise e responda: Como é possível obter hormônios vegetais?

Citocininas

As citocininas, ou citoquininas, são fitormônios com elevado poder de estimulação das divisões celulares.

Ácido abscísico

O ácido abscísico é um fitormônio cuja ação principal consiste na inibição dos efeitos de outros hormônios vegetais, como as auxinas e giberelinas.

O ácido abscísico (ABA) se acumula em grande quantidade na base do ovário e está relacionado com o grau de abertura dos estômatos e, por consequência com a transpiração das folhas e com o grau de absorção de água pelas raízes. Além disso, também está relacionado com a dormência de algumas sementes.

Na caatinga, após um longo período de seca, a primeira chuva quebra a dormência das sementes e elas germinam.

Dispondo de água e oxigênio e sob temperatura adequada, a maioria das sementes germina. Dizemos, nesse caso, que a semente é quiescente, e o fenômeno é conhecido por quiescência.

Outras sementes, mesmo que as condições de água, oxigênio e temperatura ambientais estejam adequadas, não germinam, continuando num estado de repouso profundo. Essas sementes necessitam de algum fator específico para ser despertada desse repouso e germinar. Essas sementes são conhecidas por **dormentes** e o fenômeno, por **dormência**.

As plantas de regiões áridas produzem sementes dormentes com grande quantidade de ácido abscísico que impede sua germinação. A germinação só se realiza com a diminuição da quantidade desse ácido, o que ocorre, naturalmente, quando são lavadas pela água das chuvas. Dizemos, então, que a chuva "quebra" a dormência dessas plantas. Dessa forma, a semente germina apenas quando as condições climáticas são favoráveis à sobrevivência da nova planta.

Etileno

Etileno é um fitormônio que acelera o amadurecimento dos frutos e a queda (abscisão) das folhas. Além de ser produzido pelas plantas, é liberado na combustão incompleta, principalmente pelos escapamentos dos automóveis.

Frutos maduros ou podres produzem grande quantidade de etileno. Se numa caixa de frutos houver um podre, ele libera grande quantidade de etileno que estimula o amadurecimento e apodrecimento de outros frutos da caixa. Daí, o provérbio popular: "basta uma maçã estragada, num saco cheio de maçãs sadias, para estragar todas as outras".

O etileno é um gás utilizado nas estufas para se conseguir o amadurecimento mais rápido das frutas ali colocadas. Ao se embrulhar uma fruta verde com uma folha de jornal, retém-se o etileno liberado pela fruta e ela amadurece mais rapidamente.

▶ Fotoperiodismo

Fotoperiodismo é um termo usado em Botânica para descrever os efeitos e as adaptações das plantas em relação à duração do período de luz. Em todo o planeta, a incidência de luz do Sol se modifica a cada dia, devido à rotação e à translação da Terra. No hemisfério Sul, por exemplo, o verão ocorre entre dezembro e março, e os dias são mais longos que as noites. No inverno, de junho a setembro, os dias são mais curtos que as noites.

A floração de muitos vegetais pode ser desencadeada pela relação entre o período iluminado do dia (duração do dia) com o período de escuridão (duração da noite). O fotoperíodo é o dia favorável para o florescimento de cada espécie.

As plantas podem ser classificadas, em relação ao fotoperíodo, em três categorias: plantas de dia curto (PDC), plantas de dia longo (PDL) e plantas indiferentes.

Ilustração sem escala; cores-fantasia.

Diagrama do efeito do período iluminado do dia sobre plantas de dia curto e plantas de dia longo.

Biologia e História

Plantas de dias curtos ou de noites longas?

Em 1938, dois pesquisadores norte-americanos, Karl C. Hammer e James Bonner, em seus estudos com o carrapicho (*Xanthium strumarium*), uma planta de dia curto, demonstraram que é a quantidade de horas de escuro que influencia a floração. Essa planta é muito utilizada em experimentos de fotoperiodismo porque, nas condições laboratoriais, bastam alguns dias curtos para induzir sua floração.

Hammer e Bonner descobriram que, se o período de escuridão fosse interrompido, expondo-se as plantas a um curto período de iluminação, elas deixavam de florescer. Interromper o período de iluminação, por outro lado, não teve nenhum efeito sobre a floração. Assim, essas plantas deveriam ser chamadas, mais apropriadamente, de plantas de noite-longa, mas o termo "dia curto" já estava consagrado pelo uso.

Da mesma forma, plantas de dia longo são na verdade de noites curtas, pois submetê-las a dias curtos e noites longas interrompidas por um pequeno intervalo de luz leva-as a florir.

1. Após essa descoberta, as plantas indiferentes necessitariam ser renomeadas? Explique.

As plantas de dias curtos (ou de noites longas), como tabaco, café, soja, morangueiro, dálias e crisântemos, florescem no inverno; as plantas de dia longo (ou de noites curtas), como trevo, espinafre, aveia, certas variedades de trigo, alface e rabanete, florescem no meio do verão; e as plantas indiferentes, como tomate, feijão, arroz, pimentão e dente-de-leão, podem florescer em qualquer época do ano, independentemente da duração do dia.

As PDL são aquelas que florescem quando submetidas à duração de dias com períodos iluminados superiores a um determinado tempo (horas), conhecido como fotoperíodo crítico.

As PDC são aquelas que florescem quando submetidas à duração de dias inferiores ao fotoperíodo crítico.

O tabaco (PDC) tem fotoperíodo crítico de 14 horas (14 horas de dia e 10 horas de noite). Por ser PDC, só floresce se submetido a dias com duração de 14 horas ou menos. A interrupção do período de escuridão (10 horas), por meio de luz, mesmo de baixa intensidade, faz com que o tabaco não floresça. Esse fato indica que a interrupção da noite, para as PDC, também influencia a floração.

A aveia (PDL) tem fotoperíodo crítico de 9 horas (período iluminado de 9 horas e período escuro de 15 horas). Por ser PDL, só floresce em dias cujo período iluminado tenha mais de 9 horas de duração. Diferente do que ocorre com o tabaco, a aveia pode ter o seu período de escuridão interrompido, pois mesmo assim florescerá. Floristas e agricultores realizam a interrupção do período de escuridão para induzir a floração de várias plantas nos mais diversos períodos do ano.

Algumas plantas, como a alfafa, por exemplo, nunca floresce nos trópicos porque necessita de 14 horas de dia e 10 horas de noite, e essa duração do dia não ocorre naturalmente nos trópicos.

O candelabro (*Erythrina* sp.) floresce no inverno.

O ipê amarelo (*Tabebuia chrysotricha* Satndl.) floresce no inverno.

A begônia (*Begonia semperflorens*) floresce no verão.

A flor-de-cera (*Hoya carnosa*) floresce no verão. Ela pode chegar a 8 m de altura.

Fotoperiodismo e fitocromos

O fitocromo, uma proteína de cor azul-esverdeada localizada nas membranas e no citoplasma das células foliares, é o fotorreceptor envolvido no fotoperiodismo.

Há o fitocromo R, forma inativa, e o fitocromo F, forma ativa. As duas formas são interconversíveis.

O fitocromo R se transforma em fitocromo F ao absorver luz vermelha de comprimento de onda na faixa dos 660 nanômetros.

O fitocromo F, por sua vez, transforma-se em fitocromo R ao absorver luz vermelha de comprimento de onda na faixa dos 730 nanômetros (vermelho de onda mais longa).

A luz solar contém ambos os comprimentos de onda (vermelho e vermelho-longo). Por isso, durante o dia as plantas apresentam as duas formas de fitocromos (R e F), com predominância do fitocromo F. À noite, o fitocromo F, mais instável, converte-se espontaneamente em fitocromo R. Dependendo da duração do período de escuridão, essa conversão pode ser total, de modo que a planta, ao fim de um longo período de escuridão, pode apresentar apenas fitocromo R.

Plantas de dia curto florescem em estações do ano em que as noites são longas, ou seja, no inverno, porque, durante o período prolongado de escuridão, o fitocromo F converte-se espontaneamente em fitocromo R, deixando de inibir a floração. Uma breve exposição de luz durante o período de escuridão é suficiente para impedir a floração de plantas de dia curto, pois nesse período o fitocromo R é convertido em fitocromo F.

As plantas de dia longo só florescem se o período de escuridão for curto, ou seja, no verão, pois, nesse caso, ocorre a conversão total de fitocromo F em R. Já em estações do ano em que as noites são longas, as plantas de dia longo não florescem, porque todo o fitocromo F é convertido em fitocromo R, que não induz a floração.

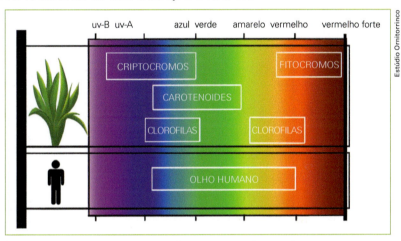

Diagrama dos comprimentos de onda luminosos captados por elementos vegetais e pelo olho humano. Ilustração sem escala; cores indicativas.

Fotoblastismo

Outra atividade que pode sofrer influência da luz é a germinação das sementes, em um fenômeno denominado fotoblastismo. Dizemos que o fotoblastismo é negativo quando a luz inibe a germinação, e positivo quando estimula.

Sementes de melancia e abóbora (jerimum), por exemplo, apresentam fotoblastismo negativo. Decorrente desse fato, sementes dessas plantas só germinam se forem completamente enterradas e cobertas por solo, mantidas, dessa forma, em escuridão total. Lançadas na superfície do canteiro, expostas à luz, emboloram e morrem.

Sementes de alface apresentam fotoblastismo positivo. Em consequência, a semeadura da alface deve ser feita com lançamento das sementes na superfície do canteiro, com pouco solo sobre ela, de tal forma que as sementes permaneçam expostas à luz solar. Enterradas completamente, as sementes de alface dificilmente germinam.

Atividades

1. Como a seiva mineral é transportada pela planta?

2. Ao comprar flores, uma pessoa recebeu a recomendação de cortar os cabos sob a água, para as flores colhidas durarem mais. Essa recomendação tem fundamento? Explique.

3. Os pulgões são insetos que parasitam certos vegetais. Que vantagem os pulgões têm ao infestar essas plantas? Que tecido eles atingem?

4. A transpiração é importante para o vegetal por auxiliar no movimento de ascensão da água através do caule. A transpiração nas folhas cria uma força de sucção sobre a coluna contínua de água do xilema: à medida que essa força se eleva, mais água é fornecida à planta.

   a) Indique a principal estrutura que permite a transpiração na folha e a que permite a entrada de água na raiz.

   b) Mencione duas maneiras pelas quais as plantas evitam a transpiração.

   c) Se a transpiração é importante, por que a planta apresenta mecanismos para evitá-la?

5. A transpiração é a perda de água pelas plantas, através de sua parte aérea, na forma de vapor. Que fatores ambientais influenciam a transpiração?

6. Na caatinga as plantas estão adaptadas ao clima quente e seco. Cite duas adaptações.

7. Por que no inverno a maioria das plantas de regiões frias perde suas folhas?

8. Existe um grau de luminosidade em que as taxas de respiração e de fotossíntese de uma planta são iguais: é o ponto de compensação fótico ou luminoso.

   a) Nesse ponto, qual é a relação entre as quantidades de oxigênio absorvido e produzido pela planta?

   b) Para que a planta possa crescer, a intensidade de luz que ela precisa receber deve ser superior à do seu ponto de compensação. Explique por quê.

9. Compare fotossíntese com respiração celular em relação aos seguintes aspectos:

   a) Período do dia em que ocorrem.

   b) Substâncias consumidas.

   c) Substâncias produzidas.

10. Observe a imagem. Esse fenômeno ocorre principalmente em plantas de clima temperado.

    a) Por que ocorre?

    b) Que hormônios são responsáveis por ele?

Floresta de castanheiras na Espanha (2014).

11. É comum em ruas e avenidas arborizadas a realização de podas da parte superior das árvores que estão em contato com os fios elétricos de alta tensão. As podas são necessárias para se evitarem problemas que podem ocorrer em dias chuvosos e de fortes ventos.

    a) O que deverá acontecer com as árvores após o corte da região apical que estava atingindo os fios elétricos?

    b) Que mecanismo explica o resultado obtido com o corte da região apical?

12. Alguns alunos queriam verificar na aula de Biologia se era verdade que embrulhar frutos permitia que seu amadurecimento ocorresse mais rápido. Para isso, pegaram seis mamões verdes. Riscaram com uma faca três dos mamões e em seguida os embrulharam com jornal (lote A). Os outros três não foram riscados nem envolvidos com jornal (lote B). Os mamões do lote A amadureceram mais rapidamente que os do lote B. Explique o resultado obtido.

PARA LER E REFLETIR

Leia o texto a seguir e depois responda às questões no seu caderno.

Por que só consumimos 0,06% das plantas comestíveis do planeta?

Formas estranhas e cheiros desconhecidos contribuem para uma variedade espantosa de verduras, frutas e legumes. Mas, por mais variadas que possam parecer estas espécies e por mais próximas – uma ida ao supermercado do bairro basta para comprá-las – estes produtos representam apenas uma fração mínima das espécies que podemos comer.

Não é uma falha dos supermercados e feiras.

O fato é que das 400 mil espécies de plantas que existem no mundo, cerca de 300 mil são comestíveis. E, destas 300 mil, consumimos apenas cerca de 200. E, a maioria das proteínas que consumimos e têm origem nas plantas vem de três cultivos: milho, arroz e trigo.

Tédio na vida sexual

Mas, se as opções são tantas, por que a humanidade se alimenta de apenas 0,06% das plantas comestíveis?

"Até agora, a explicação sugeria que fazemos isto para evitar o consumo de plantas tóxicas", disse à BBC Mundo John Warren, professor de botânica na Universidade de Aberystwyth, na Grã-Bretanha, e autor do livro *A natureza dos cultivos*.

Para Warren, o argumento não tem fundamento. "Muitas das plantas que comemos são originalmente tóxicas, mas, com o passar do tempo, nós e outros animais encontramos formas de lidar com estes componentes tóxicos."

O botânico se refere aos processos de domesticação que foram eliminando as substâncias venenosas nas plantas e também aos procedimentos como cozimento, que tornam uma planta digerível.

"Na verdade, fazemos isto pois escolhemos deliberadamente comer plantas que têm uma vida sexual muito tediosa", afirmou. A vida sexual previsível, segundo Warren, é o que garante o sucesso de uma planta como cultivo em larga escala. E previsível, neste caso, significa uma planta que se reproduz por um mecanismo de polinização muito generalizado, que pode ser o vento ou os serviços de insetos como as abelhas.

Os dez mais

As orquídeas são exemplos mais óbvios na hora de explicar a razão de uma planta com vida sexual complexa não ser boa para ser domesticada. "Elas são as pervertidas do mundo das plantas. Têm flores e hábitos sexuais estranhos", diz Warren.

Existem cerca de 20 mil espécies de orquídeas, e muitas poderiam ser boas como alimentos. Mas, cultivamos apenas uma para o consumo: a orquídea da baunilha, cuja polinização, feita manualmente, é viável somente devido ao seu alto valor de mercado.

A razão pela qual não cultivamos mais orquídeas, segundo o professor, é "que elas têm uma vida sexual esquisita". Para se reproduzir, estas orquídeas devem ser polinizadas por uma espécie específica de inseto e, tanto este quanto a orquídea, dependem do outro para sobreviver. Se as orquídeas forem cultivadas longe do habitat deste inseto, não produzirão sementes e fracassarão como cultivo.

Por isso, segundo Warren, acabamos com apenas "dez cultivos mais importantes do planeta (milho, trigo, arroz, batatas, mandioca, soja, batata-doce, sorgo, inhame e banana), que, em sua maioria, se polinizam com a ajuda do vento, sem necessidade de insetos".

Abelhas

Se as plantas mais importantes para nossa dieta não dependem de insetos, outra pergunta que surge é: qual a razão de tanta preocupação com a queda global nas populações de abelhas, um dos principais agentes polinizadores?

Na opinião de Warren, "o problema foi exagerado". "É importante, mas as abelhas não participam dos cultivos que nos dão calorias. Nenhum dos dez mencionados antes será afetado pela morte das abelhas."

Fisiologia vegetal **Capítulo 9** 131

"Mas, se as abelhas morrem, as frutas serão afetadas – as maçãs, peras, morangos, por exemplo – e isto prejudicará a nossa ingestão de vitaminas, a qualidade de vida e piorará nossa saúde. Mas, não vamos morrer de fome", acrescentou Warren.

O botânico acredita que é importante aumentar o número de espécies que cultivamos, e dá mais ênfase àquelas que exigem menos recursos. "Nossa tendência é domesticar plantas muito nutritivas, mas que necessitam de muitos fertilizantes. Deveríamos cultivar novas plantas com sistemas nutritivos inferiores, porém mais sustentáveis no futuro", afirmou.

E, ainda de acordo com Warren, diferentemente de nossos ancestrais, entendemos as dificuldades de cultivar plantas de vida sexual complexa e podemos superar estes obstáculos.

PLITT, Laura. Por que só consumimos 0,06% das plantas comestíveis do planeta? *BBC*. Disponível em: <www.bbc.com/portuguese/noticias/2015/08/150811_plantas_consumo_fn>. Acesso em: 26 fev. 2016.

QUESTÕES

1. Qual é a proporção entre as plantas que estão disponíveis para a alimentação humana e o que realmente consumimos?

2. De que cultivos se originam a maior parte das proteínas que ingerimos?

3. Que hipóteses explicam a opção de limitar a variedade de plantas na alimentação?

4. Explique a frase: "Nossa tendência é domesticar plantas muito nutritivas, mas que necessitam de muitos fertilizantes. Deveríamos cultivar novas plantas com sistemas nutritivos inferiores, porém mais sustentáveis no futuro".

Mãos à obra!

Nas prateleiras dos supermercados, quitandas e feiras livres, a escolha de vegetais não é mais tão simples. Além daqueles de cultivo tradicional, existem outras opções: os produtos orgânicos e os hidropônicos.

Quais são as características desses alimentos, como são produzidos, quais são as vantagens e desvantagens desses tipos de cultivo?

Nessa atividade, a turma fará uma pesquisa sobre o tema. Ao final, as conclusões serão apresentadas aos colegas.

Etapa 1

Com a ajuda do professor, a classe será dividida em três grupos. Cada um deles ficará responsável por um tema.

Etapa 2

A pesquisa pode ser feita em revistas, livros ou na internet. Os temas são:

- O que são alimentos orgânicos? Como são cultivados?

- O que são alimentos hidropônicos? Como são cultivados?

- Quais são as principais vantagens e desvantagens desses cultivos?

Etapa 3

Ao final da pesquisa, apresente o resultado para a turma. A exposição poderá ser feita com o auxílio de cartazes, fotos, vídeos, dependendo dos recursos que a escola tiver disponível. Conforme a localização da escola, pode ser interessante convidar um agricultor para conversar com a turma.

Explorando habilidades e competências

Observe o gráfico e responda às questões a seguir.

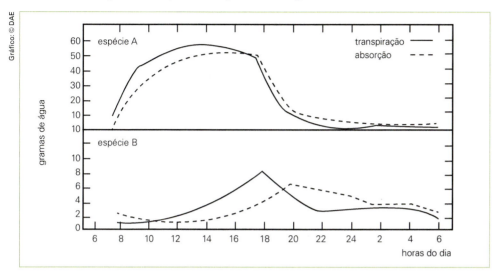

Absorção e transpiração ao longo do dia para duas espécies de plantas (**A** e **B**) em ambiente com fartura de água e em dia quente de verão.

Fonte: Adaptado de KRAMER, Paul J.; BOYER, John S. *Water relations of plants and soils*. Academic Press, Inc., 1995. p. 169.

1. No gráfico, qual é a extensão da escala do eixo y para a espécie A e para a espécie B? O que significa essa diferença?
2. Em que hora do dia ocorre o pico máximo de transpiração de cada uma das espécies?
3. Em que hora do dia os estômatos das espécies A e B atingem o máximo de abertura?
4. Relacione as plantas das imagens abaixo às espécies representadas por A e B no gráfico. Explique as suas escolhas.

Opuntia sp.

Pinus taeda.

Fisiologia vegetal Capítulo 9 133

Para rever e estudar

Questões do Enem

1. (Enem PPL – 2014)

O Brasil tem investido em inovações tecnológicas para a produção e comercialização de maçãs. Um exemplo é a aplicação do composto volátil 1-metilciclopropeno, que compete pelos sítios de ligação do hormônio vegetal etileno nas células desse fruto.

Disponível em: <http://revistaseletronicas.pucrs.br>. Acesso em: 16 ago. 2012 (adaptado).

Com base nos conhecimentos sobre o efeito desse hormônio, o 1-metilciclopropeno age retardando o(a)

a) formação do fruto.
b) crescimento do fruto.
c) amadurecimento do fruto.
d) germinação das sementes.
e) formação de sementes no fruto.

2. (Enem PPL – 2013)

A Caatinga é o único bioma exclusivamente brasileiro, ocupando cerca de 7% a 10% do território nacional. Nesse ambiente seco, mesmo quando chove, não há acúmulo de água, pois o solo é raso e pedregoso. Assim, as plantas desse bioma possuem modificações em suas raízes, caules e folhas, que permitem melhor adaptação a esse ambiente, contra a perda de água e de nutrientes. Geralmente, seus caules são suculentos e suas folhas possuem forma de espinhos e cutículas altamente impermeáveis, que apresentam queda na estação seca.

Disponível em: <www.ambientebrasil.com.br>. Acesso em: 21 maio 2010 (adaptado).

Considerando as adaptações nos órgãos vegetativos, a principal característica das raízes dessas plantas, que atribui sua maior adaptação à Caatinga, é o(a)

a) armazenamento de nutrientes por um sistema radicular aéreo.
b) fixação do vegetal ao solo por um sistema radicular do tipo tuberoso.
c) fixação do vegetal ao substrato por um sistema radicular do tipo sugador.
d) absorção de água por um sistema radicular desenvolvido e profundo.
e) armazenamento de água do solo por um sistema radicular do tipo respiratório.

3. (Enem PPL – 2013)

O manguezal é um dos mais ricos ambientes do planeta, possui uma grande concentração de vida, sustentada por nutrientes trazidos dos rios e das folhas que caem das árvores. Por causa da quantidade de sedimentos – restos de plantas e outros organismos – misturados à água salgada, o solo dos manguezais tem aparência de lama, mas dele resulta uma floresta exuberante capaz de sobreviver naquele solo lodoso e salgado.

NASCIMENTO, M. S. V. Disponível em: <http://chc.cienciahoje.uol.com.br>. Acesso em: 3 ago. 2011.

Para viverem em ambiente tão peculiar, as plantas dos manguezais apresentam adaptações, tais como

a) folhas substituídas por espinhos, a fim de reduzir a perda de água para o ambiente.
b) folhas grossas, que caem em períodos frios, a fim de reduzir a atividade metabólica.
c) caules modificados, que armazenam água, a fim de suprir as plantas em períodos de seca.
d) raízes desenvolvidas, que penetram profundamente no solo, em busca de água.
e) raízes respiratórias ou pneumatóforos, que afloram do solo e absorvem o oxigênio diretamente do ar.

4. (Enem – 2012) A imagem representa o processo de evolução das plantas e algumas de suas estruturas. Para o sucesso desse processo, a partir de um ancestral simples, os diferentes grupos vegetais desenvolveram estruturas adaptativas que lhes permitiram sobreviver em diferentes ambientes.

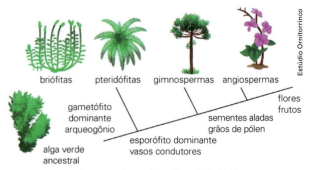

Disponível em: <http://biopibidufsj.blogspot.com>. Acesso em: 29 fev. 2012 (adaptado).

Qual das estruturas adaptativas apresentadas contribuiu para uma maior diversidade genética?

a) As sementes aladas, que favorecem a dispersão aérea.

b) Os arquegônios, que protegem o embrião multicelular.

c) Os grãos de pólen, que garantem a polinização cruzada.

d) Os frutos, que promovem uma maior eficiência reprodutiva.

e) Os vasos condutores, que possibilitam o transporte da seiva bruta.

5. (Enem – 2012) Os vegetais biossintetizam determinadas substâncias (por exemplo, alcaloides e flavonoides), cuja estrutura química e concentração variam num mesmo organismo em diferentes épocas do ano e estágios de desenvolvimento.

Muitas dessas substâncias são produzidas para a adaptação do organismo às variações ambientais (radiação UV, temperatura, parasitas, herbívoros, estímulo a polinizadores etc.) ou fisiológicas (crescimento, envelhecimento etc.).

As variações qualitativa e quantitativa na produção dessas substâncias durante um ano são possíveis porque o material genético do indivíduo

a) sofre constantes recombinações para adaptar-se.

b) muda ao longo do ano e em diferentes fases da vida.

c) cria novos genes para biossíntese de substâncias específicas.

d) altera a sequência de bases nitrogenadas para criar novas substâncias.

e) possui genes transcritos diferentemente de acordo com cada necessidade.

▶ Questões de vestibulares

1. (PUC-PR – 2016) Leia o fragmento de texto a seguir:

Identificados genes que podem salvar araucária do risco de extinção

Formação embrionária do pinhão, semente do pinheiro-brasileiro, é alvo de abordagem molecular inédita capaz de auxiliar na preservação da espécie

Pesquisadores da Universidade de São Paulo (USP) identificaram 24.181 genes ligados à formação do embrião da araucária (*Araucaria angustifolia*) – árvore nativa do Brasil também chamada de pinheiro-brasileiro – e de sua semente, o pinhão. A descoberta poderá auxiliar no estabelecimento de um sistema para a propagação *in vitro* da espécie, que está sob risco crítico de extinção, de acordo com a União Internacional para Conservação da Natureza (IUCN, na sigla em inglês), e cuja madeira tem alto valor de mercado. Com a identificação dos genes, será possível um maior controle sobre o processo de embriogênese somática, ou seja, a formação de um embrião sem que haja fecundação e a partir de células não reprodutivas.

Trata-se de uma das mais promissoras técnicas biotecnológicas de produção de embriões vegetais, que permite a criopreservação (conservação por meio de congelamento) e a clonagem em massa. No caso da araucária, ela é dificultada porque as sementes perdem viabilidade e não sobrevivem por longos períodos de armazenamento.

Disponível em: <http://viajeaqui.abril.com.br/materias/identificados-genes-que-podem-ajudar-a-salvar-araucaria-do-risco-de-extincao>. Acesso em: 3 jul. 2015.

Sobre o organismo descrito no texto, marque a alternativa correta.

a) É uma gimnosperma lenhosa, vascular e dioica.

b) É uma gimnosperma vascular, dioica e com endosperma triploide na semente.

c) É uma angiosperma lenhosa, vascular e com fruto seco do tipo cariopse.

d) É uma angiosperma avascular, heterosporada e monoica.

e) É uma gimnosperma avascular, monoica e do grupo dos ciprestes.

2. (Unicamp-SP – 2016)

A diversidade de plantas tende a ser maior em lugares que não sejam nem tão hostis nem tão hospitaleiros. Em um ambiente onde faltam recursos, poucas espécies de plantas sobrevivem. Se as condições melhoram, o número de espécies tende a aumentar. Já quando há abundância de nutrientes, a tendência se reverte e o ambiente é dominado por poucas espécies que captam recursos de forma mais eficaz. O gráfico a seguir mostra a relação entre a biomassa e a quantidade de espécies de plantas em uma mesma área.

(Texto e imagem adaptados de <http://revistapesquisa.fapesp.br/2015/07/18/estudo-reabilita-teoria-sobre-diversidade-de-plantas>.)

Fisiologia vegetal **Capítulo 9** 135

Para rever e estudar

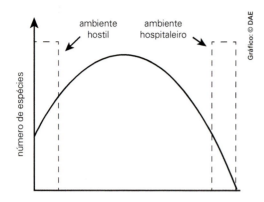

Com base no texto, é correto afirmar que

a) espécies mais eficientes na obtenção de recursos prevalecem quando há abundância de recursos.

b) quanto maior a abundância de recursos, maior a diversidade de espécies.

c) alta produção de biomassa indica necessariamente maior diversidade de espécies.

d) ambientes hostis são mais limitantes para a diversidade que ambientes hospitaleiros.

3. (FMP-RJ – 2016) Há mais de 300 anos, o cientista italiano Marcello Malpighi realizou um experimento no qual ele retirou um anel de casca do tronco de uma árvore. Com o passar do tempo, a casca intumesceu na região acima do corte.

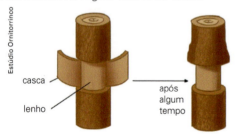

O intumescimento observado foi causado pelo acúmulo de

a) solutos orgânicos que não puderam ser transportados pelo floema rompido.

b) solutos inorgânicos nos vasos lenhosos acima do anel removido.

c) seiva bruta nos vasos condutores removidos junto com o anel de casca.

d) produtos da fotossíntese no xilema que foi partido com o corte na casca.

e) substâncias que não puderam ser usadas no processo fotossintético.

4. (Unicamp-SP – 2016) De acordo com o cladograma a seguir, é correto afirmar que:

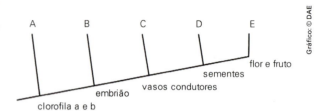

a) A é Briófita, B é Pteridófita e C é Espermatófita.

b) C é Espermatófita, D é traqueófita e E é Angiosperma.

c) C possui sementes, D é Espermatófita e E é Angiosperma.

d) B é Briófita, D é traqueófita e E possui sementes.

5. (Fuvest-SP – 2015) A energia entra na biosfera majoritariamente pela fotossíntese. Por esse processo,

a) é produzido açúcar, que pode ser transformado em várias substâncias orgânicas, armazenado como amido ou, ainda, utilizado na transferência de energia.

b) é produzido açúcar, que pode ser transformado em várias substâncias orgânicas, unido a aminoácidos e armazenado como proteínas ou, ainda, utilizado na geração de energia.

c) é produzido açúcar, que pode ser transformado em substâncias catalisadoras de processos, armazenado como glicogênio ou, ainda, utilizado na geração de energia.

d) é produzida energia, que pode ser transformada em várias substâncias orgânicas, armazenada como açúcar ou, ainda, transferida a diferentes níveis tróficos.

e) é produzida energia, que pode ser transformada em substâncias catalisadoras de processos, armazenada em diferentes níveis tróficos ou, ainda, transferida a outros organismos.

6. (UFSM-RS – 2015) Independentemente de cultura, os vegetais fornecem alimentos para todos. Nos versos que seguem, o autor tenta demonstrar essa condição.

Nem todo o Rei tem Reinado

Andei uns tempos pensando
No porque dos animais.
Mesmo que não haja duvida,
Perguntar nunca é demais:
[1]– O que seria dos bichos
[2]Se não fossem os vegetais?
[...]
Animal dá mais ibope
Nos programas de TV
Dá movimento ao cinema
Faz a gente se entreter.
[3]Mas todo bicho depende
[4]Das plantas para viver.
[...]
[5]– Ah, se planta não soubesse
[6]Transformar a luz solar
o vasto reino animal
Deixaria de se fartar...
[7]– Nem sequer papel teria
[8]Pra estes versos eu botar.

Fonte: SOUZA, P. R. de. *Síntese de Poesia*. 2006.

Analise as seguintes afirmativas:

I. Os versos assinalados com as referências 1, 2, 3 e 4 salientam a dependência dos animais, em especial, quanto ao oxigênio produzido pelos vegetais por meio da respiração celular.

II. Os versos assinalados com as referências 5 e 6 dizem respeito ao processo de fotossíntese que ocorre nos cloroplastos.

III. Os versos assinalados com as referências 7 e 8 remetem a produção de matéria orgânica resultante da fotossíntese.

Está(ão) correta(s)

a) apenas I.

b) apenas II.

c) apenas I e II.

d) apenas I e III.

e) apenas II e III.

7. (Uece – 2015)

Assinale a opção que contém a sequência correta correspondente ao ciclo de vida das pteridófitas.

a) Produção de esporos – esporófilo – produção de gametas – fecundação – protonema.

b) Produção de gametas – fecundação – esporófito – produção de esporos – protalo.

c) Protonema – esporófito – produção de esporos – produção de gametas – fecundação.

d) Produção de esporos – esporófito – protalo – fecundação.

8. (Unesp-SP – 2015) Dona Patrícia comprou um frasco com 100 gramas de alho triturado desidratado, sem sal ou qualquer conservante. A embalagem informava que o produto correspondia a 1 quilograma de alho fresco.

É correto afirmar que, em um quilograma de alho fresco, 100 gramas correspondem, principalmente,

a) aos nutrientes minerais obtidos do solo pelas raízes e 900 gramas correspondem à água retida pela planta.

b) à matéria orgânica sintetizada nas folhas e 900 gramas correspondem à água obtida do solo através das raízes.

c) à água obtida do solo pelas raízes e 900 gramas correspondem ao carbono retirado do ar atmosférico e aos nutrientes minerais retirados do solo.

d) à matéria orgânica da parte comestível da planta e 900 gramas correspondem à matéria orgânica das folhas e raízes.

e) aos nutrientes minerais obtidos do solo pelas raízes e 900 gramas correspondem à água retirada do solo e ao carbono retirado do ar atmosférico.

9. (UFRGS-RS – 2015)

As plantas parasitas verdadeiras caracterizam-se por apresentar

a) folhas com parênquima clorofiliano desenvolvido.

b) tricomas secretores de enzimas digestivas.

c) caules armazenadores de substâncias de reserva.

d) gavinhas como órgãos de fixação.

e) corpo vegetativo reduzido.

Para rever e estudar

10. (Uema – 2015)

Sabendo-se que os movimentos dos vegetais respondem à ação de hormônios, de fatores ambientais, de substâncias químicas e de choques mecânicos, observe as informações abaixo sobre esses movimentos relacionando-os às plantas 1 e 2.

Planta 1 — Planta 2

Movimentos dos vegetais

- Tigmotropismo é o encurvamento do órgão vegetal em resposta ao estímulo mecânico.
- Gravitropismo é também chamado de geotropismo por muitos. O fator que estimula o crescimento do vegetal é a força da gravidade da terra, podendo ser negativo e positivo.
- Hidrotropismo é o movimento orientado para a água, enquanto que o quimiotropismo é o movimento orientado para determinadas substâncias.
- Fototropismo é a resposta do vegetal quando o estímulo é a luz. Os caules tendem a crescer em direção à luz, assim apresentando fototropismo positivo.

Fonte: SANTOS, F. S. dos; AGUILAR. J. B. V.; OLIVEIRA, M. M. A. de. *Ser protagonista, Biologia Ensino Médio*, 2º ano. São Paulo: Edições SM, 2010. (adaptado)

Os movimentos que ocorrem nas plantas 1 e 2 são, respectivamente,

a) hidrotropismo e fototropismo.
b) fototropismo e hidrotropismo.
c) fototropismo e gravitropismo.
d) tigmotropismo e gravitropismo.
e) gravitropismo e hidrotropismo.

11. (Uern – 2015) Pode-se observar na figura o aprisionamento de um inseto, pelas folhas articuladas da espécie de planta carnívora do gênero Dionaea. Esse movimento, em resposta do toque feito pelo animal, é um exemplo de

a) tropismo.
b) nastismo.
c) geotropismo.
d) tigmotropismo.

12. (UFRGS-RS – 2015) Assinale a alternativa que apresenta uma estrutura reprodutiva exclusiva das angiospermas.

a) Tubo polínico
b) Endosperma secundário
c) Grão de pólen
d) Saco embrionário
e) Semente

13. (UPE – 2015) "Planta no quarto não mata ninguém: – Se fosse, não haveria um índio vivo na Floresta Amazônica", argumenta o botânico Gilberto Kerbauy, da Universidade de São Paulo.

(Disponível em: <http://super.abril.com.br/cotidiano/planta-quarto-nao-mata-ningue,-437671.shtml>.

Essa afirmativa baseia-se na seguinte crença:

a) As plantas consomem o gás carbônico durante o processo de respiração, diminuindo-o da atmosfera.
b) À noite, as plantas consomem oxigênio no processo de respiração, deixando-o rarefeito no quarto.
c) No processo de fotossíntese, as plantas consomem oxigênio e água, deixando o ar mais seco.
d) As plantas produzem gases e toxinas à noite para repelir insetos predadores, intoxicando o ambiente.

e) No processo de respiração, as plantas consomem gás carbônico e eliminam oxigênio que, em excesso, pode causar danos ao sistema nervoso.

14. (UCS-RS – 2015) Várias hipóteses foram desenvolvidas para explicar a evolução das plantas. O critério que corrobora a hipótese evolutiva, a mais aceita atualmente, utiliza a dependência da água para que possa ocorrer o processo de fecundação. Sobre esse processo, é correto afirmar que

a) as plantas que não dependem da água para se reproduzirem são briófitas, gimnospermas e espermatófitas.

b) as briófitas e pteridófitas necessitam da água, pois produzem anterozoides que necessitam "nadar" até a oosfera.

c) as plantas avasculares não precisam da água para a reprodução, possuem tecidos diferenciados que possibilitam dominar o ambiente terrestre.

d) as gimnospermas são consideradas plantas mais primitivas do que as pteridófitas, pois possuem sementes nuas, necessitando da água para a reprodução.

e) todas as plantas necessitam da água para a reprodução, inclusive as fanerógamas, assim, esse critério não deveria ser utilizado.

15. (PUC-RJ – 2015) Considere as afirmações relativas às funções das raízes das plantas.

I. Absorção de água e sais minerais.

II. Condução de matéria orgânica até o caule.

III. Local de armazenamento de reservas de nutrientes.

IV. Reprodução sexuada.

Estão corretas:

a) Apenas I, II, IV

b) Apenas I, II, III.

c) Apenas II, III, IV.

d) Apenas I e III.

e) Todas as afirmações.

16. (Uern – 2015) A maniçoba, espécie nativa na caatinga e da qual se extrai látex, é um exemplo de planta que apresenta um caule tuberoso e subterrâneo. Esse tipo de caule armazena água e substâncias de reserva para que a planta possa se adaptar bem ao ambiente com restrição de água. Essa modificação especial do caule é conhecida por

a) rizóforo.

b) cladódio.

c) filocládio.

d) xilopódio.

17. (UEPG -PR – 2015) Um tipo de caule de plantas comum e conhecido é o tronco, que é aéreo e vertical, com ramificações. No entanto, muitas plantas apresentam caule com adaptações especiais. Em relação às adaptações especiais de caule, assinale o que for correto.

01) O tubérculo é um caule subterrâneo rico em material nutritivo, exemplo: a batata.

02) Cladódio é um caule aéreo modificado com função fotossintetizante e/ou de reserva de água.

04) O caule volúvel é ereto e rígido, possuindo poucas folhas e com espinhos.

08) Rizóforo é um caule cilíndrico em que se observem nitidamente os nós e entrenós, formando os gomos, como ocorre no bambu.

16) Rizoma é um caule aéreo rastejante em que há enraizamento em vários pontos. Se a ligação entre um enraizamento e outro for interrompida, a planta morre.

18. (PUC-PR – 2015) Em algumas plantas de interior, como a famosa "comigo-ninguém-pode", após uma rega intensa, podemos observar que suas folhas "choram", ou seja, começam a gotejar, o que comumente é uma explicação de "mau-olhado". Um bom observador, entretanto, saberia que esse fenômeno está relacionado a uma estrutura da folha que elimina o excesso de água que a planta absorveu. Essa estrutura é o(a):

a) estômato.

b) lenticela.

c) hidatódio.

d) plasmodesma.

e) catafilo.

Fisiologia vegetal **Capítulo 9** 139

UNIDADE 4

ANIMAIS INVERTEBRADOS

As relações que os animais estabelecem entre si, inclusive os seres humanos, e também com o ambiente e com os demais seres vivos são fundamentais para a manutenção do equilíbrio na Terra. Não é fácil elaborar um conceito único para definir o que é um animal, considerando que eles apresentam grande variedade de características. Além disso, são encontradas várias exceções quando se adota um critério único para distinguir os animais dos outros seres vivos. Existem, porém, algumas características gerais dos animais que permitem estudá-los e compreender sua participação no ambiente.

Borboleta (*Papilio thoas*) sobre flores. Esse animal, que pode ter 14 cm de asa a asa, assim como diversos outros, relaciona-se com diversos seres vivos, influenciando o ambiente em que vive.

CAPÍTULO 10
INTRODUÇÃO AO REINO DOS ANIMAIS E AOS PORÍFEROS E CNIDÁRIOS

▶ Introdução ao reino Metazoa

O reino Metazoa, também conhecido como Animal ou Animalia, é o grupo que contém todos os animais. Esses organismos são heterotróficos, ou seja, ingerem alimentos constituídos de organismos vivos ou matéria orgânica morta. Quando os alimentos se encontram no interior do corpo deles, passam, geralmente, por um processo de digestão, em que as moléculas maiores são quebradas em outras, menores. Diferentemente do que acontece com os fungos, a digestão da maioria dos animais ocorre no interior do organismo. Após a digestão, o material é absorvido pelas paredes do sistema digestório e, em seguida, distribuído para as demais células do corpo.

Gafanhoto (*Melanoplus bivitattus*), que possui 5 cm, se alimentando. Todos os animais se alimentam. Desde os mais simples, como as águas-vivas, até os mais complexos.

Todos os animais estão no domínio Eucarya, por conta da estrutura celular que apresentam, isto é, são eucariotos, pluricelulares, com células sem parede celular e que são unidas por proteínas estruturais. Apresentam dois tipos de células exclusivas, ou seja, que não se encontram em nenhum outro ser vivo: as células musculares e os neurônios. Essas células estão organizadas em tecidos (tecido muscular e tecido nervoso) que propiciam ao animal a capacidade de se movimentar e de conduzir os impulsos nervosos, respectivamente.

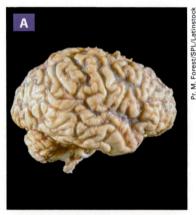
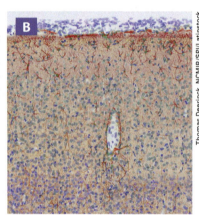
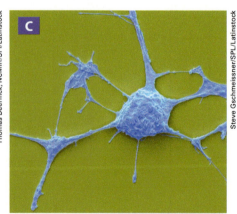

Uma das características exclusivas dos animais são as células nervosas. Elas podem formar tecidos e órgãos especializados na coordenação do corpo do animal. Nas figuras são mostrados (**A**) um cérebro, (**B**) um pedaço de tecido nervoso e (**C**) a micrografia de uma célula nervosa de mamíferos, retratando as formas de organização das células nervosas. O tecido é uma micrografia óptica, ampliada cerca de 90 vezes. A célula é uma micrografia eletrônica de varredura; cores artificiais; ampliada cerca de 1600 vezes.

É importante observar que a **simetria** no corpo dos animais evoluiu juntamente com sua capacidade de locomoção. Corpos, como os das amebas, por exemplo, não admitem nenhum plano de simetria, por isso são considerados assimétricos.

Nos animais, a simetria pode ser **radial**, ou seja, o corpo deles admite vários planos de simetria, que se cruzam em um eixo longitudinal e passam pela boca. Um exemplo de animal que apresenta simetria radial é a água-viva. A parte do corpo desse animal onde se encontra a boca é a região oral, o outro extremo do eixo corporal é a região aboral.

> **Simetria:** consiste na divisão do corpo em metades semelhantes, separadas pelo plano de simetria. Na simetria bilateral, por exemplo, o corpo pode ser dividido em duas metades especulares: cada metade é a imagem da outra, e vice-versa. As duas metades são divididas por um plano imaginário que passa pelo centro do corpo.

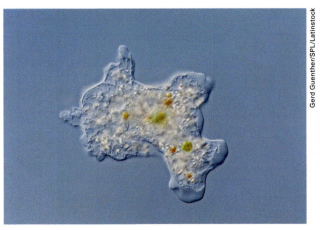

A ameba (*Amaba* sp.) é um organismo unicelular que não apresenta plano de simetria. Micrografia óptica, ampliada cerca de 320 vezes.

Água-viva (*Pelagia noctiluca*), um exemplo de animal com simetria radial. Ela possui cerca de 6 cm de diâmetro.

A simetria **bilateral** ocorre quando o corpo admite apenas um plano de simetria, que o divide em lado esquerdo e lado direito. Esse tipo de simetria predomina entre os animais, inclusive no ser humano.

Além das características citadas, diversas outras fazem parte do reino Metazoa ou Animalia. Apesar das semelhanças entre os organismos, esse reino é dividido em alguns filos, que apresentam grande diversidade entre si e dentro do próprio filo.

Nesta unidade, serão estudados os animais invertebrados. Esse grupo de animais não é **monofilético**, ou seja, eles não apresentam um ancestral comum recente. Apesar disso, o termo é consagrado pela prática e os invertebrados apresentam uma característica comum: a falta de vértebras.

▶ Filo Porifera

As esponjas são organismos que pertencem ao filo Porifera. Na parede do corpo desses animais há inúmeros poros, daí a razão de receberem esse nome. Atualmente, Porifera é um **táxon parafilético**, ou seja, reúne animais que nem sempre são descendentes de um mesmo ancestral. Também são consideradas **parazoários**, ou seja, um grupo à parte dos animais por não terem tecidos verdadeiros, células musculares nem neurônios.

O ser humano é um animal que apresenta simetria bilateral. É o que ocorre também com os insetos e as aves, entre outros. Na imagem, reprodução de *O homem vitruviano*, de Leonardo da Vinci.

Introdução ao reino dos animais e aos poríferos e cnidários **Capítulo 10** 143

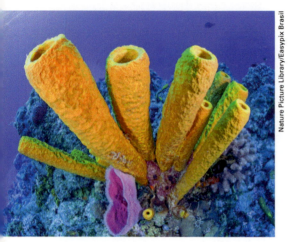

As esponjas são seres pluricelulares primitivos que não possuem intestino. A maioria das famílias de esponjas é marinha, poucas são de água doce. Esses organismos vivem fixos (sésseis) em substratos no fundo do mar, como rochas, conchas, pedaços de madeira, embarcações submersas, areia, lodo etc. Podem ser encontradas em diversas cores (verde, laranja, vermelha). Geralmente as esponjas são viscosas ao toque e, quando expostas em ambiente seco, exalam um odor desagradável. O tamanho delas costuma variar de 1 a 200 centímetros de altura.

Organização do corpo

O corpo dos poríferos está organizado ao redor de um sistema de canais e câmaras por onde circula a água proveniente do meio ambiente.

A água e os nutrientes dissolvidos nela fluem por pequenos **poros**, que se encontram na superfície do corpo dos poríferos e atingem uma cavidade maior chamada **espongiocele**, ou **átrio**. Enquanto circula pelo corpo, essa água recebe excreções e gametas. Depois disso, tanto a água quanto o que ela recebeu são expelidos do organismo por uma abertura localizada em sua parte superior, o **ósculo**.

A circulação é consequência dos movimentos dos flagelos dos **coanócitos**, células que revestem internamente a cavidade do corpo desses organismos.

Grupo de esponjas (*Aplysina fistularis*) no fundo do mar. O corpo delas é dotado de inúmeros poros por onde a água entra e apenas uma abertura maior por onde a água sai. Elas podem chegar a 60 cm de altura.

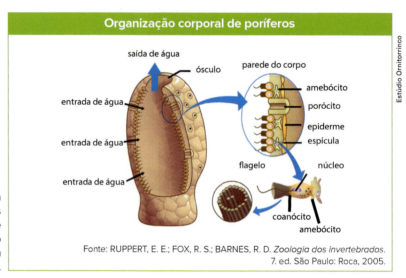

Ilustração sem escala; cores-fantasia.

Organização do corpo de uma esponja simples. Os coanócitos possuem um flagelo que permite a circulação da água, por meio da qual chegam os alimentos em suspensão e gases.

Fonte: RUPPERT, E. E.; FOX, R. S.; BARNES, R. D. *Zoologia dos invertebrados*. 7. ed. São Paulo: Roca, 2005.

Na parede externa do corpo dos poríferos, a **pinacoderme**, há uma camada de células achatadas, os **pinacócitos**. Alguns pinacócitos foram modificados em **porócitos**, células em formato de tubo que apresentam o poro inalante, por onde penetra a água. Já a parede interna do corpo das esponjas é formada por uma camada de coanócitos. Entre os coanócitos e a pinacoderme encontra-se o **meso-hilo** ou **mesênquima**, que consiste em uma massa viscosa na qual estão presentes o material esquelético e os amebócitos, células que se movimentam por pseudópodes.

As esponjas não são consideradas diblásticas, porque seu desenvolvimento embrionário chega até o estágio de blástula. Não apresentam tecidos verdadeiros.

O esqueleto dos poríferos pode ser mineral, isto é, formado por espículas calcárias ou silicosas, ou orgânico, quando é constituído por uma rede de fibras de colágeno denominada espongina.

Alimentação e trocas gasosas

As esponjas se alimentam de partículas suspensas na água que circulam pelo corpo delas. Essas partículas são capturadas por coanócitos. Uma parte desse material é digerido no interior do próprio coanócito e a outra parte é transferida para os amebócitos, que também realizam digestão intracelular. O material digerido pelos amebócitos é, posteriormente, distribuído a outras células do corpo.

Como a digestão é intracelular, o átrio é uma cavidade sem função digestória, por onde apenas circula a água e os materiais que se encontram dissolvidos ou suspensos nela. As esponjas são chamadas de animais filtradores porque retiram pequenas partículas em suspensão na água para se alimentar.

As trocas gasosas (respiração) e a excreção são realizadas por difusão com a água e dependem do fluxo dela pelo corpo.

Reprodução

A maioria das esponjas é monoica, ou seja, cada indivíduo tem os dois sexos ao mesmo tempo. Mas não há autofecundação, porque, no mesmo organismo, os espermatozoides e os óvulos são produzidos em épocas diferentes. Essa característica permite maior variabilidade de descendentes.

Os espermatozoides são eliminados na corrente de água que passa pelo corpo e lançados ao meio ambiente pelo ósculo. Arrastado pela corrente de água, o espermatozoide atinge outra esponja, na qual fecunda um óvulo. O zigoto formado se desenvolve numa larva flagelada, posteriormente liberada no meio aquático. Encontrando um substrato, a larva se fixa e origina uma nova esponja.

As esponjas também podem se reproduzir assexuadamente por **brotamento**, processo que apresenta diversas divisões mitóticas que geram um novo ser idêntico à esponja-mãe, que se destaca de seu corpo. Pode ocorrer a formação de uma colônia quando o broto se desenvolve sem se destacar do corpo dela.

As esponjas de água doce e algumas poucas de água do mar produzem **gêmulas**, um aglomerado celular revestido externamente por uma cobertura rígida de espículas. A gêmula é formada no outono e permanece no interior do corpo da esponja. No inverno, devido às condições ambientais, as esponjas podem morrer, e as gêmulas, que resistem a essas condições, são liberadas. Na primavera, com a volta das condições ambientais mais amenas, cada gêmula forma uma nova esponja e, assim, repovoam a região.

Ilustrações desta página estão sem escala; cores-fantasia.

Organização corporal de poríferos

1. Espermatozoides são liberados por uma esponja e podem chegar a outras.
2. A fecundação ocorre dentro da parede da esponja. O zigoto formado é liberado na água e se desenvolve em uma larva.
3. A larva se locomove por meio do batimento de flagelos.
4. A larva para sobre uma superfície e se desenvolve em um adulto.

Fonte: RUPPERT, E. E.; FOX, R. S.; BARNES, R. D. *Zoologia dos invertebrados*. 7. ed. São Paulo: Roca, 2005.

Esquema simplificado da reprodução sexuada dos poríferos.

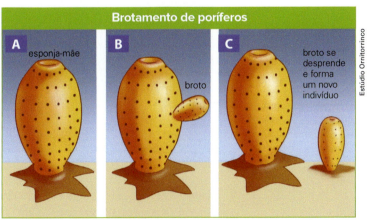

Brotamento de poríferos

A esponja-mãe
B broto
C broto se desprende e forma um novo indivíduo

Esquema simplificado do brotamento de uma esponja.

Introdução ao reino dos animais e aos poríferos e cnidários Capítulo 10 145

O esqueleto produzido pelos poríferos já foi comumente usado pelos seres humanos como esponja de banho.

Tipos de esponjas

As esponjas adultas podem apresentar três tipos de organização corporal: asconoide (áscon), siconoide (sícon) e leuconoide (lêucon). As asconoides são as mais simples; as siconoides, apresentam complexidade intermediária; e as leuconoides, são as mais complexas.

Antigamente, as esponjas naturais extraídas de poríferos marinhos ou de vegetais (as buchas) eram usadas nos banhos. O termo esponja serve apenas para designar o esqueleto desse organismo. Atualmente, esse costume é menos frequente.

Para explorar

Os diferentes tipos de mecanismos reprodutivos dos seres vivos podem ser classificados em dois grandes grupos: sexuados e assexuados. Nos processos sexuados, ocorre a mistura de material genético dos genitores, por isso são gerados indivíduos diferentes dos pais. Já nos processos assexuados não há essa mistura e geralmente os descendentes são idênticos aos progenitores. Faça uma pesquisa e responda: qual desses tipos de processos é mais importante para a sobrevivência de uma espécie? Justifique.

Veja também

Neste endereço, você pode conhecer uma interessante linha de pesquisa sobre as esponjas. Disponível em: <www.bbc.com/portuguese/ciencia/story/2005/09/050927_esponja.shtml>. Acesso em: 10 dez. 2015.

▶ Filo Cnidaria

Os animais do filo Cnidaria são conhecidos como cnidários. Esse nome vem do grego *knide*, que significa alfinetar. Esses seres são os únicos animais que possuem células urticantes, chamadas de **cnidócitos** ou cnidoblastos. Elas são dotadas de um filamento que, ao entrar em contato com outro animal, dispara um líquido urticante que pode ser suficiente para paralisar uma presa ou ferir um ser humano. Os cnidócitos estão presentes em grande concentração nos tentáculos, mas também são encontrados, em menor quantidade, em outras partes do corpo.

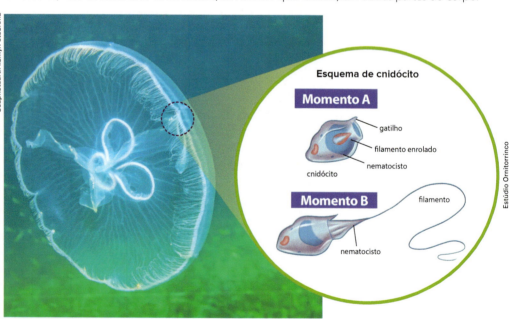

A água-viva (*Aurelia aurita*), que pode chegar a 40 cm de diâmetro, é um cnidário com cnidócitos. Ao ser tocado, o cnidócito (na ilustração) lança o nematocisto, estrutura penetrante que possui um longo filamento por meio do qual o líquido urticante, contido em seu interior, é eliminado. Essas células participam da defesa dos cnidários contra predadores, assim como da captura de presas. Valendo-se das substâncias produzidas pelos cnidócitos, eles conseguem paralisar imediatamente animais capturados por seus tentáculos. À direita, ilustração sem escala; cores-fantasia.

Os cnidários são animais pluricelulares com simetria radial. Eles podem formar colônias, embora, diferentemente do que ocorre com as esponjas, tenham tecidos. São encontrados em ambientes aquáticos, principalmente no mar. Fazem parte desse filo medusas, hidras, corais, anêmonas-do-mar, caravelas e águas-vivas.

Organização do corpo

Os cnidários podem apresentar duas formas básicas de organização corporal: o pólipo e a medusa. O **pólipo** é um organismo fixo (séssil), uma vez que se prende ao substrato pelo lado aboral (posição oposta à da boca), já a **medusa** nada livremente. Algumas espécies podem apresentar as duas formas: os pólipos produzem medusas de maneira assexuada e as medusas podem se reproduzir de maneira sexuada, gerando pólipos, como veremos mais adiante.

Com a finalidade de estudar a organização do corpo dos cnidários, vamos adotar como representante do filo o corpo de uma hidra, um hidrozoário de água doce.

O corpo da hidra tem duas camadas de células, uma externa, a **epiderme** (ou ectoderme), e outra interna, que reveste a cavidade digestiva, chamada **gastroderme** ou endoderme. Por isso, esses animais são denominados diblásticos. Entre as duas camadas, há uma massa gelatinosa, desprovida de células, denominada **mesogleia**. Os cnidócitos se encontram na epiderme.

A hidra possui células musculares e nervosas, que formam tecidos simples, o que confere a elas a capacidade de se movimentar harmonicamente. Como não têm sistema circulatório, respiratório e excretor, esses processos, nos cnidários, ocorrem por simples difusão, que ocorre com a água que os circula.

Recife com anêmonas, corais e peixes. Anêmonas e corais pertencem ao filo dos Cnidários e, geralmente, são encontrados em locais com grande diversidade de seres vivos. Mar Vermelho, Egito, 2015.

Hidras (*Hydra vulgaris*), com 1,5 cm de comprimento. À direita, detalhe de sua anatomia.

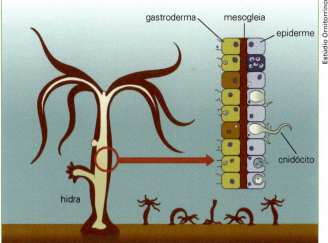

Fonte: BRUSCA, R. C.; BRUSCA, G. J. *Invertebrados*. 2. ed. Rio de Janeiro: Guanabara Koogan, 2007.

Ilustração sem escala; cores-fantasia.

Alimentação

O alimento é capturado e levado à extremidade oral pelos tentáculos, onde existe uma abertura que dá acesso à cavidade gastrovascular, o local em que a digestão se inicia. A digestão nessa fase é extracelular, já que as enzimas digestivas secretadas pelas células da gastroderme são lançadas nessa cavidade. Quando as partículas alimentares se encontram parcialmente digeridas, são englobadas pelas células da gastroderme, que dão continuidade à digestão, agora, intracelular.

> **Veja também**
>
> Os cnidários estão relacionados com alguns acidentes marinhos.
> O endereço a seguir apresenta mais informações sobre essas ocorrências:
> Disponível em: <www.sbd.org.br/orientacoes/acidentes-com-animais-aquaticos-2/>. Acesso em: 10 dez. 2015.

Nos cnidários o sistema digestório é incompleto, porque a cavidade digestória tem apenas um orifício, que a comunica com o meio externo, a boca. Por essa abertura são ingeridos alimentos e eliminados os resíduos da digestão, já que eles não possuem ânus.

Tipos de cnidários

O filo dos cnidários é constituído pelas seguintes classes:

- **Hydrozoa** (hidrozoários) – hidras, *Obelia* sp., *Physalia* sp.

A *Physalia* sp., também conhecida como caravela, é um hidrozoário colonial constituído de pólipos e medusas modificadas. As caravelas são animais marinhos de estrutura flutuadora com cores vivas e atraentes, de onde saem tentáculos finos e longos, com muitos cnidócitos. Podem ser perigosas para os banhistas, pois provocam sérios ferimentos.

Caravela (*Physalia physalis*) flutuando no mar. Seus tentáculos podem atingir 20 m de comprimento.

- **Scyphozoa** (cifozoários) – medusas, como *Aurelia* sp.

Neste grupo estão os cnidários que conhecemos popularmente como águas-vivas. No Brasil, a maioria deles causa ferimentos leves no ser humano, sem representar grande ameaça para os banhistas.

- **Anthozoa** (antozoários) – anêmonas-do-mar, corais.

São animais sésseis que não apresentam a forma de medusa. Os recifes de corais e os atóis são formados por colônias de representantes desse grupo, que formam um exoesqueleto de carbonato de cálcio.

Água-viva (*Aurelia aurita*), que pode chegar a 40 cm de diâmetro.

Reprodução

Os cnidários se reproduzem tanto assexuadamente como sexuadamente. No caso da hidra, que só apresenta forma de pólipo, a reprodução assexuada ocorre por **brotamento**. Depois de atingir certo desenvolvimento, o broto separa-se da mãe e torna-se independente.

A hidra pode também se reproduzir sexuadamente. A maior parte das espécies de hidra é dioica (sexos separados), poucas são monoicas (hermafroditas). As células de sua epiderme transformam-se em gônadas (testículos e ovários). Os espermatozoides, produzidos nos testículos, são liberados no meio aquático e nadam em direção ao óvulo de outra hidra. O óvulo formado no ovário, depois de ser fecundado, dá origem ao zigoto, que imediatamente inicia suas clivagens. Depois de algum tempo, o embrião se desprende do corpo da mãe e, posteriormente, desenvolve-se em nova hidra. Nesse tipo de reprodução não há fase larval.

A *Obelia* sp e a *Aurelia aurita* são exemplos de cnidários que apresentam metagênese ou **alternância de gerações** em seus respectivos ciclos de vida, que incluem as fases de pólipo (reprodução assexuada) e medusa (reprodução sexuada).

Anêmona (*Cribrinopsis fernaldi*) fixa a um substrato. Ela pode chegar a 10 cm de diâmetro.

Os espermatozoides e os óvulos produzidos pelas medusas são eliminados na água, onde ocorre a fertilização (fecundação externa). Do ovo que se forma, origina-se o embrião, do qual se desenvolve a larva ciliada, denominada plânula, que nada à procura de um substrato ao qual se fixa e forma um pólipo. Este, por sua vez, origina uma nova colônia que produz medusas assexuadamente. Assim, o ciclo continua.

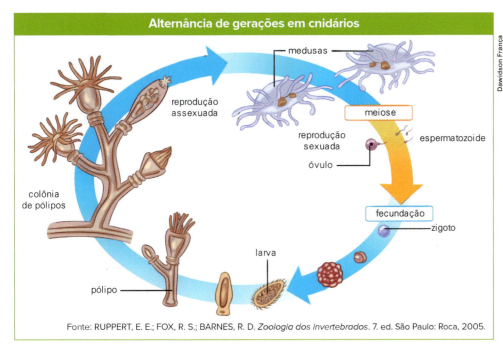

Alternância de gerações em cnidários

Fonte: RUPPERT, E. E.; FOX, R. S.; BARNES, R. D. *Zoologia dos invertebrados*. 7. ed. São Paulo: Roca, 2005.

Ilustração sem escala; cores-fantasia.

Na reprodução da *Obelia* sp há alternância de gerações. Isso quer dizer que existe uma fase de pólipos e outra fase de medusas.

Foco em ambiente

Recifes de coral e "branqueamento"

Uma associação extremamente importante para os recifes de coral é a simbiose que ocorre entre as espécies de corais e microalgas conhecidas como zooxantelas. Essas algas vivem no interior dos tecidos dos corais que constroem recifes, nos quais realizam fotossíntese e liberam compostos orgânicos nutritivos para os corais. As zooxantelas, por sua vez, utilizam os produtos gerados pelo metabolismo do coral, como gás carbônico, compostos nitrogenados e fósforo, para sobreviver e crescer. As necessidades nutricionais dos corais são, em grande parte, supridas pelas zooxantelas. Elas estão também envolvidas na secreção de cálcio e na formação do esqueleto do coral.

Apesar de espécies de corais serem encontradas praticamente em todos os oceanos e latitudes, as que são construtoras de recifes (corais hermatípicos) estão restritas às regiões tropicais e subtropicais. Os recifes necessitam, geralmente, de águas quentes (25 °C-30 °C) e claras, longe da influência de água doce. A poluição (esgoto doméstico, vazamento de petróleo etc.) e sedimentação (sedimentos de origem terrestre levados ao mar em virtude do desmatamento e das movimentações de terra) põem em risco muitos recifes de corais, incluindo os inúmeros organismos que deles dependem (inclusive comunidades humanas que vivem da pesca e da coleta de animais marinhos recifais).

Esqueleto de coral. Os pólipos secretam esse esqueleto calcário com a ajuda das zooxantelas.

Introdução ao reino dos animais e aos poríferos e cnidários · Capítulo 10

Um fenômeno aparentemente recente – não ainda totalmente compreendido pelos pesquisadores – que vem ocorrendo em todas as regiões recifais do globo de forma maciça é o branqueamento (do inglês *bleaching*). Trata-se basicamente da perda de organismos fotossimbiontes (zooxantelas) que se encontra nos tecidos do coral (zooxantelas ocorrem também em outros cnidários, como anêmonas-do-mar, zooantídeos, medusas, e em outros animais, como ascídias, esponjas, moluscos etc., que também podem branquear). Como a cor da maioria dos hospedeiros advém, em grande parte, da alga simbionte, seus tecidos tornam-se pálidos ou brancos. Nos corais, os tecidos ficam praticamente transparentes e, assim, revelam o esqueleto branco subjacente.

1. Pesquise e responda: como a degradação de recifes de corais pode afetar comunidades de pescadores?

Grande barreira de corais no litoral da Austrália, em 2015. Os corais habitam regiões de água quente e rasa.

Atividades

1. Em uma excursão a uma reserva ecológica litorânea, um aluno do Ensino Médio encontrou um ser minúsculo cuja aparência lhe era totalmente desconhecida. Como o grupo dispunha de equipamento de laboratório (microscópio, lupas, lâminas, pinças, vidraria etc.) para a realização de simples investigações, o professor sugeriu que colocassem aquele diminuto ser para ser visto ao microscópio.

    a) Caso seja possível observar as células desse ser vivo, que tipos de células o estudante deverá encontrar para identificá-lo como animal?

    b) Ainda que o organismo não apresente movimento, ele pode ser considerado um animal?

2. As esponjas, apesar de estarem entre os animais, não são consideradas animais verdadeiros por alguns pesquisadores, mas sim parazoários, isto é, um tipo de animal à parte, incompleto.

    Quais são as características das esponjas que levaram os biólogos a classificá-las como um parazoário?

3. Com relação aos aspectos ecológicos das esponjas:

    a) Qual o *habitat* delas?

    b) De que forma elas conseguem alimento nesse meio, sabendo-se que elas permanecem fixas?

4. Com relação aos cnidócitos:

    a) Em quais seres são encontrados?

    b) Que funções desempenham?

    c) Cite três exemplos de animais em que eles se encontram.

5. O sistema digestório dos cnidários é incompleto, já que não possuem uma abertura comum a diversos animais. Como você pode justificar essa classificação?

6. Explique uma estratégia para a obtenção de alimentos e incorporação de nutrientes entre os invertebrados que apresenta dois folhetos durante o desenvolvimento embrionário.

7. Os cnidários possuem células de defesa conhecidas como cnidócitos. Explique como essas células funcionam. Se necessário, faça um esquema explicativo.

Unidade 4 Animais invertebrados

PLATELMINTOS E NEMATÓDEOS

CAPÍTULO 11

▶ Filo Platyhelminthes

Os animais do filo Platyhelminthes ou platelmintes são conhecidos também como vermes achatados ou planos. Esses animais têm o corpo achatado dorsoventralmente, como fica bem evidente na planária. Diferentemente dos grupos já apresentados, os platelmintes têm simetria bilateral, e alguns sistemas de órgãos.

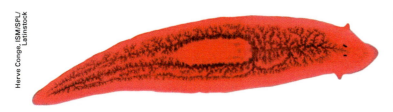

Planária (*Planaria* sp), vista ao microscópio óptico. As regiões mais escuras são as ramificações do intestino. A parte mais clara, na região mediana, é o local em que se encontra a faringe. A faringe se projeta para fora do corpo da planária durante a alimentação. Esse animal chega a ter 2,5 cm de comprimento.

Organização do corpo

A parede do corpo das planárias possui três camadas de células: a epiderme, que reveste externamente o corpo; a endoderme, mais interna, que reveste a cavidade digestória; a mesoderme, localizada entre a epiderme e a endoderme. Devido à presença dessas três camadas, os platelmintes são considerados **triblásticos**. Note que os poríferos e os cnidários possuem massa gelatinosa, em vez de células, entre as duas camadas celulares: o meso-hilo nos poríferos e a mesogleia nos cnidários.

Os organismos triblásticos podem ter uma cavidade corpórea relacionada com a localização dos órgãos internos e a movimentação corporal, denominada **celoma**, que permite classificá-los. Os celomados apresentam celoma totalmente revestido por mesoderma; os pseudocelomados possuem pseudoceloma, cavidade corporal parcialmente revestida pela mesoderme; e os acelomados, que não têm celoma, pois o espaço entre a ectoderme e a endoderme é preenchido por mesoderme. Os platelmintos são **acelomados**.

O sistema digestório pode não estar presente em espécies parasitas. Já nas de vida livre, como as planárias, ele é constituído por um tubo que se inicia na boca e tem ramificações. No entanto, esse sistema é incompleto, porque os platelmintos não têm ânus. Como não existe sistema circulatório nesse grupo, o tubo digestório ramificado geralmente facilita a distribuição dos nutrientes pelo corpo.

Os platelmintos possuem protonefrídeos, também chamados de **células-flama**, tubos ramificados que desembocam no meio externo. As excretas são movidas para fora do organismo por cílios que se encontram nas células dessas estruturas.

O sistema nervoso desses animais é formado por dois cordões de células nervosas localizados na região ventral do corpo e com gânglios nervosos, que correspondem a corpos arredondados onde se concentram células nervosas, de pontos em pontos.

> **Células-flama:** do latim *flamma*, que significa "chama", "fogo". No caso das células-flama, refere-se aos cílios dessa estrutura, que batem como uma chama.

Ilustração sem escala; cores-fantasia.

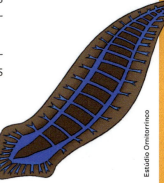

Ilustração de uma planária em que se evidencia o sistema nervoso, em azul.

Tipos de platelmintes

O filo Platelmintes compreende as seguintes classes:

- **Turbellaria**: grupo de animais que vivem principalmente na água, doce ou salgada, mas que vivem também em ambientes terrestres.
- **Cestoidea**: grupo em que se encontram as tênias, que, quando adultas, são parasitas intestinais, conhecidas popularmente como solitárias.
- **Trematoda**: parasitas cujas espécies mais conhecidas são: a *Fasciola hepatica* e o *Schistosoma mansoni*.

Classe Turbellaria

O animal típico da classe Turbellaria (turbelários) é a planária, encontrada em ambientes aquáticos, tanto de água doce quanto de água do mar. São animais de vida livre, localizando-se nas superfícies inferiores de plantas, troncos, raízes, folhas submersas ou em corais.

Planária (*Planaria* sp). Os ocelos estão evidentes na região da cabeça do animal.

O corpo da planária tem, aproximadamente, de 1 a 2,5 cm de comprimento, com uma região cefálica na parte anterior, onde encontram-se os ocelos, fotorreceptores sensíveis às variações de luminosidade. A boca se situa na região ventral, próxima ao centro do corpo. Por ela pode sair uma probóscide ou faringe, que captura os alimentos. A cavidade digestória é ramificada e tem uma única abertura para o exterior (sistema digestivo incompleto), a boca.

As ramificações da cavidade digestória facilitam a distribuição do alimento digerido para as células do corpo, constituindo-se em um recurso que compensa a ausência do sistema circulatório.

A planária pode reproduzir-se assexuadamente por divisão transversal (ou excisão transversal) do corpo, em consequência de sua alta capacidade de regeneração.

As planárias são hermafroditas e têm fecundação cruzada – não ocorre autofecundação – interna e desenvolvimento direto, isto é, sem a fase larval. Quando estão sexualmente maduras, realizam a cópula encostando seus poros genitais. Há uma troca de espermatozoides e formam-se ovos, ou zigotos, no interior do corpo dos dois indivíduos que se uniram. Os ovos são postos no ambiente, onde formam os embriões, que se desenvolvem em planárias jovens.

Tênia (*Taenia* sp.), na qual se observa a cabeça (escólex), que ela utiliza para se prender ao hospedeiro, e os segmentos do corpo (proglotes). Micrografia eletrônica de varredura; cores artificiais; ampliada cerca de 20 vezes.

Classe Cestoidea

Essa classe de platelmintes é representada principalmente pela tênia, um parasita do intestino humano que se pode encontrar também em outros animais vertebrados durante seu ciclo de vida, como veremos adiante.

O corpo das tênias tem uma região cefálica, o escólex, dotada de ventosas, que pode ou não ter ganchos e é responsável por sua aderência nas paredes intestinais dos animais parasitados. O restante do corpo da tênia tem a forma de uma fita longa e segmentada. Cada segmento é chamado de **proglote** ou proglótide.

Cada proglote tem um testículo e um ovário, sendo, portanto, monoica (ou hermafrodita). As últimas proglotes, localizadas na extremidade oposta à do escólex, sofrem amadurecimento sexual e produzem espermatozoides e óvulos. A formação do ovo pode ser por autofecundação ou fecundação cruzada. A autofecundação predomina porque os parasitas geralmente vivem sozinhos no intestino do hospedeiro, ou seja, o organismo no qual estão instalados. A fecundação cruzada só acontece quando um mesmo ser é parasitado por mais de uma tênia. As proglotes grávidas, repletas de ovos, destacam-se e são eliminadas com as fezes.

Se forem eliminadas no ambiente, as proglotes grávidas se desintegram no solo, onde liberam milhares de ovos, que se desenvolvem até a formação de um embrião (oncosfera) com ganchos ou ventosas.

Teníase e **cisticercose** são verminoses causadas pelas tênias. A teníase, ou solitária, é provocada pelas formas adultas de *Taenia solium* ou *Taenia saginata*. Já a cisticercose é causada pela forma larval de *Taenia solium*. A *T. saginata* não provoca cisticercose.

As proglotes grávidas eliminadas nas fezes da pessoa infectada se desintegram e liberam os ovos no ambiente. Em condições precárias de higiene e saneamento básico, os ovos podem ser ingeridos por outras pessoas, ou por animais, como porcos e bois.

Os ovos embrionados de *T. solium*, por exemplo, se forem ingeridos pelo porco, vão liberar suas larvas no intestino. Em seguida, elas atravessam a parede intestinal e, pela circulação sanguínea, atingem os sistemas nervoso e muscular, onde se instalam e crescem. Se uma pessoa ingerir a carne de porco com larvas poderá ficar doente. A ingestão de carne bem passada evita esse problema.

Ilustração sem escala; cores-fantasia.

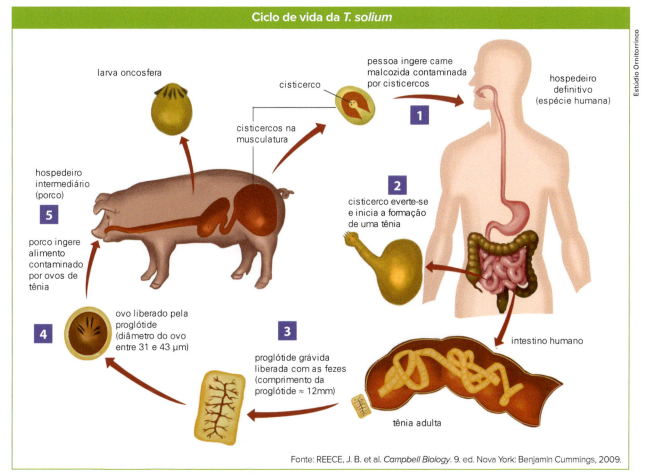

Ciclo de vida de *T. solium*.

Platelmintos e nematódeos Capítulo 11 153

Conexões

A prevenção de diversas doenças, como a cisticercose e a teníase, requer higiene pessoal e saneamento básico, que inclui tratamento de esgoto e consumo de água tratada. Essas medidas também são discutidas em Geografia e História e ajudam a compreender algumas características tanto do desenvolvimento histórico quanto dos aspectos socioeconômicos atuais dos países.

Veja também

Mais detalhes sobre o ciclo da *Fasciola hepatica* estão disponíveis em: <www.ufrgs.br/para-site/siteantigo/Imagensatlas/Animalia/Fasciola%20hepatica.htm>. Acesso em: 10 dez. 2015.

A cisticercose é uma doença que ocorre quando um ser humano ingere os ovos de *T. solium*, por ter larvas encistadas no sistema nervoso e muscular. Trata-se de uma enfermidade muito prejudicial, pois causa lesões graves. Após a ingestão dos ovos, a larva se instala nos sistemas muscular e nervoso. No local, desenvolve-se uma inflamação e posterior calcificação. Durante esse período, o doente apresenta uma série de sintomas, tais como: dores de cabeça com vômitos, desordem mental, delírio, ataques epiléticos, alucinações e aumento da pressão no interior da caixa craniana, que pode levar à demência. A visão geralmente é afetada. Os sintomas dependem de onde os ovos se instalam.

O hospedeiro é dito definitivo quando apresenta teníase, porque, nesse caso, a solitária se reproduz sexuadamente. Quando o ser humano apresenta cisticercose, ele é o hospedeiro intermediário do parasita.

Classe Trematoda

A classe Trematoda é representada principalmente pela *Fasciola hepatica* e pelo *Schistosoma mansoni*, ambos parasitas.

Diferentemente da *Fasciola hepatica*, o *Schistosoma mansoni* é dioico, apresenta dimorfismo sexual, isto é, a fêmea tem morfologia diferente do macho, que pode ser distinguido visualmente com facilidade.

Fasciola hepatica é um parasita dos canais biliares de ovinos, bovinos, caprinos, suínos e vários animais silvestres que vivem em áreas de alagadiço, úmidas ou sujeitas a inundações periódicas. Ocasionalmente pode parasitar o ser humano. Trata-se de um trematódeo hermafrodita cujos ovos são eliminados nas fezes do animal parasitado. Quando encontra água, esses ovos se desenvolvem em larvas, os miracídios, que nadam à procura de um caramujo do gênero *Lymnaea*, no qual se desenvolvem em outra forma larval, as cercárias. Em ambiente aquático ou aderidas às folhas, caules e raízes de plantas que cresceram nas margens desse ambiente, as cercárias se encistam na forma de metacercária. Os animais e o ser humano podem infectar-se por ingestão de água, verduras e vegetais que existem às margens de lagos, represas e rios contaminados por essas metacercárias.

A esquistossomose, também conhecida como ascite ou barriga-d'água, é causada pelo *Schistosoma mansoni*. Os vermes adultos vivem nos vasos sanguíneos do fígado, o que dificulta a passagem do sangue. Os vasos, nesse caso, dilatam-se. Nessa fase, o fígado e o baço podem aumentar de tamanho. Ocorrem perdas sanguíneas, com vômitos e fezes sanguinolentas acompanhadas de aumento do volume abdominal (conhecido popularmente como barriga-d'água).

Schistosoma mansoni. Na imagem, observa-se o macho (maior) e a fêmea, que fica abrigada no macho. Os vermes adultos vivem no interior das veias que ligam o intestino ao fígado dos seres humanos, quando os infecta, provocando ascite, também conhecida por esquistossomose ou barriga-d'água. Micrografia eletrônica de transmissão; cores artificiais; ampliada cerca de 75 vezes.

As fêmeas desovam na submucosa do intestino. Para isso, deslocam-se no interior dos vasos sanguíneos do fígado até as proximidades do intestino. Os ovos são eliminados com as fezes. Durante esse período, desenvolve-se, no interior do ovo, uma larva, denominada miracídio. Em regiões sem saneamento básico, os ovos chegam em corpos de água, como lagoas, e liberam os miracídios.

Os miracídios são larvas aquáticas e têm cerca de 8 horas de vida. Durante esse período precisam encontrar um caramujo para ser seu hospedeiro. Dois gêneros de caramujos são os hospedeiros mais comuns: *Biomphalaria* e *Planorbis*.

No interior dos caramujos, os miracídios passam por uma série de modificações e começam a se reproduzir assexuadamente, produzindo grande número de outro tipo de larva aquática, denominada cercária.

Cerca de um mês após a infestação por miracídios, as cercárias abandonam o caramujo. O tempo de vida das cercárias varia de 36 a 48 horas, período de que elas dispõem para infectar, ativamente, seu novo hospedeiro, o ser humano, através da pele. Geralmente, penetram pelos pés e pelas pernas, por serem regiões do corpo que mais frequentemente entram em contato com a água contaminada. Após a penetração, atingem a circulação sanguínea e se deslocam até o coração e os pulmões, de onde migram, posteriormente, para as veias que ligam o fígado ao intestino.

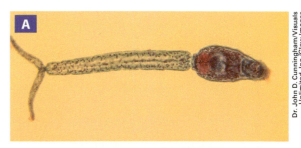

Em (**A**), observam-se larvas cercárias. Em (**B**), caramujo (*Biomphalaria*), que participa do ciclo. Micrografia óptica, ampliada cerca de 90 vezes.

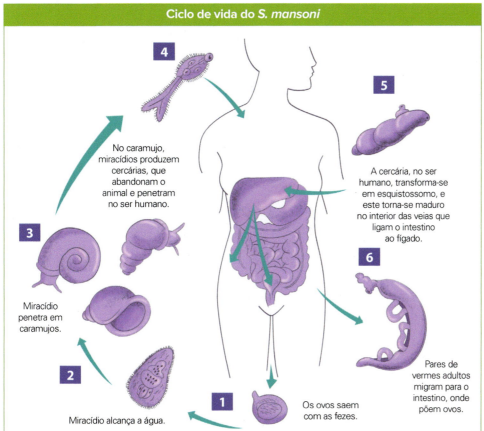

Ilustração sem escala; cores-fantasia.

Ciclo de vida simplificado do verme causador da esquistossomose.

A pele das regiões do corpo do ser humano por onde penetram as cercárias fica irritada, provocando a sensação de comichão e coceiras. Os habitantes de um lugar com água contaminada costumam dizer que a lagoa ou o rio provocam "coceiras".

Algumas medidas preventivas são eficazes na maior parte das verminoses. E todos os procedimentos estão relacionados com o saneamento básico: desenvolvimento de rede de esgoto, distribuição de água tratada, higienização de alimentos e práticas de higiene pessoal. Mas existem algumas medidas específicas para evitar a esquistossomose:

- Eliminação dos caramujos, principalmente por controle biológico. Para isso, é introduzida determinada espécie de peixe, que seja um predador natural dos caramujos, como a tilápia africana.
- Recomendação para que as pessoas não entrem em água de rios, lagos, represas e açudes contaminados, locais conhecidos como lagoas de coceira.

Além disso, é importante que toda pessoa que apresentar algum sintoma da doença procure tratamento médico adequado.

Foco em saúde

Uso perigoso da água

No Brasil, represas e açudes são formações artificiais criadas para atender às necessidades de abastecimento de água, de energia elétrica, irrigação ou simplesmente recreação. Para construir açudes é preciso represar a água de rios ou reter a água de chuva.

Embora a construção desses reservatórios seja vista como um progresso pelas populações menos favorecidas, se não houver planejamento sanitário adequado para o destino do esgoto doméstico, ele pode ser despejado nessas águas e, dessa forma, comprometerá a saúde pública com o surgimento de focos de doenças.

No Brasil, as populações que vivem na zona rural usam os açudes como reservatórios de água da chuva para serem usadas nas épocas de estiagem e também para saciar seus rebanhos. O problema é que, ao entrarem na água, muitas vezes os animais urinam e defecam nela, e essa água pode ser consumida em estado *in natura*, ou seja, sem receber qualquer tratamento sanitário. Além disso, algumas pessoas também se banham nas águas.

Pequenos rios ou córregos regionais recebem igualmente esgoto doméstico e suas águas são utilizadas para a lavagem de roupas. Tais usos inadequados da água acabam por elevar as taxas de esquistossomose na região, tornando-se um sério problema de saúde pública.

Portanto, embora os açudes sejam importantes, os processos de tratamento de esgoto e de água para consumo são fundamentais. Sem essas medidas é muito difícil controlar o aparecimento de verminoses.

Açude em Pão de Açúcar (AL), 2015. A água desse tipo de fonte, se não utilizada adequadamente, pode ser causa de problemas de saúde.

1. Uma maneira comum de tratar a água é fervê-la antes de beber. Qual a utilidade desse procedimento?

▶ Filo Nematoda

Os nematódeos são encontrados em quase todos os ambientes. Embora a maioria seja de vida livre, existem parasitas de vegetais, que costumam se localizar nos tecidos das raízes e nas folhas, constituindo-se em sérias pragas das lavouras, pois causam grandes prejuízos aos agricultores.

Organização do corpo

As espécies do filo Nematoda, conhecidas como nematódeos, abrangem os vermes de corpo alongado, cilíndrico, com simetria bilateral, não segmentado e com tubo digestório completo, isto é, com boca e ânus. São triblásticos com sistema nervoso em forma de cordão nervoso ganglionar. A cavidade do corpo deles é um pseudoceloma, preenchido por líquido. Nesses animais, o pseudoceloma atua como um esqueleto hidrostático. Assim como os platelmintes, os nematódeos não possuem sistema circulatório e as trocas gasosas são feitas pela superfície corporal.

Veja também

No endereço a seguir, você vai encontrar um artigo sobre alguns nematódeos que são prejudiciais às lavouras. Disponível em: <http://redeglobo.globo.com/globociencia/noticia/2013/07/conheca-algumas-das-principais-pragas-que-assolam-lavouras.html>. Acesso em: 11 dez. 2015.

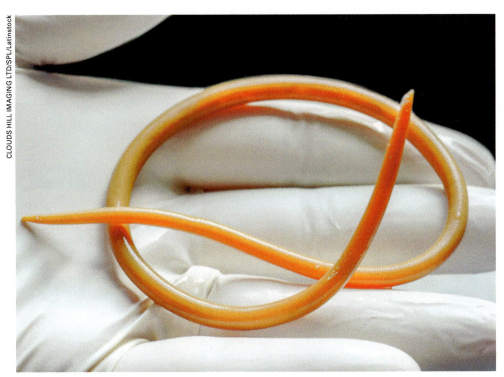

Lombriga (*Ascaris lumbricoides*), que pode chegar a 40 cm de comprimento, sobre a mão com luva de uma pessoa.

Os nematódeos são de sexos separados (dioicos), com dimorfismo sexual e fecundação interna. Os espermatozoides desses animais não apresentam flagelo nem cílios, deslocando-se por movimentos ameboides (emissão de pseudópodes) até alcançar o óvulo.

Doenças causadas por nematódeos

Entre as espécies que parasitam o ser humano, estão as seguintes:

- *Ascaris lumbricoides* (lombriga), que provoca a ascaridíase;
- *Ancylostoma duodenale*, causador da ancilostomose ou amarelão;
- *Wuchereria bancrofti* (filária), que provoca a filariose ou elefantíase;
- *Enterobius vermicularis* (oxiúro), causador da enterobiose ou oxiurose.
- *Ancylostoma brasiliensis*, parasita intestinal de cães e gatos. Elimina seus ovos com as fezes desses animais. O bicho geográfico é a larva do *Ancylostoma brasiliensis*, desenvolvida a partir do ovo, que, por uma eventualidade, penetra na pele humana, onde forma linhas avermelhadas de irritação ao se deslocar.

Platelmintos e nematódeos Capítulo 11

Ascaridíase

A ascaridíase é uma verminose causada pela *Ascaris lumbricoides*, popularmente conhecida como lombriga. A lombriga adulta vive no intestino delgado e pode ficar aderida à mucosa ou se deslocar em seu interior. Cada fêmea chega a botar cerca de 200 mil ovos por dia, todos eliminados com as fezes da pessoa contaminada.

No ambiente, em um prazo próximo de 15 dias, desenvolve-se uma larva no interior de cada ovo. Essa larva permanece viva no solo por até 12 meses. Aderidos a pernas de baratas e de moscas, os ovos são transportados e podem contaminar alimentos e utensílios domésticos. Além disso, caso a região não disponha de sistema de coleta de esgoto, as fezes com esses ovos podem contaminar verduras e legumes de hortas. Se o ovo for ingerido, a larva é liberada no interior do intestino.

Uma vez liberada, a larva atravessa a parede intestinal, na altura do ceco, e atinge os vasos sanguíneos. A partir daí, começa a migração no interior do corpo humano, por meio dos vasos sanguíneos, passando pelos seguintes órgãos: fígado, coração e pulmões. Nos pulmões, o verme rompe os capilares e cai no alvéolo, deslocando-se, posteriormente, para os brônquios, a traqueia e a faringe.

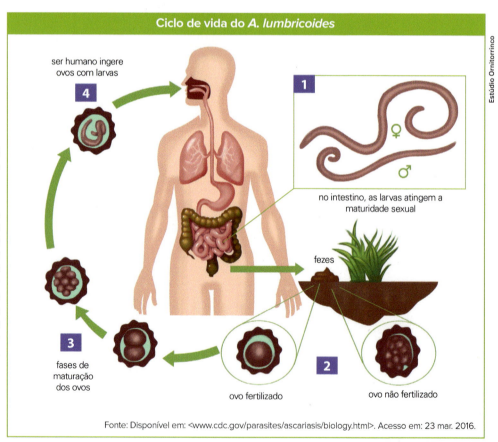

Ilustração sem escala; cores-fantasia.

Ciclo de vida da lombriga. Os ovos são ingeridos com alimentos ou água contaminados. Depois, o verme passa por uma série de órgãos até se instalar no intestino, onde ocorre a reprodução e a liberação de ovos que saem com as fezes e podem contaminar o ambiente.

Veja também

Mais detalhes sobre a ascaridíase podem ser encontrados disponíveis em: <www.mccorreia.com/verminose/ascaridiase.htm>. Acesso em: 11 dez. 2015.

Na faringe, a larva pode ser expelida pela boca, através da tosse, ou ser engolida, dirigindo-se para o esôfago, estômago e intestino, onde se instala. No intestino, em 60 dias, atinge a maturidade sexual.

A infestação pequena, isto é, com número inferior a 30 vermes adultos, provoca poucos problemas. Com infestação maciça, que varia de 30 a 100 vermes, ocorrem lesões no fígado e nos pulmões, causando sérios problemas à pessoa contaminada.

Ancilostomose

A ancilostomose, também conhecida como amarelão, é uma verminose causada por um grupo de vermes da família Ancylostomatidae, na qual se destacam duas espécies: *Ancylostoma duodenale* e *Necator americanus*. Tanto o *Ancylostoma* como o *Necator* são encontrados no Brasil.

Esses parasitas se instalam no intestino delgado da pessoa infestada. Em virtude da grande quantidade de sangue que ingere e da hemorragia intestinal, o doente apresenta anemia, o que o deixa muito pálido e extremamente enfraquecido. Outros sintomas da doença são diminuição do apetite, cólicas, náuseas e vômitos.

Os vermes adultos, alojados no intestino delgado, produzem ovos, que são eliminados nas fezes. Em solos úmidos, com temperaturas elevadas (entre 21 °C e 27 °C), os ovos se desenvolvem em larvas, que se alimentam de matéria orgânica e microrganismos do solo.

A larva existente no solo atravessa a pele, frequentemente entrando pela sola do pé, provocando irritação e coceira. Como medida preventiva contra o amarelão, além do tratamento sanitário, é necessário usar calçados e acabar com os esgotos a céu aberto.

Depois de entrarem no corpo, as larvas migram, sendo engolidas, como ocorre na ascaridíase, e depois se instalam no intestino.

Ciclo de vida do *A. duodenale*

1 larvas no intestino

2 larvas liberadas através das fezes

3 penetração pela pele

Fonte: Disponível em: <www.cdc.gov/parasites/hookworm/biology.html>. Acesso em: 23 mar. 2016.

As larvas do *Ancylostoma duodenale* penetram pela pele, passam por vários órgãos ou tecidos até se instalarem no intestino, onde se reproduzem. Ao eliminar os ovos, que saem pelas fezes, elas podem cair no solo e infectar o ambiente. Ilustração sem escala; cores-fantasia.

Filariose

A filariose, ou elefantíase, é uma verminose causada por *Wuchereria bancrofti*, que habita o sistema linfático do abdômen, membros inferiores (pernas), mamas (nas mulheres) e bolsa escrotal (nos homens), onde provoca grandes inchaços e deformações.

Na pessoa doente, o inchaço é causado pelo comprometimento do sistema linfático, onde o parasita se aloja. O sistema linfático, entre outras funções, permite a drenagem do líquido intersticial.

A fêmea, localizada no sistema linfático, põe ovos que se deslocam para a circulação sanguínea, os quais têm uma casca delgada, flexível e delicada, que envolvem uma larva conhecida como microfilária.

Mosquitos do gênero *Culex* ingerem as microfilárias com o sangue do qual se alimentam e podem transmiti-lo a outros organismos.

No corpo do inseto, a microfilária sofre modificações e migra para o aparelho bucal, de onde saem, enquanto o animal suga o sangue, e fica sobre a pele humana. Se a pele estiver úmida, por suor ou umidade elevada do ambiente, a larva consegue penetrar ativamente no corpo humano e se dirige para o sistema linfático.

Como medida preventiva, recomenda-se combater o mosquito vetor usando os mesmos métodos de combate contra o *Aedes aegypti*, transmissor de febre amarela, dengue, *chikungunya* e *zika*. Não se deve deixar latas, vidros e pneus nos quintais e terrenos baldios, locais que acumulam água e servem para a reprodução do inseto. É importante usar inseticidas e instalar telas nas janelas.

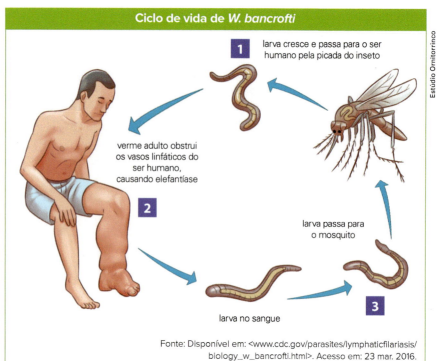

Ilustração sem escala; cores-fantasia.

As larvas são transmitidas pela picada dos mosquitos infectados. Da corrente sanguínea, elas se dirigem para os vasos linfáticos, onde se desenvolvem nas formas adultas sexuais. Após cerca de oito meses da infecção inicial, começam a produzir microfilárias, que passam para o sangue e alguns órgãos. O mosquito é infectado quando pica um ser humano doente. Dentro do mosquito, as microfilárias se modificam ao fim de alguns dias em formas infectantes, que migram principalmente para a cabeça do mosquito, que pica uma pessoa sadia, infectando-a.

Fonte: Disponível em: <www.cdc.gov/parasites/lymphaticfilariasis/biology_w_bancrofti.html>. Acesso em: 23 mar. 2016.

Enterobiose

A enterobiose, ou oxiurose, é uma verminose provocada por *Enterobius vermicularis*, que pode viver no intestino humano, na região do ceco e no apêndice vermiforme.

O macho tem cerca de 0,5 cm de comprimento e morre depois de fecundar a fêmea. A fêmea é maior, tem cerca de 1 cm de comprimento, fica repleta de ovos (cerca de 16 mil), aparentando um "saco de ovos".

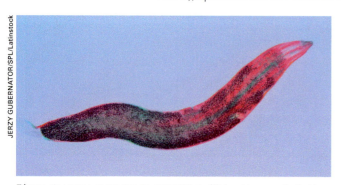

Fêmea do verme causador da enterobiose (*Enterobius vermicularis*). Micrografia óptica; ampliada cerca de 8 vezes.

A fêmea migra para a região anal, onde elimina os ovos, que, nesse estágio, encontram-se com uma larva no seu interior. No momento da eliminação dos ovos, a pessoa infectada sente um intenso prurido (coceira) anal.

Se não ocorrer reinfestação, já que tanto o macho como a fêmea morrem, a doença se cura sozinha, não havendo, em muitos casos, necessidade de tratamento. Os ovos são encontrados na poeira, em alimentos e, em grande quantidade, nas roupas e mãos do doente. É recomendado procurar atendimento médico em caso do aparecimento de sintomas.

Para explorar

Verminoses são doenças muito comuns. Calcula-se, por exemplo, que cerca de 7 milhões de pessoas estavam com esquistossomose no Brasil em 2014. A melhor maneira de evitar o desenvolvimento da doença é a prevenção e, para isso, é necessário se informar. Forme um grupo com mais três colegas, escolha uma das verminoses estudadas neste capítulo e faça pesquisa para responder às seguintes questões: Existem casos na região onde você mora? Há registro de algum lugar que seja fonte de contaminação? Trace um panorama local da doença, ressaltando como é possível evitá-la e apresente-o à classe.

Foco em saúde

Prevenção: o melhor remédio

A prevenção é o melhor remédio para todos que pretendem ter uma vida longa e saudável.

Em um número elevado de casos, as doenças se manifestam, inicialmente, por pequenos sintomas, que, de modo geral, passam despercebidos e não são suficientes para um diagnóstico preciso. Por imprudência, não damos a eles a devida importância, pois acreditamos que não se trata de "coisa séria", e que com alguns chás, automedicação, ou seguindo as recomendações de parentes ou amigos, podemos nos curar.

Não se esqueça, em nenhum momento, que todos nós, sem distinção de idade, sexo, credo, etnia ou nacionalidade, estamos sujeitos a efeitos e a consequências do nosso comportamento e das coisas que nos rodeiam.

Informações mais específicas e detalhadas sobre doenças e os cuidados necessários devem ser obtidas diretamente com um médico. Portanto, evite remédios, dietas, medicamentos e procedimentos que não tenham sido explicitamente estabelecidos pelos médicos ou profissionais de saúde. Procure se educar desenvolvendo hábitos preventivos contra doenças, como vacinas, alimentação equilibrada e sadia, hábitos saudáveis de vida, e não despreze os sintomas que indicam qualquer anomalia ou irregularidade em seu organismo.

Encerrando, Hipócrates, considerado o pai da medicina, aconselhou: "Seus alimentos devem ser os seus medicamentos".

A consulta a profissionais da área da saúde quando apresentar algum sintoma é essencial para manter a boa saúde.

1. Você toma cuidados preventivos com sua saúde? Se sim, quais?

Atividades

1. Um paciente diagnosticado com cisticercose suspeitou de que teria contraído a doença quando acampou em mata fechada e tomou muitas picadas de mosquito. Por que esse paciente fez essa dedução incorreta?

2. Apesar de compartilharem algumas características comuns, os dois filos de vermes que estudamos nesse capítulo apresentam características bem distintas. No caderno, componha um quadro comparativo das principais diferenças no que diz respeito à cavidade do corpo, sistema digestório e apresente exemplos de representantes.

3. No ciclo evolutivo da *Taenia solium*, as proglotes (segmentos) grávidas são eliminadas do intestino do ser humano com as fezes. Quando as fezes dos portadores de *T. solium* são lançadas à superfície do solo, contaminam o terreno. Os ovos embrionados se liberam das proglotes e se espalham no meio externo. O embrião só abandona o ovo no interior do tubo digestivo do porco, sendo, então, lançado na circulação. O embrião atinge os capilares, rompe-os e acaba localizando-se nos músculos, onde se encista.

   Na descrição, onde a transmissão do verme poderia ser interrompida?

4. Quais são as principais medidas de prevenção que ajudam a combater as verminoses?

5. Uma das medidas de prevenção da esquistossomose é o combate ao caramujo no local em que as larvas do verme se desenvolvem. Por que o combate a esses animais pode ser perigoso para o ambiente?

CAPÍTULO 12

MOLUSCOS E ANELÍDEOS

▶ Filo Mollusca

O filo Mollusca compreende animais de corpo mole e não segmentado. São celomados e seu corpo apresenta simetria bilateral. Muitos deles têm o corpo protegido por uma ou mais conchas de carbonato de cálcio, produzida pelo próprio animal. Podem ser encontrados em diversos ambientes: na terra (lesmas e caramujos), no mar (mexilhões, ostras, mariscos, caracóis, polvos, lulas) e na água doce (caramujos).

Caramujo (*Helix pomatia*), que chega a 5 cm de comprimento. O corpo mole é típico dos moluscos.

Organização do corpo

O corpo dos moluscos, de modo geral, apresenta cabeça, massa visceral (na qual estão as vísceras) e pé musculoso. Uma peculiaridade dos moluscos é o manto, uma dobra da pele na região dorsal, que recobre a massa visceral e secreta a concha na parte externa no caso daqueles que têm essa estrutura.

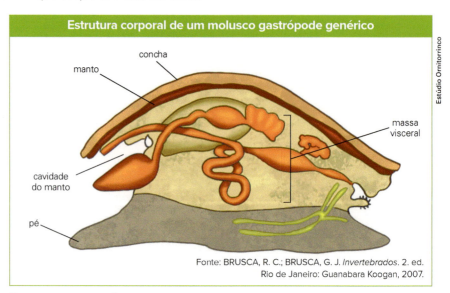

Ilustração sem escala; cores-fantasia.

Fonte: BRUSCA, R. C.; BRUSCA, G. J. *Invertebrados*. 2. ed. Rio de Janeiro: Guanabara Koogan, 2007.

Esquema da organização geral de um molusco.

162 Unidade 4 Animais invertebrados

A borda do manto forma outra dobra junto à pele, conhecida como cavidade do manto. Os moluscos têm tubo digestório completo (com boca e ânus); possuem sistema circulatório, com coração e vasos sanguíneos, e estruturas respiratórias, como as brânquias (a maioria) e os pulmões (nas espécies terrestres), localizados na cavidade do manto. O "pulmão" dos gastrópodes terrestres é uma rede de vasos sanguíneos situada na parede externa do manto, ou seja, na cavidade do manto. O ar entra e sai pelo poro respiratório. As brânquias são estruturas com superfície úmida e fina por onde passam fluidos corpóreos e apresentam condições favoráveis à troca de gases do interior do corpo dos animais com o meio externo.

Os moluscos possuem metanefrídios, um par de estruturas especializadas para a excreção, que filtram as substâncias tóxicas e reabsorvem aquelas que ainda podem ser aproveitadas. As excretas são eliminadas por poros excretores.

Entre as classes dos moluscos, destacam-se os Gastropoda, ou gastrópodes (caramujos e lesmas), os Pelecypoda, ou pelecípodes (ostras e mariscos), e os Cephalopoda, ou cefalópodes (polvos e lulas).

Nudibrânquio (*Chromodoris magnifica*), que pode chegar a 6 cm de comprimento. Os nudibrânquios são todos marinhos e têm brânquias nuas, ou seja, não são protegidas por conchas.

Gastrópodes

Os gastrópodes são assim chamados porque seu pé fica localizado sob o manto, onde se encontra o estômago (do grego *gaster* = estômago + *podos* = pé). Eles podem ter uma concha única que protege a massa visceral, como os caramujos; ou nenhuma, como as lesmas. São encontrados na água doce ou salgada e na terra.

Gastrópode (*Polinicos heros*); sua concha chega até 15 cm de comprimento. Seu corpo, porém, pode passar esse tamanho.

> **Para explorar**
>
> ## A formação das pérolas
>
> A pérola é um objeto de muito valor para a sociedade. Mas para os animais que produzem a pérola, ela é ainda mais importante. A pérola é o resultado de uma reação do pelecípode a invasores, como os organismos parasitas. Assim, quando algum objeto estranho, como um grão de areia, penetra entre o manto e a concha de um molusco pelecípode, esse corpo estranho se torna um núcleo onde o animal deposita o material utilizado na construção da concha. Esse material, conhecido como nácar, ou madrepérola, vai sendo depositado em camadas sobre o corpo estranho, isolando-o do organismo do molusco. Após sucessivos depósitos, começa a formação de uma pérola.
>
> As pérolas mais valorizadas no mercado são as produzidas pelos bivalves que pertencem às espécies *Pinctada margaritifera* e *Pinctada mertensi*, encontradas no Pacífico, em regiões de águas quentes. Existem fazendas de criação de ostras onde a formação de pérolas é induzida artificialmente. Para formar uma pérola de maneira artificial, basta introduzir dentro da concha um pequeno objeto. Isso vai estimular o pelecípode a produzir a pérola.
>
>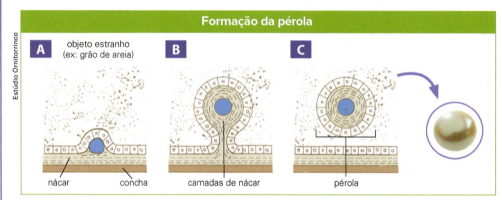
>
> Esquema da formação de uma pérola. A parte interna de alguns pelecípodes tem uma camada de nácar ou madrepérola. O material para a formação da pérola (uma reação da concha à invasão de um corpo estranho) provém dessa camada. Ilustração sem escala; cores-fantasia.
>
> 1. O conhecimento sobre seres vivos pode criar atividades econômicas como as fazendas de pérolas. Você conhece outros exemplos desse tipo de atividade?

Há nomes populares para identificar esses animais. Em geral, é utilizado o termo caracol para gastrópodes terrestres; caramujo para aquáticos e, às vezes, terrestres; e lesmas para os gastrópodes sem concha.

Pelecípodes

Os pelecípodes são também conhecidos como bivalves, porque têm duas conchas. Os mais conhecidos são as ostras, os mariscos e os mexilhões. São exclusivamente aquáticos; sua maioria é de água marinha e alguns de água doce.

Mexilhão (*Unio tumidos*), que pode chegar a 10 cm de comprimento.

Ostra (*Crissotrea gigas*), que pode chegar a 10 cm de altura. Ostras podem ser cultivadas para o consumo em fazendas especializadas. O cultivo diminui a pesca predatória e pode fornecer um alimento mais seguro, livre de contaminações.

Cefalópodes

Os cefalópodes são exclusivamente marinhos. O nome do grupo vem do grego, *kephale* = cabeça + *podos* = pé. Esses animais possuem olhos bem desenvolvidos e boca rodeada por braços, derivados do pé, que se dividiu em várias porções. Nessa classe, estão incluídos os polvos, as lulas, as sépias e o *Nautilus*. A concha do *Nautilus* é externa, a da lula é interna e reduzida, semelhante a uma pena. Os polvos não têm concha.

As lulas e as sépias são animais nadadores; os polvos vivem em rochas, nas quais rastejam à procura de alimento; polvo, lula e *Nautilus*, quando em fuga, usam a propulsão a jato de água, expelindo-a da cavidade do manto, sob pressão, pelo **sifão exalante**.

Outra propriedade notável dos cefalópodes, exceto nos *Nautilus*, é a capacidade de mudança rápida da cor da pele. Os cromatóforos são células pigmentadas que se encontram na pele deles e na de outros animais. No caso dos cefalópodes, os cromatóforos são altamente especializados, alteram a cor do animal em poucos segundos. Essa capacidade facilita muito a camuflagem desses animais. Polvos e lulas possuem uma bolsa de tinta marrom ou preta próxima ao intestino. Ao ser esguichada pelo ânus, a tinta forma uma pequena nuvem na água que confunde e afasta um possível predador.

Cefalópode náutilo (*Nautilus pompilius*). Esses animais vivem em grandes profundidades, subindo à superfície à noite. Caçam pequenos animais e controlam a subida e a descida enchendo e esvaziando as câmaras existentes na concha. Pode passar de 30 cm. No livro *Vinte mil léguas submarinas*, de Júlio Verne, o submarino recebeu o nome de Náutilus.

Detalhe de um polvo (*Octopus* sp.) mostrando o olho, a cavidade do manto e o sifão exalante.

Lula (*Sepioteuthis lessoniana*) soltando tinta. Ela pode atingir 3 m de comprimento.

Alimentação

Com exceção dos pelecípodes, os outros grupos de moluscos possuem uma estrutura denominada **rádula**, que se localiza na boca. Formada por vários dentículos quitinosos, a parte mecânica da digestão dos moluscos se inicia na rádula, com a qual eles raspam o alimento.

Esquema da rádula

Fonte: RUPPERT, E. E.; FOX, R. S.; BARNES, R. D. *Zoologia dos invertebrados*. 7. ed. São Paulo: Roca, 2005.

Ilustração sem escala; cores-fantasia.

Ilustração esquemática de detalhe da rádula em um caramujo.

Os pelecípodes não têm rádula. Possuem dois sifões, um inalante, por onde entra água, e o outro exalante, por onde saem a água, as excretas, as fezes e os gametas. A água contém pequenos organismos que servem de alimento aos pelecípodes. Eles são, portanto, animais filtradores. A água circula pela cavidade do manto, onde se encontram as brânquias, por meio das quais respiram.

Além da rádula, os cefalópodes têm na cavidade bucal fortes mandíbulas quitinosas preênseis, que utilizam para segurar suas presas. São exímios caçadores.

Mandíbula de lula gigante. Polvos e lulas têm, além da rádula, mandíbulas fortes.

Respiração e circulação

As trocas gasosas nos animais aquáticos são feitas pelas brânquias em todos os moluscos aquáticos. Os caramujos terrestres possuem uma região similar a um pulmão. Esse órgão é formado pela parede externa da cavidade do manto, ricamente vascularizada. As lesmas apresentam respiração cutânea, ou seja, a troca de gases ocorre pela superfície corpórea.

O sistema circulatório dos moluscos das classes Gastropoda (gastrópodes) e Pelecypoda (pelecípodes) é do tipo **aberto** ou **lacunoso**. É denominado lacunoso porque a **hemolinfa**, ao chegar aos tecidos, é lançada em cavidades, ou **hemoceles**, que correspondem a espaços onde os vasos se interrompem. As células dos tecidos realizam suas trocas com a hemolinfa que se encontra na lacuna, abastecendo-se de oxigênio e nutrientes e eliminando gás carbônico, excretas e produtos finais de seu metabolismo no sangue. Ele é chamado aberto porque o fluido circulatório não está restrito aos vasos.

Hemolinfa: nome dado ao fluido que circula no corpo de animais com sistema circulatório aberto.

Nos cefalópodes (classe Cephalopoda), o sistema circulatório é do tipo fechado. Nesse sistema, os vasos sanguíneos são contínuos e ramificam-se muito nos tecidos, formando uma malha de vasos de pequeno calibre, com paredes delgadas, o que permite as trocas de substâncias entre o sangue e as células do tecido.

Sistema nervoso e sensorial

O sistema nervoso é do tipo ganglionar. É composto, basicamente, por um anel nervoso ao redor do esôfago e uma série de cordões nervosos que seguem para as demais regiões do corpo.

O sistema sensorial pode ser muito simples, como em alguns bivalves, ou muito complexo, como em cefalópodes. Alguns possuem estruturas chamadas de estatocistos, que podem perceber variações ambientais; outros possuem tentáculos sensoriais e olhos, como os polvos e as lulas.

Detalhe do olho de uma lula, que é coberto com células que refletem luz.

Reprodução

Os gastrópodes, em geral, são hermafroditas, e sua fecundação é cruzada e interna. Os terrestres não apresentam fase larval, e, por isso, seu desenvolvimento é direto. Os aquáticos formam dois tipos de larvas (desenvolvimento indireto).

Os bivalves são de sexos separados. Óvulos e espermatozoides são eliminados na cavidade do manto e lançados ao meio ambiente. A fecundação é externa e há o desenvolvimento de uma larva que depois se transforma no adulto.

Os cefalópodes são dioicos e sua fecundação é interna e o desenvolvimento é direto.

▶ Filo Annelida

Os animais do filo Annelida possuem corpo com numerosos segmentos semelhantes, em forma de anéis, denominados **metâmeros**. O nome do filo vem do latim *annelus*, que significa pequenos anéis. Conhecidos como vermes segmentados ou **metamerizados**, os anelídeos têm como representantes mais conhecidos as minhocas e as sanguessugas. São triblásticos, celomados, com simetria bilateral e sistema digestório completo.

Uma minhoca comum (*Lumbricus terrestris*). Geralmente, esses animais possuem cerca de 8 cm de diâmetro.

Organização do corpo

O sistema circulatório nos anelídeos é do tipo fechado com dois vasos sanguíneos de grosso calibre, um dorsal e outro ventral, que se interligam na região do esôfago, por intermédio de vasos que pulsam e são denominados **corações laterais**.

O sangue da minhoca, por conter o pigmento hemoglobina, tem grande capacidade de transportar oxigênio. Nesse caso, a hemoglobina não se encontra no interior de células (como nos seres humanos que apresentam hemácias), mas dissolvida no sangue. Os outros anelídeos têm hemocianina como pigmento respiratório. Essa molécula é equivalente no aspecto fisiológico à hemoglobina, mas torna-se azulada quando se encontra combinada com o oxigênio. Ela pode ser encontrada dissolvida no sangue de alguns anelídeos, crustáceos, aracnídeos e moluscos.

O sistema nervoso dos anelídeos apresenta duas massas ganglionares dorsais na região anterior. Essas massas são conhecidas como gânglios nervosos cerebrais, de onde parte um cordão nervoso ganglionar ventral com um par de gânglios por segmento até a parte posterior do corpo.

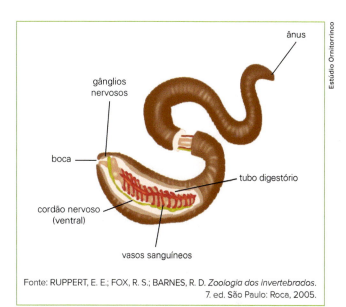

Fonte: RUPPERT, E. E.; FOX, R. S.; BARNES, R. D. *Zoologia dos invertebrados*. 7. ed. São Paulo: Roca, 2005.

Ilustração esquemática da anatomia interna de uma minhoca. O sistema circulatório das minhocas tem dois vasos sanguíneos principais (dorsal e ventral) que percorrem o corpo do animal no sentido do comprimento. Esses vasos pulsam e transportam o sangue. Ambos estão ligados a todos os pares de corações, que têm o formato de um arco. São bolsas dilatadas e contráteis, que impulsionam o sangue pelo corpo. O sistema nervoso é centralizado, do tipo ganglionar. Em cada anel há um par de gânglios cerebrais localizados sobre a faringe, dos quais partem nervos que se dirigem para os órgãos e para a superfície do corpo. Ilustração sem escala; cores-fantasia.

Nos anelídeos, as células do corpo lançam suas excreções no celoma e no sangue. Os **nefrídios** removem essas excreções e as eliminam no meio externo. Para tanto, essa estrutura dispõe de duas partes: o nefróstoma, um funil ciliado que recolhe as excreções do celoma, e o túbulo, que, além de receber material do nefróstoma, recolhe as excreções do sangue. O túbulo termina no nefridióporo, um orifício na superfície do corpo, por onde são eliminadas as excreções. Cada segmento possui dois nefrídios: o nefróstoma se encontra em um segmento, e o túbulo e o nefridióporo, do mesmo nefrídio, no segmento seguinte.

Nefrídio: do latim, *nephridium*; do grego, *nephro*, que significa rim pequeno. São os órgãos excretores de alguns invertebrados. Também são parte do sistema excretor dos vertebrados.

Os anelídeos são divididos em duas classes: Polychaeta e Clitellata, esta última é composta pelas subclasses Oligochaeta e Hirudinea.
- Polychaeta: composta por anelídeos marinhos, tendo como representante principal animais do gênero *Nereis*;
- Clitellata, animais com sistemas reprodutores permanentes e dotados de clitelo, parte formada por segmentos mais espessados na região anterior do corpo. As cerdas estão em pequena quantidade ou mesmo ausentes. Há duas subclasses:
  - Oligochaeta, as minhocas;
  - Hirudinea ou Achaeta, as sanguessugas.

Polychaeta

Os animais da classe Polychaeta (do grego, *poly* = muito + *chaeta* = cerdas), conhecidos como poliquetos, vivem principalmente no mar. Possuem **parapódios**, expansões laterais dos segmentos onde se prendem as cerdas, que se encontram em grande quantidade e são muito importantes, sobretudo, na locomoção.

Alguns poliquetos se movimentam livremente no fundo do mar, rastejando, de modo errante, à procura de alimento. Eles são animais predadores e podem ser citados como exemplos do gênero *Nereis*. Outros, utilizando-se da areia e de substâncias que eles secretam e se solidificam, constroem tubos onde se abrigam. O tubo funciona também como uma toca, na captura de alguma presa. Estes últimos são conhecidos como poliquetos **tubícolas**, já que vivem no interior de tubos que constroem.

Anelídeo (*Nereis pelagica*), que vive na zona das marés e que se locomove na areia usando as cerdas presas aos parapódios. Essas estruturas são também utilizadas como brânquias na respiração. Tem cerca de 20 cm de comprimento.

Poliqueto tubícola marinho com as brânquias estendidas. Esse poliqueto é séssil (fixo) e vive dentro de um tubo por ele secretado. Dessa maneira, ele se protege dos predadores. As brânquias servem para trocas gasosas e também para captura de alimentos em suspensão.

Os poliquetos respiram por brânquias geralmente associadas aos parapódios. São organismos dioicos com fecundação interna ou externa e desenvolvimento indireto, que forma a larva trocófora.

Clitellata

Oligochaeta

Os anelídeos da subclasse Oligochaeta (do grego, *oligo* = pouco + *chaeta* = cerdas), conhecidos como oligoquetos, vivem em ambientes terrestres úmidos ou aquáticos de água doce. Possuem poucas cerdas, cuja utilidade é dar apoio no ato de cavar galerias no solo. Os representantes mais conhecidos dessa classe são as minhocas de duas espécies: *Lumbricus terrestris* (minhoca da terra) e *Pheretima hawayana* (minhoca-louca).

O tubo digestório das minhocas tem as seguintes estruturas, na ordem de deslocamento dos alimentos: boca, faringe, esôfago, papo, moela, intestinos (com cecos e tiflossole) e ânus. O papo é uma dilatação do tubo digestório; nele o alimento permanece por certo tempo, no qual é umedecido e amolecido. A moela é um órgão musculoso cuja função é moer o alimento, o que compensa a ausência de mastigação. Na porção inicial do intestino, ocorre a digestão, por meio de enzimas. Os cecos são expansões do tubo digestório, e o tiflossole são pregas internas do intestino. Ambos, ceco e tiflossole, têm como funções aumentar o tempo de permanência do alimento no trato digestório e ampliar a superfície de absorção do alimento digerido.

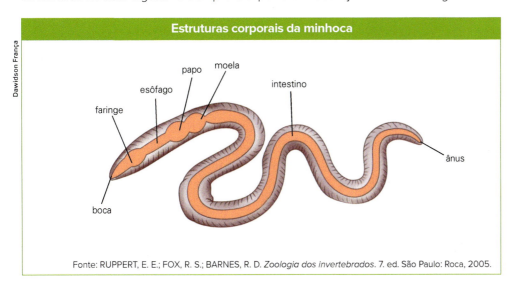

Estruturas corporais da minhoca

Fonte: RUPPERT, E. E.; FOX, R. S.; BARNES, R. D. *Zoologia dos invertebrados*. 7. ed. São Paulo: Roca, 2005.

Ilustração sem escala; cores-fantasia.

Ilustração esquemática do tubo digestório de uma minhoca.

Os oligoquetos respiram pela superfície do corpo (respiração cutânea). Esses animais têm pele delgada, ricamente vascularizada e úmida, o que facilita a respiração e os obriga a viver em ambientes úmidos.

Também são monoicos, e suas estruturas reprodutoras masculinas e femininas estão localizadas na região anterior do corpo, próximas ao clitelo, que é resultante da fusão de vários anéis.

Em virtude da posição dos testículos e dos ovários, a possibilidade de autofecundação é remota. Sua fecundação é cruzada e há troca de espermatozoides entre os participantes.

Veja também

Existem criações de minhocas que são utilizadas para aumentar a fertilidade do solo. Você pode conhecer mais sobre o assunto no *site* disponível em: <www.embrapa.br/busca-de-noticias/-/noticia/2439940/embrapa-ensina-como-produzir-minhocas-e-humus-em-pequenas-propriedades>. Acesso em: 10 dez. 2015.

Foco em ambiente

As minhocas têm importância fundamental no ambiente porque as galerias que elas constroem permitem a aeração do solo, o que facilita a respiração das raízes das plantas, a drenagem e a infiltração da água, contribuindo decisivamente para a retenção da água das chuvas.

Alimentam-se de matéria orgânica morta, principalmente vegetal, e podem arrastar fragmentos de folha para o interior das galerias, ao mesmo tempo que reviram o solo. Essa atividade contribui grandemente para o aumento da fertilidade do solo, na formação do que denominamos húmus ou humo. O vigor das plantas que crescem em húmus é notável; além disso, elas têm sua produtividade expressivamente aumentada. Uma laranjeira, por exemplo, tem seu aumento de produtividade incrementado pelo húmus em cerca de 20%.

1. Minhocas no solo podem diminuir o uso de adubos sintéticos. Você concorda com essa afirmação? Justifique.

Minhoca *red california* (*Eisenia foetida*). Ao redor do clitelo, em destaque, é formado o casulo que contém os ovos.

No acasalamento, dois animais se colocam lado a lado, em sentido contrário, e se fecundam simultaneamente. Os espermatozoides eliminados pelas vesículas seminais de um animal são lançados no receptáculo seminal do outro.

Ao redor do clitelo forma-se uma bolsa gelatinosa espessa, o casulo, dentro do qual os óvulos são colocados e fecundados pelos espermatozoides do parceiro, que são eliminados no casulo. A fecundação, portanto, é externa. O casulo, agora com os ovos, é deslocado para a região anterior do corpo da minhoca, sendo, posteriormente, liberado no ambiente.

Dentro de cada casulo, podem ser encontrados de 2 a 20 ovos. O desenvolvimento é direto porque os ovos originam novos indivíduos, sem passar pelo estágio de larva.

Hirudinea

A subclasse Hirudinea, ou Achaeta (que significa "sem cerdas"), constitui-se de animais que não possuem cerdas ou parapódios, tendo como representante típico a sanguessuga. A maioria das sanguessugas é encontrada em água doce; há pouquíssimas espécies terrestres ou marinhas.

A sanguessuga tem uma ventosa ao redor da boca, na região anterior, e outra, na posterior, ao redor do ânus. Na boca, há três mandíbulas com fileiras de pequenos dentes. O verme fixa-se ao hospedeiro pela ventosa anterior e, com movimentos das mandíbulas, faz vários cortes na pele para sugar o sangue. O hospedeiro não sente nada quando sua pele é cortada porque a saliva da sanguessuga contém um anestésico. Além disso, suas glândulas salivares secretam um anticoagulante chamado hirudina, que permite a ingestão prolongada de sangue.

As hirudíneas apresentam características muito semelhantes às da minhoca. Respiram pela superfície do corpo, são hermafroditas com fecundação cruzada, desenvolvimento direto e formação de casulos.

Sanguessuga (*Hirudo medicinalis*), sobre pele humana. Este animal pode chegar a 20 cm de comprimento.

Foco em saúde

Sanguessugas na medicina

A hirudina é uma substância anticoagulante que se encontra na saliva da sanguessuga e, quando adicionada ao sangue, eleva sua fluidez e, assim, colabora na circulação sanguínea. A medicina do século XIX, aproveitando-se dessa propriedade, utilizava sanguessugas para tratamento de diversas doenças, pois acreditava-se que elas estavam relacionadas a problemas na concentração do sangue, o que poderia ser resolvido com uma simples sangria, que era feita pelas sanguessugas. Assim, era comum existirem criadouros de sanguessugas em hospitais. Porém, no século XX, esse procedimento foi abandonado pois não era possível demonstrar sua eficácia.

A espécie utilizada para esse fim era a *Hirudo medicinalis*, que também era aplicada em feridas superficiais infectadas com formação de pústulas, pois sua ação sugadora força o sangue a circular e auxilia na regeneração da ferida.

Atualmente elas voltaram a ser utilizadas em alguns tratamentos, como o pós-operatório de pacientes que tiveram membros reimplantados, pois ajudam a restabelecer a circulação sanguínea no local. Esse tipo de técnica é pouco utilizada no Brasil já que a espécie usada para esse procedimento não é encontrada por aqui, e as espécies brasileiras não se alimentam fora da água, o que restringe seu uso cirúrgico. Mas existem pesquisas sobre outros usos desses animais.

1. Pesquise e descubra outra prática ou remédio natural usado no passado e que mais tarde pesquisas revelaram ser realmente eficaz.

Atividades

1. Sobre a rádula, responda:

   a) Que função ela desempenha?

   b) Em quais grupos ela é encontrada?

2. Ao contrário dos cefalópodes, os pelecípodes não buscam ativamente seu alimento. Como, então, esses animais conseguem se alimentar?

3. Encontramos animais da classe Gastropoda em diferentes hábitats. Quais são as duas formas de respiração presentes nesse grupo?

4. Determinado animal monoico possui clitelo, moela, nefrídios, cerdas, circulação fechada e respiração cutânea. Utilizando essas informações, responda:

   a) Qual é o nome desse animal e a que filo pertence?

   b) Cite um exemplo de outro animal do mesmo filo, mas de diferente classe.

5. Por que as minhocas são muito valorizadas na agricultura?

6. Quais são as características que as minhocas apresentam e que estão ausentes nas planárias?

7. Lulas e polvos possuem aspecto mole, ou seja, ao observar esses animais e seus movimentos, é possível ter a impressão de que seus corpos são compostos apenas por tecidos moles. Essa impressão é verdadeira? Justifique.

8. Minhocas precisam se manter em ambientes úmidos, pois podem morrer se ficarem com a pele seca. Isso ajuda a explicar porque elas não vivem muito tempo fora da terra.

Moluscos e anelídeos **Capítulo 12** 171

CAPÍTULO 13

ARTRÓPODES E EQUINODERMOS

▸ Filo Arthropoda

Os artrópodes, do filo Arthropoda (do grego, *arthros* = articulação + *podos* = pés ou pernas), reúnem o maior número de espécies conhecidas entre os animais, muitas delas com grande número de indivíduos.

São animais triblásticos celomados. O corpo deles é recoberto por um esqueleto externo quitinoso denominado **exoesqueleto**. O exoesqueleto, secretado pela epiderme, é uma camada resistente e impermeável que atua como estrutura de suporte e proteção dos órgãos internos. Ele é formado por placas que se articulam, o que possibilita os movimentos dos animais.

Alguns representantes do filo dos artrópodes: gafanhoto, escorpião, caranguejo e lacraia.

Organização do corpo

Ligados ao exoesqueleto estão os apêndices, entre eles as pernas, que, por terem diversas articulações, dão nome ao filo. Além das pernas, outros apêndices, também articulados, estão ligados ao exoesqueleto, como as antenas e as mandíbulas.

O sistema nervoso possui dois gânglios nervosos cerebrais bem desenvolvidos, de onde parte o cordão nervoso ganglionar ventral. O sistema circulatório é do tipo aberto.

Os artrópodes apresentam simetria bilateral. O corpo deles é segmentado em regiões denominadas **tagmas**, como a **cabeça**, o **tórax** e o **abdômen**. Isso ocorre no corpo dos insetos; nos outros grupos de artrópodes, os tagmas podem estar fundidos.

Estruturas corporais de um inseto (formiga)

Ilustração sem escala; cores-fantasia.

Ilustração esquemática da organização do corpo de uma formiga.

Fonte: RUPPERT, E. E.; FOX, R. S.; BARNES, R. D. *Zoologia dos invertebrados*. 7. ed. São Paulo: Roca, 2005.

Por causa de sua falta de elasticidade, o exoesqueleto impede o crescimento do artrópode. Assim, para poder crescer, o animal faz a troca do esqueleto. Essas trocas periódicas são conhecidas como **mudas** ou ecdises. Durante as mudas, os artrópodes se desfazem do recobrimento rígido e crescem enquanto secretam o novo exoesqueleto.

Tipos de artrópode

Os artrópodes são distribuídos em vários grupos, dos quais se destacam os seguintes:

- **Insecta**, os insetos;
- **Arachnida**, os aracnídeos;
- **Crustacea**, os crustáceos;
- **Chilopoda** ou quilópodes;
- **Diplopoda** ou diplópodes.

Insecta

Os insetos (do latim, *insecta* = dividido) são chamados também de hexápodes por terem seis pernas – ou três pares de pernas. O corpo deles é dividido em cabeça, tórax e abdômen. As seis pernas são articuladas ao tórax e também apresentam duas antenas na cabeça. A maioria é terrestre, mas existem alguns aquáticos, de água doce, e nenhum marinho.

Em razão do número elevado de espécies e de sua importância, os insetos são estudados em um ramo especial das Ciências Biológicas, denominado **entomologia**.

Os insetos têm diversas funções tanto na natureza quanto na sociedade humana, entre as quais, podemos citar exemplos:

- na ecologia, como agentes polinizadores e principal fonte de alimento de muitos animais, os insetívoros;
- na economia (bicho-da-seda, por exemplo);
- na medicina (são vetores de várias doenças, como a dengue);
- na agronomia (muitas espécies são pragas de lavouras e de estocagem de alimento, como os carunchos).

Inseto trocando o exoesqueleto; o antigo é descartado pelo animal.

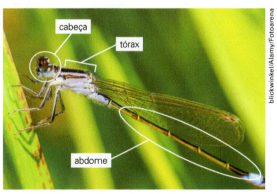

Organização do corpo de uma libélula (*Ischnura elegans*), que pode chegar a 3,5 cm de comprimento.

Artrópodes e equinodermos Capítulo 13 **173**

Foco na sociedade

A diminuição do número de indivíduos nas populações de abelhas, já detectada nos Estados Unidos e na Europa, pode estar se tornando um fenômeno global. De acordo com dados da Organização das Nações Unidas (ONU) também foram registrados declínios nas populações de abelhas em outros locais, como China, Egito e Japão. Essa diminuição pode estar associada à redução das populações de plantas com flores, o uso de inseticidas e a poluição. O desaparecimento dessas populações pode ter graves consequências, como a queda da produção agrícola, já que as abelhas são essenciais na polinização de diversas espécies. Para restaurar o número de abelhas, a recuperação de ambientes naturais e outros cuidados, como o uso de inseticidas, são recomendados.

1. Como medidas de preservação ambiental podem contribuir para manter e elevar o número de abelhas?

Abelha do gênero *Bombus*, que é responsável pela polinização de inúmeras culturas alimentares. Geralmente, possui cerca de 2 cm de comprimento. Observe como ela está recoberta de pólen de flor.

Na cabeça dos insetos, além das antenas, são encontradas outras estruturas sensoriais, como olhos simples ou compostos. Na boca, está localizado o aparelho bucal ou peças bucais, um conjunto de estruturas adaptado ao hábito alimentar do inseto, que pode incluir picar e sugar o sangue de seres humanos.

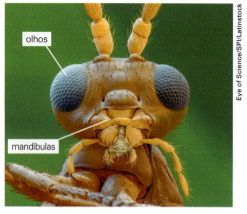

Detalhe da cabeça de uma vespa (*Aphidius colemani*) mostrando os olhos, as antenas e a mandíbula. Micrografia eletrônica de transmissão; cores artificiais; ampliada cerca de 110 vezes.

O aparelho bucal do *Aedes aegypti*, está adaptado para picar e sugar sangue. Este inseto tem cerca de 1 cm de comprimento.

Há vários tipos de aparelhos bucais, entre eles o sugador das mariposas e borboletas; o mastigador dos gafanhotos, grilos, libélulas, baratas e besouros; e o picador, dos pernilongos, percevejos e mosquitos. Abelhas e vespas possuem peças bucais adaptadas para mastigar e sugar. Nas mutucas, as mandíbulas têm a forma de faca e cortam a pele até sangrar, para depois coletar o sangue por meio de um lábio esponjoso. O borrachudo, em vez de cortar, como a mutuca, perfura a pele com o seu estilete bucal até sangrar e, posteriormente, lambe o sangue.

Alguns insetos podem ter duas ou quatro asas na região do tórax, o que possibilita seu voo. Os que apresentam asas têm musculatura desenvolvida, necessária ao voo. Libélulas, gafanhotos, percevejos, borboletas, mariposas, besouros, joaninhas, abelhas e vespas possuem dois pares de asas; moscas e mosquitos, um par de asas; pulgas e traças não têm asas.

Exemplos de insetos com quatro (**A**), duas (**B**) ou nenhuma asa (**C**). Respectivamente, mariposa (*Peribatodes rhomboidaria*), espécie com 5 cm de comprimento; mosca (*Musca domestica*), com cerca de 1 cm de comprimento; e pulga (*Ctenophalides canis*), com cerca de 0,1 cm de comprimento.

A respiração dos insetos é realizada por estruturas especializadas, as **traqueias**, tubos ramificados que se mantêm o tempo todo abertos e desimpedidos devido aos anéis de reforço que se encontram em suas paredes e, assim, permitem a livre circulação do ar. O orifício das traqueias, denominado espiráculo ou estigma, localiza-se na superfície do corpo, em contato direto com o ar atmosférico.

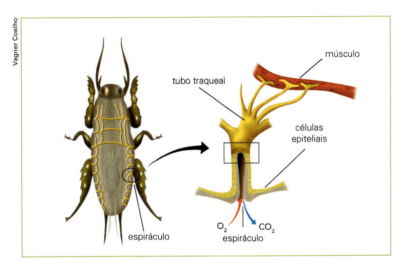

Ilustração sem escala; cores-fantasia.

Esquema de estrutura respiratória de besouro. O ar entra pelo estigma, passa pelas traqueias e traquéolas e chega aos tecidos carregado de oxigênio. O ar com gás carbônico percorre o sentido inverso. O deslocamento dos gases (O_2 e CO_2) ocorre, exclusivamente, por diferença de concentração no processo, conhecido como difusão simples.

O ar rico em oxigênio penetra através do espiráculo e chega às células. O gás carbônico produzido pelas células percorre o caminho inverso do oxigênio. Portanto, o sistema que transporta gases (O_2 e CO_2) é o respiratório, e não o circulatório.

As células do corpo dos insetos eliminam suas excreções na hemolinfa, de onde são removidas por um conjunto de túbulos de Malpighi, que as despeja no intestino, sendo, posteriormente, eliminadas com as fezes.

Na região terminal do tubo digestório, isto é, no reto, as glândulas retais removem a água das fezes e da urina e formam uma bolota fecal dura e seca. Esse mecanismo faz com que a perda de água nas fezes seja mínima, constituindo-se em eficiente mecanismo de adaptação ao ambiente terrestre.

Os insetos são dioicos, sua fecundação é interna e apresentam dimorfismo sexual. São ovíparos – botam ovos. Podem ter três tipos de desenvolvimento: ametábolo (*a* = negação; do grego, *metabole* = mudança), hemimetábolo (do grego, *hemi* = metade) e holometábolo (do grego, *holo* = total).

O desenvolvimento direto, isto é, sem metamorfose, é o ametábolo. Neste caso, do ovo surge um animal semelhante ao adulto (ou imago). As traças-dos-livros, por exemplo, são ametábolos.

Desenvolvimento de inseto (traça-dos-livros) ametábulo. O indivíduo que sai do ovo é semelhante, porém, menor que o adulto.

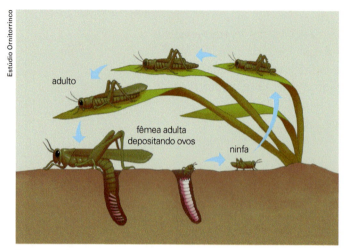

Desenvolvimento de inseto hemimetábulo. Ilustração sem escala; cores-fantasia.

O desenvolvimento indireto, com metamorfose incompleta, é o hemimetábulo. Nesse caso, do ovo surge uma forma jovem, denominada ninfa, que apresenta pequenas diferenças quando comparada ao adulto. Ocorre, por exemplo, em gafanhotos, baratas e cigarras. A ninfa dos gafanhotos, além de ser menor que o adulto, não tem asas; o adulto voa, e a ninfa apenas anda.

O desenvolvimento indireto, com metamorfose completa, é o holometábulo. Nesse caso, do ovo surge uma larva que se alimenta ativamente. A larva, depois de atingir certo desenvolvimento, secreta um casulo e permanece no interior dele. Denominado pupa (ou crisálida), esse é o estágio em que ocorrem grandes transformações (metamorfose). A larva, no interior do casulo, transforma-se em imago e emerge posteriormente. Ocorre, por exemplo, nas moscas, borboletas, mariposas, bichos-da-seda, abelhas, vespas e besouros.

Ilustrações desta página estão sem escala; cores-fantasia.

Desenvolvimento de inseto com metamorfose completa: holometábulo.

Alguns insetos têm a fase larval aquática, como os do gênero *Culex*, *Anopheles* e *Aedes*, principais transmissores, respectivamente, da elefantíase, malária e dengue.

Além disso, alguns insetos, como as abelhas e os pulgões, podem se reproduzir por **partenogênese**, processo em que ocorre o desenvolvimento de um ser vivo sem fecundação. Na maioria dos casos esse processo é eventual e ocorre em situações extremas, quando não há outra possibilidade de reprodução.

176 **Unidade 4** Animais invertebrados

Aracnídeos

Na classe dos aracnídeos (do grego, *arákhn* = aranha) encontram-se animais como aranhas, carrapatos e escorpiões. São animais de vida livre ou parasitas. A maioria é carnívora e alimenta-se, principalmente, de outros artrópodes e pequenos animais. São encontrados em maior quantidade em regiões quentes e secas.

O corpo das aranhas é dividido em cefalotórax (cabeça e tórax fundidos) e abdômen. E o dos escorpiões, em cefalotórax e abdômen subdividido em pré e pós-abdômen. Possuem um par de pedipalpos e um par de quelíceras próximos à boca, quatro pares de pernas articuladas no cefalotórax e não têm antenas.

Nos escorpiões, as quelíceras têm a função de mastigar os alimentos e os pedipalpos revelam pinças na extremidade. Nas aranhas, as quelíceras injetam o veneno nas presas, e os pedipalpos podem desempenhar várias funções, entre elas, a tátil e, no macho, a de transferidor de espermatozoides. No último segmento do pós-abdômen do escorpião, encontra-se uma estrutura com formato de agulha, o aguilhão, que injeta o veneno nas presas.

Nos ácaros, as partes do corpo estão todas fundidas numa única estrutura. O ácaro da espécie *Demodex follicullorum*, de pequeno porte, instala-se nas glândulas sebáceas humanas, formando alguns tipos de cravos da pele. A sarna também é provocada por ácaros, mas do gênero *Sarcoptes*.

Muitos aracnídeos têm glândulas de veneno que secretam uma solução que contém toxinas e enzimas digestivas. As toxinas paralisam e matam as presas, e as enzimas digestivas dão início à digestão de suas vísceras (digestão extracorpórea). Além disso, lançam enzimas digestivas, agora provenientes do estômago, sobre os tecidos das presas, liquefazendo-os e sugando-os posteriormente.

A respiração dos aracnídeos é realizada por **filotraqueias**, ou **pulmões foliáceos**. As filotraqueias compreendem um conjunto de lâminas por onde, internamente, circula o sangue. Para transportar os gases da respiração, o sangue contém hemocianina, um pigmento respiratório. Esse conjunto de lâminas se encontra em uma cavidade no abdômen, na região ventral, que se comunica com o ambiente por um orifício, o estigma. Enquanto os escorpiões respiram exclusivamente por filotraqueias, as aranhas, além das filotraqueias, respiram também por traqueias abdominais, semelhantes às dos insetos.

Carrapato do cão (*Rhipicephalus sanguineus*), visto em posição ventral. As fêmeas se alimentam do sangue de animais e são vetores de uma série de doenças em animais e seres humanos, como a febre maculosa. Quando cheia de sangue, a fêmea pode ter, em média, 5 mm. Micrografia eletrônica de varredura; cores artificiais; ampliada cerca de 18 vezes.

Pedipalpos de aranha (*Aelurillus festivus*), que pode chegar a 5 cm de comprimento.

Ácaro (*Demodex follicullorum*), que provoca cravos na pele humana. Micrografia eletrônica de varredura; cores artificiais; ampliada cerca de 1000 vezes.

Os aracnídeos excretam por glândulas localizadas na base das pernas, junto ao cefalotórax, as glândulas coxais. Além das glândulas coxais, eles apresentam túbulos de Malpighi.

Na extremidade do abdômen das aranhas, encontram-se as fiandeiras, estruturas ligadas a glândulas produtoras de fios de seda. Essa seda pode ser utilizada para a produção da teia ou como fio guia, ou seja, ao se locomover, a aranha deixa atrás de si um fio seco, que, em alguns pontos, adere ao substrato e constitui um meio de segurança. Muitas aranhas constroem ninhos de seda, que utilizam como refúgio.

Aranha tecendo teia com suas fiandeiras.

Foco em tecnologia

Teia tecnológica

Bactérias que receberam genes de aranhas produzem proteínas que formam a teia. Cientistas estão mais próximos de criar fibra sintética semelhante à encontrada na natureza.

Sonho da indústria por ser um material ao mesmo tempo flexível e muito resistente, a criação de uma teia de aranha sintética está mais perto de virar realidade. Pesquisadores brasileiros e norte-americanos conseguiram isolar, em parceria, os genes da glândula de seda de três espécies de aranhas brasileiras e inseri-los em bactérias, que passaram a produzir as proteínas que formam a teia. O desafio agora é desenvolver um método para a produção em grande escala.

O engenheiro agrônomo Elíbio Rech, da Empresa Brasileira de Pesquisa Agropecuária (Embrapa), é o líder da equipe brasileira que trabalha no projeto. Ele conta que a seda das aranhas tem características de flexibilidade e resistência superiores às de qualquer material existente hoje, e que, por isso, o interesse em produzi-la sinteticamente sempre foi grande.

"O material mais resistente e flexível que conhecemos é o polímero kevlar, usado em coletes à prova de balas. A teia de aranha tem qualidade superior à do kevlar e ainda é biodegradável, o que possibilita seu uso, por exemplo, na medicina, para a criação de fios para suturas cujos pontos não precisam ser retirados. O problema é que não temos como fazer as aranhas produzirem o material na escala em que ele é necessário", diz.

A solução foi investir em engenharia genética: criar bactérias transgênicas, nas quais foram inseridos os genes que "comandam" a produção da teia, levando as bactérias a produzir as proteínas do fio. Como, no final desse processo, as proteínas ficam imersas em um meio solúvel, os cientistas precisaram, mais uma vez, "imitar" a natureza.

"Nas glândulas das aranhas as proteínas também ficam solúveis e se organizam na forma de fibra com a ação de um órgão do animal chamado espirineta. O que fizemos foi simular esse órgão", diz Rech. "Infelizmente, ainda não temos a competência da aranha, mas já conseguimos produzir o fio", completa, bem-humorado. [...]

FERRAZ, M. Teia tecnológica. *Ciência Hoje*, n. 266, dez. 2009. Disponível em: <http://cienciahoje.uol.com.br/revista-ch/revista-ch-2009/266/teia-tecnologica>. Acesso em: dez. 2015.

1. Que benefícios são gerados pelo fato de a teia de aranha ser biodegradável?

Os aracnídeos têm sexos separados e fecundação interna. Os machos não possuem pênis para copular com a fêmea. Utilizam estruturas denominadas pedipalpos para introduzir os espermatozoides no poro genital da fêmea. Depois de fecundada, a fêmea constrói um saco de seda onde deposita os ovos, a **ooteca**. O desenvolvimento é direto, sem formas larvais.

Escorpião (*Bothriurus picunche*) com filhotes no dorso. O cuidado parental (cuidado com as crias) é muito comum entre aracnídeos. Ele pode chegar a 4 cm de comprimento.

> **Para explorar**
>
> Existem aracnídeos que causam acidentes por causa de sua peçonha, substâncias tóxicas que podem ser inoculadas quando eles atacam outro organismo. Faça uma pesquisa e indique ao menos três aracnídeos peçonhentos, os locais onde costumam ser encontrados, os sintomas que causam e como se deve agir em casos de acidentes.

Crustáceos

Os crustáceos, animais da classe Crustacea (do latim, *crustam* = crosta dura) possuem exoesqueleto quitinoso impregnado de carbonato de cálcio, como nos camarões, caranguejos, lagostas e siris. A característica principal dos crustáceos é a presença de dois pares de antenas na região cefálica. De modo geral, possuem cinco pares de pernas torácicas.

O corpo pode estar dividido em cefalotórax e abdômen, ou cabeça, tórax e abdômen, com uma carapaça que pode recobrir a região cefálica e torácica. A maioria dos crustáceos vive no ambiente marinho, poucos na água doce e raros no ambiente terrestre. Respiram por brânquias que se encontram associadas aos apêndices. Para transportar os gases respiratórios, o sangue pode apresentar hemoglobina ou hemocianina. Nas espécies terrestres, como o tatuzinho-de-jardim, a barata-da-praia e alguns caranguejos, as brânquias ficam protegidas no interior de cavidades do corpo, onde permanecem constantemente úmidas.

A excreção é feita por glândulas verdes ou antenais, assim denominadas porque sua coloração é esverdeada e se localizam na região cefálica, perto da base das antenas.

A maioria dos crustáceos é dioica, com fecundação externa, e pode apresentar desenvolvimento direto ou indireto, com uma ou mais formas larvais. O camarão marinho, por exemplo, durante seu desenvolvimento passa por quatro estágios larvais, assim conhecidos: nauplio, protozea, zoea e mysis. A maioria dos crustáceos incuba os ovos fixados em apêndices ou no interior de sacos.

As cracas são crustáceos sésseis, exclusivamente marinhos, que se fixam em diferentes substratos, como cascos de navios, rochas, paus submersos, superfície do corpo das baleias e tartarugas etc. As cracas vivem no interior de uma estrutura calcária que secretam e cujo formato é semelhante a um vulcão. Diferentemente dos outros crustáceos, elas são hermafroditas.

Lagosta (*Panulirus versicolor*), que pode chegar a 40 cm de comprimento.

O tatuzinho-de-jardim (*Trichoniscus pusillus*) é um crustáceo terrestre e tem brânquias protegidas no interior de cavidades do corpo, onde permanecem constantemente úmidas. Ele geralmente possui 0,5 cm de comprimento.

Siri-azul fêmea (*Callinectes sapidus*), com destaque para ovos em seu abdômen.

Quilópodes e diplópodes

Lacraia (*Desmoxytes purpurosea*). Tem cerca de 3 cm de comprimento.

O piolho-de-cobra (*Ommatoiulus sabulosus*) tem cerca de 7 cm.

Os animais da classe Chilopoda, os quilópodes, são também conhecidos como centopeias. São encontrados em todo o mundo, debaixo de pedras, troncos e cascas de árvores. São animais carnívoros de hábitos noturnos. O corpo deles é dividido em cabeça e tronco, com um par de pernas por segmento. Na cabeça, há um par de antenas e uma estrutura denominada forcípula, em cuja extremidade existe veneno (que não é letal ao ser humano). São animais dioicos, com fecundação interna e desenvolvimento direto.

Os animais da classe Diplopoda são conhecidos como piolhos-de-cobra. Vivem debaixo de folhas caídas, pedras, casca de árvores e no solo, alimentando-se de vegetais (herbívoros) e restos em decomposição (detritívoros). Não têm peçonha e evitam a luz. O corpo deles é dividido em cabeça, tórax e abdômen. Na cabeça, há um par de antenas. No tórax, um par de pernas por segmento, com exceção do primeiro, sem pernas. No abdômen cada segmento tem dois pares de pernas. São dioicos, com fecundação interna e desenvolvimento direto.

▶ Filo Echinodermata

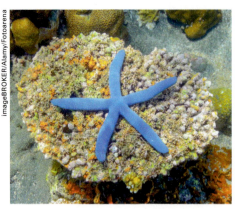

Estrela-do-mar (*Linckia laevigata*). Seus braços chegam a 15 cm de comprimento.

Os animais do filo Echinodermata, os equinodermos (*echinos* = espinho, pele), são exclusivamente marinhos. Seus representantes mais conhecidos são as estrelas-do-mar, os ouriços marinhos e as bolachas-da-praia.

O esqueleto calcário, em forma de placas, situa-se logo abaixo da epiderme delgada. Trata-se, portanto, de um **endoesqueleto** (esqueleto interno). As estrelas-do-mar têm o corpo bastante flexível porque as placas do endoesqueleto estão articuladas. Isso não acontece com o ouriço-do-mar e a bolacha-da-praia, que, por sua vez, apresentam corpo rígido com as placas do endoesqueleto, ou seja, estão fundidas. Todos são triblásticos e celomados. As larvas têm simetria bilateral, e os adultos, simetria radial, mais precisamente, pentarradial, ou seja, seu corpo pode ser dividido em cinco partes iguais.

Sistema ambulacral

No sistema ambulacral dos equinodermos existe uma região oral, onde está localizada a boca e, na região aboral, tanto das estrelas-do-mar como dos ouriços-do-mar, está situada a **placa madrepórica**. A placa madrepórica faz parte de um sistema exclusivo dos equinodermos, o **sistema ambulacral**.

O sistema ambulacral é um sistema de canais, localizado no celoma, por onde circula a água proveniente do ambiente. A água penetra pela placa madrepórica, uma placa com perfurações. Esse sistema emite expansões, os pés ambulacrais, que projetam para a parte externa do corpo. Internamente, cada pé ambulacral está ligado a uma região dilatada do sistema ambulacral, as ampolas, dotadas de musculatura em suas paredes. Com a contração ou relaxamento desses músculos, a água é mais ou menos pressionada, o que provoca o movimento do pé ambulacral. Em virtude desse movimento as estrelas-do-mar conseguem se locomover. Os ouriços-do-mar, além de pés ambulacrais, possuem espinhos articulados, que também colaboram na locomoção.

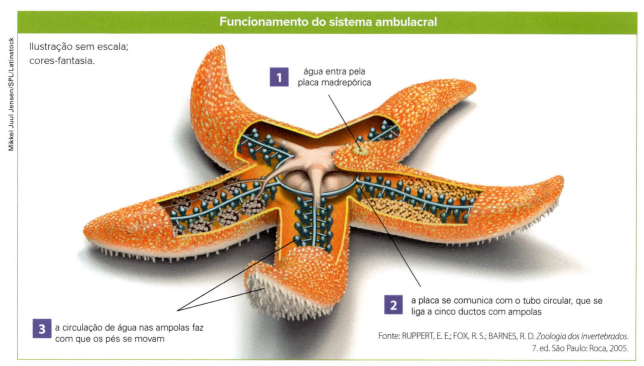

Funcionamento do sistema ambulacral da estrela-do-mar.

Na superfície do corpo dos equinodermos, encontram-se também as pápulas e as pedicelárias. As pápulas são expansões celomáticas que atuam na respiração e na excreção. As pedicelárias são pequenas expansões externas, que possuem pinças na extremidade e têm a função de remover detritos e qualquer objeto que se deposite sobre seu corpo.

Alimentação, respiração e excreção

O sistema digestório dos equinodermos é completo, com boca e ânus, com exceção dos ofiuroides. O tubo digestório contém, além de boca e ânus, esôfago, estômago e intestino. Na boca dos equinoides, há uma estrutura denominada lanterna-de-aristóteles, formada por cinco dentes calcários e usada para raspar algas das quais se alimentam. Os ouriços-do-mar se alimentam também de pequenos animais e detritos.

O ouriço-do-mar, com indicação da lanterna-de-aristóteles.

Veja também

Estrelas-do-mar apresentam um mecanismo de regeneração corpórea que pode ser visto disponível em: <www.ehow.com.br/estrela-mar-regenera-info_215990/>. Acesso em: 11 dez. 2015.

Reprodução

Os equinodermos são dioicos. Os gametas – óvulos e espermatozoides – são eliminados na água do mar, onde ocorre a fecundação externa, mas também podem apresentar desenvolvimento direto. Apresentam desenvolvimento indireto, com uma ou mais formas larvais, mas também podem apresentar desenvolvimento direto.

Diversas espécies de equinodermos são incubadoras, ou seja, incubam os ovos que darão origem a novos indivíduos.

Alguns exemplares, como estrelas-do-mar, possuem grande capacidade de regeneração sendo que, a partir de aproximadamente 20% do disco central do animal, é possível que ele se regenere por inteiro, em um processo que leva cerca de 1 ano.

Elas podem também regenerar os braços, se os perderem ao serem incomodadas ou capturadas por um predador. Em razão dessa capacidade, eles apresentam reprodução assexuada, que envolve o desmembramento do animal em partes e o surgimento de uma nova estrela-do-mar a partir de cada uma delas.

Atividades

1. Uma pessoa tem alergia a crustáceos. Em um restaurante onde são servidos frutos do mar, ela pode comer, sem problemas, pratos que contenham animais de qual filo? Dê exemplos de animais que essa pessoa não pode comer.

2. Observe o gráfico:

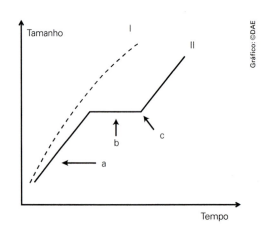

   a) O que representa a linha I e a II com relação ao crescimento dos animais? Qual delas deve representar o crescimento dos artrópodes? Por quê?

   b) O que significam as letras **a**, **b** e **c** na linha II?

3. No caderno, componha uma tabela comparativa que relacione os filos dos anelídeos e dos artrópodes. Use as seguintes características: segmentação do corpo, presença de cutícula secretada pela epiderme, de exoesqueleto, distribuição de oxigênio e presença de celoma.

4. Por que se afirma que, em relação ao esqueleto, os equinodermos estão mais próximos dos animais vertebrados do que dos invertebrados?

5. O que é sistema ambulacral e em que grupos de animais ele é encontrado?

PARA LER E REFLETIR

Os insetos serão o alimento do futuro?

Ao começar a comer, meu prato é igual ao que já comi inúmeras vezes em restaurantes asiáticos. Um emaranhado de massa bezuntada em óleo em meio a fatias de galinha, com aroma de alho e gengibre. Mas aos poucos vou percebendo olhos. Glóbulos escuros em uma cabeça amarelada – tudo conectado a um corpo.

Não os tinha percebido antes, mas agora vejo que estão por toda a parte – meu macarrão está cheio de insetos.

Se não tivesse sido alertada, talvez tivesse passado mal. Mas estou fazendo parte de uma experiência na universidade de Wageningen, na Holanda. O instituto de culinária da universidade, liderado por Ben Reade e Josh Evans, tem o desafio de conseguir transformar insetos em pratos saborosos.

Eu e outros três gastrônomos estamos presentes para testar alguns dos pratos preparados. Cada um recebe um prato principal diferente. O meu é um macarrão com gafanhotos – muitos deles ainda estavam vivos pela manhã. O prato também tem uma pitada especial de larva de mosca.

No dia seguinte, Reade e Evans participam de um seminário mundial em entomofagia – a prática de comer insetos – com mais de 450 delegados.

Segundo os especialistas presentes, no ano 2050 o planeta terá nove bilhões de pessoas. O desafio maior das próximas décadas será suprir o mundo, sobretudo em países de renda baixa ou média, com proteínas animais. Para eles, o planeta não teria condições ambientais de sustentar um aumento da pecuária tradicional.

A solução ecológica seria comer insetos, que são ricos em ferro e zinco. A criação de insetos requer muito menos água do que gado. No caso dos grilos, a quantidade de proteína é 12 vezes maior do que o encontrado em um bife.

Os insetos também poderiam ser usados como substituto das rações animais baseadas em soja, outro produto cujo cultivo tem alto impacto ambiental.

Além disso os insetos se alimentam de excrementos. Os próprios insetos podem ajudar a reciclar o material orgânico do planeta – enquanto produzem proteína comestível.

Os especialistas reunidos na conferência imaginam um mundo onde os supermercados terão alas especiais com produtos a base de insetos, e lanchonetes servirão "inseto-burgueres". Será que chegaremos a tanto? [...]

Então por que temos tanto nojo dos insetos? A resposta mais simples, segundo o psicólogo Paul Rozin, da Universidade da Pennsylvania, é que os insetos são animais.

Qualquer animal que come outro – seja ele humano, gorila, iguana ou barata – tem hábitos alimentares restritos e costuma se alimentar de uma quantidade pequena de espécies na natureza. No caso dos humanos, a associação direta que se faz com insetos é lixo, decomposição e doença. [...]

ANTHES, E. Disponível em: <www.bbc.com/portuguese/noticias/2014/11/141103_vert_fut_insetos_dg>. Acesso em: dez. 2015.

No Brasil, é comum o uso de formigas, como içás, para fazer uma farofa, como a da foto. Essa tradição foi herdada dos povos indígenas.

QUESTÕES

1. O alto teor proteico dos insetos se deve ao exoesqueleto, composto de quitina. Você concorda com essa afirmação?

2. O texto trata do hábito de comer insetos. Essa informação poderia ser substituída por comer artrópodes em geral? Justifique.

3. Depois de ler o texto, você está disposto ou não a comer insetos? Que motivos fizeram você tomar essa decisão?

Mãos à obra!

Preservando os animais invertebrados

Apesar de existirem milhões de representantes dos grupos estudados neste capítulo, eles geralmente são "ignorados", pois são considerados animais sem importância e "nojentos". Essa visão diminui a noção da importância desses animais, que são fundamentais para os ambientes naturais e para a sociedade humana.

Em muitos casos, essa postura equivocada tem como origem a falta de informação sobre esses grupos e também o fato de que sua participação no cotidiano não é notada. Assim, eles são considerados distantes e pouco importantes.

É necessário corrigir essa percepção, e uma maneira de fazer isso é disponibilizar informações de forma clara, compreensível e atraente. Forme um grupo com mais três colegas e escolham um representante dos grupos estudados (pode ser um filo, uma classe ou uma espécie). Depois, façam uma apresentação sobre o animal escolhido, mostrando a participação e importância dele em ambientes naturais e/ou na sociedade humana.

Diversos cuidados devem ser tomados nesse tipo de apresentação. Em primeiro lugar, pensem em como ela será feita. Será um cartaz? Vocês poderão ficar próximos à apresentação ou ela terá que ser autoexplicativa? Durante quanto tempo ela será exposta? A partir dessas definições, será mais fácil escolher se ela será um cartaz, uma apresentação de *slides*, uma atividade interativa, entre outras.

Reflitam também sobre esse ponto: quem é o público dessa apresentação? Isso vai ajudar a definir os conteúdos que devem ser abordados. Por exemplo, se o público for formado por professores de Biologia, pode-se supor que eles conhecem os animais, assim, algumas informações básicas não precisam ser apresentadas. Já se for um público de pessoas por volta dos 6 anos de idade, por exemplo, pode-se supor que elas não conhecem os grupos, assim, informações mais básicas sobre eles devem ser privilegiadas em relação às mais complexas.

É necessário evitar estereótipos na apresentação, como retratar as baratas como organismos "nojentos". Procurem informações de fontes confiáveis e que sejam importantes para o público, fazendo com que consigam ver o objeto da apresentação de uma maneira diferente da qual conhecem, revendo ideias que possuem ou ampliando seu conhecimento sobre ele. Mostrem diversos aspectos do objeto de estudo, apresentando-o como um organismo complexo, que, de alguma maneira, é diferente da ideia que o senso comum tem sobre ele.

Por último, tenham cuidado com o conteúdo que vocês vão apresentar. Ao mostrar dados publicados em uma revista, por exemplo, é necessário citar a fonte desses dados. Quando utilizar fotos, verifique se o fotógrafo permite a utilização da imagem e cite o crédito.

Com esses cuidados, façam a apresentação. Pesquisem o que vocês querem apresentar e procurem dar novas informações ou significados ao público-alvo, sempre mostrando como esses animais participam, de uma forma ou de outra, de nosso cotidiano.

Fernando Favoretto/Criar Imagem

O trabalho em grupo é ótima oportunidade para desenvolver diversas habilidades: expor ideias, saber ouvir, paciência, organização, solidariedade etc.

Explorando habilidades e competências

Leia o texto a seguir e responda o que se pede:

MP-SP libera uso de *Aedes aegypti* transgênico para combater a dengue

O Ministério Público de São Paulo (MP-SP) liberou hoje [15/4/2015] a soltura de uma linhagem geneticamente modificada de machos do mosquito *Aedes aegypti* em Piracicaba, [...] com o objetivo de combater o mosquito vetor da dengue e da *chikungunya*.

Os insetos com os genes alterados copulam com as fêmeas originais do ambiente e geram descendentes que não conseguem chegar à fase adulta.

A soltura dos insetos acontecerá a partir de 30 de abril [de 2015], de acordo com a empresa Oxitec, responsável pelo desenvolvimento do projeto. Tanto a empresa como a prefeitura de Piracicaba terão que seguir regras. Uma delas é que o uso de inseticidas e as nebulizações, que matam os mosquitos, não poderão ser proibidos.

Além disso, a contratação dessa nova tecnologia pelo município não o desobriga de cumprir medidas como nebulização, retirada de criadouros, fiscalização domiciliar e campanhas de orientação da população.

A empresa, por sua vez, deverá monitorar a área tratada pelo prazo de dois anos, a partir da última soltura de insetos, para certificação de que não existam mais mosquitos transgênicos. As condições impostas pelo MP constam no termo de ajustamento de conduta (TAC), assinado hoje pela prefeitura, a empresa Oxitec do Brasil e a promotoria de Justiça.

O *Aedes aegypti* transgênico será implementado inicialmente no bairro Cecap, em uma área de 54 hectares, região leste do município, que apresentou maior número de casos de dengue em 2015. No local, vivem cerca de 5 mil pessoas.

A expectativa da empresa é que, após seis meses de liberação, o nível da população de mosquito transmissor da dengue e da chikungunya – também transmitido pelo *Aedes aegypti* – na área tratada caia significativamente em relação às áreas não tratadas.

O projeto [...] foi alvo de representação do Conselho Municipal de Defesa do Meio Ambiente (Comdema) no MP-SP, avaliada pela promotora Maria Christina Marton Corrêa Seifarth de Freitas, da área de Saúde Pública do MP em Piracicaba.

O prefeito Gabriel Ferrato disse que sempre foi transparente em relação ao projeto. Alegou ainda que há uma equipe trabalhando nisso a fim de melhorar a vida das pessoas, e não prejudicar.

Locais com água parada são considerados criadouros do *Aedes aegypti*, pois permitem sua reprodução. Na imagem, agente de saúde fiscaliza moradia em Novo Airão, (AM), 2016.

BOEHM, C. Disponível em: <www.ebc.com.br/tecnologia/2015/04/mp-sp-libera-uso-de-aedes-aegypti-transgenico-para-combater-dengue>. Acesso em: dez. 2015.

1. A dengue e a chikungunya são doenças causadas por vírus. Qual é o sentido de tentar reduzir uma população de mosquitos para diminuir a incidência dessas doenças?

2. Sabendo que o *Aedes aegypti* contrai vírus ao picar uma pessoa contaminada, como a liberação dos mosquitos transgênicos vai diminuir a incidência dessas doenças?

3. A população local poderá continuar utilizando inseticidas após a liberação do mosquito transgênico. Como isso pode afetar o processo?

4. Cite um argumento a favor dessa intervenção e um contra, considerando que o objetivo dela é diminuir o número de casos de dengue e chikungunya.

5. Que dados a empresa e a prefeitura precisam ter para saber se o procedimento funcionou?

6. A interferência na população de mosquitos afeta apenas a distribuição das doenças citadas? Justifique.

Para rever e estudar

Questões do Enem

1. (Enem PPL – 2014)

Os corais funcionam como termômetros, capazes de indicar, mudando de coloração, pequenas alterações na temperatura da água dos oceanos. Mas, um alerta, eles estão ficando brancos. O seu clareamento progressivo acontece pela perda de minúsculas algas, chamadas zooxantelas, que vivem dentro de seus tecidos, numa relação de mutualismo.

> Disponível em: <http://super.abril.com.br>.
> Acesso em: 6 dez. 2012 (adaptado).

O desequilíbrio dessa relação faz com que os pólipos que formam os corais tenham dificuldade em

a) produzir o próprio alimento.

b) obter compostos nitrogenados.

c) realizar a reprodução sexuada.

d) absorver o oxigênio dissolvido na água.

e) adquirir nutrientes derivados da fotossíntese.

2. (Enem PPL – 2013)

Dupla humilhação destas lombrigas, humilhação de confessá-las a Dr. Alexandre, sério, perante irmãos que se divertem com tua fauna intestinal em perversas indagações: "Você vai ao circo assim mesmo? Vai levando suas lombrigas? Elas também pagam entrada, se não podem ver o espetáculo? E se, ouvindo lá de dentro, as gabarolas do palhaço, vão querer sair para fora, hem? Como é que você se arranja?" O que é pior: mínimo verme, quinze centímetros modestos, não mais – vermezinho idiota – enquanto Zé, rival na escola, na queda de braço, em tudo, se gabando mostra no vidro o novelo comprovador de seu justo gabo orgulhoso: ele expeliu, entre ohs! e ahs! de agudo pasmo familiar, formidável tênia porcina: a solitária de três metros.

> ANDRADE, C. D. *Boitempo*. Rio de Janeiro: Aguiar, 1988.

O texto de Carlos Drummond de Andrade aborda duas parasitoses intestinais que podem afetar a saúde humana. Com relação às tênias, mais especificamente, a *Taenia solium*, considera-se que elas podem parasitar o homem na ocasião em que ele come carne de

a) peixe mal-assada.

b) frango mal-assada.

c) porco mal-assada.

d) boi mal-assada.

e) carneiro mal-assada.

3. (Enem – 2010)

Os corais que formam o banco dos Abrolhos, na Bahia, podem estar extintos até 2050 devido a uma epidemia. Por exemplo, os corais-cérebro já tiveram cerca de 10% de sua população afetada pela praga-branca, a mais prevalente da seis doenças identificadas em Abrolhos, causada provavelmente por uma bactéria. Os cientistas atribuem a proliferação das patologias ao aquecimento global e à poluição marinha. O aquecimento global reduziria a imunidade dos corais ou estimularia os patógenos causadores desses males, trazendo novos agentes infecciosos.

> FURTADO, F. Peste branca no mar. *Ciência hoje*. Rio de Janeiro, v. 42, n. 251, ago. 2008 (adaptado).

A fim de combater a praga-branca, a medida mais apropriada, segura e de efeitos mais duradouros seria

a) aplicar antibióticos nas águas litorâneas de Abrolhos.

b) substituir os aterros sanitários por centros de reciclagem de lixo.

c) introduzir nas águas de Abrolhos espécies que se alimentem da bactéria causadora da doença.

d) aumentar, mundialmente, o uso de transportes coletivos e diminuir a queima de derivados de petróleo.

e) criar uma lei que proteja os corais, impedindo que mergulhadores e turistas se aproximem deles e os contaminem.

4. (Enem – 2010)

As estrelas do mar comem ostras, o que resulta em efeitos econômicos negativos para criadores e pescadores. Por isso, ao se depararem com esses predadores em suas dragas, costumavam pegar as estrelas-do-mar, parti-las ao meio e atirá-las de novo à água. Mas o resultado disso não era a eliminação das estrelas-do-mar, e sim o aumento do seu número.

> DONAVEL, D. A bela é uma fera. *Superinteressante*.
> Disponível em: <http://super.abril.com.br>.
> Acesso em: 30 abr. 2010 (adaptado).

A partir do texto e do seu conhecimento a respeito desses organismos, a explicação para o aumento da população de estrelas-do-mar baseia-se no fato de elas possuírem

a) papilas respiratórias que facilitaram sua reprodução e respiração por mais tempo no ambiente.

b) pés ambulacrários que facilitaram a reprodução e a locomoção do equinodermo pelo ambiente aquático.

c) espinhos na superfície do corpo que facilitaram sua proteção e reprodução, contribuindo para a sua sobrevivência.

d) um sistema de canais que contribuíram na distribuição de água pelo seu corpo e ajudaram bastante em sua reprodução.

e) alta capacidade regenerativa e reprodutiva, o cada parte seccionada capaz de dar origem a um novo indivíduo.

5. (Enem – 2005) A atividade pesqueira é antes de tudo extrativista, o que causa impactos ambientais. Muitas espécies já apresentam sério comprometimento em seus estoques e, para diminuir esse impacto, várias espécies vêm sendo cultivadas. No Brasil, o cultivo de algas, mexilhões, ostras, peixes e camarões vem sendo realizado há alguns anos, com grande sucesso, graças ao estudo minucioso da biologia dessas espécies.

Algumas das fases larvárias dos crustáceos

Os crustáceos decápodes, por exemplo, apresentam durante seu desenvolvimento larvário, várias etapas com mudança radical de sua forma. Não só a sua forma muda, mas também a sua alimentação e habitat. Isso faz com que os criadores estejam atentos a essas mudanças, porque a alimentação ministrada tem de mudar a cada fase.

Se para o criador, essas mudanças são um problema para a espécie em questão, essa metamorfose apresenta uma vantagem importante para sua sobrevivência, pois

a) aumenta a predação entre os indivíduos.

b) aumenta o ritmo de crescimento.

c) diminui a competição entre os indivíduos da mesma espécie.

d) diminui a quantidade de nichos ecológicos ocupados pela espécie.

e) mantém a uniformidade da espécie.

6. (Enem – 2005) O desenvolvimento da maior parte das espécies de insetos passa por vários estágios até chegar à fase adulta, quando finalmente estão aptos à reprodução. Esse desenvolvimento é um jogo complexo de hormônios. A ECDISONA promove as mudas (ecdíases), mas o HORMÔNIO JUVENIL impede que o inseto perca suas características de larva. Com o tempo, a quantidade desse hormônio diminui e o inseto chega à fase adulta.

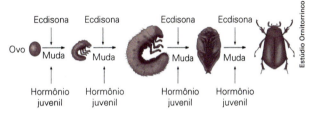

Cientistas descobriram que algumas árvores produzem um composto químico muito semelhante ao HORMÔNIO JUVENIL dos insetos. A vantagem de uma árvore que produz uma substância que funcione como HORMÔNIO JUVENIL é que a larva do inseto, ao se alimentar da planta, ingere esse hormônio e

a) vive sem se reproduzir, pois nunca chega à fase adulta.

b) vive menos tempo, pois seu ciclo de vida encurta.

c) vive mais tempo, pois ocorrem poucas mudas.

d) morre, pois chega muito rápido à fase adulta.

e) morre, pois não sofrerá mais mudas.

Questões de vestibulares

1. (Fuvest-SP – 2016) Tatuzinhos-de-jardim, escorpiões, siris, centopeias e borboletas são todos artrópodes. Compartilham, portanto, as seguintes características:

a) simetria bilateral, respiração traqueal e excreção por túbulos de malpighi.

b) simetria bilateral, esqueleto corporal externo e apêndices articulados.

c) presença de cefalotórax, sistema digestório incompleto e circulação aberta.

d) corpo não segmentado, apêndices articulados e respiração traqueal.

e) corpo não segmentado, esqueleto corporal externo e excreção por túbulos de malpighi.

Para rever e estudar

2. (Unicamp-SP – 2015) O estudo do desenvolvimento embrionário é importante para se entender a evolução dos animais. Observe as imagens abaixo. Assinale a alternativa correta.

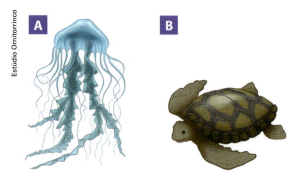

a) O animal A apresenta simetria bilateral e é celomado.

b) O animal B apresenta simetria radial e é celomado.

c) O animal A apresenta simetria radial e é acelomado.

d) O animal B apresenta simetria bilateral e é acelomado.

3. (FGV-SP – 2014) A difilobotríase é uma parasitose adquirida pela ingestão de carne de peixe crua, mal cozida, congelada ou defumada em temperaturas inadequadas, contaminada pela forma larval do agente etiológico.

O ciclo do parasita envolve a liberação de proglotes pelas fezes humanas repletas de ovos, que eclodem na água e passam a se hospedar sequencialmente em pequenos crustáceos, em pequenos peixes e, finalmente, em peixes maiores que, ao serem ingeridos nas condições citadas, contaminam os seres humanos.

As informações descritas sobre o ciclo da difilobotríase permite notar semelhanças com o ciclo da

a) teníase, grupo dos platelmintos.

b) esquistossomíase, grupo dos moluscos.

c) ascaridíase, grupo dos anelídeos.

d) tripanossomíase, grupo dos protozoários.

e) filaríase, grupo dos nematelmintes.

4. (UPE – 2015)

Pesquisadores de Pernambuco notificaram um surto de esquistossomose aguda na praia de Porto de Galinhas (PE) em 2000, quando 662 pessoas tiveram diagnóstico positivo. A infecção humana em massa ocorreu no feriado de 7 de setembro, quando chuvas pesadas provocaram a enchente do rio Ipojuca, que invadiu as residências. A maioria dos casos agudos foi em residentes locais que tiveram exposição diária às cercarias durante três semanas, até que as águas baixassem.

(Fonte: BARBOSA, C. S. et al. 2001. Epidemia de esquistossomose aguda na praia de Porto de Galinhas. Pernambuco, Brasil. Cad. Saúde Pública, Rio de Janeiro, H(3): 725-728, maio-jun. 2001.)

Após análise dos resultados, os pesquisadores levantaram algumas hipóteses, sendo a mais plausível para explicar o surto a seguinte:

a) Caramujos *Biomphalaria glabrata* foram trazidos pelas enchentes, colonizando as margens do estuário e áreas alagadas das residências. Cercarias presentes no ambiente penetraram no caramujo, desenvolvendo-se até a fase adulta. O consumo de caramujos do mangue levou à contaminação das pessoas.

b) As pessoas foram infectadas diretamente pelo platelminto parasita *Schistosoma mansoni* através da ingestão da água contaminada, durante a enchente.

c) O estabelecimento de residências nessas áreas exigiu uma quantidade considerável de areia tanto para aterros como para a preparação das massas utilizadas na construção. Essa areia, procedente de leitos de rios, pode ter sido o veículo que introduziu a espécie *Biomphalaria glabrata* na localidade.

d) Após a enchente, o terreno das casas e a areia da praia foram infestados por *Schistosoma mansoni*, e o contato com a pele permitiu a contaminação das pessoas. A fase larval da espécie está relacionada, diretamente, à falta de saneamento básico.

e) As larvas de *Schistosoma mansoni* infectaram animais domésticos, como porcos, e as fezes, em contato com a pele humana, permitiram a contaminação das pessoas após a enchente do rio Ipojuca.

5. (UPF-RS – 2015) São características gerais dos crustáceos:

a) Corpo dividido em cabeça, tórax e abdome; ausência de antenas; sistema circulatório fechado; excreção por meio de túbulos de Malpighi.

b) Corpo dividido em cefalotórax e abdome; ausência de antenas; sistema circulatório lacunar; excreção por meio de glândulas antenais.

c) Corpo dividido em cefalotórax e abdome; dois pares de antenas; sistema circulatório do tipo aberto; excreção por meio de glândulas antenais.

d) Corpo dividido em cefalotórax e prossomo; um par de quelíceras; sistema circulatório lacunar; excreção por meio de túbulos de Malpighi.

e) Corpo dividido em cabeça, tórax e abdome; um par de antenas; sistema circulatório fechado; excreção por meio de glândulas coxais.

6. (UCS-RS – 2015)

Relacione as características, apresentadas na COLUNA A, ao seu respectivo grupo animal, listado na COLUNA B.

COLUNA A	COLUNA B
1. Corpo dividido em cabeça, tórax e abdome; 3 pares de patas e um par de antenas.	(·) Diplopoda
2. Exoesqueleto quitinoso, cefalotórax e abdome; apresenta dois pares de antenas.	(·) Insecta
3. Cefalotórax e abdome; 4 pares de patas e quelíceras.	(·) Arachnidea
4. Corpo cilíndrico segmentado em três tagmas e dois pares de pernas por segmento no abdome.	(·) Crustacea
5. Corpo dividido em dois tagmas: cabeça e tronco; duas pernas por metâmero.	(·) Chilopoda

Assinale a alternativa que preenche correta e respectivamente os parênteses, de cima para baixo.

a) 1 – 2 – 3 – 5 – 4
b) 2 – 1 – 3 – 5 – 4
c) 5 – 4 – 3 – 2 – 1
d) 4 – 3 – 2 – 1 – 5
e) 4 – 1 – 3 – 2 – 5

7. (UEM – 2015) O Filo Chordata não é o filo com o maior número de espécies, porém seus integrantes apresentam variações anatômicas, fisiológicas e comportamentais bastante diferentes. Sobre esse assunto, assinale o que for correto.

01) As pombas excretam o ácido úrico, que é pouco tóxico e pode ser eliminado com pouca água. É uma adaptação à vida terrestre e ao voo.

02) O peixe é um animal que apresenta notocorda, cloaca, hematose, fecundação externa e circulação simples.

04) São elementos comuns a todos os cordados: notocorda, encéfalo e cordão nervoso ventral.

08) O coração de um anfíbio adulto apresenta dois ventrículos e um átrio e nele não ocorre mistura do sangue venoso com o arterial.

16) A fosseta loreal permite que, durante a noite, as cascavéis sintam o calor emitido por um organismo endotérmico.

8. (Unesp-SP – 2015)

Em um barzinho à beira-mar, cinco amigos discutiam o que pedir para comer.

Marcos, que não comia peixe, sugeriu picanha fatiada.

Paulo discordou, pois não comia carne animal e preferia frutos-do-mar; por isso, sugeriu uma porção de camarões fritos e cinco casquinhas-de-siri, uma para cada amigo.

Marcos recusou, reafirmando que não comia peixe.

Eduardo riu de ambos, informando que siri não é peixe, mas sim um molusco, o que ficava evidente pela concha na qual era servido.

Chico afirmou que os três estavam errados, pois os siris e os camarões não são peixes nem moluscos, mas sim artrópodes, como as moscas que voavam pelo bar.

189

Para rever e estudar

Ricardo, por sua vez, disse que concordava com a afirmação de que os siris e camarões fossem artrópodes, mas não com a afirmação de que fossem parentes das moscas; seriam mais parentes dos peixes.

Para finalizar a discussão, os amigos pediram batatas fritas.

O amigo que está correto em suas observações é

a) Ricardo.   c) Paulo.   e) Chico.
b) Marcos.   d) Eduardo.

9. (Uema – 2015) Em uma visita a um oceanário, os alunos observaram o ecossistema artificial indicado a seguir:
O grupo de alunos aproximou-se fascinado e fez os seguintes comentários:

Vinicius: - Esses moluscos são realmente resistentes devido à presença dessa concha secretada pelo manto!

Carlos: - Vejo um crustáceo que está bem preparado para se defender pela existência do exoesqueleto e apêndices articulados.

Karla: - O Carlos só está enganado em dizer que esse animal é um crustáceo. Nem artrópode é!

Igor: - Alguém poderia me informar a qual animal vocês estão se referindo? Vejo, no aquário, um crustáceo em uma concha de molusco.

Flávia: - Carlos está errado! A professora explicou várias vezes que nos equinodermas, como naquele animal dentro da concha, o esqueleto é calcário revestido por epiderme.

Fonte: Disponível em: <www.cifonauta.cebimar.uso.br>. Acesso em: 07 nov. 2014.

Analise as respectivas falas dos alunos quanto à correção das características morfológicas dos animais invertebrados. Justifique o porquê das informações corretas.

10. (PUC-SP – 2015) Um estudante analisou três animais que apresentam patas articuladas, exoesqueleto quitinoso e corpo metamerizado. Estes animais poderiam ser

a) uma abelha, um escorpião e um camarão, todos pertencentes ao grupo dos artrópodes.

b) um pepino-do-mar, um ouriço-do-mar e uma lagosta, todos pertencentes ao grupo dos equinodermos.

c) uma joaninha, uma ostra e uma estrela-do-mar; o primeiro pertencente ao grupo dos artrópodes e os outros dois ao grupo dos equinodermos.

d) um mexilhão, um camarão e uma lula, todos pertencentes ao grupo dos moluscos.

e) uma sanguessuga, um piolho de cobra e uma minhoca, todos pertencentes ao grupo dos anelídeos.

11. (Uece – 2015) Cnidoblastos ou cnidócitos são células de defesa observadas em

a) pepinos-do-mar.   c) anêmonas.
b) paramécios.   d) ascídias.

12. (UEM-PR – 2015) Em relação à classificação e à caracterização dos grupos animais, é correto afirmar que

01) são exemplos de animais acelomados: as esponjas e as lombrigas; de pseudocelomados: as solitárias e as planárias; e de celomados: as minhocas e os macacos.

02) os cnidários apresentam duas estruturas corporais típicas e são os primeiros animais da escala evolutiva a apresentarem uma cavidade digestiva.

04) os insetos holometábolos passam pelas fases de ovo, larva, pupa e de imago (ou adulta).

08) as minhocas são deuterostômios, celomados e triblásticos.

16) as estrelas-do-mar pertencem ao Filo Chordata, pois apresentam esqueleto interno.

13. (Uece – 2015) Em levantamento faunístico realizado na serapilheira de uma propriedade localizada na Serra de Guaramiranga, Ceará, foi encontrada grande variedade de animais nessa camada superficial do solo. Considerando-se o ambiente em que foi feito o levantamento, espera-se encontrar representantes de

a) *Arthropoda, Cnidaria, Anellida*.
b) *Echinodermata, Anellida, Mollusca*.
c) *Chordata, Arthropoda, Mollusca*.
d) *Porífera, Anellida, Cnidaria*.

14. (Unicamp-SP – 2015) O filo *Mollusca* é o segundo maior do reino animal em número de espécies. É correto afirmar que os moluscos da classe *Gastropoda*
    a) são exclusivamente marinhos.
    b) possuem conchas, mas não rádula.
    c) são exclusivamente terrestres.
    d) possuem pé desenvolvido e rádula.

15. (Fuvest-SP – adaptado – 2015) O rígido exoesqueleto dos artrópodes é periodicamente substituído para que seu corpo possa crescer. Após as mudas, com o revestimento do corpo ainda flexível, o animal cresce. O gráfico abaixo representa o crescimento desses animais.

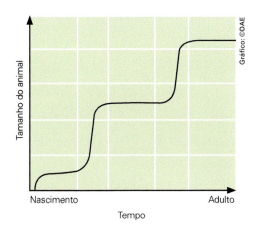

No seu caderno, represente em um gráfico
    a) o crescimento de alguns moluscos, cujo exoesqueleto agrega material de maneira contínua, permitindo o crescimento continuado do animal;
    b) o crescimento de mamíferos, que têm endoesqueleto ósseo e crescem até se tornarem adultos.

16. (UEG-GO – 2015) Durante o verão em determinados estados brasileiros é comum escutarmos o canto das denominadas cigarras, como mecanismo de atração das fêmeas pelos machos através do seu canto. Nesse mesmo período, é comum encontrar sobre as árvores "restos" de cigarras, que a população humana denomina de cigarras "estouradas" de tanto cantar. Esses "restos" de cigarra referem-se ao
    a) exoesqueleto, resultado do crescimento das cigarras que ocasiona as "mudas" nos insetos.
    b) feromônio, resultado da liberação pelos machos das cigarras no processo de atração das fêmeas.
    c) quelíceras, estrutura responsável pela liberação de partes das cigarras no processo do canto do macho.
    d) ecdisona, hormônio responsável pelo ciclo de morte das cigarras no período do veraneio.

17. (Unicamp-SP – 2014) Os insetos, especialmente aqueles com modo de vida social, estão entre os animais mais abundantes na Terra. São insetos sociais, que vivem em colônias:
    a) formigas, borboletas, besouros.
    b) abelhas melíferas, formigas, cupins.
    c) besouros, abelhas melíferas, moscas.
    d) cupins, libélulas, cigarras.

18. (FGV-SP – 2014) A difilobotríase é uma parasitose adquirida pela ingestão de carne de peixe crua, mal cozida, congelada ou defumada em temperaturas inadequadas, contaminada pela forma larval do agente etiológico.

    O ciclo do parasita envolve a liberação de proglotes pelas fezes humanas repletas de ovos, que eclodem na água e passam a se hospedar sequencialmente em pequenos crustáceos, em pequenos peixes e, finalmente, em peixes maiores que, ao serem ingeridos nas condições citadas, contaminam os seres humanos.

    As informações descritas sobre o ciclo da difilobotríase permite notar semelhanças com o ciclo da
    a) teníase, grupo dos platelmintos.
    b) esquistossomíase, grupo dos moluscos.
    c) ascaridíase, grupo dos anelídeos.
    d) tripanossomíase, grupo dos protozoários.
    e) filaríase, grupo dos nematelmintes.

UNIDADE 5

CORDADOS

Os animais cordados são aqueles que têm maior grau de parentesco com a espécie humana, que faz parte desse grupo. Talvez por essa razão, esses animais despertem tanto interesse em grande parte das pessoas. Existe uma imensa variedade de cordados, incluindo organismos que, à primeira vista, não parecem similares aos humanos. Conhecer as características desses animais permite entender suas necessidades, assim pode-se conservá-los e manejá-los de maneira adequada, contribuindo para sua preservação. Além disso, permite melhorar as práticas nas atividades humanas que utilizam animais.

Grupo de capivaras (*Hydrochoerus hydrochoerus*). Esses animais, que chegam a 65 cm de comprimento, são cordados que vivem em diversos ambientes, inclusive urbanos.

CAPÍTULO 14

FILO CHORDATA

Os animais do filo Chordata (do latim *chord* = corda), conhecidos como cordados, têm simetria bilateral, três folhetos embrionários (triblásticos), tubo digestório completo, celoma bem desenvolvido e, a maioria, possui sistema circulatório fechado. Como os equinodermos, também são deuterostomados, isto é, o ânus é originado no blastóporo. Como características exclusivas, apresentam a **notocorda** ou corda, o tubo nervoso na posição dorsal, fendas branquiais na faringe ou fendas faringianas e cauda pós-anal.

Ilustração sem escala; cores-fantasia.

Anatomia de um anfioxo, um animal cordado, que evidencia características básicas dos cordados: notocorda, fendas branquiais e tubo nervoso dorsal, que gera o cordão nervoso.

Fonte: POUGH, F. H.; JANIS, C. M.; HEISER, J. B. *A vida dos vertebrados*. 4. ed. São Paulo: Atheneu, 2008.

▶ Características gerais

A notocorda, característica dos cordados, é uma estrutura de sustentação com forma de bastonete maciço, como um eixo firme e flexível, localizada entre o tubo digestório e o tubo nervoso e que se estende da região anterior até a posterior do corpo.

Em grande número de espécies dos cordados, a notocorda é uma estrutura que existe apenas na fase embrionária, sendo substituída, durante a organogênese, pela coluna vertebral. De modo geral, na região entre as vértebras, permanece um vestígio da notocorda nos cordados adultos.

Diferentemente da maioria dos invertebrados, nos quais o cordão nervoso encontra-se na posição ventral, os cordados possuem o sistema nervoso no dorso, no formato de um tubo (oco), pois se forma por invaginação da ectoderme dorsal do embrião.

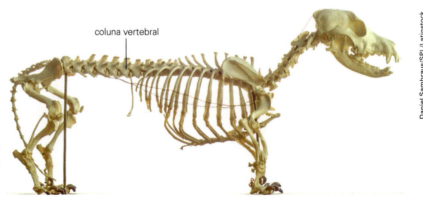

Existem diversos animais cordados, e eles apresentam esqueletos internos com estrutura variada. Em vários grupos, aparece a coluna vertebral, que auxilia na sustentação corpórea.

194 Unidade 5 Cordados

Esquema simplificado do desenvolvimento embrionário de um cordado mostrando a formação de um tubo neural dorsal, que dará origem a estruturas do sistema nervoso.

Fonte: RAVEN, P. et al. *Biology*. 10. ed. Nova York: McGraw, 2014.

As **fendas branquiais**, localizadas na faringe – região logo após a boca – permitem que a água entre pela boca e saia por essas fendas sem a necessidade de percorrer o tubo digestório em alguns cordados. As fendas são bastante desenvolvidas nos peixes e têm função respiratória. Em outros cordados, como os seres humanos, as fendas se formam durante os estágios iniciais do desenvolvimento embrionário e regridem posteriormente, mas deixam alguns resquícios, como as tubas auditivas (ou trompas de Eustáquio), que unem a orelha média com a faringe.

A outra característica dos cordados é a presença de uma cauda posterior ao ânus, a cauda **pós-anal**, constituída pela região posterior da notocorda envolta por uma estrutura muscular. O ser humano é um dos raros cordados sem cauda, há apenas um vestígio dela na extremidade da coluna vertebral, o cóccix.

Ilustrações desta página estão sem escala; cores-fantasia.

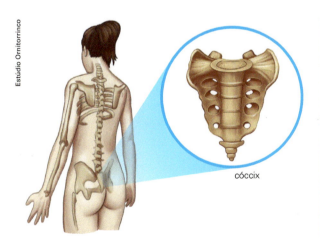

Os ancestrais dos seres humanos apresentavam cauda, a qual desapareceu em nossa espécie, mas ainda é possível observar o vestígio dessa estrutura na extremidade da coluna vertebral.

Quati (*Nasua nasua*), que pode chegar a 67 cm de comprimento. Ele, como outros cordados, apresenta cauda.

Os cordados podem ser separados em dois grupos:

- Acrania (sem crânio e encéfalo [porção anterior do tubo nervoso]);
- Craniata (com crânio e encéfalo).

Acrania

Também são conhecidos como **protocordados** ou cordados invertebrados, pelo fato de nunca apresentarem coluna vertebral. São todos marinhos e compreendem animais de dois subfilos: Urochordata (do grego, *oura* = cauda; do latim, *chord* = corda) ou Tunicata (urocordados ou tunicados) e Cephalochordata (do grego, *kephale* = cabeça; do latim, *chord* = corda), conhecidos como cefalocordados.

Os **urocordados**, representados por ascídias e salpas, têm desenvolvimento indireto com fase larval. A notocorda localiza-se na cauda da larva e não está presente no animal adulto, já que a cauda e seus componentes, entre eles a notocorda, regridem durante a metamorfose da fase larval para a forma adulta. Por secretarem uma túnica resistente, que reveste externamente o corpo, são também conhecidos como tunicados.

Os **cefalocordados**, representados pelo anfioxo, têm notocorda, que se estende da região caudal até a encefálica e perdura por toda a vida. Durante o dia, esse animal vive enterrado na areia, de onde sai à noite, quando nada livremente à procura de alimento.

Ascídia (*Atriulum robustum*), um urocordado. Ela pode medir 2,5 cm de comprimento.

Anfioxo (*Branchiostoma lanceolatum*), um cefalocordado que alcança até 5 cm de comprimento. Esses animais vivem enterrados na areia durante o dia, e à noite saem em busca de alimento.

Craniata

Também conhecidos como **vertebrados**, os representantes do grupo Craniata possuem coluna vertebral formada por **vértebras**, ossos em forma de disco com uma perfuração no centro, por onde passa a medula espinal, originada do tubo neural. Os espaços intervertebrais permitem a saída dos ramos nervosos que partem da medula e enervam as diversas partes do corpo do animal. Na extremidade anterior da coluna vertebral, articulando-se a ela, está o crânio, outra estrutura exclusiva desse grupo. Geralmente, ele é formado por duas partes: a caixa craniana e, na maioria dos vertebrados, as maxilas.

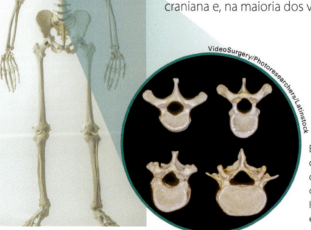

Exemplos de vértebras, com distintos tamanhos dependendo da posição. Elas se organizam na coluna vertebral dos Craniata e se ligam ao crânio. Dão sustentação e protegem a medula espinal.

Unidade 5 Cordados

Os vertebrados compreendem dois subfilos: **Agnatha**, que são animais sem mandíbula, e **Gnathostomata**, animais com mandíbula.

Os agnatos possuem corpo alongado com nadadeiras pouco desenvolvidas, a dorsal, a anal e a caudal, todas ímpares. Nesse subfilo, encontram-se os animais da classe Cyclostomata (*cyclo* = circular; *stoma* = boca), os ciclostomados, como as lampreias e as feiticeiras, que possuem boca circular sem mandíbula.

As lampreias são encontradas em água doce e no mar, e as feiticeiras, somente no mar. São animais que se fixam por meio da boca à pele de peixes e baleias, sendo, portanto, ectoparasitas. Com seus dentículos, existentes sobre a língua, diláceram e sugam seu alimento dos hospedeiros. A notocorda persiste no adulto e o esqueleto é cartilaginoso. Na região das fendas branquiais estão os arcos esqueléticos que sustentam as brânquias.

> **Veja também**
>
>
>
> Apesar de pouco conhecidos, os peixes-bruxa são muito importantes no ambiente. Esse assunto pode ser estudado na página da *Scientific American Brasil*. Disponível em:
>
> <www2.uol.com.br/sciam/noticias/nojentos_e_estranhos_porem_extremamente_importantes.html>. Acesso em: 15 jan. 2016.

Lampreia (*Petromyzon marinus*). Observam-se na imagem as fendas branquiais e a boca com dentes córneos. As lampreias têm crânio cartilaginoso e vértebras rudimentares. Os adultos possuem notocorda. A maioria das lampreias vive na água salgada e pode atingir mais de 1 m de comprimento. São ectoparasitas de peixes, sugando sangue e tecidos corporais.

Feiticeira ou peixe-bruxa parasitando um esturjão. A feiticeira é um animal marinho com cerca de 1 m de comprimento; possui crânio cartilaginoso, mas não tem vértebras e apresenta notocorda na fase adulta. Vive no fundo dos mares, semienterrado.

O subfilo **Gnathostomata** (gnatostomados) compreende as superclasses **Pisces** (peixes) e **Tetrapoda** (tetrápodes).

O nome tetrápoda se refere aos vertebrados originalmente terrestres que se locomovem, predominantemente com o uso dos quatro membros. Os animais dessa superclasse apresentam respiração predominantemente pulmonar, esqueleto ósseo, pele córnea e estão divididos em quatro classes: Amphibia (anfíbios), Reptilia (répteis), Mammalia (mamíferos) e Aves.

Um esqueleto de sapo. Os sapos fazem parte da classe Amphibia e, como todos os tetrápodes, possuem esqueleto ósseo interno.

Atividade

No desenvolvimento dos cordados, há três características gerais que os distinguem de outros animais. Quais são?

CAPÍTULO 15

PEIXES

Peixe é a denominação popular dos animais que pertencem à superclasse Pisces. Existem diversos exemplares desse grupo nos mais diversos ambientes aquáticos.

▶ Características gerais

Os animais da superclasse Pisces apresentam nadadeiras pares, brânquias e pele com escamas. São animais exclusivamente aquáticos, sendo muitas espécies marinhas e outras de água doce.

Os peixes, principalmente os de águas tropicais, apresentam grande diversidade de cores devido à presença de células pigmentadas na derme, os cromatóforos.

O sistema circulatório é fechado, com o sangue correndo apenas dentro de vasos e um coração com duas câmaras: o átrio e o ventrículo. Ele também é considerado **simples**, já que o sangue tem um único circuito no corpo: vai do coração até as brânquias e de lá ao resto do corpo, retornando posteriormente ao coração. Também é **completo**, já que não há mistura de sangue rico em gás oxigênio (sangue arterial) com sangue rico em gás carbônico (sangue venoso). A excreção é feita por meio dos rins, que filtram o sangue e eliminam excretas, em especial, a amônia.

O sistema digestório é composto pela boca, que possui dentes com forma e tamanho variáveis, dependendo dos hábitos alimentares de cada espécie. Logo em seguida, há o esôfago, que se alarga e forma o estômago, continuando depois com intestino e ânus. É no intestino, sob a ação das secreções do pâncreas e do fígado, que os alimentos são transformados e absorvidos pelo sangue, sendo as substâncias assim obtidas distribuídas por todo o corpo.

Os peixes respiram por meio de **brânquias**, estruturas delgadas por onde ocorrem as trocas gasosas com o ambiente. A água do ambiente penetra pelos **espiráculos** e, principalmente, pela boca, passa pelas brânquias, onde ocorrem as trocas gasosas, e sai pelas fendas branquiais.

Espiráculo: orifício respiratório de certos animais marinhos que permite o contato do ar ou da água com seu sistema respiratório interno.

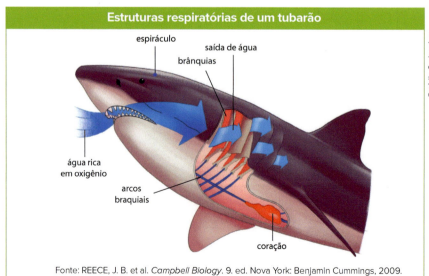

Estruturas respiratórias de um tubarão

Ilustração sem escala; cores-fantasia.

Fluxo de entrada e saída de água que possibilitam as trocas gasosas nos tubarões.

Fonte: REECE, J. B. et al. *Campbell Biology*. 9. ed. Nova York: Benjamin Cummings, 2009.

198 Unidade 5 Cordados

A superclasse Pisces contém as classes Chondrichthyes, ou condrictes; e Osteichthyes, ou osteíctes. Alguns pesquisadores, no entanto, têm proposto alterações na classificação dos peixes. Eles reúnem os animais do grupo dos Osteichthyes na classe Actinopterygii, que inclui os peixes ósseos, com nadadeiras radiais, e na classe Sarcopterygii, os peixes com nadadeiras lobadas, como os celacantos.

Celacanto ou "fóssil vivo" (*Latimeria chalumnae*). Foi muito abundante entre 400 milhões e 70 milhões de anos atrás. Pode chegar a cerca de 1,5 m de comprimento.

Supunha-se que os peixes ósseos com nadadeiras lobadas estavam extintos quando alguns exemplares foram encontrados vivos em 1938. Desde lá foram vistos celacantos (gênero *Latimeria*), em especial, na costa da África oriental. Acredita-se que os celacantos sejam os únicos exemplares vivos da classe Sarcopterygii. Por isso, são chamados por alguns pesquisadores de "fósseis vivos".

Chondrichthyes

A classe dos Chondrichthyes, também chamados de condrictes, elasmobrânquios ou peixes cartilaginosos, inclui animais que possuem esqueleto totalmente cartilaginoso, pele com muitas glândulas mucosas e escamas do tipo placoide, de origem dermoepidérmica, que são **homólogas** aos dentes. Nos adultos, entre as vértebras, encontram-se vestígios da notocorda. Como exemplos podem ser citados os tubarões, as raias e as quimeras.

> **Homólogas:** são as estruturas de espécies diferentes que se originam dos mesmos folhetos embrionários. Podem desempenhar funções bem distintas ou praticamente as mesmas. A homologia é entendida como um sinal de parentesco evolutivo das espécies que a apresentam.

(**A**) Tubarão-azul (*Prionace glauca*), que pode chegar a 3,3 m de comprimento.

(**B**) Raia (*Dasyatis americana*), que pode ter 2 m de comprimento.

Os peixes condrictes são nadadores eficientes. A flutuação é facilitada por seu esqueleto cartilaginoso, extremamente leve, e pelo alto teor de óleo que se encontra em seu fígado (rico em vitamina A). Esses peixes gastam energia para se manterem estáveis em determinadas profundidades. A tendência dos tubarões, quando param totalmente de nadar, é afundar.

O intestino dos tubarões é dotado de válvula espiral, cuja função é aumentar a superfície de absorção dos alimentos digeridos. Os peixes cartilaginosos possuem uma câmara, a **cloaca**, junto à superfície do corpo, na qual terminam os sistemas digestório, reprodutor e urinário.

Ilustração sem escala; cores-fantasia.

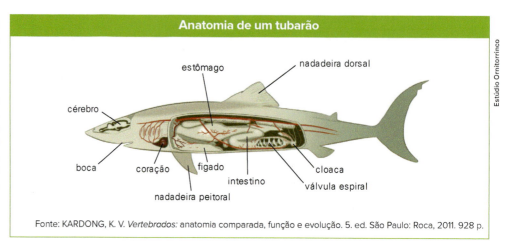

Anatomia de um tubarão

Esquema simplificado da anatomia de um tubarão. Além de estar presente nos condrictes, a cloaca é encontrada em anfíbios, répteis, aves e em alguns mamíferos.

Fonte: KARDONG, K. V. *Vertebrados*: anatomia comparada, função e evolução. 5. ed. São Paulo: Roca, 2011. 928 p.

Veja também

Diversas espécies de animais são descobertas a cada ano, o que mostra a riqueza da fauna. No Brasil, recentemente, descobriu-se uma nova espécie de quimera, como pode ser visto no *site* do Instituto Ciência Hoje. Disponível em: <http://cienciahoje.uol.com.br/noticias/zoologia/descoberto-peixe-pre-historico-na-costa-brasileira>. Acesso em: 16 jan. 2016.

Para explorar

Existe grande receio de ataques de tubarões em praias. Diversos filmes e reportagens mostram os perigos desse tipo de situação, o que gera medo. Mas quão grande é esse risco? Forme dupla com um colega e faça uma pesquisa sobre ataques de tubarões no Brasil, o número de mortes que causam e as regiões onde eles ocorrem com maior frequência. Após essa pesquisa, respondam: é grande o risco de sofrer um ataque de tubarão? Como é possível se prevenir dessa situação?

As quimeras são peixes cartilaginosos com características diferenciadas: suas fendas branquiais são cobertas por uma estrutura denominada opérculo, não possuem espiráculo, e os adultos não apresentam escamas. Vivem em regiões marinhas frias com profundidade entre 80 e 1 800 metros.

Quimera da espécie *Hydrolagus collei*, que pode ter 60 cm de comprimento e vive em ambientes profundos.

Quando surgiu o nome condrictes, por volta de 1800, acreditava-se que seu esqueleto cartilaginoso representava um estágio inicial na evolução do esqueleto dos vertebrados e que a mineralização, processo envolvido na transformação de cartilagens em ossos, tinha aparecido apenas em organismos que surgiram posteriormente, como nos peixes ósseos. Porém, como alguns fósseis demonstram, a mineralização do esqueleto dos vertebrados começou antes do aparecimento dos condrictes. Além disso, tecidos similares ao ósseo foram encontrados em condrictes primitivos. Vestígios ósseos também podem ser encontrados em condrictes atuais, como a base dos dentes de alguns desses animais. Esses achados sugerem fortemente que a quase ausência de ossos no corpo dos condrictes é uma condição que apareceu após a separação desse grupo dos outros gnatostomados.

Osteichthyes

A classe dos peixes ósseos inclui animais que possuem esqueleto ósseo, pele com muitas glândulas mucosas e escamas de origem dérmica, recobertas por uma fina epiderme e nadadeiras radiais. Alguns exemplos bem conhecidos de peixes ósseos são: o lambari, o dourado, o cavalo-marinho, a rêmora, o poraquê (peixe-elétrico), o salmão, a carpa, a piramboia (peixe "pulmonado").

As escamas dos peixes ósseos podem ser de vários tipos. Alguns peixes conhecidos como peixes de couro, por exemplo, o jaú, o pintado e o bagre não apresentam escamas. Entre as vértebras dos peixes adultos há vestígios da notocorda.

As fendas branquiais, com seus respectivos arcos branquiais, encontram-se agrupadas em uma câmara coberta pelo opérculo. A água do ambiente entra em contato com essas estruturas, onde ocorrem as trocas gasosas.

Bagre (*Silurus glanis*), que atinge 30 cm de comprimento. Ao contrário da maioria dos peixes, os bagres não apresentam escamas. Eles são conhecidos como peixes de couro.

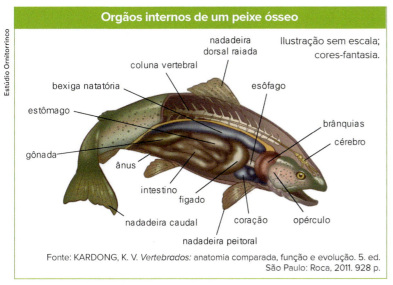

Anatomia de um peixe ósseo.

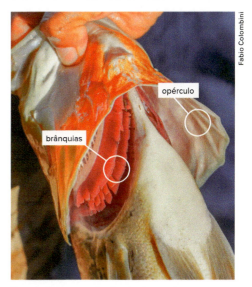

Tucunaré com o opérculo aberto, vendo-se as brânquias.

É importante para os peixes, tanto ósseos como cartilaginosos, a percepção das vibrações da água e da profundidade na qual se encontram. Tais sensações são percebidas por uma estrutura denominada **linha lateral**.

Uma das características exclusivas dos peixes ósseos é a presença da **bexiga natatória**, que atua como órgão hidrostático, sendo responsável pela estabilização e flutuação em profundidades diferentes. Alguns peixes precisam subir à superfície da água para engolir ar e encher a bexiga natatória, porque ela está ligada à faringe. Desse modo, pela boca, enchem ou esvaziam a bexiga. A maioria dos peixes, no entanto, consegue enchê-la ou esvaziá-la por meio de trocas gasosas realizadas entre o sangue e a própria bexiga, porque, nesse caso, a bexiga natatória está isolada da faringe. Para subir na água, o peixe infla a bexiga natatória, desinflando-a para ir ao fundo.

A linha lateral, que permite aos peixes detectar movimentos e vibrações da água, é fundamental. Ela é constituída por uma série de tubos e poros na pele, localizada nos lados direito e esquerdo do corpo e dotadas de células nervosas especiais que entram em contato com a água que penetra pelos tubos.

Ovíparo: é o animal que põe ovos, os quais se encontram envoltos em película membranosa e/ou casca. O embrião se desenvolve no interior do ovo. O nascimento do filhote, nesse caso, é por eclosão, quando ele sai do ovo.

Ovovivíparo: é o animal que forma os ovos e os retém no interior do organismo. Os ovos são envoltos por películas membranosas. O desenvolvimento embrionário ocorre dentro do ovo, à custa das reservas alimentares dele. A eclosão pode ocorrer no interior do corpo da mãe ou logo após a postura.

Vivíparo: é o animal cujo ovo não está envolto em película ou casca impermeável. O embrião se desenvolve no interior do corpo da mãe, recebendo dela oxigênio e alimentação por meio de estruturas especiais, entre elas, a placenta. Dizemos, nesse caso, que o nascimento ocorre por parto.

Charles Darwin propôs que os pulmões dos tetrápodes evoluíram da bexiga natatória dos peixes, mas parece que o oposto foi o que ocorreu. Diversos osteíctes primitivos apresentavam pulmões, que usavam para fazer uma respiração complementar a branquial. Assim, evidências mostram que pulmões apareceram nesses osteíctes primitivos e, posteriormente, a bexiga natatória evoluiu dos pulmões em algumas linhagens.

Em quase todos os peixes, a pele é coberta por escamas ósseas achatadas, que possuem estrutura diferente das escamas encontradas em tubarões. Glândulas secretam muco sobre a pele, uma adaptação que reduz o atrito durante a natação.

Peixes pulmonados

A piramboia é um exemplo de peixe ósseo pulmonado, no qual a bexiga natatória assume função respiratória e cujas brânquias são pouco desenvolvidas. Ele habita águas tropicais com baixo teor de oxigênio dissolvido. Nessas condições, consegue um suprimento extra de oxigênio diretamente do meio aéreo, sendo obrigada, constantemente, a se dirigir para a superfície da água, onde traga o ar. Os peixes pulmonados são conhecidos como **dipnoicos**.

Lepidosiren paradoxas, um peixe pulmonado da Amazônia conhecido popularmente como piramboia. Nesse pequeno grupo de peixes, a bexiga natatória é bem vascularizada e funciona como um pulmão. Dessa maneira, esses animais podem passar longos períodos enterrados no lodo às margens de rios e lagoas, respirando em contato direto com o ar. São, por isso, chamados de peixes pulmonados. Essa espécie pode chegar a 125 cm de comprimento.

▸ Reprodução

Os condrictes são dioicos, com dimorfismo sexual e fecundação interna. O macho possui órgão copulador, o clásper, que passa os espermatozoides para a cloaca da fêmea. Existem espécies **ovíparas**, **ovovivíparas** e **vivíparas** com desenvolvimento direto. Já as quimeras são ovíparas com desenvolvimento direto.

O clásper é o órgão copulador que está presente em machos de tubarão.

Os peixes ósseos também são dioicos, a maioria com fecundação externa e desenvolvimento direto ou indireto. O estágio jovem desses animais é denominado alevino. Os poucos que apresentam fecundação interna podem ser ovíparos ou ovovivíparos. O guaru, um peixe de água doce, é de uma espécie ovovivípara, em que os filhotes se desenvolvem em ovos que ficam retidos no corpo da fêmea até estarem prontos para nascer. O aparelho reprodutor, com o excretor, comunica-se com o meio externo pelo orifício urogenital, localizado próximo ao ânus.

Veja também

No endereço a seguir, você encontra mais informações sobre a reprodução dos peixes. Disponível em: <www2.ibb.unesp.br/Museu_Escola/Ensino_Fundamental/Origami/Documentos/Peixes.htm>. Acesso em: 16 jan. 2016.

Foco em ambiente

Estoques estão no limite

Situação em São Paulo pode ser reflexo de uma crise global do setor, associada ao excesso de pesca e à degradação dos ecossistemas marinhos

O naufrágio da produção pesqueira no estado de São Paulo não tem causa única nem óbvia. Segundo os especialistas, pode ser atribuído a uma combinação de fatores ambientais e humanos, atuais e históricos, incluindo o excesso de pesca, a poluição e a degradação dos ecossistemas marinhos e costeiros, dos quais os peixes dependem para sobreviver e se reproduzir.

"A pesca é um recurso biológico renovável, porém finito", diz o pesquisador Marcus Henrique Carneiro, coordenador do Programa de Monitoramento da Atividade Pesqueira, do Instituto de Pesca de São Paulo. "Se você não deixar que ele se renove, ele acaba mesmo", sentencia Maria Cristina Cergole, chefe do escritório regional do Ibama para o Vale do Paraíba e Litoral Norte, com sede em Caraguatatuba.

Eles ressaltam que o problema não é exclusividade de São Paulo. "São sintomas locais de um fenômeno mundial", avalia Cristina. Vários estudos internacionais alertam para o esgotamento de estoques pesqueiros ao redor do mundo, com várias espécies (e, consequentemente, as atividade pesqueiras associadas a elas) à beira do colapso.

O Brasil está no mesmo barco, segundo Carneiro, com basicamente todos os seus recursos tradicionais de pesca em condição de sobre-exploração – situação constatada pelo Programa de Avaliação do Potencial Sustentável dos Recursos Vivos na Zona Econômica Exclusiva (Revizee), encerrado em 2006. "Estamos tirando mais peixes do mar do que a natureza é capaz de repor por conta própria", explica Carneiro. [...]

O Estado de S. Paulo. Disponível em: <www.estadao.com.br/noticias/geral,estoques-estao-no-limite-imp-,840546>. Acesso em: 16 jan. 2016.

1. Como atividades humanas estão relacionadas com a queda da produção pesqueira?

Atividades

1. O que é válvula espiral e qual é função dela?

2. Qual é a estrutura corporal que permite aos peixes ósseos se locomoverem de maneira vertical na água?

3. Quais são as principais diferenças entre os peixes cartilaginosos e os ósseos?

4. Como é o sistema circulatório dos peixes?

5. Por que os celacantos são considerados "fósseis vivos"?

6. Descreva o caminho que a água percorre no corpo de um tubarão.

7. O que é linha lateral e por que ela é importante na interação dos peixes com o meio em que vivem?

CAPÍTULO 16

ANFÍBIOS

Como visto, anfíbios, répteis, aves e mamíferos são tetrápodes, animais que, ao invés de nadadeiras, apresentam membros que suportam a massa desses animais na superfície. Também apresentam pés que transmitem, eficientemente, a força gerada pelos movimentos musculares para se deslocarem.

A vida na superfície está relacionada a diversas características no plano corporal dos tetrápodes. A cabeça é separada do corpo por um pescoço que, após algum tempo, teve modificações que permitiram à cabeça, além de se mover para cima e para baixo, virar-se lateralmente. Assim, puderam explorar melhor a superfície. Esse é apenas um exemplo de adaptação que ocorreu para a vida na superfície.

A classe Amphibia (do grego, *amphi* = duplo; *bio* = vida) compreende os sapos, rãs, pererecas, cobras-cegas (ou cecílias) e salamandras, animais popularmente conhecidos como anfíbios. O nome da classe indica que esses animais vivem em dois tipos de ambientes: aquático de água doce e terrestre úmido. Não há representante marinho.

▶ Características gerais

A pele dos anfíbios é delgada, ricamente vascularizada, pouco queratinizada, sem escamas ou anexos epidérmicos. A pele é mantida úmida e permeável em virtude da ação de suas numerosas glândulas mucosas. Devido a essas condições, a pele dos anfíbios também assume papel respiratório no processo de **respiração cutânea**. Esse tipo de respiração complementa a pulmonar, também presente nesse grupo. Porém, a pele dos anfíbios não dispõe de mecanismos ou estruturas que lhes confiram proteção contra a dessecação, o que contribui para limitá-los a ambientes úmidos. Entre os cordados, os anfíbios são os que possuem maior diversidade respiratória: a larva respira por brânquias, e o adulto, por meio da pele e dos pulmões.

Perereca-de-moldura (*Dendropsophus elegans*) que possui cerca de 2,6 cm de comprimento. Mesmo quando adultos, os anfíbios permanecem em ambientes úmidos, já que parte de sua respiração é feita pela pele.

Para defesa, algumas espécies possuem glândulas de veneno na pele. Essas glândulas só eliminam seu conteúdo tóxico quando pressionadas externamente, por exemplo, se um predador tentar ingerir um anfíbio. Alguns anfíbios apresentam coloração na pele, o que pode funcionar como camuflagem, disfarçando-se no ambiente; atrativo sexual; ou coloração de advertência, para sinalizar que possuem glândulas de veneno ou outras características indesejáveis.

Os anfíbios adultos são predadores de animais pequenos e em movimento, portanto, apenas de presas vivas, como insetos, crustáceos, vermes (larvas) e pequenos moluscos. Com esses hábitos alimentares, tornam-se importantes ecologicamente porque controlam a população de diversos insetos, entre eles, algumas pragas. Na fase larval, alimentam-se de algas e restos de organismos mortos.

Os anfíbios possuem **cloaca**, uma cavidade onde se encontram produtos do sistema digestório, do sistema excretor e do aparelho genital.

Sapo (*Dendrobates tinctorius*) que pode ter 4,5 cm de comprimento. A cor viva em algumas espécies, como esta, pode indicar a presença de glândulas de veneno.

Classificação

A classe dos anfíbios compreende as ordens:

- Anura, anfíbios sem cauda: sapos, rãs e pererecas.
- Urodela, anfíbios com cauda: salamandra.
- Gymnophiona ou Apoda, anfíbios sem pernas: cecílias ou cobras-cegas.

Alguns representantes do grupo dos anfíbios. (**A**) Anuro (*Leptodactylus occelatus*), que pode chegar a 5 cm de comprimento; (**B**) Urodela (*Desmognathus conanti*), salamandra com cerca de 7 cm de comprimento; (**C**) Gymnophiona (*Siphonops annulatus*), que pode medir 5,5 cm de comprimento.

▶ Reprodução

A reprodução dos anfíbios depende muito da água, sobretudo na fecundação e na fase larval. A forma de reprodução dos anfíbios contribui de forma decisiva para a permanência desses animais em ambientes úmidos ou aquáticos.

Geralmente, esses animais são dioicos, ovíparos com fecundação externa, as fêmeas depositam os óvulos na água e os machos liberam espermatozoides sobre eles, gerando os ovos. Eles não possuem casca e são precariamente protegidos contra a dessecação por uma camada gelatinosa. O desenvolvimento é externo e indireto, com metamorfose, originando larva aquática, o **girino**, que, como os peixes, respira por brânquias. O girino sofre metamorfose, transformando-se em um adulto que respira por pulmões. Outros eventos ocorrem nessa fase, como a regressão da cauda e o desenvolvimento dos membros. Animais do grupo Gimnophiona têm fecundação interna com cópula. A maioria dos representantes desse grupo é vivípara.

Ilustração sem escala; cores-fantasia.

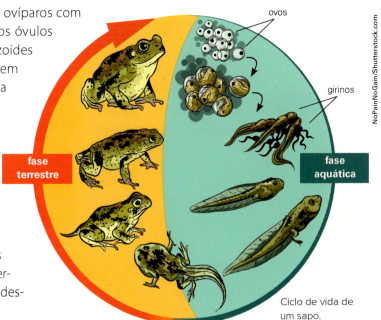

Ciclo de vida de um sapo.

Anfíbios Capítulo 16 205

Foco em ambiente

Os riscos de extinção de sapos, rãs e pererecas em decorrência das alterações ambientais

Os anuros, popularmente conhecidos como sapos, rãs e pererecas, são bastante conspícuos e presentes em nosso território e cultura. São conhecidos pelos coaxares diversos nas proximidades de um brejo, com sons e imagens normalmente explorados em cenas rurais de filmes e novelas de televisão, ou mesmo, popularmente, por meio do folclore, por suas lendas, simpatias ou fábulas. Embora bastante presentes, sua biologia fascinante é desconhecida da maioria das pessoas. Assim, ao contrário do que vulgarmente se pensa, nem todos os sapos são verdes, nem todos são noturnos, nem todos coaxam, nem todos depositam ovos na água ou passam pela fase de girino. Existe uma infinidade de cores que os enfeitam, existem espécies mudas, diurnas, espécies que se comunicam acenando com os membros, espécies que carregam seus filhotes e até aquelas que dão à luz jovenzinhos que são miniaturas perfeitas dos pais. [...]

Atualmente, os anuros são reconhecidos como um dos grupos de animais mais ameaçados de extinção em todo o mundo, e vêm sofrendo uma crise de grandes proporções desde a década de 1980. Cerca de 30% das espécies de anuros correm risco de desaparecer nos próximos anos. Aproximadamente 25% são tão pouco conhecidas que não somos capazes de dizer se essas espécies, de fato, estão ou não ameaçadas, e, do início da crise até hoje, 35 espécies já foram extintas na natureza (IUCN, 2009).

Pior do que descobrir tamanho perigo rondando os anuros é constatar que ainda estamos longe de controlar os fatores geradores dessa crise. A velocidade com que as populações vêm sendo afetadas por ela é muito maior do que aquela com a qual avançamos em conhecimento para traçar estratégias adequadas de conservação. Sabe-se que a causa dos declínios e das extinções desses animais está associada em última instância às alterações ambientais geradas pela ação do homem sobre o meio. Em outras palavras, ainda que não intencionalmente, somos nós os responsáveis pelo quadro dramático de risco de extinção que os anuros enfrentam hoje. [...]

Perereca da Mata Atlântica. Os anfíbios vivem em ambientes úmidos como florestas e pântanos. Rio de Janeiro (RJ), 2008.

VERDADE, V. K. et al. Os riscos de extinção de sapos, rãs e pererecas em decorrência das alterações ambientais. *Estudos avançados*. v. 24, n. 68, 2010. Disponível em: <www.scielo.br/scielo.php?pid=S0103-40142010000100014&script=sci_arttext>. Acesso em: jan. 2016.

1. Cite possíveis impactos da diminuição da população de anfíbios.

Atividades

1. Os anfíbios são animais terrestres na fase adulta, mas não conseguem viver longe da água. Dê duas características que justifiquem essa afirmação.

2. Que tipo de respiração ocorre nos anfíbios jovens e adultos?

3. Desenhe o esquema do ciclo de vida de um anfíbio. Separe as fases presentes exclusivamente no ambiente aquático.

4. Um erro muito comum é afirmar que os sapos são animais perigosos porque espirram veneno e urina. Explique por que essa afirmação está incorreta.

5. Apesar de não serem tão conhecidas, existem duas ordens de anfíbios, além dos anuros (sapos, rãs e pererecas). Quais são? Dê exemplos de animais dessas duas outras ordens de anfíbios.

Unidade 5 Cordados

CAPÍTULO 17
RÉPTEIS

▶ Características gerais

Na classe Reptilia, estão incluídos animais como tartarugas, cágados, jabutis, lagartos, lagartixas, cobras, jacarés e crocodilos, conhecidos como répteis. Além desses, os dinossauros, pterossauros e ictiossauros são representantes fósseis dos répteis.

Iguana em ambiente natural. Os répteis têm pele espessa e impermeável. Essa característica permite que eles fiquem em ambientes secos.

A pele dos répteis é seca, espessa e impermeável, em virtude de grande quantidade de queratina, e possui anexos epidérmicos, como escamas, placas e garras. Esse tipo de pele impede que os répteis respirem por ela, porém, devido a sua impermeabilidade, essa característica fornece grande proteção contra a dessecação, extremamente útil na adaptação em ambientes secos.

Os répteis apresentam cloaca. Nela, a urina, semissólida (pastosa), é eliminada com as fezes, o que contribui para a redução da perda de água, constituindo uma característica adaptativa para ambientes secos. A principal excreta nitrogenada dos répteis é o ácido úrico, que é pouco solúvel em água. Além disso, os répteis respiram por pulmões, o que representa outro aspecto adaptativo para ambientes secos.

A alimentação dos animais deste grupo é bastante variada. A maioria é onívora, alimenta-se de folhas, frutos e insetos. Há muitas espécies carnívoras, como as cobras, por exemplo. Elas têm uma das mais importantes especializações: o veneno, que as ajuda na obtenção de alimento e na defesa. Répteis também possuem cloaca.

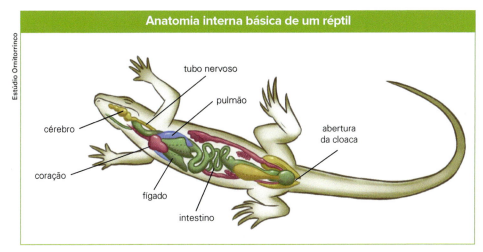

Ilustração sem escala; cores-fantasia.

Anatomia interna de um lagarto.

Répteis Capítulo 17 207

Classificação

Desconsiderando a grande quantidade de répteis fósseis, nessa classe estão incluídos os seguintes grupos:

- Chelonia, cujos representantes são os quelônios: tartarugas, jabutis e cágados.
- Crocodilianos: crocodilos e jacarés.
- Squamata: subdividido em dois grupos, os lacertílios, representados pelos lagartos e pelas lagartixas, e os ofídios, que compreende as serpentes.

Répteis: (**A**) Quelônios como a tartaruga (*Podocnemis expansa*), que pode ter 70 cm de comprimento; (**B**) Jacaré (*Caiman yacare*), que pode chegar a 3 m de comprimento, um crocodiliano; (**C**) Squamata como a sucuri (*Eunectes murinus*), que pode ultrapassar 8 m de comprimento.

Foco em saúde

Acidentes com serpentes

Acidente botrópico (causado por serpentes do grupo das **jararacas**): causa dor e inchaço no local da picada, às vezes com manchas arroxeadas e sangramento pelos orifícios da picada; sangramentos em gengivas, pele e urina. Pode evoluir com complicações, como infecção e necrose na região da picada e insuficiência renal.

Acidente laquético (causado por **surucucu**): quadro semelhante ao do acidente botrópico, acompanhado de vômitos, diarreia e queda da pressão arterial.

Coral-verdadeira (*Micrurus corallinus*), que pode chegar a 80 cm de comprimento.

Surucucu (*Lachesis muta*), que pode ultrapassar 2 m de comprimento.

Acidente crotálico (causado por **cascavel**): no local, ocorre sensação de formigamento, sem lesão evidente; dificuldade de manter os olhos abertos, com aspecto sonolento, visão turva ou dupla, dores musculares generalizadas e urina escura.

Acidente elapídico (causado por **coral-verdadeira**): no local da picada, não se observa alteração importante; as manifestações do envenenamento se caracterizam por visão borrada ou dupla, pálpebras caídas e aspecto sonolento.

É importante procurar imediatamente atendimento médico após um desses acidentes. Eles podem levar à morte.

Primeiros socorros:

- Lavar o local da picada apenas com água ou com água e sabão.
- Hidrate a vítima com goles de água.
- Eleve o local afetado.
- Levar a vítima imediatamente ao serviço de saúde mais próximo.
- Não corte ou fure o local da picada.
- Não faça torniquete.

1. Qual a importância de seguir as orientações de primeiros socorros no caso de um acidente envolvendo serpentes?

Unidade 5 Cordados

▶ Reprodução

Um fator que contribui para a adaptação dos répteis ao ambiente seco é a reprodução. A fecundação deles é interna e as fêmeas, em sua maioria, são ovíparas. Quando fecundadas, elas põem ovos em que os embriões se desenvolvem. Os ovos são protegidos por casca que evita a dessecação e neles se desenvolvem anexos embrionários: o saco vitelínico, o alantoide, o cório e o âmnio. Esse tipo de ovo é denominado ovo amniótico. A casca dele é porosa, o que é fundamental para a respiração do embrião, por permitir a eliminação do CO_2 gerado pela respiração, e os anexos embrionários permitem que o embrião se desenvolva em terra. O desenvolvimento embrionário é direto, ou seja, não existe fase larval.

Algumas serpentes, como a sucuri, e alguns lagartos são ovovivíparos, ou seja, os ovos se desenvolvem dentro da fêmea, no oviduto, mas sem serem alimentados por ela. Também existem algumas espécies com desenvolvimento semelhante à viviparidade dos mamíferos, mas sem formação de placenta. Nesse caso, os vasos sanguíneos do embrião crescem e se aproximam dos vasos maternos no oviduto, recebendo principalmente gases e, em alguns casos, alimento.

Réptil saindo de ovo. O ovo é uma importante adaptação para a sobrevivência no meio terrestre, pois elimina a dependência de água na reprodução.

Atividades

1. Que características permitiram aos répteis ocupar com sucesso o ambiente terrestre?

2. Certos vertebrados possuem pulmão de grande superfície e pele seca, impermeável. Em outros vertebrados, o pulmão tem pequena superfície e sua pele é úmida, permeável. Por que os primeiros estão mais bem adaptados ao ambiente terrestre?

3. Tanto répteis como anfíbios se reproduzem pondo ovos. Qual é a diferença entre esses ovos?

4. Peixes, de maneira geral, excretam amônia, uma molécula tóxica que exige grande quantidade de água para ser diluída. Já os répteis excretam ácido úrico, molécula pouco tóxica e pouco solúvel em água. Como o tipo de excreta nitrogenada se relaciona com o ambiente onde esses animais vivem?

CAPÍTULO 18

AVES

As aves ocupam vários ambientes no planeta. São animais complexos que conseguem viver em ambientes secos e apresentam diversas características que favorecem o voo.

▶ Características gerais

As aves têm algumas características peculiares, como penas e membros anteriores transformados em asas. As penas, além de serem um isolante térmico, são muito importantes para o voo.

A pele das aves é queratinizada, seca e impermeável, e tem apenas uma glândula, a glândula uropigiana. Além disso, possui anexos epidérmicos, como garras, escamas, placas, bico e esporões. A glândula uropigiana está situada na região caudal e produz uma secreção gordurosa, usada na impermeabilização das penas.

Marreco-pé-vermelho (*Amazonetta brasiliensis*), que pode ter 45 cm de comprimento. Por causa da secreção da glândula uropigiana, as penas ficam impermeáveis, o que permite que as aves interajam com a água sem afetar sua capacidade de voo e sem afundar. A secreção dessa glândula é espalhada pelo corpo com o bico desses animais.

Tiê-sangue (*Ramphocelus bresilius*), que tem cerca de 19 cm de comprimento. Os membros anteriores das aves são asas, adaptadas ao voo na maioria das espécies.

As aves possuem diversas características que as tornam extremamente bem adaptadas ao voo. Dentre elas, destacam-se:

- o corpo com formato aerodinâmico;
- os membros anteriores transformados em asas;
- o esqueleto leve e resistente com ossos longos e ocos, denominados **ossos pneumáticos**;
- o osso esterno, que une as costelas, apresenta uma saliência denominada **quilha** ou carena, onde se ligam os potentes músculos peitorais, responsáveis pelo batimento das asas;
- a membrana nictitante transparente sobre a superfície externa do globo ocular, que atua como uma segunda pálpebra, cuja função é evitar o dessecamento dos olhos durante o voo;

Unidade 5 Cordados

- a presença dos **sacos aéreos**, que são sacos membranosos, formados a partir de expansões do sistema respiratório e que se inserem entre as vísceras e no interior dos ossos pneumáticos;

- são ovíparos e botam os ovos assim que formados; dessa forma, eliminam o esforço de carregá-los durante o voo;

- a ausência de bexiga urinária, o que reduz a massa. A urina (que contém principalmente ácido úrico) possui forma pastosa e é eliminada com as fezes;

- a boca desprovida de dentes, o que reduz ainda mais o peso do animal.

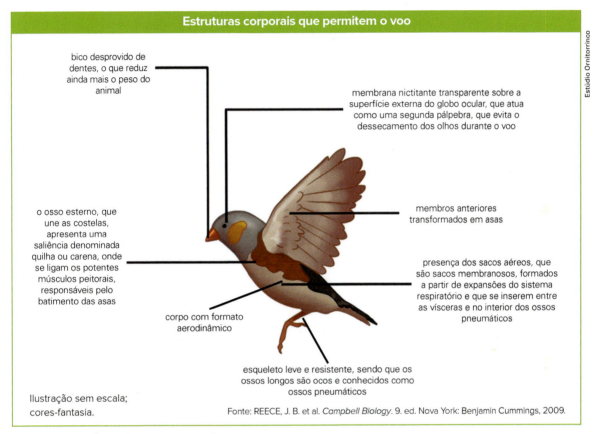

Principais características das aves, que permitem o voo.

As aves possuem respiração pulmonar, excreção por rins e sistema digestório com papo e moela, estruturas que participam da digestão dos alimentos. A moela é um órgão musculoso com pequenas pedras e matérias que as aves engolem e que se movimenta para quebrar alimentos. Já o papo armazena o alimento e o auxilia a participar de diversos processos químicos.

Para explorar

As aves estão relacionadas com uma forma de gripe conhecida como gripe aviária ou gripe H5N1. Faça uma pesquisa e responda: como essa doença se relaciona com as aves? De que maneira ela é transmitida? Monte um panfleto com informações sobre os riscos dessa doença.

Classificação

As aves são divididas em dois grupos: as ratitas e as carinatas. As ratitas, como o avestruz, a ema e o quivi australiano, não voam porque não possuem carena ou quilha. São aves que caminham ou correm.

As carinatas possuem carena que permite o voo. O pinguim, apesar de não voar, é uma carinata, tendo suas asas adaptadas para a natação.

Ilustração sem escala; cores-fantasia.

Ilustração do esqueleto de uma ave evidenciando a quilha. Outra característica que merece ser reforçada é a presença de ossos longos pneumáticos.

Fonte: POUGH, F. H. et al. *A vida dos vertebrados*. 4. ed. São Paulo: Atheneu, 2008.

▶ Reprodução

As aves são animais dioicos com fecundação interna, desenvolvimento direto e ovíparos. Os ovos têm casca dura com anexos embrionários e que necessitam ser chocados. De modo geral, os pais cuidam da prole, o que é uma característica marcante deste grupo.

Sabiá (*Catharus fuscescens*), alimentando filhotes, que podem alcançar 18 cm de comprimento. O cuidado com a prole está presente em quase todas as espécies de aves.

Atividades

1. Quais são as características que tornam as aves mais aptas para o voo?
2. Como as aves quebram mecanicamente os alimentos, já que não possuem dentes?
3. Os ossos das aves são ocos e mais leves que os de outros animais. Cite uma vantagem e uma desvantagem desse fato.
4. O voo é uma característica exclusiva das aves? Justifique.

CAPÍTULO 19

MAMÍFEROS

Os mamíferos, nome dado aos representantes do grupo Mammalia, são o grupo de animais dos quais os seres humanos fazem parte. Assim, compartilhamos diversas características com outros animais desse grupo, mesmo que alguns deles sejam muito diferentes de nós.

▶ Características gerais

A classe dos mamíferos recebe o nome de Mammalia devido à presença das glândulas mamárias, tanto nos machos como nas fêmeas.

Nas fêmeas, essas glândulas são mais desenvolvidas e produzem o leite que nutre os filhotes em seus primeiros momentos de vida. Os mamíferos também possuem pelos, glândulas sebáceas e glândulas sudoríparas na epiderme como características exclusivas.

As glândulas sebáceas produzem uma secreção oleosa que lubrifica a pele e os pelos. Elas se localizam na base do pelo (junto à raiz), enquanto as sudoríparas estão distribuídas pela pele, concentrando-se em algumas regiões do corpo, sem se relacionar com os pelos. As glândulas sudoríparas não são encontradas em todos os mamíferos.

Cachorra amamentando filhotes. A amamentação é exclusiva dos mamíferos.

As glândulas sudoríparas produzem o suor, que é importante para a regulagem térmica do corpo. Alguns mamíferos, como o cão e o gato, não têm glândulas sudoríparas. Quando sentem calor, lambem os pelos e as patas para se refrescarem. Além disso, alguns mamíferos perdem calor pela ofegação – respiração curta e de alta frequência – com a boca aberta e a língua para fora.

Para explorar

Os mamíferos machos também apresentam glândulas mamárias e, por consequência, podem ter câncer de mama. Faça um grupo com mais três colegas, de forma que esse grupo tenha meninos e meninas, e pesquisem: como ocorre o câncer de mama? Qual sua incidência sobre homens e mulheres? Qual é a melhor maneira de detectar e tratar essa doença? Produzam um folheto explicativo sobre o câncer de mama e ressaltem as semelhanças e as diferenças entre o que acontece com homens e mulheres, destacando as formas de prevenir e detectar essa doença.

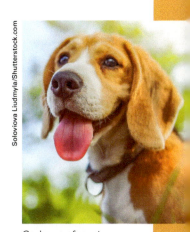

Cachorro ofegante. Esses animais usam a ofegação para controlar a temperatura do corpo.

Tanto os mamíferos como as aves possuem um tecido adiposo, denominado **hipoderme**, situado abaixo da pele e que atua como isolante térmico, retendo o calor gerado no metabolismo.

A respiração dos mamíferos é pulmonar. Possuem diafragma, um músculo que separa o tórax do abdômen, e é fundamental no movimento respiratório dos pulmões. Essa estrutura é exclusiva dos mamíferos.

Mamíferos Capítulo 19 **213**

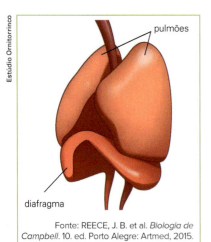

Esquema do sistema respiratório humano evidenciando o diafragma, característica exclusiva dos mamíferos.

Fonte: REECE, J. B. et al. *Biologia de Campbell*. 10. ed. Porto Alegre: Artmed, 2015.

Ilustração sem escala; cores-fantasia.

Possuem sistema digestório completo e variadas formas de alimentação: podem se alimentar apenas de vegetais, apenas de outros animais ou de ambos. Excretam ureia formada nos rins. Existem representantes terrestres, aéreos e aquáticos desse grupo.

Classificação

A classe dos mamíferos é dividida em grandes grupos de acordo com a forma de reprodução. Os Monotremata e os Marsupialia não apresentam placenta durante a gestação. Os mamíferos que têm essa estrutura são chamados de Eutheria.

Representantes dos diferentes grupos de mamíferos. (**A**) Monotremados como a equidna, (*Tachyglossus aculeatus*), que pode alcançar 45 cm de comprimento. (**B**) Marsupiais como o canguru, (*Macropus giganteus*), que pode chegar a 1,8 m de comprimento. (**C**) Eutheria como a baleia jubarte, (*Megaptera novaeangliae*), que chega a 16 m de comprimento.

▸ Reprodução

Os mamíferos têm fecundação interna, e os que possuem placenta são vivíparos. O embrião formado se aloja no corpo da mãe até completar seu desenvolvimento. É nutrido pela placenta e, ao nascer, alimenta-se de leite produzido pela fêmea. Esse grupo inclui a maioria dos mamíferos.

Os Monotremata conhecidos como monotremados, representados pelo ornitorrinco e pela equidna, são mamíferos que põem ovos, portanto, são ovíparos, semelhantes às aves e aos répteis, e têm bico córneo. Vivem na Austrália e na Nova Guiné.

Ornitorrinco (*Ornithorhynchus dratinus*). É um mamífero semiaquático natural da Austrália e da Tasmânia.

Já os representantes do grupo Marsupialia, os marsupiais, possuem uma bolsa na região abdominal, denominada marsúpio. Pertencem a esse grupo o canguru, o gambá e a cuíca. O filhote sai prematuramente do útero materno, passa pela vagina e se dirige para o marsúpio, onde se aloja e se nutre, devido à presença das glândulas mamárias ali existentes.

Os representantes dos Eutheria possuem placenta, e o embrião é gestado no interior do corpo da mãe. Os mamíferos apresentam cuidado parental, abandonando os filhotes somente após eles terem boas chances de sobreviver ao ambiente.

▶ Evolução dos animais

De modo geral, durante a evolução dos seres vivos, houve uma tendência de aumento da complexidade dos organismos, que resultou do aparecimento de novas características que favorecem a adaptação ao meio.

Todos os animais são originários de um ancestral comum, que evoluiu ao longo do tempo, ou seja, que se modificou. São essas modificações que separam os animais em diferentes grupos. Uma maneira de mostrar as características que separam os grupos é por meio de um **cladograma**. Nesse esquema, quando os grupos estão localizados após o aparecimento de determinada característica, significa que eles apresentam essa característica.

Cladograma: diagrama ramificado usado como representação de relações filogenéticas entre seres vivos.

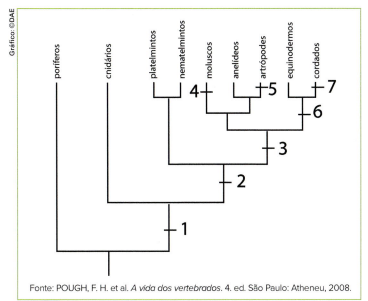

Fonte: POUGH, F. H. et al. *A vida dos vertebrados*. 4. ed. São Paulo: Atheneu, 2008.

Cladograma representando as diferenças entre os grupos animais. As características listadas são:
1 = Cavidade digestória (deve-se ler o cladograma ao lado da seguinte forma: a nova característica que aparece para os cnidários em relação às esponjas é a cavidade digestória. Os seres que estão à direita dos cnidários também têm a cavidade digestória);
2 = Simetria bilateral; 3 = Celoma, sistemas circulatório e respiratório; 4 = Manto. Nesse caso, como o número está localizado na linha dos moluscos, lemos o cladograma da seguinte maneira: "O manto é característica exclusiva dos moluscos";
5 = Exoesqueleto (característica exclusiva dos artrópodes); 6 = Deuterostômios (o ânus origina-se do blastóporo); 7 = Notocorda, tubo nervoso dorsal, fendas branquiais, cauda pós-anal.

Atividades

1. Que características permitem que o ornitorrinco e o gambá sejam incluídos na classe dos mamíferos? E qual característica os diferencia dos animais do grupo Eutheria?
2. Quais são as características exclusivas dos mamíferos em relação aos demais vertebrados?
3. Gambás e ratos, embora possam ser fisicamente parecidos, têm certas diferenças em relação ao desenvolvimento embrionário. Explique quais são essas diferenças.
4. Dentre os vertebrados, somente aqueles com características especiais puderam conquistar definitivamente o meio terrestre. Que animais são esses e quais são as características deles?

CAPÍTULO 20

FISIOLOGIA COMPARATIVA

Os animais estudados apresentam diversas características comuns, como a necessidade de obter alimento, de digerir, respirar e se reproduzir, entre outras. Os mecanismos pelos quais eles fazem esses processos têm similaridades entre alguns deles, bem como grandes diferenças com outros. Essas relações ajudam a entender a história evolutiva dos seres vivos.

▶ Digestão

Os alimentos são fontes de nutrientes, substâncias que suprem as necessidades do corpo, como construção, reparo e energia. Todos os animais precisam de alimento para sobreviver.

Existem organismos que se alimentam apenas de vegetais e, portanto, são chamados de **herbívoros**; outros se alimentam apenas de outros animais e são chamados de **carnívoros**. E há ainda os **onívoros**, que se alimentam tanto de vegetais como de animais.

Girafa (*Giraffa camelopardalis*), que pode chegar a 6 m de altura. Os animais possuem diferentes formas de obter alimento. Além disso, utilizam variadas fontes alimentares.

Dentre os nutrientes, há aqueles que precisam ser desdobrados em moléculas menores por meio da digestão para serem absorvidos; são eles: lipídeos (gorduras), ácidos nucleicos (DNA e RNA), polipeptídeos, proteínas e sacarídeos (açúcares, como sacarose, maltose e lactose).

Não são todas as substâncias dos alimentos que precisam passar pelo processo de digestão, porque o tamanho das moléculas que formam essas substâncias é adequado à absorção imediata e, portanto, dispensam tratamento especial. É o que ocorre com a água, as vitaminas, os minerais, os monossacarídeos, os aminoácidos, as bases nitrogenadas, os ácidos graxos e o glicerol.

Tipos de digestão

No que se refere ao local da digestão, ela pode ser intracorpórea ou extracorpórea, intracelular ou extracelular.

Chamamos **intracorpórea** a digestão que ocorre dentro do corpo do animal, o que acontece na maioria das espécies; a digestão ocorre quando o animal lança as suas secreções sobre o alimento, ingerindo-o em seguida, parcialmente digerido. A digestão **extracorpórea** é comum em aranhas e em algumas espécies de estrelas-do-mar.

A digestão é **extracelular** quando ocorre fora da célula. Nesse caso, o organismo secreta enzimas digestivas sobre o alimento. Ocorre na maioria dos animais, como os artrópodes e os vertebrados. Os cnidários têm as duas formas de digestão: intra e extracelular.

A digestão é **intracelular** quando ocorre no interior da célula no vacúolo digestório, resultante da fusão do vacúolo alimentar (fagossomo ou pinossomo), que tem o alimento, com o lisossomo, que contém enzimas digestivas. Certos seres têm apenas digestão intracelular, como os protozoários e os poríferos.

A ameba (*Amoeba proteus*) é um protozoário que utiliza pseudópodes temporários para a alimentação e a locomoção. Essa imagem é um bom exemplo de formação de pseudópodes e fagocitose, que é a ingestão de partículas pela ameba. Micrografia óptica; ampliada cerca de 16 vezes.

Aranha (*Xysticus cristatus*) captura borboleta em sua teia. A digestão das aranhas é extracorpórea, ou seja, ocorre fora de seu corpo. O material digerido é depois sugado.

A estrela-do-mar é carnívora. Ao alimentar-se de bivalves, ela espera que a concha se abra e, com os músculos dos braços, a mantém aberta e everte seu estômago para dentro da concha. O estômago secreta muco e os cecos hepáticos produzem enzimas para digerir o alimento. O estômago e seu conteúdo são então recolhidos para dentro do corpo.

Quando a anêmona-do-mar ingere um peixe, ele será parcialmente digerido na cavidade gastrovascular por enzimas secretadas pela gastroderme. O alimento parcialmente digerido é incorporado pelas células da gastroderme, que terminam de digeri-lo. Esse animal, portanto, apresenta digestão intra e extracelular.

O sistema digestório dos animais pode ser de dois tipos: completo e incompleto. O completo apresenta boca e ânus e é encontrado em nematoides, moluscos, anelídeos, artrópodes, equinodermas e cordados. O incompleto possui somente uma única abertura e é encontrado em cnidários e platelmintes. Os poríferos e alguns parasitas, como a tênia, não têm sistema digestório.

Estrela-do-mar se alimentando de mexilhões. Seus braços auxiliam na abertura da concha.

Para explorar

Diversos parasitas não possuem sistema digestório. Como isso está relacionado com seu modo de alimentação?

Aves e **ruminantes** apresentam variações do sistema digestório. As aves não têm dentes, possuem uma dilatação no esôfago, o papo, e um triturador de alimento, a moela.

Os ruminantes (boi, cabra, carneiro, girafa) têm um estômago composto por quatro compartimentos, na seguinte ordem: pança (ou rúmen), barrete (ou retículo), folhoso (ou omaso) e coagulador (ou abomaso).

Nesses animais, o alimento, geralmente pasto, é insalivado e entra no rúmen, onde, por ação de bactérias que nele habitam, sofre fermentação e digestão da celulose. Do rúmen, o alimento é encaminhado ao barrete, que o devolve à boca (regurgitação) para ser remastigado (ruminação). Depois de remastigado, o alimento é novamente engolido, indo, agora, para o folhoso, onde ocorre a absorção de água. Do folhoso, o alimento vai para o coagulador, que produz o suco gástrico, onde sofrerá a digestão química, dependente de enzimas.

Ruminante: animal que rumina, remastiga o alimento.

▶ Respiração e circulação

A função do sistema de transporte, ou **circulatório**, é suprir as células do corpo em suas necessidades, principalmente de alimento e gás oxigênio. O sistema circulatório também recolhe das células produtos resultantes do metabolismo.

O sistema responsável pela obtenção do gás oxigênio e liberação do gás carbônico produzido no metabolismo é o respiratório. Nem todos os animais possuem sistema respiratório. Em muitos casos, as trocas gasosas são feitas apenas por difusão.

Sistema circulatório

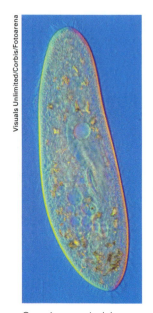

Organismos unicelulares, como o paramécio (*Paramecium* sp), trocam gases diretamente com o ambiente. Micrografia óptica; ampliada cerca de 900 vezes.

Os organismos unicelulares não possuem um sistema de transporte, e as células trocam substâncias diretamente com o ambiente. Nos pluricelulares de pequeno porte, como as esponjas e os cnidários, o transporte ocorre célula a célula por difusão simples, e as trocas também podem ser feitas diretamente com o ambiente. Isso ocorre em poríferos, cnidários, platelmintos e nematoides.

Nos animais pluricelulares mais complexos, o transporte de materiais ocorre dentro de sistemas mais especializados, geralmente por meio de líquidos circulantes. Isso possibilitou que animais atingissem tamanhos maiores.

Nos animais que apresentam sistema de transporte, ele pode ser aberto ou fechado. Na circulação aberta, o líquido que sai do coração abandona os vasos sanguíneos e flui livremente por entre as células dos tecidos, acumulando-se em **lacunas**. Ocorre na maioria dos moluscos e nos artrópodes.

O líquido circulante nesse tipo de sistema é chamado de **hemolinfa** e não transporta gases nos insetos, apenas alimentos e excretas. Nos crustáceos, a hemolinfa contém **hemocianina**, um pigmento que transporta gases e possui cobre em sua composição. A hemocianina encontra-se dissolvida no fluido corpóreo, nunca no interior de células sanguíneas. Nos moluscos gastrópodes e cefalópodes, a hemolinfa também possui hemocianina; na hemolinfa dos bivalves, não há hemocianina.

Na circulação fechada, o líquido permanece dentro dos vasos, impulsionado por uma ou mais bombas (corações). Esse tipo de sistema ocorre em cordados, alguns moluscos, como lulas e polvos, e em anelídeos.

Comparando-se os dois sistemas, percebe-se que o sangue circula com maior pressão, portanto, com maior velocidade, no sistema fechado, o que o torna mais eficiente. A circulação é lenta no sistema aberto porque a hemolinfa encontra grande quantidade de células na hemocele, que atua como obstáculo no seu movimento. Já o sistema fechado possui capilares, vasos sanguíneos por entre as células dos tecidos que permitem a realização de trocas.

A circulação nos animais vertebrados pode ser **simples** ou **dupla**, **completa** ou **incompleta**. Dizemos que a circulação é do tipo simples quando o sangue, para dar uma volta completa pelo organismo, passa apenas uma vez pelo coração; é dupla quando passa duas vezes. Na circulação dupla passa pelo coração sangue arterial e venoso. A circulação é chamada completa quando os sangues arterial e venoso não se misturam; e é incompleta quando eles se misturam.

O coração dos peixes tem duas cavidades: um átrio e um ventrículo; o dos anfíbios, três cavidades: dois átrios e um ventrículo; o dos répteis, quatro cavidades: dois átrios e dois ventrículos, que se comunicam entre si. Há uma exceção entre os répteis, são os crocodilianos, que têm ventrículos que não se comunicam. O coração das aves e dos mamíferos apresentam quatro cavidades: dois átrios e dois ventrículos, completamente separados.

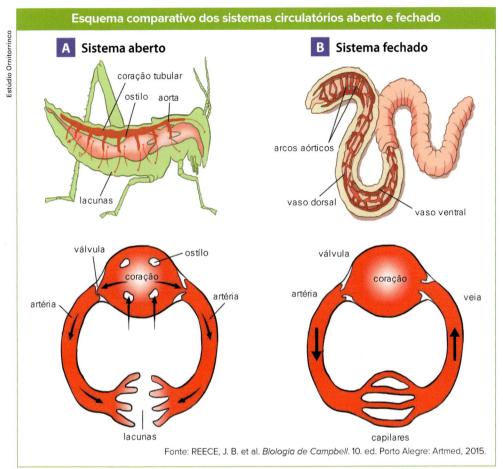

Ilustrações desta página estão sem escala; cores-fantasia.

Esquema comparativo dos sistemas circulatórios aberto e fechado. (**A**) No sistema circulatório aberto, o sangue sai de vasos sanguíneos e fica em lacunas no corpo, onde realiza trocas. (**B**) No sistema fechado, o sangue não sai dos vasos e chega até os capilares, vasos sanguíneos com paredes finas que permitem trocas com o corpo. Nos anelídeos, existem cinco pares de corações e os vasos dorsal e ventral, que distribuem o sangue pelo corpo.

A circulação nos vertebrados varia com a classe. Nos peixes, ela é simples e completa, e no coração passa apenas sangue venoso; nos anfíbios e répteis, é dupla e incompleta; nas aves e nos mamíferos, é dupla e completa. Essas diferenças são consequências, na sua essência, das estruturas do coração que possuem. Nos répteis a mistura de sangue venoso e arterial ocorre nos ventrículos. Os répteis crocodilianos, embora tenham ventrículos separados, também apresentam mistura de sangue, já que há um orifício entre os vasos sanguíneos que permite essa mistura.

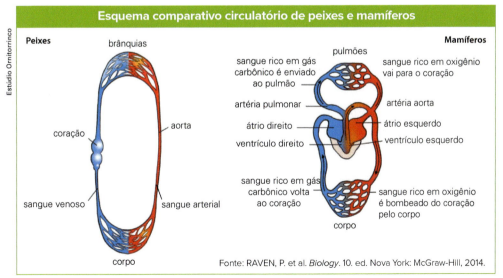

A circulação dos peixes é simples, pois o sangue passa apenas uma vez pelo coração. Ela também é incompleta porque há mistura de sangue venoso e arterial. Nos mamíferos, a circulação é dupla e completa. A parte azul representa sangue rico em CO_2 e a vermelha rico em O_2.

Fisiologia comparativa Capítulo 20

Sistema circulatório de anfíbios

Estúdio Ornitorrinco

Fonte: REECE, J.B. et al. *Biologia de Campbell*. 10. ed. Porto Alegre: Artmed, 2015.

Representação do sistema circulatório dos anfíbios. Ocorre mistura de sangue arterial e venoso no ventrículo. A parte azul representa sangue rico em CO_2 e a vermelha rico em O_2.

Ilustração sem escala; cores-fantasia.

A principal diferença entre a circulação de aves e de mamíferos está na curvatura da aorta, que nas aves é para a direita e nos mamíferos, para a esquerda.

Sistema respiratório

Respiração é um processo que consiste na oxidação do alimento para liberar energia com consumo de gás oxigênio. Esse processo libera água e gás carbônico. Em nível celular, é denominada **respiração celular** e ocorre na mitocôndria e no citosol. Esse processo é realizado pela maioria dos organismos. Respiração também pode ser entendida como as trocas gasosas que o organismo realiza com o ambiente.

Alguns organismos não realizam a respiração celular para obter energia. Fazem fermentação, que não necessita de gás oxigênio. No interior do intestino humano, por exemplo, praticamente não há oxigênio. Os parasitas que podem viver dentro desse órgão, como bactérias, protozoários, platelmintes e nematelmintes, realizam fermentação da glicose, obtendo, assim, a energia da qual necessitam.

Nos protozoários, poríferos, cnidários, platelmintes e nematelmintes, as trocas gasosas são realizadas diretamente entre o organismo e o ambiente por meio da superfície do corpo. O deslocamento dos gases (O_2 e CO_2) é feito por simples difusão. Assim, esses organismos não apresentam sistema respiratório.

Os anelídeos e os anfíbios têm respiração cutânea, e o oxigênio é transportado, pelo sangue, da pele para as células do corpo (circulação sistêmica). Para tanto, a pele desses animais encontra-se adaptada para essa atividade, estando ricamente vascularizada. Nos anfíbios, essa respiração é auxíliar à dos pulmões.

As traqueias encontradas nos artrópodes, principalmente nos insetos, são estruturas respiratórias, semelhantes a canais, que mantêm cada célula do corpo em contato direto com o ar, o que dispensa a hemolinfa da função de transporte de gases.

Além dessas estruturas respiratórias, encontramos outras, como as brânquias e os pulmões. As propriedades comuns às estruturas respiratórias são: o epitélio delgado, permeável aos gases, úmido, com grande superfície – apesar de ocupar pouco volume corporal – e muito vascularizado.

As brânquias são estruturas muito difundidas no reino Animal. Respiram por brânquias os moluscos (gastrópodes aquáticos, pelecípodes e cefalópodes), os anelídeos (poliquetas), os crustáceos, os equinodermos, os peixes e os girinos.

As brânquias são órgãos adaptados para respiração aquática, de onde retiram apenas o oxigênio dissolvido. Alguns animais que possuem brânquias vivem em ambientes terrestres, como o tatuzinho-de-jardim e certos caranguejos, e conseguem respirar no ambiente aéreo porque suas brânquias se encontram no interior de uma cavidade do corpo, onde são mantidas úmidas, protegidas da dessecação, condição essencial para o funcionamento das brânquias.

As brânquias dos peixes possuem grandes superfícies, mas ocupam pouco espaço porque são filamentosas. Além disso, são ricamente vascularizadas. A água penetra pela boca, passa pela faringe, banha as brânquias e sai pelas fendas branquiais (nos condrictes) ou pelos orifícios operculares (nos osteíctes).

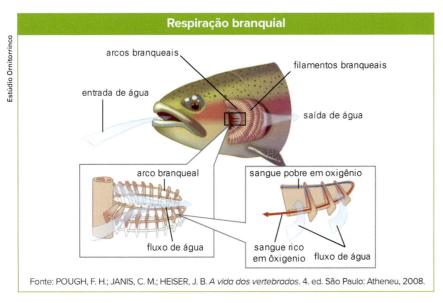

As brânquias dos peixes são estruturas filamentosas ricamente vascularizadas. Na respiração branquial, a água circula em um fluxo direto, unidirecional.

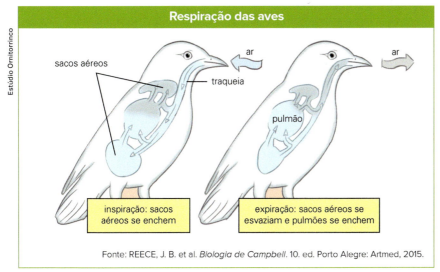

Ilustrações desta página estão sem escalas; cores-fantasia.

Esquema ilustrando a respiração nas aves. Além dos pulmões, elas apresentam sacos aéreos que também participam da ventilação e diminuem a densidade corpórea, auxiliando no voo.

Os pulmões são órgãos respiratórios que melhor se adaptam à respiração em ambiente terrestre. Respiram por pulmões alguns moluscos (gastrópodes terrestres), os anfíbios adultos, répteis, aves e mamíferos.

A maioria dos vertebrados tem pulmões com **alvéolos pulmonares**, estruturas em forma de saco ricamente vascularizadas e com paredes finas. Nos répteis, a quantidade de alvéolos é maior do que nos anfíbios. Nos mamíferos, a quantidade de alvéolos no pulmão é muito grande, o que possibilita alta capacidade de trocas gasosas. Nas aves, os pulmões não são alveolares, são pequenos e ligados a uma rede de canais que se comunicam com os sacos aéreos.

A eficiência respiratória nos vertebrados terrestres está relacionada com a maior superfície para trocas gasosas. Em virtude da estrutura alveolar dos mamíferos, esses animais possuem os pulmões mais eficientes.

As vias respiratórias têm estruturas que as mantêm sempre abertas, o que permite a livre circulação do ar. As traqueias dos animais, por exemplo, possuem uma série de cartilagens superpostas, em forma de ferradura, que impede o fechamento do tubo traqueal.

Alguns animais aquáticos, como peixes-bois, baleias, golfinhos e botos, apresentam respiração pulmonar. O ar atmosférico apresenta muito mais gás oxigênio dissolvido do que a água, porém, os animais com esse comportamento precisam ir à superfície regularmente para respirar. Se, por um lado, a respiração aérea dá condições de ter acesso a grandes quantidades de oxigênio, suprindo a alta demanda desse gás pelos animais endotérmicos, por outro, oferece perigo de dessecação.

As baleias sobem para a superfície para respirar. O esguicho de água não sai da baleia; ele é apenas a água que estava sobre o orifício respiratório e sai com força quando a baleira expira.

▶ Excreção

Excreção é qualquer processo que livra um organismo de substâncias indesejáveis. O termo é utilizado especialmente para excreções de substâncias nitrogenadas, que se originam principalmente do metabolismo de proteínas e ácidos nucleicos.

Na degradação das proteínas e dos aminoácidos formam-se a amônia, a ureia e o ácido úrico, produtos que contêm nitrogênio, conhecidos por excretas nitrogenados. A maioria deles deriva do radical amina dos aminoácidos. A remoção desse radical é chamada de desaminação.

Além de ser encarregada da eliminação dos excretas nitrogenados, a excreção tem outras funções, consideradas básicas:

- Osmorregulação (ou regulação hídrica), que é a capacidade de manter constante a concentração dos fluidos internos do corpo, controlando a quantidade de água a ser perdida na excreção.
- Regulagem iônica, ou seja, que mantém a concentração de íons e sais no organismo. Essa regulação envolve gasto energético.
- Eliminação dos resíduos do metabolismo.
- Manutenção do equilíbrio dinâmico interno ou homeostase. Nesse processo as condições corpóreas, como a temperatura corporal, a concentração de Na^+ no sangue, o pH sanguíneo e a taxa de água no organismo sofrem pequenas oscilações, dentro de limites máximos e mínimos. Esse tipo de equilíbrio, oscilante, entre um máximo e um mínimo, é denominado equilíbrio dinâmico.

Guano formado por excretas das aves (elemento branco sobre as rochas da imagem). Ele, quando coletado, pode ser utilizado como fertilizante por causa do seu elevado teor de nitrogênio.

Tipos de excretas nitrogenados

A amônia é uma molécula altamente solúvel em água e extremamente tóxica. A ureia, também solúvel em água, possui toxicidade média. O ácido úrico é quase insolúvel em água, pode ser facilmente cristalizado e tem baixa toxicidade, quase nula.

A predominância de um dos excretas nitrogenados na excreção está relacionada com o ambiente em que o animal vive.

De modo geral, a amônia predomina nas excreções dos animais aquáticos, como os cnidários, anelídeos, crustáceos, equinodermos, alguns moluscos e peixes osteíctes. A toxicidade da amônia se reduz quando em solução bastante diluída, o que só é conseguido quando o animal dispõe de um volume considerável de água.

O ácido úrico predomina nas excreções dos insetos, répteis e aves. É eliminado em forma de pasta esbranquiçada com as fezes, o que permite grande economia de água, constituindo-se em excreta altamente adaptativa para o ambiente terrestre.

A maioria dos mamíferos é terrestre e excreta ureia que, para ser eliminada, envolve perda de certa quantidade de água. A excreção da ureia pelos mamíferos é interpretada mais como adaptação para a viviparidade do que para o ambiente terrestre. A ureia, devido a sua toxicidade média, não prejudica a mãe nem o embrião durante a gestação, passando facilmente do sangue do embrião para o da mãe através da placenta.

Estruturas excretoras

Nos poríferos e cnidários as excreções simplesmente se difundem para o meio externo pelas membranas das células. Nesses organismos não existem estruturas especializadas na excreção. Animais simples, como os platelmintes e os nemátodos, possuem as **células-flamas**, com tufos de cílios, que fazem parte do sistema excretor. A maior parte das excretas nitrogenadas é eliminada por difusão pela superfície do corpo e somente uma pequena porção é eliminada pelas células-flamas.

Nos anelídeos, como as minhocas, encontram-se os **nefrídios**, estruturas especializadas na excreção. Cada nefrídio é uma espécie de bomba adaptada para retirar excretas do celoma e dos vasos sanguíneos que o cercam e eliminá-los do corpo pelos poros excretores ventrais, na forma de uma espécie de urina, rica em amônia e ureia, mantendo, assim, a estabilidade química do organismo.

A excreção nos crustáceos é feita pelas **glândulas verdes** ou glândulas antenais. Eles excretam principalmente amônia, removendo-a da hemolinfa. Os órgãos excretores dos insetos são os **túbulos de Malpighi**. Todas essas estruturas removem excretas do fluido circulante.

Ilustrações desta página estão sem escala; cores-fantasia.

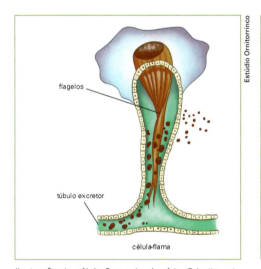

Ilustração de célula-flama de planária. O batimento dos flagelos ajuda a eliminar as excretas.

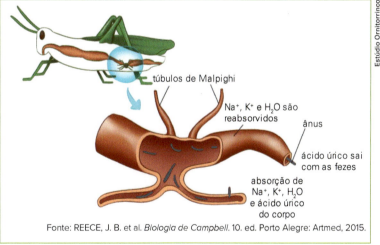

Fonte: REECE, J. B. et al. *Biologia de Campbell*. 10. ed. Porto Alegre: Artmed, 2015.

Os insetos possuem túbulos de Malpighi, estruturas mergulhadas na hemocele que filtram a hemolinfa e retiram, principalmente, o ácido úrico, que é lançado no intestino com as fezes.

O sistema excretor dos vertebrados, também conhecido por sistema urinário, é essencialmente o mesmo, composto de túbulos renais ou néfrons. Os néfrons removem os restos metabólicos, íons e excretas nitrogenadas do sangue, produzindo a urina.

Os vertebrados que vivem no mar têm mecanismos especiais em relação ao sal. Os peixes ósseos possuem líquidos corporais hipotônicos em relação ao mar e, por consequência, perdem água por osmose (desidratação) continuamente. Esses peixes possuem rins pequenos, pouco funcionais e, portanto, produzem pouca urina. A água e os

A tartaruga-verde (*Chelonia mydas*) geralmente fica próxima da costa, alimentando-se de algas. Ela pode crescer até 1,5 m de comprimento e pesar até 200 quilos. As tartarugas marinhas possuem uma glândula lacrimal modificada que excreta sal pelos olhos.

sais ingeridos quando bebem a água do mar são absorvidos no intestino. O excesso de sais é excretado pelas brânquias, através de transporte ativo, conseguindo, assim, manter a diferença de concentração entre os seus líquidos e o do meio. Os condrictes retêm ureia no sangue em quantidade suficiente para se tornarem isotônicos em relação ao mar.

Tartarugas marinhas, gaivotas, albatrozes bebem água do mar. Para eliminar o excesso de sais que ingerem, possuem glândulas secretoras de sal na região da cabeça. A excreção do sal por essas glândulas dá a impressão de que o animal está "chorando".

Nos peixes de água doce (dulcícolas), a água penetra no corpo deles o tempo todo, por osmose, porque são hipertônicos em relação ao meio. Têm rins desenvolvidos com grandes glomérulos e produzem muita urina para eliminar o excesso de água e, além disso, não bebem água.

▶ Coordenação nervosa e hormonal

A habilidade de sentir e reagir originou-se há bilhões de anos, com procariotos que podiam detectar alterações ambientais e responder a elas de maneira que aumentasse suas chances de sobrevivência e reprodução. Bactérias, por exemplo, se movimentam em determinada direção até encontrarem concentrações maiores de partículas alimentares, o que as faz ir na direção desse aumento de concentração. Ao longo da evolução, modificações desses mecanismos simples de reconhecimento e resposta geraram mecanismos de comunicação entre as células corpóreas de organismos multicelulares.

Os sistemas nervoso e hormonal (ou endócrino) são responsáveis pela regulagem e coordenação das diversas partes do corpo dos animais, de tal forma que o funcionamento de órgãos e tecidos se encontra em equilíbrio. Cada órgão e sistema está coordenado e integrado com os demais, de acordo com as necessidades.

O sistema nervoso promove respostas imediatas, como a estimulação de um músculo da perna ao se dar um passo. Desaparecendo o estímulo, cessam imediatamente os efeitos do sistema nervoso.

O sistema hormonal ou endócrino é formado por glândulas endócrinas, age por intermédio de substâncias químicas, os hormônios, e chega ao alvo pelo sangue.

Se o processo for coordenado por hormônios, o resultado de sua ação será mais tardio, porque depende de uma série de fatores, tais como produção, lançamento e transporte do hormônio pelo sangue e chegada ao alvo. Com o desaparecimento do estímulo, seu efeito não cessa imediatamente, perdura por certo tempo, que corresponde ao período em que o hormônio é degradado, apresentando, portanto, efeito prolongado.

Sistema nervoso

Os organismos unicelulares (protozoários) e as esponjas não têm sistema nervoso. Alguns protozoários, como o paramécio, por exemplo, possuem neurofibrilas com função coordenadora.

Nos cnidários, o sistema nervoso apresenta-se de forma difusa, em rede. À medida que os animais foram se tornando mais complexos, surgiu a tendência de concentração de células nervosas em gânglios, cordões ou outras estruturas. Nos platelmintes, nemátodos, moluscos, anelídeos, artrópodes, esse sistema aparece na forma de cordão nervoso ganglionar na posição ventral. O gânglio nervoso é um aglomerado de certas partes de células nervosas.

Nos vertebrados o sistema nervoso está localizado dorsalmente e protegido pelo crânio e pela coluna vertebral, sendo composto pelo **encéfalo**, pela **medula espinal** e pelos **nervos**. O desenvolvimento do encéfalo foi o fator mais importante na evolução do sistema nervoso dos vertebrados. A maior complexidade do sistema nervoso é atingida nos mamíferos.

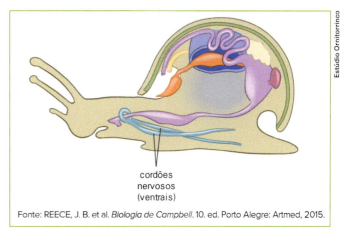

Fonte: REECE, J. B. et al. *Biologia de Campbell*. 10. ed. Porto Alegre: Artmed, 2015.

Anatomia interna de um molusco gastrópode evidenciando os cordões nervosos, que se encontram em posição ventral. Ilustração sem escala; cores-fantasia.

Sistema endócrino

O sistema endócrino também faz parte da coordenação dos sistemas do organismo. Ele é formado por glândulas que produzem hormônios. Essas substâncias podem ser produzidas também pelo sistema nervoso e por células especializadas em órgãos como intestino e fígado. A maioria dos hormônios é composta por proteínas, ou por peptídeos.

Nos invertebrados existem sistemas neurossecretores periféricos no corpo, que possuem tendência de se internalizar ao longo da evolução. Nos vertebrados, eles se tornaram internos.

▶ Ectotermia e endotermia

Uma característica muito importante e que permitiu que aves e mamíferos ocupassem diversos ambientes na Terra é a **endotermia**, ou seja, esses animais têm mecanismos metabólicos que mantêm a temperatura do corpo estável por meio de gasto de energia. Entre esses mecanismos estão as camadas de gordura, a eliminação de calor pelo suor, entre outros.

Ao contrário das aves e dos mamíferos, os outros animais são **ectotermos** e utilizam fontes externas de energia para regular a temperatura corpórea. Alguns lagartos, por exemplo, se expõem ao sol quando está frio e se escondem à sombra quando a temperatura se eleva demasiadamente. Com isso, usando a temperatura do ambiente, conseguem manter certa regulagem da temperatura corporal. Portanto, esse grupo de animais apresenta diversas características comportamentais para regular sua temperatura interna. Se ela variar muito, esses animais podem morrer.

A ciência e as classificações

Todos os grupos e funções que foram estudados neste volume são uma forma do ser humano tentar entender a natureza, ou seja, é uma classificação artificial feita em um sistema natural. Isso faz com que essas classificações apresentem imperfeições, que são corrigidas ao longo do tempo com novos estudos.

Atualmente, por exemplo, sabe-se que existem mecanismos em peixes e lagartos para controlar a temperatura sanguínea, que as aves são mais próximas dos répteis do que dos mamíferos e que diversos vertebrados realizam partenogênese, um tipo de reprodução assexuada.

Essas novas características, com o tempo, podem alterar as classificações e as características dos grupos estudados, em um processo de melhoria contínua, que é característico do desenvolvimento científico. Isso significa que sempre podem existir exceções para o que foi estudado e que a diversidade de seres vivos é muito maior do que a atualmente conhecida.

Atividades

1. Qual é a função das enzimas na digestão?

2. Que tipo de digestão tem um gafanhoto?

3. O sistema circulatório tem função no transporte de substâncias entre as regiões do corpo dos animais. Em relação ao sistema circulatório, responda:

   a) Como os cnidários sobrevivem sem esse sistema?

   b) Quais são as consequências, para os animais, da presença de um sistema circulatório aberto?

   c) Quais foram as tendências evolutivas relacionadas à circulação e ao coração dos vertebrados?

4. O sistema circulatório dos animais pode ser aberto ou fechado. Explique cada um deles. Em que grupos de animais ocorre cada um desses sistemas?

5. Que relação existe entre a respiração pulmonar e a respiração celular?

6. Qual é a principal diferença entre as trocas gasosas que ocorrem na planária e na minhoca?

7. Quais são os principais produtos de excreção nitrogenada dos animais?

8. Qual é a excreta nitrogenada que indica uma adaptação ao ambiente terrestre? Por quê?

9. Os peixes ósseos de água doce são hipertônicos em relação ao meio onde vivem. Como o corpo desses animais regula sua osmose?

10. Planárias se reproduzem por regeneração, um método no qual ela é cortada em pedaços e cada um deles dá origem a uma nova planária. Como isso não afeta o sistema nervoso do animal?

11. Observe o cladograma a seguir.

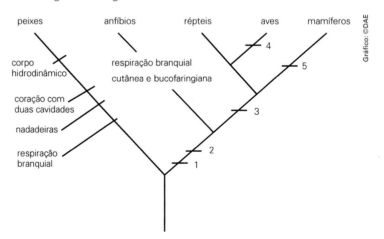

Cladograma mostrando as relações filogenéticas dos vertebrados.

Indique em que números mostrados na figura surgiram inovações evolutivas que permitiram aos vertebrados ocupar o meio terrestre. Quais foram essas inovações? Por que essas inovações foram importantes nessa ocupação?

PARA LER E REFLETIR

Lóris: o único primata venenoso do mundo está ameaçado

Os lóris (*Nycticebus* sp) são extremamente bem adaptados à vida noturna: possuem grandes olhos e andam lentamente pelos galhos das árvores para não atrair a atenção de presas e predadores. Encontrado somente na Ásia, é o único primata venenoso do mundo, capaz de matar um homem adulto com uma mordida. Mesmo assim é fácil encontrar [na internet] vídeos de pessoas que os mantêm em casa, e é impossível não simpatizar com os pequenos mamíferos. Mas esses vídeos podem estar prejudicando os animais.

Um estudo publicado na revista científica *Plos One*, liderado por Anna Nekaris [...] associa a proliferação de vídeos na internet com o aumento da exposição dos pequenos primatas ao tráfico de animais. Segundo o artigo, a natureza viral dos vídeos, que retratam os lóris como animais de estimação, pode reforçar a vontade das pessoas de adquirir um espécime (o que é ilegal).

Todas as espécies de lóris estão ameaçadas de extinção. O desmatamento e a medicina tradicional, que utiliza os animais para o tratamento de doenças nos países onde são encontrados, são grandes problemas. O tráfico de animais também faz a população dos primatas diminuir. Eles são retirados das florestas para serem vendidos como animais de estimação ou são levados para cidades asiáticas, onde turistas podem tirar fotos com eles.

Outra ameaça vem das mídias sociais, o foco do artigo de Nekaris. Tudo começou em 2009 quando um filme de um lóris em um *flat* na Rússia foi postado [...]. O vídeo se tornou um viral e foi visto por mais de 10 milhões de pessoas no mundo. A partir de então, outros vídeos similares apareceram na internet [...].

Um dos problemas para transformar os lóris em animais de estimação são as glândulas de veneno localizadas nos braços. Eles misturam a secreção com saliva e espalham por todo o corpo. Isso serve como um repelente de insetos e de grandes predadores (como ursos, por exemplo). Porém, o veneno provoca necrose quando entra em contato com o sangue, e uma mordida do primata pode causar um choque anafilático e até matar uma pessoa.

Para evitar o envenenamento, os traficantes removem os dentes dos pequenos primatas. Esse procedimento é feito em condições de higiene precárias, pode gerar infecções e muitas vezes os animais não resistem. [...].

[...] Em 2012 a pesquisadora produziu um documentário chamado "Jungle Gremlins" of Java [...] em que mostra cenas de lóris em mercados ilegais na Indonésia, onde eles podem ser comprados por US$ 25. Se um lóris chega em lugares onde são populares como animais de estimação, como a Rússia ou o Japão, o preço pode chegar a US$ 2.500.

Com o passar do tempo, os problemas enfrentados pelos lóris começaram a ser revelados e mais e mais pessoas buscavam informações sobre a conservação dos animais [...].

PASCHOAL, F. M. Lóris: o único primata venenoso do mundo está ameaçado. *National Geographic Brasil*, 17 ago. 2013. Disponível em: <http://viajeaqui.abril.com.br/national-geographic/blog/curiosidade-animal/loris-primata-venenoso-ameacado-de-extincao-trafico-de-animais-videos-no-youtube/>. Acesso em: 22 abr. 2016.

Lóris (*Nycticebus coucang*), um mamífero venenoso que pode chegar a 40 cm de comprimento, está ameaçado pelo tráfico de animais.

QUESTÕES

1. Você possui algum animal de estimação? Em caso positivo, você sabe de onde ele veio?
2. Cite alguns riscos de se ter um lóri, tanto para o comprador quanto para o primata.
3. Vídeos na internet e redes sociais podem tanto estimular o tráfico de animais como coibi-lo. De que maneira eles podem ser utilizados para diminuir esse tipo de ação?

Ação e cidadania

Animais ameaçados de extinção

Diversas espécies de animais em todo mundo estão ameaçadas de extinção, ou seja, correm o risco de desaparecerem do planeta. Existem diferentes graus de ameaça: algumas espécies correm um pequeno risco, outras um grande risco e outras que, embora ainda possuam representantes, já são consideradas extintas, pois os indivíduos restantes não têm condições de restabelecer a população.

O MMA (Ministério do Meio Ambiente) é o principal órgão governamental responsável por informar e lidar com as ameaças de extinção. Periodicamente, são divulgadas listas com as espécies ameaçadas no Brasil e alguns dados sobre elas. Na lista de 2014, por exemplo, foram avaliadas 12 256 espécies, e 170 foram removidas da lista de espécies ameaçadas divulgada anteriormente. A IUCN (União Internacional para conservação da natureza e dos recursos naturais) é outra entidade que elabora listas de espécies ameaçadas, em todo o mundo.

Algumas espécies, como o mico-leão-dourado, chegaram a se tornar símbolos de campanhas de conservação ambiental, e sua situação melhorou, embora ainda existam riscos.

Nesse trabalho, forme grupos com seus colegas, de acordo com a orientação do professor. Façam uma pesquisa para saber quais animais da região em que vocês moram estão ameaçados de extinção. Informem-se sobre esse animal: qual é o grau de risco de extinção que ele apresenta? Quais são os principais fatores que ameaçam essa espécie? Onde ela pode ser encontrada? Como conservá-la?

Após a pesquisa, elaborem uma campanha para incentivar a preservação desse animal. Utilizem qualquer tipo de material, mas lembrem-se: a campanha deve ser informativa e convencer o observador a conservar a espécie.

A preguiça-de-coleira (*Bradypus torquatus*) é uma espécie criticamente ameaçada de extinção no Brasil. O macho dessa espécie chega a 50 cm de comprimento.

Explorando habilidades e competências

Baleia sendo treinada em parque aquático.

1. Observe a imagem acima. Em diversas cidades espalhadas pelo mundo encontramos alguns parques temáticos que fazem apresentações de adestramento com mamíferos marinhos, como as orcas e os golfinhos. Pense em problemas que podem surgir no cativeiro e no adestramento de animais selvagens tão grandes quanto as orcas.

2. Um tribunal federal dos Estados Unidos responsabilizou, em abril de 2014, um parque temático pela morte de Dawn Brancheau, treinadora de orcas, em fevereiro de 2010. O tribunal concordou com a conclusão de que o parque violou a lei federal ao expor a treinadora a condições perigosas de trabalho, considerando que ela lidava com uma orca macho de 5,4 toneladas, que muitas vezes se tornava agressiva. Você concorda com a condenação do parque pela morte da treinadora? Discuta essa condenação com seus colegas.

3. Nos zoológicos também são criados animais em cativeiro. Muitos desses animais são grandes e a maioria deles está fora de seu *habitat* natural. Mesmo assim, muitas pessoas defendem a importância dos zoológicos, seja para os animais serem estudados, seja para o público em geral conhecer e valorizar os animais.

   Converse com seus colegas sobre os zoológicos e sobre a diferença que existe entre esse tipo de lugar e os parques temáticos.

4. Alguns circos utilizam animais em seus espetáculos, que divertem diversas pessoas. Os animais viajam, são treinados e passam a maior parte do seu tempo no circo. Essa prática é correta? Justifique.

5. Atualmente, existem leis que definem maus-tratos a animais e diversas campanhas estimulam respeito aos animais. Isso gera algumas discussões, como o direito ao uso de animais em testes de cosméticos ou medicamentos, a proibição de alguns tipos de turismo que caçam animais e outros. Escreva um texto no caderno, de no mínimo cinco linhas, para responder e explicar a seguinte pergunta: você é contra ou a favor dos direitos para os animais?

Diversas campanhas divulgam os direitos dos animais. Elas envolvem questões legais e éticas.

Fisiologia comparativa Capítulo 20 229

Para rever e estudar

Questões do Enem

1. (Enem – 2015) Os anfíbios representam o primeiro grupo de vertebrados que, evolutivamente, conquistou o ambiente terrestre. Apesar disso, a sobrevivência do grupo ainda permanece restrita a ambientes úmidos ou aquáticos, devido à manutenção de algumas características fisiológicas relacionadas à água.

   Uma das características a que o texto se refere é

   a) reprodução por viviparidade.
   b) respiração pulmonar nos adultos.
   c) regulação térmica por endotermia.
   d) cobertura corporal delgada e altamente permeável.
   e) locomoção por membros anteriores e posteriores desenvolvidos.

2. (Enem PPL – 2013) Em 1861 foi anunciada a existência de um fóssil denominado Arqueopterix, que revolucionou o debate acerca da evolução dos animais. Tratava-se de um dinossauro que possuía penas em seu corpo. A partir dessa descoberta, a árvore filogenética dos animais acabou sofrendo transformações quanto ao ancestral direto das aves.

   Nessa nova árvore filogenética, de qual grupo as aves se originaram?

   a) Peixes ósseos.
   b) Répteis.
   c) Mamíferos.
   d) Peixes cartilaginosos.
   e) Anfíbios.

3. (Enem – 2013) As serpentes que habitam regiões de seca podem ficar em jejum por um longo período de tempo devido à escassez de alimento. Assim, a sobrevivência desses predadores está relacionada ao aproveitamento máximo dos nutrientes obtidos com a presa capturada. De acordo com essa situação, essas serpentes apresentam alterações morfológicas e fisiológicas, como o aumento das vilosidades intestinais e a intensificação da irrigação sanguínea na porção interna dessas estruturas.

   A função do aumento das vilosidades intestinais para essas serpentes é maximizar o(a)

   a) comprimento do trato gastrointestinal para caber mais alimento.
   b) área de contato com o conteúdo intestinal para absorção dos nutrientes.
   c) liberação de calor via irrigação sanguínea para controle térmico do sistema digestório.
   d) secreção de enzimas digestivas para aumentar a degradação proteica no estômago.
   e) processo de digestão para diminuir o tempo de permanência do alimento no intestino.

4. (Enem – 2005) Em uma área observa-se o seguinte regime pluviométrico:

   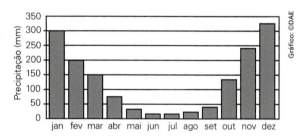

   Os anfíbios são seres que podem ocupar tanto ambientes aquáticos quanto terrestres. Entretanto, há espécies de anfíbios que passam todo o tempo na terra ou então na água. Apesar disso, a maioria das espécies terrestres depende de água para se reproduzir e o faz quando essa existe em abundância. Os meses do ano em que, nessa área, esses anfíbios terrestres poderiam se reproduzir mais eficientemente são de

   a) setembro a dezembro.
   b) novembro a fevereiro.
   c) janeiro a abril.
   d) março a julho.
   e) maio a agosto.

5. (Enem – 2002) O *Puma concolor* (suçuarana, puma, leão da montanha) é o maior felino das Américas,

230

com uma distribuição biogeográfica que se estende da Patagônia ao Canadá.

O padrão de distribuição mostrado na figura está associado a possíveis características desse felino:

I - É muito resistente a doenças.

II - É facilmente domesticável e criado em cativeiro.

III - É tolerante a condições climáticas diversas.

IV - Ocupa diversos tipos de formações vegetais.

Características desse felino compatíveis com sua distribuição biogeográfica estão evidenciadas APENAS em

a) I e II.

b) I e IV.

c) III e IV.

d) I, II e IV.

e) II, III e IV.

6. (Enem – 2001) A pesca não predatória pressupõe que cada peixe retirado de seu *habitat* já tenha procriado, pelo menos uma vez. Para algumas espécies, isso ocorre depois dos peixes apresentarem a máxima variação anual de seu peso.

O controle de pesca no Pantanal é feito com base no peso de cada espécie.

A tabela fornece o peso do pacu, uma dessas espécies, em cada ano.

Idade (anos)	Peso (kg)
1	1,1
2	1,7
3	2,6
4	3,9
5	5,1
6	6,1
7	7
8	7,8
9	8,5
10	8,9
11	9,1
12	9,3
13	9,4

Considerando esses dados, a pesca do pacu deve ser autorizada para espécimes com peso de, no mínimo,

a) 4 kg.

b) 5 kg.

c) 7 kg.

d) 9 kg.

e) 11 kg.

Questões de vestibulares

1. (Unicamp-SP – 2016) Em relação à forma predominante de excreção dos animais, é correto afirmar que

a) peixes são animais amoniotélicos, aves e répteis são ureotélicos e mamíferos são uricotélicos.

b) a ureia é altamente tóxica e insolúvel em água, sendo a principal excreta das aves.

c) peixes, exceto os condrictes, são amoniotélicos e aves e répteis adultos são ureotélicos.

d) a amônia é altamente tóxica e necessita de um grande volume de água para ser eliminada.

2. (UPE – 2015) Observe os trechos da música a seguir:

Quem nasceu primeiro, o ovo ou a galinha?

Cocoricó

Quem sabe me responde, quem não sabe adivinha.
Quem nasceu primeiro, o ovo ou a galinha?

Para rever e estudar

...Quem acha que foi o ovo levanta a mão e canta assim.

Era uma vez um ovo... de repente, "creck-creck" se quebrou e lá de dentro saiu,... um bichinho amarelinho que comeu... cresceu... até se transformar... numa galinha.... A minha vida começou dentro de um ovo. Por isso eu canto assim: O ovo veio antes de mim.

Ah é? ...Mas quem colocou esse ovo que veio antes de você, hein? Uma galinha...

...Quem acha que foi a galinha levanta a mão, e canta assim.

Era uma vez uma galinha... que... pôs um ovo e delicadamente sentou em cima,... chocou, chocou, até que um dia, "creck-creck", ele quebrou.

Daí pra frente a história continua ... Galinha que nasce do ovo que nasce da galinha, que nasce do ovo da galinha. Oh! Dúvida cruel. Quem pôs o primeiro ovo, ninguém sabe, ninguém viu...

> Disponível em: <http://letras.mus.br/cocorico/1635028>.
> (Adaptado).

Em relação à pergunta da música, colocada em termos científicos "Quem surgiu primeiro na evolução dos vertebrados terrestres, o ovo ou as aves?," é CORRETO afirmar que

a) os peixes punham ovos de dois tipos: centrolécito e telolécito amniótico; estes últimos permitiram a conquista da terra, por possuírem uma casca espessa; assim, o ovo veio primeiro.

b) os anfíbios botavam ovos isolécitos amnióticos com casca e o suprimento líquido necessário para o desenvolvimento embrionário; assim, o ovo veio primeiro.

c) os répteis surgiram com uma nova espécie de ovos telolécitos, contendo membranas embrionárias amnióticas complexas, que deixavam o ar entrar e sair, mas não a água; assim, o ovo veio primeiro.

d) as aves sofreram mutação em seus ovos, passando de centrolécito para heterolécito do tipo amniótico e podiam ser postos em terra; assim as aves vieram primeiro.

e) as aves desenvolveram ovos do tipo alécitos amnióticos, tornando possível o surgimento dos mamíferos, parentes próximos dessas, visto também serem homeotermos; assim, as aves vieram primeiro.

3. (Uece – 2015) Analise as seguintes afirmações sobre as características dos tubarões:

I. suas escamas são homólogas aos dentes dos outros cordados;

II. possuem bexiga natatória, responsável por sua excelente flutuabilidade;

III. são animais sensíveis, com a capacidade de detectar campos eléctricos gerados por outros animais;

IV. são sempre animais de grande porte, pois todos são ferozes e vorazes.

Estão corretas as características contidas em

a) I e III apenas.

b) I, II, III e IV.

c) I e II apenas.

d) II e IV apenas.

4. (Uece – 2015) Sobre a maioria dos peixes ósseos, é correto afirmar que

a) possuem um coração com duas cavidades (aurícula e ventrículo) por onde circula sangue venoso e arterial, de cor vermelha bastante intensa.

b) possuem estruturas denominadas Ampolas de Lorenzini, que funcionam como canais sensitivos capazes de detectar as correntes elétricas dos músculos de outros organismos.

c) sua bexiga natatória compreende um grande saco de paredes finas e irrigadas, preenchido por gases que permitem o ajuste do peso do corpo do peixe de acordo com a profundidade em que ele se encontra.

d) apresentam escamas placoides, compostas de esmalte, dentina, vasos e nervos.

5. (UFSC – 2015) Ao observar diferentes grupos de animais, constata-se que existe grande diversidade entre eles no que se refere aos sistemas digestório, circulatório, respiratório, esquelético e excretor, entre outros. Na coluna A citam-se sistemas que podem ser encontrados em diferentes grupos animais e na Coluna B, as variações destes sistemas.

232

Coluna A – SISTEMAS	Coluna B – TIPOS
I. Digestório	A – Incompleto
	B – Completo
II. Circulatório	A – Aberto
	B – Fechado
III. Respiratório	A – Respiração Cutânea
	B – Respiração Branquial
	C – Respiração Pulmonar
IV. Esquelético	A – Hidrostático
	B – Exoesqueleto
	C – Endoesqueleto
V. Excretor	A – Difusão Simples
	B – Glândulas Coxais
	C – Glândulas Antenais
	D – Protonefrídios
	E – Rins

Com relação às associações entre as colunas A e B, é CORRETO afirmar que:

01) no filo dos Cnidários, as associações II – A e IV – A estão corretas.

02) em répteis, as associações possíveis seriam: I – A; III – B e IV – A.

04) em sapos e rãs, pode-se ter as seguintes associações: I – B; II – B; III – A e III – C.

08) animais com a associação V – A devem viver na água.

16) as associações V – B e V – C são encontradas no filo dos Anelídeos.

32) animais com a associação II – B possuem coração com quatro cavidades.

64) os equinodermos têm uma associação IV – B quanto ao seu sistema esquelético.

6. (UEMG – 2015)

"Zoiuda [...] Foi numa noite que ele conheceu Zoiuda. Foi numa noite — e nem poderia ser de outra forma, já que, como as prostitutas e as estrelas, as lagartixas também são seres da noite e só nela, ou de preferência nela, se mostram —, foi numa noite que ele a viu pela primeira vez.

Era uma sexta-feira e ele tinha acabado de chegar da rua: quando se aproximou da talha para tomar um copo d'água, lá estava a lagartixa, na parede, perto do vitrô que dava para a área de serviço do apartamento onde ele morava, no décimo andar.

Era esbranquiçada, um pouco mais cabeçudinha que o comum, e quase rabicó. Mas foram os olhos, foram os olhos o que mais lhe chamou a atenção: exorbitados, duas bolinhas brilhantes, parecendo duas miçangas."

VILELA, 2013, p.11.

O animal citado no texto se encaixa em um mesmo agrupamento de cobras e lagartos. Esta classe animal se caracteriza por possuir, entre outras características,

a) reprodução assexuada por regeneração.

b) circulação sanguínea aberta.

c) excreção predominante de ureia.

d) respiração pulmonar.

7. (UFRGS – 2015) A expressão popular "estômago de avestruz" é utilizada para definir pessoas que comem de tudo e não enfrentam problemas digestivos com isso.

Sobre o processo alimentar das aves, assinale a afirmação correta.

a) O alimento ingerido passa direto ao estômago químico.

b) As enzimas digestivas começam a agir no papo.

c) A moela tem uma ação mecânica que tritura o alimento ingerido.

d) Algumas espécies regurgitam o conteúdo da moela para alimentar os filhotes.

e) A dieta alimentar inclui somente animais como insetos e vertebrados.

8. (UEL-PR – 2015) Leia o texto a seguir e responda à(s) próxima(s) questão(ões).

De onde vem o mundo? De onde vem o universo? Tudo o que existe tem que ter um começo. Portanto, em algum momento, o universo também tinha de ter surgido a partir de uma outra coisa. Mas, se o universo de repente tivesse surgido de alguma outra coisa, então essa outra coisa também devia ter surgido de alguma outra coisa algum dia. Sofia entendeu que só tinha transferido o problema de lugar. Afinal de contas, algum dia, alguma coisa tinha de ter surgido do nada. Existe uma substância básica a partir da qual tudo é feito? A grande questão para os primeiros filósofos não era saber como tudo surgiu do nada. O que os instigava era saber como a água podia se transformar em peixes vivos, ou como a terra sem vida podia se transformar em árvores frondosas ou flores multicoloridas.

Adaptado de: GAARDER, J. *O Mundo de Sofia*. Trad. de João Azenha Jr. São Paulo: Companhia das Letras, 1995. p. 43-44.

Ambientes dulcícolas e marinhos possuem condições físico-químicas distintas que influenciaram a seleção natural para dar origem, respectivamente,

Para rever e estudar

aos peixes de água doce e aos peixes de água salgada, os quais possuem adaptações fisiológicas para sobreviverem no ambiente em que surgiram.

Considerando a regulação da concentração hidrossalina para a manutenção do metabolismo desses peixes, pode-se afirmar que os peixes de água doce eliminam _____ quantidade de urina _____ em comparação com os peixes marinhos, que eliminam _____ quantidade de urina _____.

Assinale a alternativa que preenche, correta e respectivamente, as lacunas do enunciado.

a) grande, diluída, pequena, concentrada.
b) grande, concentrada, grande, diluída.
c) grande, concentrada, pequena, diluída.
d) pequena, concentrada, grande, diluída.
e) pequena, diluída, grande, concentrada.

9. (Uema – 2015) Cladogramas são diagramas que indicam as relações filogenéticas ou genealógicas entre espécies ou grupos de seres vivos, dentre eles os grupos dos peixes. Analise o cladograma de peixe para responder à questão.

Os números I, II, III e IV do cladograma apresentado correspondem, respectivamente, aos seguintes grupos de peixes:

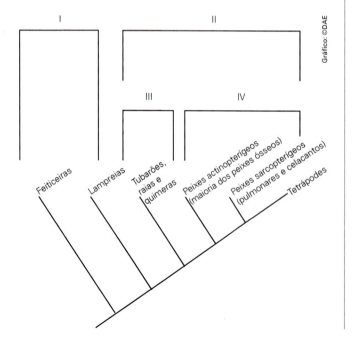

a) Agnatos, Gnatostomados, Ostheicthyes e Chondrichthyes.
b) Agnatos, Gnatostomados, Chondrichthyes e Ostheicthyes.
c) Gnatostomados, Agnatos, Ostheicthyes e Chondrichthyes.
d) Gnatostomados, Agnatos, Chondrichthyes e Ostheicthyes.
e) Ostheicthyes, Agnatos, Chondrichthyes e Gnatostomados.

10. (PUC-RJ – 2015)

Com relação aos animais tetrápodes, escreva o que se pede nos itens abaixo:

a) Diga quais são os tetrápodes, listando as principais características desse grupo.
b) Enumere as características desses animais que lhes permitem melhor adaptação à vida em ambientes secos, dando exemplos dos tetrápodes mais bem adaptados a esses ambientes.

11. (UEM-PR – 2015) Sobre os vertebrados, assinale o que for correto.

01) Os vertebrados pertencem ao filo dos cordados que, desde a fase embrionária, possuem a notocorda, que origina a coluna vertebral.
02) Os répteis, as aves e os mamíferos possuem o endoesqueleto formado pelos ossos. Nos anfíbios e nos peixes, o endoesqueleto é cartilaginoso.
04) Com relação à reprodução, anfíbios possuem fecundação interna ou externa, enquanto nos répteis, nas aves e nos mamíferos a fecundação é interna.
08) Nos répteis e nos anfíbios, os pulmões estão ativos, mas a pele é a principal superfície de troca gasosa com o meio.
16) A circulação nos vertebrados envolve o coração, que possui duas cavidades nos anfíbios e quatro câmaras nas aves e nos mamíferos.

12. (Udesc – 2014) Analise as proposições quanto às características dos anfíbios.

I. A reprodução é sexuada, com fecundação externa, e são de sexos distintos (macho e fêmea).

II. São homeotérmicos, ou seja, mantêm a temperatura corpórea praticamente constante, independente das variações térmicas do ambiente.

III. Apresentam pele lisa e glândulas mucosas, que são responsáveis pela manutenção da umidade da pele.

IV. São amniotas, pois apresentam bolsa amniótica ou âmnio que protege o embrião.

Assinale a alternativa correta.

a) Somente as afirmativas I e III são verdadeiras.
b) Somente as afirmativas I, II e III são verdadeiras.
c) Somente as afirmativas I, II e IV são verdadeiras.
d) Somente as afirmativas III e IV são verdadeiras.
e) Todas as afirmativas são verdadeiras.

13. (PUC-RJ – 2014) Segundo especialistas, mais da metade das espécies de anfíbios do mundo está ameaçada de extinção. As principais ameaças são a destruição dos *habitats*, a poluição e o aquecimento global. Entre as principais características que tornam os anfíbios particularmente sensíveis a alterações ambientais provocadas pelo ser humano, podemos citar:

a) respiração pulmonar, ovo com casca e pequena diversidade de espécies.
b) respiração cutânea, pele permeável, presença de larvas aquáticas e adultos terrestres.
c) pele impermeável, respiração cutânea, presença de larvas aquáticas e adultos terrestres.
d) dependência de ambientes úmidos, pele impermeável e ovo com casca.
e) respiração cutânea, pele permeável e ovo com casca.

14. (PUC-RJ – 2014) Analise o cladograma abaixo e as afirmações apresentadas:

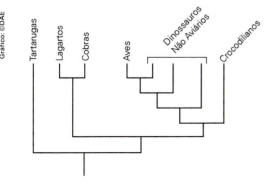

I. Para a classe Reptilia ser considerada monofilética, é preciso incluir as Aves dentro do grupo.
II. Aves e dinossauros possuem um ancestral comum.
III. Tartarugas, lagartos e cobras formam um grupo mofilético.
IV. Os crocodilos são filogeneticamente mais próximos das aves do que dos lagartos.

É correto APENAS o que se afirma em:

a) I e III.
b) II e III.
c) I e IV.
d) I, II e IV.
e) II, III e IV.

15. (UPE – 2013) Quando se fazem referências a peixes, erroneamente se pode achar que a única diferença encontrada entre eles é o *habitat*, uma vez que alguns habitam águas doces e outros, águas salgadas. No entanto, são muitas as características que os diferenciam. Observe as afirmativas a seguir:

I. O peixe-bruxa é um representante atual de peixes primitivos, que, por não possuírem mandíbulas, não podem se alimentar de presas maiores nem mastigar partes duras dessas presas.

II. O tubarão representa uma classe de peixes, o qual possui um esqueleto firme, porém adaptável, denominado cartilaginoso, e nadadeiras articuladas de amplo movimento.

III. Os peixes ósseos primitivos desenvolveram bolsas de gás, que suplementaram a ação das brânquias e aperfeiçoaram o controle da flutuação, encontradas, atualmente, apenas, nos peixes pulmonados.

IV. Descendentes de peixes com nadadeiras articuladas, tornaram-se, com o tempo, mais adaptados à vida na terra, o que deu origem aos tetrápodes.

Estão CORRETAS, apenas,

a) I e II.
b) II e III.
c) I e IV.
d) II e IV.
e) III e IV.

UNIDADE 6

FISIOLOGIA HUMANA

Os seres humanos, assim como outros seres vivos, realizam diversas atividades simultaneamente: digerem, respiram, filtram o sangue, utilizam os sentidos, os músculos e coordenam todos os processos. Para simplificar o estudo de tantos processos, cada um deles é estudado com o sistema de órgãos que a realiza. É importante, porém, notar que todos os sistemas estão integrados e funcionam conjuntamente para permitir o funcionamento do corpo humano. Deve-se ressaltar também que todos os sistemas são importantes e que cada sistema depende de outros sistemas para funcionar adequadamente. Existem momentos em que algum sistema está mais estimulado, mas não é por isso que os outros param de funcionar. Entender a atuação de cada sistema de órgãos e como suas atividades se relacionam é muito importante para ter uma vida saudável.

Manifestação de estudantes. As ações corpóreas são coordenadas por sistemas fisiológicos. Graças a eles, podemos realizar as ações que queremos, como se manifestar pelo que achamos correto, como nesta manifestação de estudantes na cidade de São Paulo (SP), 2015.

CAPÍTULO 21

DIGESTÃO

Os alimentos são veículos de **nutrientes**, substâncias que suprem as necessidades do corpo, como construção, reparo e energia. Dentre os nutrientes, há aqueles que precisam ser desdobrados em moléculas menores por meio da digestão para serem absorvidos, como os lipídios (gorduras), os ácidos nucleicos (DNA e RNA), os polipeptídios, as proteínas e a maioria dos sacarídios (açúcares como sacarose, maltose e lactose).

O sistema digestório humano é responsável por transformar alimentos em nutrientes, convertendo grandes pedaços de alimentos e macromoléculas em moléculas de tamanho aproveitável pelo organismo. Nem todos os alimentos precisam passar pelo processo de digestão, porque, como o tamanho das moléculas deles é adequado à absorção imediata, dispensam esse processo. É o que ocorre com a água, as vitaminas, os sais minerais, os monossacarídeos, os aminoácidos, as bases nitrogenadas, os ácidos graxos e o glicerol.

Os alimentos possuem diversos nutrientes que precisam ser metabolizados antes de serem aproveitados pelo corpo. A digestão realiza esse processo, mas ela não é totalmente eficiente: algumas moléculas não são digeridas, e nem todas as moléculas que são ingeridas são absorvidas pelo sistema digestório.

▶ Nutrientes e saúde

Os nutrientes estão contidos nos alimentos. As **proteínas** são encontradas em carnes, ovos e vegetais, os **carboidratos** (sacarídios) em pães, cereais, massas e vegetais, enquanto as **gorduras** (lipídios) são encontradas em carnes, embutidos, óleos e manteigas. Existem outros alimentos com esses nutrientes, e um mesmo alimento contém mais de um nutriente.

Os alimentos podem ser classificados de acordo com a função que desempenham no corpo. São chamados de tróficos ou **plásticos** os alimentos que apresentam, em grandes proporções, a matéria-prima necessária ao crescimento e à regeneração do organismo. Eles são ricos em proteínas e aminoácidos. Exemplos: carne, ovo, leite e seus derivados (requeijão, iogurte, queijo).

Os alimentos **energéticos** são ricos em substâncias consideradas "combustíveis" do organismo. De modo geral, possuem grande quantidade de carboidratos ou de gorduras.

238 Unidade 6 Fisiologia humana

Os carboidratos são considerados os "combustíveis preferidos pelos seres vivos". Exemplos de alimentos ricos em carboidratos: pão, bolo, arroz, macarrão, mandioca, batata e fubá. Exemplos de alimentos ricos em gordura: margarina, manteiga, abacate, coco, amendoim e banha.

Os alimentos **mistos** possuem quantidades equilibradas de carboidratos, proteínas e gorduras, mas são poucos os que podem ser considerados mistos. Geralmente, essas quantidades são obtidas por uma combinação de alimentos, como arroz com ovo.

Os alimentos **reguladores** fornecem elementos para que o organismo funcione normalmente. Esses alimentos são ricos em vitaminas. Exemplos: frutas, legumes e verduras.

Os **sais minerais**, essenciais ao organismo humano, são normalmente encontrados em doses suficientes em nossa alimentação, com exceção do cálcio, que está presente no leite, por isso recomenda-se o consumo regular de leite. O sal de cozinha, que contém iodo (iodado), é acrescentado frequentemente no nosso alimento.

A alimentação é uma ação de consumo de alimentos do ambiente. E a nutrição corresponde aos processos pelos quais o alimento passa no organismo, que começa pela ingestão, passa pela digestão, absorção, distribuição e termina com a sua utilização. Quanto mais rico o alimento for em produtos necessários para o bom funcionamento do nosso corpo, maior será o valor nutritivo dele. Um copo de leite, por exemplo, é muito mais nutritivo que um copo de café.

Não há nenhum alimento que sozinho seja completo, além do leite materno que os bebês consomem em seus primeiros dias de vida. Desse modo, toda alimentação deve ser variada, para que o organismo seja suficientemente suprido em suas necessidades.

O nosso organismo é incapaz de produzir vitaminas, por isso necessita obtê-las por meio dos alimentos. A alimentação variada e em quantidades adequadas é condição básica para a boa saúde. Além disso, é importante levar em conta a adequação da alimentação, que varia com a idade e a atividade física predominante, considerando-se, também, o clima da região onde se vive.

A boa saúde depende ainda de fatores ambientais, de nossas atitudes, comportamentos e atividades. A limpeza e a higiene, tanto individual como coletiva (saneamento básico, por exemplo), são fatores ambientais importantíssimos para a manutenção da boa saúde. A prática de esportes, uma alimentação adequada e o sono reparador também são fatores que contribuem para isso. Além de tudo, manter-se informado a respeito das doenças e do próprio corpo é uma excelente forma de se manter saudável.

Volosina/Shutterstock.com

Determinado alimento possui diversos tipos de nutrientes, embora possa ser mais rico em algum tipo. Um bife, por exemplo, é rico em proteínas, além de poder ter grande quantidade de gorduras.

Para explorar

É comum as pessoas utilizarem dietas para emagrecer. Existem variados tipos de dietas: que pregam a eliminação de algum tipo de alimento do cardápio de uma pessoa, que incentivam o consumo específico de algum alimento, que estabelecem relação entre o tipo de alimento e o horário que ele deve ser consumido, entre outras. Pensando que as dietas são realizadas por pessoas diferentes com objetivos distintos, pesquise e responda: qual é a melhor forma de uma pessoa obter uma dieta saudável?

Digestão **Capítulo 21** 239

▶ Digestão física e digestão química

A digestão compreende processos físicos e químicos. É física ou mecânica quando há redução no tamanho das partículas alimentares por processos físicos, como a mastigação e a trituração.

Nos seres humanos, a digestão física compreende a mastigação, a deglutição, o peristaltismo (ondas de contração muscular que empurram o bocado de alimento no tubo digestório), os movimentos de mistura e emulsificação das gorduras realizadas pela bile.

A digestão química compreende a quebra de alimentos em reações químicas, geralmente intermediadas por enzimas digestivas. Essas moléculas são específicas, mas podem ser divididas em grupos, conforme o alimento em que atuam.

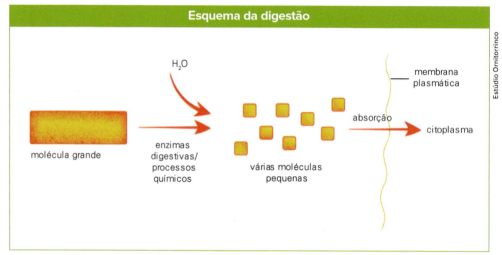

Esquema da digestão

Ilustração sem escala; cores-fantasia.

Na digestão, uma molécula grande é convertida em moléculas pequenas, que podem ser absorvidas e utilizadas pelo corpo humano.

A atuação das enzimas depende de alguns fatores, como a temperatura e o pH. Elas apresentam uma faixa desses fatores em que são eficientes. Porém, se estiverem fora dessa faixa, elas desnaturam, ou seja, perdem sua conformação e deixam de atuar no metabolismo.

Enzimas: seus substratos e produtos		
Substrato	**Enzima**	**Produtos de digestão**
sacarose	sacarase	glicose e frutose
maltose	maltase	glicose
lactose	lactase	glicose e galactose
amido	amilase	maltose
celulose	celulase	glicose
lipídio	lipase	ácidos graxos e glicerol
proteína	protease	polipeptídeos menores
polipeptídeos	polipeptidase	aminoácidos
dipeptídeos	dipeptidase	aminoácidos

▶ O processo digestivo

Para facilitar o estudo, o processo digestivo será separado de acordo com a região do corpo humano em que ocorre. É necessário, porém, ter em mente que todo esse processo está integrado.

O processo digestivo ocorre no tubo digestório, o caminho que liga a boca ao ânus. Nesse tubo, ocorrem as reações típicas da digestão e são lançadas as secreções das glândulas anexas.

Fonte: RAVEN, P. et al. *Biology*. 10. ed. Nova York: McGraw-Hill, 2014.

As ilustrações desta página estão sem escala; cores-fantasia.

Tubo digestório humano e glândulas anexas.

O sistema digestório humano é composto pelas seguintes estruturas: boca, faringe, esôfago, estômago, intestino grosso, intestino delgado, reto e ânus. Ele também possui glândulas anexas, estruturas que secretam substâncias que participam da digestão: glândulas salivares, fígado, vesícula biliar e pâncreas. Já a língua e os dentes são estruturas acessórias que também auxiliam nos processos digestivos.

Boca

Na boca ocorre a digestão mecânica, realizada pelos dentes que mastigam os alimentos e os reduzem a pedaços menores. Também ocorre a digestão química, já que a saliva, secretada pelas glândulas salivares, contém uma amilase, a ptialina, também conhecida como amilase salivar. O pH da boca é próximo de 7,0 (neutro) e corresponde ao pH ótimo da ptialina, dando início à digestão do amido. A água que se encontra na saliva também umidifica o alimento, o que auxilia em sua digestão e transporte ao longo do sistema digestório.

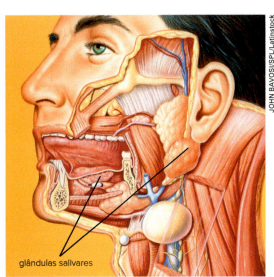

O ser humano tem três pares de glândulas salivares sendo que duas estão mostradas na imagem. A mastigação ajuda a misturar a saliva e o alimento, o que facilita a ação das enzimas salivares.

Digestão Capítulo 21 **241**

Biologia e Química

Potencial hidrogeniônico ou pH

Potencial hidrogeniônico (pH) é uma grandeza físico-química que indica a acidez, neutralidade ou alcalinidade de uma solução aquosa. Algumas substâncias podem ser caracterizadas pelo seu valor de pH, que é determinado pela concentração de íons de hidrogênio (H^+) em água. Quanto menor for o pH de uma substância, maior será a concentração de íons H^+.

Os valores de pH geralmente variam de 1 a 14 e podem ser medidos por um aparelho chamado pHmetro (peagômetro), mas pode também ser medido (com menor precisão) com o uso de indicadores. Um indicador é uma substância que revela a presença de íons hidrogênio livres em uma solução, que altera sua cor original em função do pH. Veja como classificar se uma solução é ácida ou básica:

pH < 7 – soluções ácidas;

pH = 7 – soluções neutras;

pH > 7 – soluções básicas ou alcalinas.

1. A ingestão de alimentos ácidos pode prejudicar a digestão na boca? Explique.

Além da ptialina, a saliva possui uma proteína denominada mucina, que facilita a deglutição e o peristaltismo do esôfago. O **peristaltismo** é a movimentação do alimento no sistema digestório em virtude das contrações musculares que o deslocam. Ao deixar a boca, o alimento passa pela faringe e o esôfago, indo em direção ao estômago.

Estômago

Determinadas células da parede estomacal secretam o **suco gástrico**, que é responsável pela digestão química no estômago. O suco gástrico é composto por água, HCl (ácido clorídrico), pepsinogênio, renina e lipase (conhecida como lípase gástrica). A renina e a lipase são produzidas em quantidades tão reduzidas que suas ações são praticamente nulas. A renina é uma enzima que participa da digestão da proteína do leite, a caseína, e é produzida em grande quantidade pelo estômago do recém-nascido, principalmente durante o período de amamentação.

O pepsinogênio é uma enzima inativa. Quando lançada na cavidade estomacal, é ativada pelo ambiente ácido criado pelo HCl e converte-se em pepsina, uma protease ativa. O pH do estômago é próximo a 2,0 (ácido) e corresponde ao **pH ótimo** da pepsina.

pH ótimo:
Valor de pH ideal para a ação ou existência de um determinado elemento.

Esfíncteres estomacais

esfíncter esofágico inferior

esfíncter pilórico

Ilustração sem escala; cores-fantasia.

Estúdio Ornitorrinco

Fonte: RAVEN, P. et al. *Biology*. 10. ed. Nova York: McGraw-Hill, 2014.

O estômago contém dois esfíncteres, anéis musculares que controlam a entrada e a saída de material do estômago. Por essa razão, o alimento fica no estômago o tempo necessário para que seja digerido.

242 **Unidade 6** Fisiologia humana

Devido à acidez do estômago, a ptialina contida no alimento deglutido deixa de agir, interrompendo a digestão do amido. O ácido clorídrico também elimina alguns microrganismos que possam estar no alimento. Desse modo, no estômago só ocorre, praticamente, a digestão de proteínas.

A mucosa estomacal é recoberta por um muco que lhe confere proteção contra o ácido clorídrico e impede que ela seja digerida pela pepsina. Além de ser um local de digestão, o estômago tem a função de reservatório de alimentos, já que pode retê-los por horas. Após a acidificação e a digestão que ocorrem no estômago, a massa de alimento passa a se chamar **quimo**.

Intestino delgado

O quimo segue do estômago para o intestino delgado. Este órgão pode ser dividido em três partes: **duodeno**, região onde o quimo chega, e duas regiões posteriores, o **jejuno** e o **íleo**.

No duodeno, o quimo é transformado em quilo, quando são lançados sobre ele o suco entérico, proveniente do intestino delgado, o suco pancreático, proveniente do pâncreas, e a bile, produzida no fígado. A passagem do alimento pelo duodeno estimula a liberação da bile e do suco pancreático.

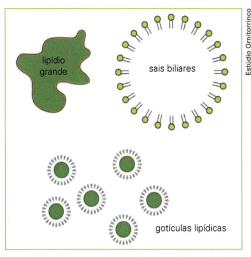

Ao emulsificar lipídios, a bile faz aumentar a área de contato entre enzimas e essas moléculas, o que facilita a digestão.

O **suco entérico** é secretado pelas células da parede do duodeno e contém diversas enzimas, tais como: erepsina, enteroquinase, sacarase, maltase e lactase.

O **suco pancreático**, secretado pelo pâncreas, também contém várias enzimas, como tripsinogênio, amilase (amilase pancreática) e lipase (lípase pancreática), além de um sal, o bicarbonato de sódio ($NaHCO_3$), que anula a acidez do quimo, fazendo com que o quilo tenha um pH em torno de 8,0 (básico).

O tripsinogênio é uma enzima inativa. Quando ativada pela enteroquinase, converte-se em tripsina, uma protease. O pH do quilo, ao redor de 8,0, é ótimo para a tripsina e para as outras enzimas secretadas no intestino. Esse pH, por outro lado, desativa a pepsina, anulando seus efeitos na região intestinal.

A **bile**, produzida no fígado e armazenada na vesícula biliar, é eliminada no duodeno no momento da digestão, para emulsificar as gorduras. Ela não contém enzimas, mas tem os sais biliares, cuja função é transformar as gotas de gorduras ou óleos em microgotículas suspensas em água, processo denominado emulsificação, que facilita a ação das lipases.

Além disso, os sais biliares são importantes na absorção dos ácidos graxos, que resultam da digestão das gorduras, e de produtos insolúveis em água, como a vitamina K, lipossolúvel (solúvel em óleos e gorduras). O fígado produz a bile o tempo todo e a armazena na vesícula biliar.

As enzimas digestivas não atacam nem digerem as paredes do estômago e do intestino porque não entram em contato com as células delas, em virtude de uma camada de muco. O muco, além dessa proteção, lubrifica a parte interna do tubo digestório, o que evita escoriações durante a passagem do alimento.

As células que fabricam algumas enzimas não são autodigeridas porque as produzem na forma inativa (pepsinogênio e tripsinogênio). Essas enzimas só são ativadas depois de secretadas, quando se encontram no interior da cavidade digestória.

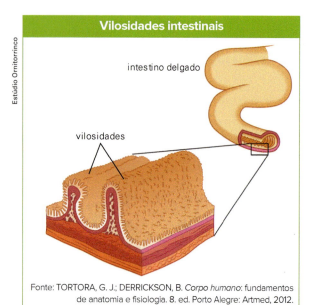

Vilosidades intestinais

Fonte: TORTORA, G. J.; DERRICKSON, B. *Corpo humano*: fundamentos de anatomia e fisiologia. 8. ed. Porto Alegre: Artmed, 2012.

As vilosidades aumentam a área de absorção do intestino delgado e, dessa forma, a eficiência desse processo também aumenta. As membranas das células que compõem essa estrutura também possuem dobras, o que aumenta ainda mais a área de absorção.

Ilustração sem escala; cores-fantasia.

Durante a passagem do quilo no jejuno (porção intermediária do intestino delgado), a digestão se completa, ou seja, os alimentos transformam-se em moléculas menores, que podem ser absorvidas e metabolizadas no corpo. Assim, tem início a absorção. No íleo (porção final do intestino delgado), a absorção se completa. Esse processo é facilitado por **vilosidades**, dobras que se encontram nas paredes do intestino delgado e aumentam a área de absorção. Os nutrientes são absorvidos pelo sangue, que os distribui para as diferentes regiões do corpo.

Intestino grosso

No intestino grosso, ocorre a absorção de água e vitaminas, formando-se uma massa de coloração marrom, composta por material não digerido, bactérias mortas e fibras vegetais. Essa massa corresponde às fezes, que são eliminadas pelo ânus.

Biologia e Química

Bactérias e digestão

No tubo digestório, existem diversas bactérias que participam do processo digestivo. Muitas bactérias produzem enzimas que não conseguimos produzir. Dessa forma, elas auxiliam na digestão do que comemos, gerando moléculas aproveitáveis tanto para elas quanto para nós. As bactérias que estão no tubo digestório, denominadas flora intestinal, têm funções que abrangem desde a síntese de vitaminas e aminoácidos indispensáveis ao ser humano até à quebra de açúcares complexos, que são importantes para a nossa alimentação. Cada pessoa tem pelo menos 170 espécies de bactérias no intestino. Uma população bacteriana está presente no intestino grosso, sendo responsável pela produção de vitaminas K, B12, tiamina, riboflavina e vários gases.

Alguns alimentos só são digeridos por causa de bactérias. Os ruminantes, por exemplo, possuem bactérias que digerem celulose, o que permite que eles aproveitem esse açúcar. Como os seres humanos não possuem esse tipo de bactéria, eles não digerem a celulose.

1. Podemos dizer que apenas o organismo humano é responsável pela digestão?

Glândulas anexas

O fígado desempenha muitas funções importantes no nosso organismo, como: metabolismo dos lipídios e das proteínas (conversão de amônia em ureia), síntese, armazenamento e quebra do glicogênio, síntese da maioria das proteínas do plasma, processamento de drogas e hormônios, destruição das células sanguíneas desgastadas, emulsificação da gordura durante o processo de digestão por meio da secreção da bile, entre outras. Além disso, o fígado armazena vitaminas, tais como: A, B12, D, E e K, e também minerais, como o ferro e o cobre. O fígado participa ainda da regulação do volume sanguíneo e tem uma importante ação depuradora contra substâncias nocivas ao organismo, como o álcool, a cafeína, as gorduras etc.

O pâncreas é uma glândula mista, que tem função endócrina, ao secretar os hormônios glucagon e insulina, e exócrina, ao produzir o suco pancreático, que contém enzimas digestivas que atuam no intestino delgado. Essas enzimas ajudam na digestão dos carboidratos, proteínas e gorduras.

Já as glândulas salivares se localizam na cavidade bucal e no entorno dela e produzem saliva, uma secreção composta por água e proteínas.

▶ O sistema digestório e a saúde

Várias doenças estão relacionadas com o sistema digestório. A úlcera péptica, por exemplo, é uma lesão que ocorre na parede do estômago ou do duodeno, sendo causada pelo ácido clorídrico, que a corrói. Geralmente isso não ocorre, mas fatores genéticos, medicamentos, infecção pela bactéria *Helicobacter pylori* e o estresse podem diminuir a proteção que o muco dá à parede do estômago e facilitar o aparecimento de úlceras.

Já a prisão de ventre, ou intestino preso, são nomes dados a um distúrbio caracterizado pela dificuldade de eliminar as fezes. É preciso considerar que não existe um padrão rígido para definir quantas vezes alguém deve eliminar as fezes por semana. Assim, geralmente, só se considera prisão de ventre se ocorrem duas ou menos evacuações por semana. As causas mais comuns são a falta de fibras na dieta, pouca ingestão de líquidos, sedentarismo e consumo excessivo de proteína animal e de alimentos industrializados. Geralmente, nesses casos, as fezes são ressecadas e duras, embora esses não sejam os únicos sintomas.

Diarreias ocorrem quando o número de evacuações aumenta e a consistência das fezes torna-se aguada. Isso indica a ocorrência de grande perda de água que pode ocasionar a desidratação do organismo. Ela pode ser causada por toxinas, infecções ou abuso de laxantes, entre outras.

Essas e diversas outras doenças relacionadas ao sistema digestório necessitam de avaliação médica. Assim, caso você note algum problema, é preciso procurar um médico.

Bactéria (*Helicobacter pylori*) que está relacionada ao aparecimento de úlceras pépticas, no estômago. Micrografia eletrônica de varredura; cores artificiais; ampliada cerca de 1800 vezes.

Atividades

1. Imagine que você comeu um sanduíche de pão, carne e queijo. Descreva o processo de digestão do sanduíche.

2. O esquema abaixo representa uma seção do tubo digestório humano com alguns anexos. Observe as indicações e responda às questões.

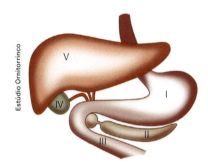

a) Cite o nome do substrato digerido pela principal enzima produzida em I.
b) Qual é a função da substância armazenada em IV?
c) Qual é o pH da região do tubo indicada como III?

3. O gráfico abaixo representa as atividades de duas enzimas do sistema digestório humano, avaliadas a 37 °C.

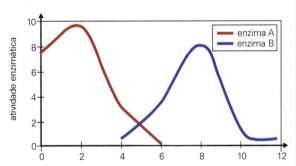

a) Onde age a enzima A? Justifique.
b) Cite uma enzima digestiva que apresente o padrão de atividade da enzima B e seu local de atuação.
c) Explique o que ocorreria com a atividade enzimática se, experimentalmente, a temperatura fosse aumentada para 60 °C.

CAPÍTULO 22

CIRCULAÇÃO

▶ Sistema cardiovascular ou circulatório

Esse sistema está relacionado com a circulação do **sangue**, um material composto por água, células, sais, gases e outros. O sangue circula pelo corpo humano inteiro dentro de vasos sanguíneos e desempenha funções relacionadas a transporte:

- dos gases respiratórios: oxigênio e gás carbônico;
- de nutrientes, da fonte até o local onde serão utilizados;
- das excreções até o local onde serão eliminadas;
- de produtos metabólitos produzidos em uma parte do corpo para outra parte, onde serão utilizados;
- de substâncias que regulam o funcionamento do organismo, como os hormônios, por exemplo.

O sistema cardiovascular humano possui, além do sangue, os seguintes componentes:

- bomba propulsora, o coração, formado por câmaras e paredes musculares capazes de pulsar;
- sistema de vasos sanguíneos, tubos elásticos por onde circula o sangue, e os vasos linfáticos, por onde circula a linfa;
- válvulas que se arranjam de tal modo que o sangue só circula em um único sentido, impedindo o refluxo.

Componentes do sangue

O sangue humano é composto por uma parte líquida, o plasma, e por elementos figurados: plaquetas, glóbulos vermelhos, também chamados de hemácias ou eritrócitos, e os glóbulos brancos, conhecidos também como leucócitos. O plasma corresponde a mais de 60% do volume total do sangue e contém água, oxigênio, glicose, proteínas, hormônios, vitaminas, gás carbônico, sais minerais, aminoácidos, lipídios, ureia etc.

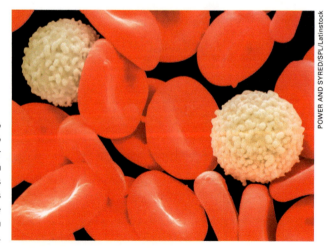

O sangue pode parecer um líquido uniforme, porém, quando observado ao microscópio, pode-se observar diversas estruturas, cada uma com diferentes funções, como as hemácias (vermelhas) e os glóbulos brancos (brancos). Micrografia eletrônica de varredura; cores artificiais; ampliada cerca de 5 000 vezes.

246 Unidade 6 Fisiologia humana

Os **glóbulos vermelhos** são células anucleadas que transportam oxigênio ou gás carbônico. Essas células vivem aproximadamente 120 dias. Elas são continuamente repostas pela medula óssea e contêm um pigmento, a hemoglobina, principal responsável pelo transporte de gás oxigênio.

A quantidade de hemácias na circulação de uma pessoa, entre outros fatores, depende também da altitude na qual ela se encontra. Em altitudes elevadas, por causa da rarefação do ar, o número de hemácias em circulação aumenta, o que compensa a baixa concentração de oxigênio na atmosfera. Em locais de baixa altitude, como cidades à beira-mar, ocorre o inverso.

Os **glóbulos brancos** têm papel importante no sistema imunológico. Já as **plaquetas** estão envolvidas na coagulação sanguínea.

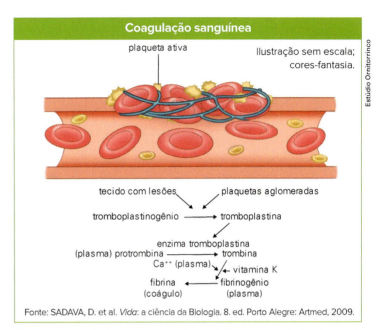

Fonte: SADAVA, D. et al. *Vida*: a ciência da Biologia. 8. ed. Porto Alegre: Artmed, 2009.

Ao romper a parede de um vaso sanguíneo, substâncias provenientes da parede vascular traumatizada e das plaquetas (como a enzima tromboplastina) ativam uma complexa rede de reações químicas em cascata, que, na presença de íons cálcio, convertem a proteína plasmática protrombina em enzima ativa trombina. A trombina converte o fibrinogênio em fibrina, que forma uma rede de filamentos que retém os elementos sanguíneos, formando o coágulo.

Vasos sanguíneos

Os vasos sanguíneos podem ser de três tipos básicos: **artéria**, **veia** e **capilares**.

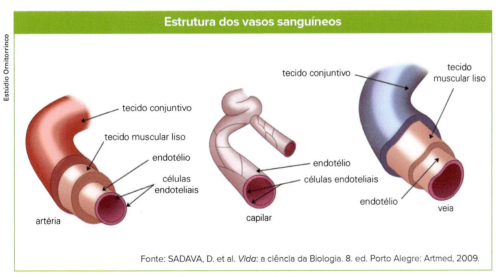

Fonte: SADAVA, D. et al. *Vida*: a ciência da Biologia. 8. ed. Porto Alegre: Artmed, 2009.

Ilustração sem escala; cores-fantasia.

As artérias têm paredes musculares mais espessas que as veias. Os capilares são compostos apenas por uma fina camada de células endoteliais e formam uma rede de comunicação entre veias, artérias e o ambiente externo aos vasos.

As artérias ramificam-se bastante e conduzem o sangue que sai do coração aos diversos órgãos. Nos órgãos, os ramos mais finos têm diâmetro de cerca de 0,01 mm e são denominados capilares. Os capilares se reúnem em vasos de calibres maiores, as veias, que conduzem o sangue de volta ao coração. A circulação, nos seres humanos, é do tipo fechada, porque o sangue sai e volta ao coração sem sair dos vasos sanguíneos. As trocas de substâncias entre o sangue e o corpo ocorrem nos capilares.

Coração

O coração é o órgão responsável pelo bombeamento do sangue para o corpo. Trata-se de um órgão muscular oco que se localiza no meio do peito, sob o osso esterno, ligeiramente deslocado para a esquerda. Em uma pessoa adulta, tem o tamanho aproximado de um punho fechado e pesa cerca de 400 gramas.

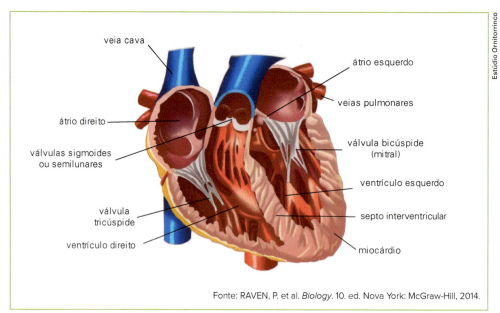

Ilustração sem escala; cores-fantasia.

Representação do coração humano em corte.

Fonte: RAVEN, P. et al. *Biology*. 10. ed. Nova York: McGraw-Hill, 2014.

Tem quatro câmaras, sendo dois átrios e dois ventrículos: o ventrículo direito, o ventrículo esquerdo, o átrio esquerdo e o átrio direito.

A câmara cardíaca que recebe sangue das veias é denominada aurícula ou átrio. A que impulsiona o sangue para a artéria é o ventrículo. As paredes dos ventrículos são mais espessas e musculosas do que as dos átrios e aplicam alta pressão no sangue, suficiente para que ele circule pelo corpo pelas artérias. A contração do coração é chamada sístole e o relaxamento, diástole.

Válvulas

A presença das válvulas tricúspide e mitral no coração impede o refluxo do sangue, fazendo com que ele circule sempre no mesmo sentido.

As veias levam sangue dos tecidos para o coração e possuem válvulas que impedem o sangue de refluir para os tecidos.

▶ Circulação sanguínea

No corpo humano, o percurso que o sangue corre é dividido em dois circuitos para facilitar o estudo. Como o sangue passa duas vezes pelo coração para dar uma volta completa no corpo, diz-se que a circulação humana é dupla, composta por dois circuitos:

- pequena circulação: coração – pulmões – coração;
- grande circulação: coração – sistemas – coração.

O sangue pode ser **venoso**, rico em gás carbônico, ou **arterial**, rico em gás oxigênio. Não há mistura de sangue nos seres humanos, o que caracteriza a circulação como completa. A figura a seguir exemplifica como ocorre a circulação sanguínea humana.

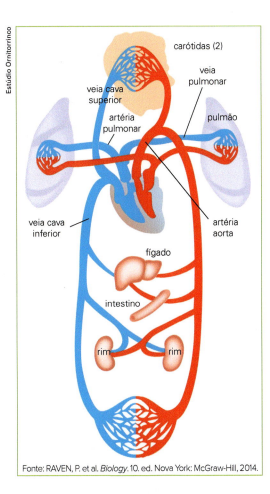

Fonte: RAVEN, P. et al. *Biology*. 10. ed. Nova York: McGraw-Hill, 2014.

Veja também

No endereço a seguir, você encontrará ilustrações e animações que ajudarão a compreender a circulação humana:
<www.educadores.diaadia.pr.gov.br/arquivos/File/2010/objetos_de_aprendizagem/CIENCIAS/sistcardiov.swf>. Acesso em: 25 fev. 2016.

Ilustração sem escala; cores-fantasia.

O sangue venoso azul é recolhido do corpo e conduzido ao coração pelas veias cavas, até o átrio direito. Passa do átrio direito para o ventrículo direito pela válvula tricúspide. Sai do ventrículo direito pelas artérias pulmonares, indo para os pulmões. Nos pulmões, o sangue venoso é oxigenado e passa a ser arterial vermelho. Agora, o sangue arterial é conduzido ao coração pelas veias pulmonares e chega ao átrio esquerdo; deste, vai para o ventrículo esquerdo através da válvula bicúspide ou mitral. No ventrículo esquerdo, o sangue arterial é altamente pressionado e impulsionado para a artéria aorta, que o distribui para todo o organismo, de onde ele volta ao coração pela veia cava. A parte azul indica sangue venoso, e a vermelha, arterial.

Foco em saúde

Medindo a pulsação

Junte seu dedo indicador ao dedo médio e encoste-os no pulso do outro braço. Você sentirá a pulsação da artéria radial. A pulsação corresponde às variações de pressão sanguínea na artéria durante os batimentos cardíacos. A **pressão sanguínea** é a pressão exercida pelo sangue nas paredes dos vasos.

A pulsação pode ser sentida em outros locais do corpo, como na artéria carótida, femoral ou braquial. A medida é útil em casos de emergência para verificar como estão os batimentos cardíacos de uma pessoa, já que a pulsação é o reflexo das batidas do coração nas artérias.

Pressão alta ou pressão baixa?

A pressão arterial, bem como a de todo o sistema circulatório, encontra-se normalmente um pouco acima da pressão atmosférica, sendo a diferença de pressões responsável por manter as artérias e os demais vasos "inflados".

Pressão arterial sistólica – geralmente esse valor é denominado pressão arterial máxima e corresponde ao valor medido no momento em que o ventrículo esquerdo bombeia uma quantidade de sangue para a aorta. Normalmente, esse valor pode variar entre 120 e 140 mmHg. Pressão arterial diastólica – normalmente, esse valor é conhecido como pressão arterial mínima e corresponde ao momento em que o ventrículo esquerdo volta a se encher para retomar todo o processo da circulação. Esse valor, geralmente, está próximo de 80 mmHg.

A pressão elevada pode danificar os vasos do sistema circulatório, que tendem a romper, causando os acidentes vasculares. A pressão baixa pode interferir no fornecimento de gases e materiais às células.

Em termos gerais, os valores 120/80 mmHg são os considerados ideais. O local mais comum de verificação da pressão arterial é o braço, usando como ponto de ausculta a artéria braquial. O equipamento usado é o esfigmomanômetro ou tensiômetro. Para auscultar os batimentos, usa-se o estetoscópio.

1. Qual a importância de se verificar a pressão?

Circulação **Capítulo 22** 249

▶ Circulação linfática

A circulação linfática nos vertebrados se relaciona com a circulação da linfa, que ocorre nos **vasos linfáticos**.

Durante a circulação do sangue, juntamente com alguns glóbulos brancos, sai dos vasos sanguíneos sob pressão um pouco de líquido que entra no espaço entre as células corpóreas (espaços intersticiais). Esse líquido constitui a **linfa**. Ela é captada e conduzida por vasos linfáticos, caso contrário, a linfa se acumularia nos tecidos, ocasionando inchaços conhecidos como edemas linfáticos.

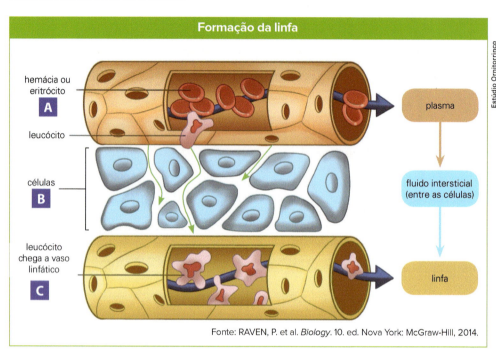

As ilustrações desta página estão sem escala; cores-fantasia.

Formação da linfa. (**A**) líquido, com leucócitos, extravasa para o espaço entre as células. (**B**) Não podem ficar neste local, pois podem causar edemas. (**C**) A linfa então é recolhida pelos vasos linfáticos e reconduzida ao sangue.

Fonte: RAVEN, P. et al. *Biology*. 10. ed. Nova York: McGraw-Hill, 2014.

Os vasos linfáticos têm fundo cego, isto é, possuem uma extremidade fechada. Eles transportam a linfa recolhida nos tecidos de volta para o sangue, local de sua origem.

A linfa também possui uma parte celular, constituída por leucócitos, e não apresenta hemácias. Pela circulação linfática, partículas estranhas, como bactérias, também podem ser levadas do local de entrada para outras partes do corpo. A linfa passa por gânglios linfáticos, ou linfonodos, estruturas que filtram a linfa e onde os leucócitos eliminam as substâncias estranhas. Quando isso ocorre, o linfonodo pode inchar e se tornar detectável pelo toque, indicando que há uma infecção no corpo. O inchaço formado pelos linfonodos é popularmente conhecido como íngua.

Fonte: RAVEN, P. et al. *Biology*. 10. ed. Nova York: McGraw-Hill, 2014.

O sistema linfático é composto de linfa e vasos e gânglios linfáticos. Os vasos recolhem o líquido intersticial (de entre as células) e os gânglios filtram a linfa. Os nódulos, representados por pontos escuros na figura, estão concentrados em algumas regiões do corpo, como as axilas, a virilha e o pescoço.

Foco em saúde

Doenças cardiovasculares causam quase 30% das mortes no país

As doenças cardiovasculares são responsáveis por 29,4% de todas as mortes registradas no País em um ano. Isso significa que mais de 308 mil pessoas faleceram principalmente de infarto e acidente vascular cerebral (AVC). Estudos do Instituto Dante Pazzanese de Cardiologia (São Paulo) mostram que 60% dessas vítimas são homens, com média de idade de 56 anos. A alta frequência do problema coloca o Brasil entre os 10 países com maior índice de mortes por doenças cardiovasculares.

As doenças cardiovasculares são aquelas que afetam o coração e as artérias, como os já citados infarto e acidente vascular cerebral, e também arritmias cardíacas, isquemias ou anginas. A principal característica das doenças cardiovasculares é a presença da aterosclerose, acúmulo de placas de gorduras nas artérias ao longo dos anos que impede a passagem do sangue.

Para funcionar, o corpo humano precisa de oxigênio. O sangue sai do coração com oxigênio e atinge todos os órgãos por meio das artérias; depois, volta ao coração para se reabastecer de oxigênio. Quando as artérias fecham (aterosclerose), ocorre um infarto na região que não recebeu o oxigênio. Basta não receber oxigênio, para região entrar em colapso.

As causas da aterosclerose podem ser de origem genética, mas o principal motivo para o acúmulo é comportamental. Obesidade, sedentarismo, tabagismo, hipertensão, colesterol alto e consumo excessivo de álcool são as principais razões para a ocorrência de entupimentos das artérias. Esses comportamentos foram apontados pelo estudo Afirmar (Fatores de Risco Associados com o Infarto do Miocárdio no Brasil), o maior já realizado no País, realizado pelo Instituto Dante Pazzanese de Cardiologia. [...]

Segundo o estudo, o homem fumante tem cinco vezes mais chance de ter um infarto que o não fumante. Os riscos provocados pelo comportamento superam inclusive histórico familiar de doença cardiovascular. Estudo recente do Hospital do Coração (HCor), de São Paulo, apontou que também jovens entre 20 e 40 anos estão tendo mais problemas cardiovasculares, como infartos. Segundo Ricardo Pavanello, supervisor de cardiologia do HCor e autor do estudo, os casos nesta faixa etária já representam, em média, 12% do total. Há dez anos, esse número não passava de 6%. As razões, segundo o médico, são estresse associado ao fumo e a outros fatores de risco, como peso acima do ideal.

Para evitar sustos, a melhor conduta é a prevenção. Consultas regulares ao médico são essenciais para medir pressão arterial, controle de peso, orientação nutricional, além de avaliação física. "Homens sem histórico familiar de doenças cardiovasculares podem visitar o médico a cada cinco anos até completar 40 anos e uma vez por ano a partir dessa idade", orienta José Carlos Nicolau, diretor da Unidade Coronariopatia Aguda do Instituto do Coração do Hospital das Clínicas da Faculdade de Medicina da Universidade de São Paulo (Incor). Já para quem tem histórico familiar, a frequência deve [ser] de ao menos uma consulta por ano.

A visita regular é necessária inclusive para serem identificados os fatores de risco. Talvez o paciente ainda esteja na fase pré-clínica do problema e seja possível evitar o pior. Nesta fase 1 a pessoa demonstra poucos sintomas, explica o cardiologista Dikran Arnaganijan, diretor da Promoção de Saúde Cardiovascular da Sociedade Brasileira de Cardiologia. Na fase 2, a doença já se instalou, e os sintomas começam a aparecer – dor no peito, falta de ar, palpitações, insuficiência cardíaca, isquemias, dores de cabeça. Na fase 3, ocorrem as dores agudas, sinal de complicações cardiovasculares severas.

Infelizmente, a prevenção masculina começa apenas quando o homem está na fase 2, ou até mesmo na 3. São comuns relatos de pacientes que sentiram cansaço repentino, uma dor de cabeça extremamente forte ou ainda uma falta de ar intensa e só no hospital, depois de exames, descobriram que tinham alguma doença cardiovascular.

O comportamento preventivo ajuda, porém não afasta as chances de o problema aparecer. Um em cada dois homens pode ter alguma doença cardiovascular depois dos 60 anos. "Por isso que manter uma dieta saudável, fazer exercícios físicos regulares e deixar de fumo são importantes. Mas, às vezes, ainda é insuficiente e o médico precisa indicar o uso de medicamentos para, por exemplo, manter o colesterol em bons níveis", diz Nicolau, do Incor.

Portal Brasil. Disponível em: <www.brasil.gov.br/saude/2011/09/doencas-cardiovasculares-causam-quase-30-das-mortes-no-pais>. Acesso em: 22 fev. 2016.

1. Você sabe se há histórico de doença cardiovascular na sua família? Como essa informação pode ser útil?

▶ As defesas do corpo

Em alguns dos organismos pluricelulares, como o nosso, as células especializadas nas mesmas funções se encontram reunidas em tecidos, assumindo o formato mais adequado para desempenhar eficientemente suas tarefas.

Os tecidos reunidos no nosso organismo encontram-se organizados e funcionam de modo extremamente regulado, formando um conjunto harmônico e cooperativo.

Circulação **Capítulo 22** 251

Tudo indica que há, entre as células de um mesmo organismo, uma forma de identificação mútua, uma espécie de "senha", localizada no glicocálix, na membrana celular. Essa senha é composta por moléculas que são identificadas por outras células.

Esquema de membrana celular

As ilustrações desta página sem escala; cores-fantasia.

Na membrana celular existem lipoproteínas, que são diferentes em cada organismo. Essas diferenças permitem identificar se uma célula é de um mesmo organismo ou de outro.

Fonte: RAVEN, P. et al. *Biology*. 10. ed. Nova York: McGraw-Hill, 2014.

As células se reconhecem quando apresentam a mesma "senha". Em consequência, aceitam-se mutuamente e podem até estabelecer uma relação de colaboração entre elas. Assim, por exemplo, uma célula localizada no pé de uma pessoa consegue identificar e reconhecer outras, de qualquer parte do mesmo corpo, inclusive as distantes, como as do cérebro. Essa condição permite que se façam transplantes de uma parte para outra do mesmo corpo, como pedaços de pele.

Células constituintes de corpos diferentes têm "senhas" diferentes. Nesse caso, quando colocadas em contato, rejeitam-se mutuamente.

Imunológico: do latim *immune*, que significa "livre", "isento de".

Em um transplante, por exemplo, a célula de um órgão transplantado, por ter moléculas diferentes do restante das células do corpo que recebeu o transplante, é identificada como estranha e invasora. Inicia-se assim uma série de mecanismos de defesa pelos quais o organismo tenta eliminar as células invasoras, o que caracteriza uma **resposta imune** ou imunológica. Um procedimento semelhante acontece com as proteínas estranhas, como as de venenos. Qualquer elemento que desencadeie uma resposta imune é chamado de **antígeno**.

Para se defender, o organismo dispõe do sistema **imunológico**, que pode ter seus mecanismos de defesa classificados em dois tipos:

Defesa humoral: caracteriza-se por utilizar moléculas para defender o corpo. Algumas células encarregadas da defesa do nosso organismo são especializadas em produzir substâncias que anulam, inibem ou destroem antígenos. Essas substâncias são proteínas chamadas de anticorpos, e só são produzidas quando o antígeno é identificado pelo corpo e os linfócitos B, que produzem os anticorpos, são estimulados. Os anticorpos são específicos para determinado antígeno.

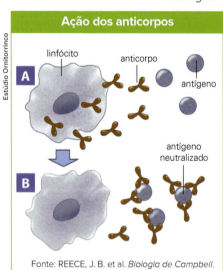

Fonte: REECE, J. B. et al. *Biologia de Campbell*. 10. ed. Porto Alegre: Artmed, 2015.

(**A**) Alguns linfócitos produzem anticorpos.
(**B**) Esses anticorpos são moléculas específicas que neutralizam antígenos.

Defesa celular: caracteriza-se por utilizar células para defender o corpo. Os neutrófilos e os macrófagos, que se encontram no sangue, defendem nosso organismo, sendo especializados em fagocitar células invasoras; os macrófagos, após fagocitarem células invasoras, as apresentam aos linfócitos B, que produzem anticorpos. Os linfócitos T citotóxicos, ou linfócitos CD8, são especializados em reconhecer e matar as células corporais alteradas, como as infectadas por vírus. Outros linfócitos, os linfócitos T auxiliadores ou linfócitos CD4, comandam parte da resposta imunitária. Eles recebem informações dos macrófagos sobre a presença de invasores do corpo e coordenam os linfócitos B e os linfócitos T citotóxicos a combatê-los.

Além desses mecanismos de defesa do organismo, há outros, que tentam impedir que microrganismos o invadam.

A pele é uma das principais barreiras físicas, pois atua como escudo contra a penetração de células invasoras. Ela é muito mais do que uma simples cobertura, pois atua na regulagem da temperatura do nosso corpo, além de nos proteger contra a fricção, os agentes nocivos (substâncias químicas) e os microrganismos.

Algumas regiões do corpo, como a boca, os olhos, as narinas, o ânus e a uretra, constituem-se em portas de entrada de agentes patogênicos. A saliva, além de participar da digestão, ajuda a impedir que ocorram contaminações na boca; a lágrima protege os olhos, pois contém poderosos germicidas.

Nas narinas, há vários pelos, chamados de vibrissas, recobertos por muco (substância viscosa e pegajosa), nos quais se aderem partículas que penetram com o ar em direção aos pulmões. Esse processo equivale a uma filtração. Nos pulmões, existe grande quantidade de macrófagos, que combatem qualquer célula invasora que chegue até ele. Além disso, os brônquios e a traqueia estão recobertos, internamente, por muco, no qual grudam as partículas e as células invasoras. A traqueia e os brônquios estão aparelhados para recolher e encaminhar esse muco para a faringe e para o tubo digestivo, onde é digerido.

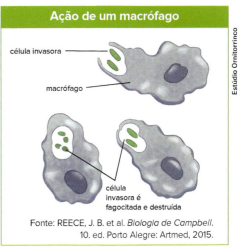

Ação de um macrófago

Fonte: REECE, J. B. et al. *Biologia de Campbell*. 10. ed. Porto Alegre: Artmed, 2015.

Células do sistema imune podem fagocitar corpos estranhos, envolvendo-os e digerindo-os. Algumas células apresentam corpos estranhos a outras, o que ajuda a desencadear respostas imunológicas.

Ilustração sem escala; cores-fantasia.

Tipos de imunização

Quando um vírus, por exemplo, que se encontra no ambiente, consegue penetrar no nosso corpo, é desencadeada a produção de anticorpos contra ele depois de algum tempo. O contágio ocorrido dessa maneira é involuntário e natural.

Enquanto o organismo produz os anticorpos, os sintomas da doença aparecem. Com o passar do tempo, a quantidade de anticorpos produzidos aumenta e atinge níveis suficientes para combater e eliminar esse vírus. Nesse estágio, geralmente, os sintomas regridem e ocorre a cura. Esses anticorpos não permanecerão no corpo da pessoa que contraiu a doença pelo resto da vida, mas formam-se células de memória, que, em caso de um segundo contato com esse mesmo antígeno, vão desencadear rapidamente a produção de anticorpos para evitar que apareçam os sintomas da doença. Nesse caso, a imunização foi desenvolvida naturalmente. Como o organismo foi ativado para produzir os anticorpos, dizemos que a imunização obtida dessa forma é a **imunização ativa natural**.

Durante o período de amamentação, o recém-nascido tem baixa capacidade de produzir anticorpos. Essa deficiência é suprida pelo leite materno, que contém os anticorpos que a mãe produziu para combater as doenças com as quais ela entrou em contato ou contraiu durante sua vida, conferindo-lhe proteção e imunidade. Note, nesse caso, que o corpo da criança não produziu os anticorpos; elas os recebeu de outro corpo, o da mãe. Então, dizemos que ele teve uma **imunização passiva natural**.

Uma forma artificial de provocar, intencionalmente, a produção de anticorpos é por meio das vacinas. A vacina é produzida com o antígeno enfraquecido ou atenuado. Portanto, quando uma pessoa é vacinada, por exemplo, contra a poliomielite, ela recebe o vírus atenuado da poliomielite, em pequena quantidade, de tal modo que não provoque a doença, mas estimule o organismo a produzir os anticorpos. A vacinação induz à formação de células de memória, que organiza rapidamente uma resposta imune específica contra esse vírus, caso ele seja contraído. Dizemos, então, que ocorreu a **imunização ativa artificial**.

Quando há risco de uma infecção evoluir rapidamente, de tal forma que o organismo não disporá de tempo suficiente para produzir os anticorpos, emprega-se, como forma de imunização, o soro imunológico, uma solução que contém anticorpos contra determinado antígeno, como um veneno.

O soro deve ser utilizado quando o tratamento precisa ser feito o mais rápido possível, como no caso do tétano. Para combater a infecção contra o bacilo tetânico (*Clostridium tetani*), o soro antitetânico é o único medicamento eficaz para a neutralização das toxinas do bacilo. Nesse caso, dizemos que ocorreu a **imunização passiva artificial**.

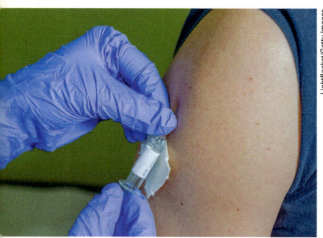

Campanhas de vacinação são uma forma de estimular a imunização ativa artificial.

Veja também

No endereço a seguir, você pode conferir as vacinas recomendadas em cada fase da vida e obter mais informações sobre elas: <www.sbim.org.br/vacinacao/>. Acesso em: 22 fev. 2016.

Atividades

1. Observe o esquema ao lado.
   a) Que vasos transportam sangue arterial?
   b) Que vasos transportam sangue venoso?
   c) Para onde vai o sangue que está no átrio esquerdo (AE)?
   d) Para onde vai o sangue que sai do ventrículo esquerdo (VE)?

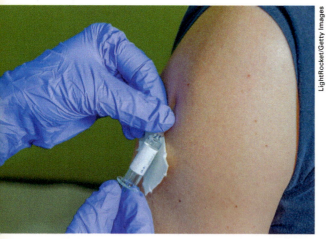

2. Qual é o caminho de uma hemácia do sangue humano desde o ventrículo direito até o átrio esquerdo? Qual é a importância dessa circulação?

3. Algumas crianças nascem com uma fissura entre o ventrículo esquerdo e o direito, chamada de comunicação interventricular. Que consequências imediatas essa fissura causam à criança?

4. Uma pessoa procurou um médico porque seus gânglios linfáticos estavam inchados e doloridos. O que pode estar ocorrendo com o paciente?

5. Qual é a importância da vacinação?

6. Depois de entrar em contato com um veneno, uma pessoa tomou um soro e voltou a ficar saudável. Porém, ela foi avisada pelo médico de que não poderia tomar aquele soro novamente, pois ele não teria efeito. Por que isso ocorre?

CAPÍTULO 23
RESPIRAÇÃO

O termo "respiração" pode ter dois significados, quando nos referimos à fisiologia. Um deles é o processo de geração de energia que ocorre nas células: a respiração celular. O outro é a troca de gases que ocorre nos pulmões: a respiração pulmonar. Embora sejam processos diferentes, ambos envolvem os gases carbônico (CO_2) e oxigênio (O_2).

Na respiração pulmonar, ocorrem trocas de substâncias entre o ser humano e o ambiente. Elas podem ocorrer pelo nariz ou pela boca.

▶ Sistema respiratório

O sistema respiratório humano é composto por vias respiratórias, pulmões e alvéolos. Essas vias permitem que o ar seja captado do ambiente, chegue aos alvéolos nos pulmões, ocorra a **hematose**, que é a troca de gases por difusão entre o ar e o sangue que chega aos alvéolos, e o ar seja devolvido ao ambiente após essa troca. Na hematose, o corpo humano capta o gás oxigênio do ar e libera gás carbônico para o ambiente.

Os seres humanos possuem as seguintes vias respiratórias: fossas nasais, boca, faringe, laringe, traqueia, brônquios e bronquíolos. Ao passar por essas vias, o ar é filtrado, umedecido e aquecido.

As fossas nasais tem a função de filtrar, umedecer e aquecer o ar. Esses processos não ocorrem quando o ar é inspirado pela boca. Depois de entrar pela boca ou pelas fossas nasais, o ar vai para a faringe e depois para a laringe. Na entrada da laringe está localizada uma estrutura denominada **epiglote**, que atua como uma válvula. Quando engolimos, a laringe eleva-se e sua entrada é fechada pela epiglote, o que impede que alimentos se encaminhem às vias respiratórias, o que pode causar engasgos. Na laringe também se encontram as pregas vocais ou cordas respiratórias.

Depois de passar pela laringe, o ar segue para a traqueia e se divide em dois tubos, os brônquios, que se dividem em tubos cada vez mais finos, os bronquíolos. Os bronquíolos terminam em pequenas bolsas de parede extremamente fina e ricamente vascularizadas, chamadas de **alvéolos**, onde ocorre a hematose.

Ilustração sem escala; cores-fantasia.

Esquema de respiração pulmonar

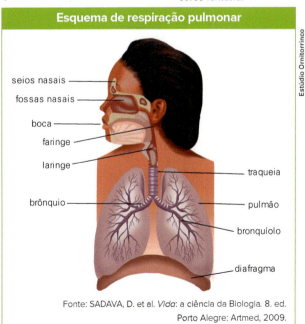

Fonte: SADAVA, D. et al. *Vida*: a ciência da Biologia. 8. ed. Porto Alegre: Artmed, 2009.

Sistema respiratório humano.

A traqueia, os brônquios e os bronquíolos possuem, em seu interior, diversos cílios e glândulas produtoras de muco. Bactérias, partículas e sujidades aderem ao muco, que é encaminhado à garganta devido à movimentação dos cílios, e de lá segue para o sistema digestório. O ar contendo oxigênio penetra pelas vias respiratórias, chega aos alvéolos, atravessa sua parede e atinge o sangue. O gás carbônico dos capilares atravessa as paredes dos alvéolos e é eliminado pelas vias respiratórias. As trocas de gases nos alvéolos ocorrem por difusão.

Pulmões e as trocas gasosas

Os pulmões, formados pelos bronquíolos e pelos alvéolos, pesam aproximadamente 1 kg e contêm cerca de 250 milhões de alvéolos, cujo diâmetro médio é de 0,1 mm, o que proporciona uma superfície de aproximadamente 100 m² para as trocas gasosas entre o ar alveolar e o sangue dos capilares. Ocorre tanto a entrada quanto a saída de ar dos pulmões, porém, se mantém um ar residual nos pulmões, que não é expulso. Ele serve para manter abertos os condutos e os alvéolos. Se os pulmões se esvaziassem totalmente, não seria possível enchê-los novamente.

Hematose

O sangue que chega aos alvéolos é rico em CO_2, e o que sai, rico em O_2. Já o ar que chega aos alvéolos é rico em O_2, e o que sai é rico em CO_2. Dessa maneira, percebe-se que o sangue transfere CO_2 para o ar e capta O_2. Essas trocas gasosas entre os alvéolos e o sangue ocorrem por difusão, e a estrutura dos alvéolos, com paredes finas, úmidas e vascularizadas ajuda a aumentar a eficiência desse processo.

Ilustração sem escala; cores-fantasia.

O ar contendo oxigênio penetra pelas vias respiratórias, chega aos alvéolos e atravessa sua parede, atingindo o sangue. O gás carbônico dos capilares venosos atravessa as paredes dos alvéolos e é eliminado pelas vias respiratórias.

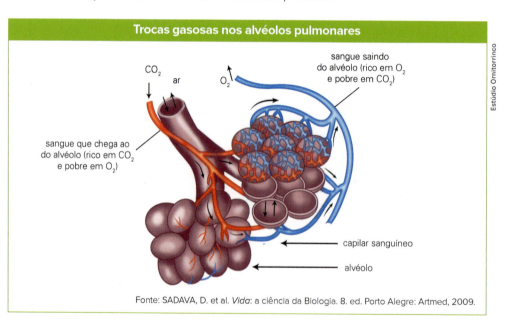

Fonte: SADAVA, D. et al. *Vida*: a ciência da Biologia. 8. ed. Porto Alegre: Artmed, 2009.

No sangue, o O_2 é transportado, em sua maior parte, ligado à hemoglobina das hemácias, embora uma parte seja diluída no sangue. Já o CO_2 é transportado, em sua maior parte, diluído no sangue. Essa molécula participa da seguinte reação no sangue:

$$CO_2 + H_2O \rightleftharpoons \langle H_2CO_3 \rangle \rightleftharpoons H^+ + HCO_3^-$$

gás carbônico — água — ácido carbônico — íon hidrogênio — íon bicarbonato

Grande parte do CO_2 é transportado no sangue na forma de íons bicarbonato, HCO_3^-. Ele afeta a regulação do pH sanguíneo. O bulbo, estrutura localizada entre a medula espinal e o cérebro, regula o ritmo respiratório. Ele é sensível à concentração de ácido carbônico (H_2CO_3) bicarbonato (HCO_3^-) do sangue. À medida que mais gás carbônico é lançado em circulação, mais ácido carbônico é formado e, por consequência, a acidez sanguínea aumenta. Quando isso ocorre, o bulbo estimula o aumento do ritmo respiratório, incrementando a ventilação dos alvéolos, que é a entrada e saída de ar. Nos alvéolos, ocorre a formação de H_2O e CO_2, a partir de H^+ e HCO_3^-. Esse gás, por sua vez, passa do sangue para a cavidade alveolar, sendo, portanto, eliminado. Com a eliminação do gás carbônico, a acidez sanguínea reduz. Assim, é a quantidade de gás carbônico no sangue que regula o ritmo respiratório.

Conexões
Os conceitos de pH e equilíbrio químico são importantes para entender o transporte de CO_2 pelo sangue e como ele altera o pH. Esses conteúdos são estudados em Química.

O transporte de gás oxigênio e as hemácias

A maior parte do gás oxigênio é transportado nas hemácias, ligado à hemoglobina, uma proteína que contém ferro em sua composição. O gás oxigênio tem afinidade com a hemoglobina, e quatro moléculas desse gás se ligam em cada proteína. Essa afinidade é maior na região dos pulmões e diminui nos tecidos, onde a hemoglobina libera o oxigênio. Esse mecanismo está relacionado com a pressão que o gás oxigênio faz.

Em grandes altitudes, locais com baixa pressão atmosférica, a pressão do gás oxigênio é baixa, o que diminui sua afinidade com a hemoglobina e dificulta o transporte desse gás, podendo causar falta de folego e cansaço. Porém, o corpo humano tem maneiras de compensar essa diferença de afinidade e, após alguns dias em grandes altitudes, o transporte de oxigênio pelas hemácias fica normalizado.

Movimentos respiratórios

Os movimentos respiratórios são provocados pelos músculos intercostais (entre as costelas) e o diafragma, e são responsáveis pela ventilação pulmonar e a renovação do ar dos pulmões, composta por uma **inspiração** – entrada de ar nos pulmões – e uma **expiração** – saída do ar dos pulmões.

O **diafragma** é um músculo laminar, exclusivo dos mamíferos, que separa o tórax do abdômen. A contração dos intercostais eleva as costelas, e o diafragma abaixa ao se contrair, comprimindo o abdômen. A contração desses músculos provoca a entrada de ar, a inspiração. O relaxamento deles provoca a eliminação do ar, a expiração.

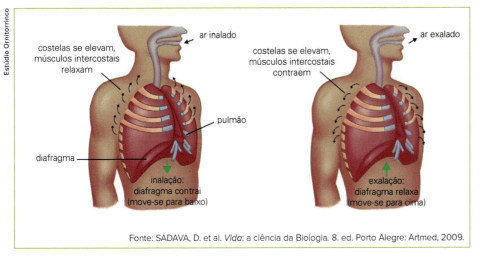

Ilustração sem escala; cores-fantasia.

Movimentos de inspiração e expiração. Na inspiração, o diafragma e os músculos intercostais se contraem, e a caixa torácica é expandida, fazendo com que o ar entre nos pulmões. Na expiração, o diafragma e os músculos intercostais relaxam, forçando a saída do ar.

Fonte: SADAVA, D. et al. Vida: a ciência da Biologia. 8. ed. Porto Alegre: Artmed, 2009.

▶O sistema respiratório e a saúde

Diversas doenças podem afetar o sistema respiratório. A asma é uma inflamação crônica que diminui o calibre dos brônquios e obstrui a entrada do ar. As causas podem ser hereditárias ou ambientais e atingem a mucosa brônquica. Já a tuberculose é uma doença infecciosa causada por uma bactéria, que pode afetar, além dos pulmões, a laringe, a pele, os intestinos, os ossos e até o sistema nervoso. A sinusite corresponde a uma inflamação que ocorre na mucosa nasal e nos sinus da face, cavidades nos ossos.

A gripe e o resfriado são doenças causadas por vírus diferentes. O resfriado, em geral, é mais brando e atinge as vias aéreas superiores. A gripe tem sintomas mais intensos: deixa a pessoa com febre e dores no corpo.

Para manter a saúde do sistema respiratório, recomenda-se manter os ambientes limpos e ventilados; e sempre que tossir ou espirrar, deve-se proteger a boca e o nariz. Se sentir algum desconforto para respirar, procure um médico.

Para explorar

O tabagismo é um hábito que causa diversas alterações fisiológicas no corpo humano, além de estar ligado a uma grande quantidade de problemas de saúde. Em grupo, faça uma pesquisa sobre os efeitos do tabagismo nos sistemas respiratório e circulatório e responda à seguinte pergunta: como remediar os efeitos causados pelo tabagismo no corpo? Prepare uma apresentação para a classe, que leve cerca de 5 minutos, para mostrar os resultados.

Atividades

1. Descreva o caminho que o ar faz da narina até os alvéolos.

2. Qual é a diferença entre a respiração pulmonar e a respiração celular?

3. É recomendável que jogadores de futebol que vivem em São Paulo (cerca de 700 m de altitude), por exemplo, quando têm de jogar em cidades com grande altitude, como La Paz, na Bolívia (3 650 m de altitude), viajem uma semana antes do jogo. Explique o porquê desse procedimento.

4. O monóxido de carbono (CO) é absorvido nos pulmões e reage com a hemoglobina do sangue, com a qual forma um complexo (COHb) 210 vezes mais estável do que a oxiemoglobina (O_2Hb). Qual é o prejuízo imediato para as células que decorre da inalação de CO por uma pessoa? Explique.

5. No procedimento popularmente conhecido como respiração boca a boca, uma pessoa inspira e depois expira pela boca, fazendo com que a outra pessoa receba seu ar expirado para que volte a respirar normalmente. O que isso indica sobre o ar expirado?

CAPÍTULO 24
EXCREÇÃO

Excretas são resíduos metabólicos que devem ser eliminados do organismo, já que são tóxicos em determinada concentração. Todos os organismos produzem alguns tipos de excretas, e um dos principais tipos são as excretas nitrogenadas, ou seja, que contêm nitrogênio. Elas são formadas, principalmente, no metabolismo de proteínas e nucleotídeos. Entre os tipos de excretas nitrogenadas pode-se citar a amônia, o ácido úrico e a ureia, sendo que esta última é a principal excreta nitrogenada dos seres humanos.

A excreção é o processo que elimina as excretas. Ela também apresenta outras funções:

- Osmorregulação (ou regulação hídrica), que é a capacidade de manter constante a concentração dos fluidos internos do corpo, controlando a quantidade de água a ser perdida na excreção.
- Regulagem iônica, ou seja, a manutenção da concentração de íons e sais no organismo. Essa regulação envolve gasto energético.
- Eliminação dos resíduos do metabolismo do organismo.
- Manutenção do equilíbrio dinâmico interno ou **homeostase**, que é a tendência dos organismos em manter constantes as condições do seu meio interno.

▶ Sistema urinário

O sistema urinário humano é constituído por dois rins, dois ureteres, uma bexiga e uma uretra. Sua função é filtrar o sangue e eliminar excretas pela urina, que é o líquido resultante da filtragem sanguínea. Esse processo acontece nos **néfrons**, estruturas que se encontram nos rins. Em cada rim há cerca de 1 milhão de néfrons.

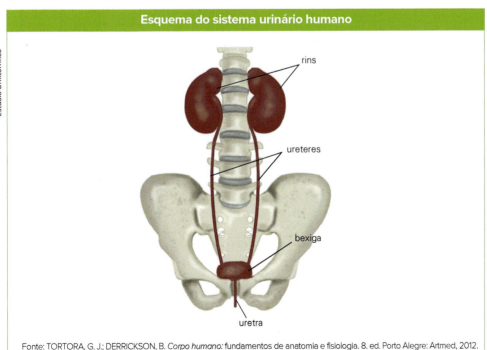

Esquema do sistema urinário humano

Fonte: TORTORA, G. J.; DERRICKSON, B. *Corpo humano*: fundamentos de anatomia e fisiologia. 8. ed. Porto Alegre: Artmed, 2012.

Ilustração sem escala; cores-fantasia.

O ser humano possui dois rins, um de cada lado do corpo. É possível sobreviver com apenas um rim, o que permite doar um órgão caso alguém necessite.

Estrutura do néfron

Um néfron é formado por tubos e capilares sanguíneos. O glomérulo renal (ou glomérulo de Malpighi) é um enovelado de capilares por onde passa o sangue arterial que penetrou no rim. No glomérulo, devido à alta pressão sanguínea, um fluido composto de água, íons, sais minerais e compostos orgânicos de baixo peso molecular passa pela parede dos capilares. As células e as moléculas de pesos moleculares elevados (proteínas e lipídios) permanecem no interior dos capilares. Esse processo é conhecido por **filtração**, e o fluido que sai do glomérulo, denominado filtrado, é captado pela cápsula renal (ou cápsula de Bowman), que envolve o glomérulo.

Ligado à cápsula renal está o túbulo renal, dividido em três regiões: túbulo contornado proximal, alça néfrica (também conhecida como alça de Henle) e túbulo contornado distal. O túbulo renal é envolvido por uma malha de capilares, por onde circula o sangue proveniente do glomérulo após a filtração. As paredes do túbulo renal são formadas por células especializadas na realização do transporte ativo. À medida que o filtrado circula pelo túbulo renal ocorre a reabsorção, na qual o sangue readquire grande parte do filtrado e se recompõe. A reabsorção do sódio é ativa, enquanto a da água é passiva, por osmose. O filtrado que chega na porção terminal do túbulo contornado distal, lançado no duto coletor, já pode ser chamado de urina. Devido à absorção de água, que ainda ocorre no duto coletor, a urina torna-se mais concentrada. Substâncias como a glicose e os aminoácidos são totalmente reabsorvidas, por isso não são encontradas na composição normal da urina.

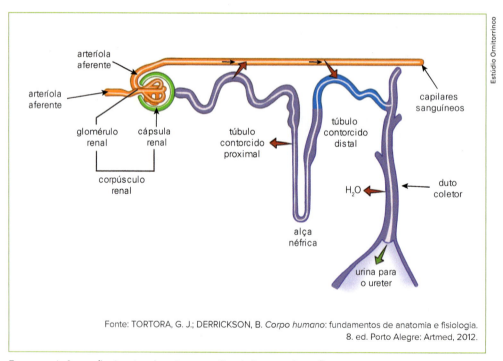

Ilustração sem escala; cores-fantasia.

Fonte: TORTORA, G. J.; DERRICKSON, B. *Corpo humano*: fundamentos de anatomia e fisiologia. 8. ed. Porto Alegre: Artmed, 2012.

Esquema da formação da urina. As setas vermelhas indicam reabsorção.

Estima-se que cerca de 180 litros de filtrado glomerular são formados a cada dia e que menos de 1% desse volume, cerca de 1,5 litro por dia, é eliminado como urina. Esses dados indicam que 99% do filtrado é reabsorvido nos túbulos renais e que o sangue é filtrado 40 vezes por dia.

Substâncias indesejáveis, como fosfatos, sulfatos, nitratos, ácido úrico, ureia e fenóis, denominadas produtos finais do metabolismo, prejudicam o organismo e são eliminadas na urina. O duto coletor encaminha a urina coletada pelos néfrons para o ureter, que desemboca na bexiga, onde a urina é armazenada. De lá, ela é eliminada do corpo pela uretra.

Para explorar

Uma das principais maneiras de detectar se uma pessoa está utilizando substâncias proibidas, como no caso de competições esportivas, é pelo exame de urina. Faça uma pesquisa e responda: por que esse tipo de exame é indicado nessa situação?

Controle hormonal da excreção

O **hormônio antidiurético** (ADH) regula a formação de urina. Ele é produzido no hipotálamo e armazenado na glândula hipófise, de onde é lançado na corrente sanguínea. O ADH tem a função de aumentar a permeabilidade nos dutos coletores renais, o que aumenta a reabsorção da água e diminui a pressão osmótica do sangue.

Nas atividades físicas extenuantes, em que se perde bastante água pela respiração e pelo suor, o ADH entra rapidamente em ação.

Se uma pessoa ingere pouca água, o volume sanguíneo diminui e, consequentemente, a concentração de sais dissolvidos aumenta. Nessa situação, a urina torna-se pouco volumosa e muito concentrada. A pressão osmótica, promovida por maior concentração dos sais, eleva-se e sensibiliza receptores específicos que se localizam no hipotálamo, e isso estimula a liberação do ADH.

Ao ingerir água, o volume do sangue torna-se maior, a pressão osmótica diminui, a secreção de ADH é inibida e ocorre menor reabsorção de água para a corrente sanguínea. Nesse caso, o volume de urina aumenta, e esta se torna diluída. O etanol e outras substâncias podem inibir a liberação do ADH, e isso aumenta o volume de urina formada.

▶ O sistema urinário e a saúde

Assim como todos os sistemas de órgãos humanos, o urinário também está relacionado com os problemas de saúde. Infecções são causadas por bactérias e recebem nomes de acordo com sua localização. Caso ocorra nos rins, chama-se nefrite; na uretra, uretrite; na bexiga, cistite. A cistite acomete principalmente mulheres que, por terem a uretra mais curta que a dos homens, estão mais sujeitas a infecções trazidas do exterior. A infecção pode se espalhar e atingir os rins através dos ureteres, mas, se tratada a tempo, é curada facilmente. As infecções, em geral, são tratadas com antibióticos.

Os cálculos renais podem ser de alguns tipos, que se formam por diferentes razões. Sua extração pode exigir intervenção cirúrgica.

Cálculos renais, ou pedras nos rins, são cristais formados por substâncias de origem metabólica que se depositam nos rins ou qualquer parte do sistema urinário. Causam muita dor, que se irradia para as costas e o abdômen, e provocam náuseas e vômitos. Contra a dor, podem ser utilizados analgésicos. Cálculos menores que 5 mm, em geral, são eliminados com a urina. No caso de cálculos maiores, é preciso intervenção para retirar os fragmentos.

A incontinência urinária é a falta de controle da bexiga com perda involuntária da urina. Pode-se perder o controle total ou apenas quando houver esforço, quando ocorre aumento súbito de pressão no abdômen, como tossir, espirrar, pular, correr, evacuar etc.

Se os rins pararem de funcionar, em um processo conhecido como falência renal, a filtração do sangue ficará comprometida, e a pessoa terá poucos dias de vida. Nessas situações e em outras em que os rins perdem sua atividade, há a opção de se fazer a hemodiálise, uma técnica em que o sangue de uma pessoa sai de seu corpo por meio de tubos, passa por uma máquina que o filtra e é devolvido ao organismo. Algumas situações exigem seções constantes de hemodiálise.

Atividades

1. Depois de fazer exercícios físicos ou quando a temperatura ambiente está alta, as pessoas, em geral, suam mais e é comum a urina se tornar mais concentrada. Explique a relação fisiológica entre esses fatos.

2. O fluido filtrado nos glomérulos renais para o interior da cápsula renal segue o caminho pelo túbulo do néfron.
   a) Que nome recebe esse fluido no final do trajeto?
   b) A taxa de glicose no fluido diminui à medida que ele percorre o túbulo. Por quê?
   c) A concentração de ureia é maior no filtrado glomerular ou na urina? Por quê?

3. Em caso de mau funcionamento ou falência dos rins, o paciente deve receber tratamento constante. Qual é esse tratamento e qual é a sua função?

CAPÍTULO 25
COORDENAÇÃO NERVOSA E SENTIDOS

Cada órgão e cada sistema está coordenado e integrado com os demais, e sua atividade varia de acordo com alguns estímulos. Os sistemas nervoso e hormonal (ou endócrino) são responsáveis pela regulagem e coordenação das diversas partes do corpo dos animais, de forma que o funcionamento de órgãos e tecidos se encontre ajustado e regulado com precisão. Ou seja, eles são responsáveis por estimular ou inibir um órgão a partir de algum fator que percebem.

Os impulsos nervosos permitem reagir rapidamente a estímulos do meio. Quando recebemos grande quantidade de luz nos olhos, por exemplo, o corpo percebe esse estímulo e coordena uma resposta, enviando impulsos nervosos para fechar as pálpebras com uma contração muscular.

A estrutura em que o sistema nervoso ou o sistema hormonal está interagindo é denominada **alvo**, e pode ser um ou mais tecidos, órgãos ou sistemas. O sistema nervoso está presente em situações em que há necessidade de resposta imediata, como a estimulação de um músculo da perna quando se dá um passo. Desaparecendo o estímulo, cessam imediatamente os efeitos do sistema nervoso sob o alvo.

O sistema hormonal ou endócrino é formado por glândulas endócrinas e age por intermédio de substâncias químicas, os hormônios, que chegam ao alvo pelo sangue. Pelo fato de os hormônios estarem no sangue, os alvos são mais amplos, comparados aos do sistema nervoso, porque atingem todas as células sensíveis a eles.

Se o processo for coordenado por hormônios, o resultado de sua ação será mais tardia, já que depende de uma série de fatores, como produção, lançamento e transporte do hormônio pelo sangue e chegada ao alvo. Com o desaparecimento do estímulo, seu efeito não cessa imediatamente, perdurando por um certo tempo.

Comparação das ações dos sistemas nervoso e endócrino		
	Sistema nervoso	**Sistema hormonal**
componente básico	neurônio (célula)	hormônio (substância química)
duração	curta	longa
efeito	imediato	retardado
alvo	específico	amplo
condução	impulso nervoso	sangue

▶ Células nervosas

O tecido nervoso compreende basicamente dois tipos de células: os neurônios e as células da glia. O **neurônio** é a unidade estrutural e funcional do sistema nervoso, cuja função é processar estímulos e receber e enviar impulsos nervosos, sinais que estimulam as células-alvo. As **células da glia** são células que ocupam os espaços entre os neurônios e funcionam como sustentação, revestimento, isolamento e modulação da atividade neural.

Ilustração sem escala; cores-fantasia.

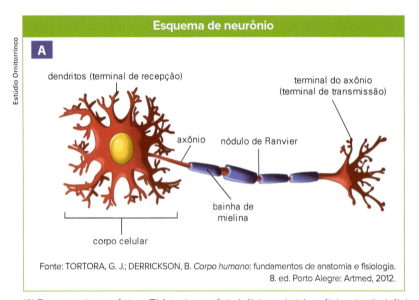

Esquema de neurônio

Fonte: TORTORA, G. J.; DERRICKSON, B. *Corpo humano*: fundamentos de anatomia e fisiologia. 8. ed. Porto Alegre: Artmed, 2012.

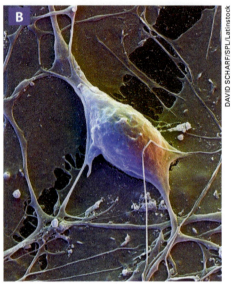

(**A**) Esquema de neurônio e (**B**) foto de neurônio (célula azulada) e células da glia (células cinzas), componentes do sistema nervoso. Atualmente, sabe-se que há produção de neurônios em organismos adultos, mas não se conhece bem as condições nas quais isso ocorre. A fotografia é uma micrografia eletrônica de varredura; cores artificiais; ampliada cerca de 2 000 vezes.

O **impulso nervoso** é um sinal rápido e unidirecional que se caracteriza pela inversão de polaridade na membrana do neurônio, provocada por um estímulo, e que se propaga ao longo dessa célula. Essa mudança ocorre com a entrada de íons sódio (Na^+) no neurônio e a saída de íons potássio (K^+) através de canais na membrana, por um mecanismo ativo conhecido como **bomba de sódio-potássio**. A cada três íons Na^+ bombeados para o meio extracelular, apenas dois íons de K^+ são bombeados para o meio intracelular, causando uma alteração de carga elétrica no interior da célula. Quando isso ocorre, o neurônio troca de polaridade e fica com o potencial elétrico negativo, em um processo denominado despolarização. Esse processo é propagado pelo neurônio, como um impulso.

A **bainha de mielina** recobre o neurônio e atua como isolante elétrico, sendo secretada pelas células de Schwann. Por causa da propriedade isolante da bainha de mielina, a despolarização do neurônio "salta" diretamente de um modulo para o outro, sendo chamada de condução saltatória, o que causa o aumento da velocidade de impulso.

O impulso nervoso não se forma se o estímulo não ultrapassar uma intensidade mínima, conhecida por limiar de excitação. Portanto, estímulos com intensidade menor que o limiar de excitação não produzem impulso nervoso.

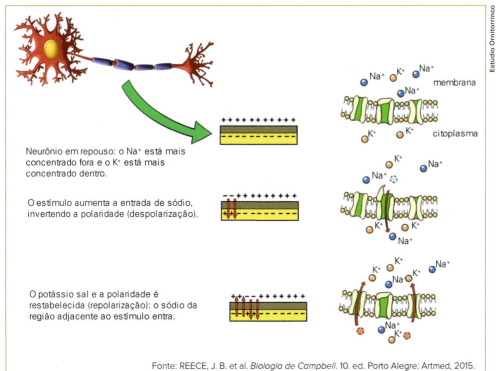

As ilustrações desta página estão sem escala; cores-fantasia.

Esquema da condução do impulso nervoso. Ilustração sem escala; cores-fantasia.

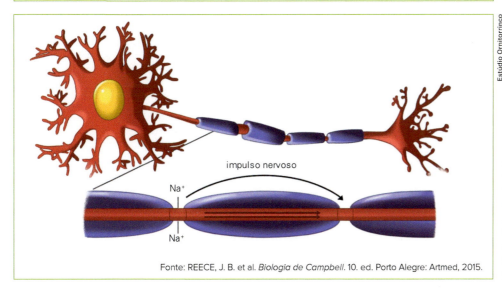

Em razão da bainha de mielina, o impulso nervoso não percorre todo o neurônio, mas salta entre os intervalos que ela apresenta. Esse fenômeno é conhecido como impulso saltatório. Ilustração sem escala; cores-fantasia.

Estímulos com intensidades acima do limiar de excitação podem induzir à formação de um ou mais impulsos nervosos. Quanto mais intenso for o estímulo, maior será o número de impulsos nervosos por ele produzidos. O contrário é verdadeiro, isto é, estímulos de menor intensidade induzem à formação de menor número de impulsos nervosos.

Após a estimulação que desencadeia um impulso nervoso em um neurônio, ele pode transmitir esse impulso a outro neurônio e este a outro neurônio, até atingir a estrutura que receberá esse impulso e desencadeará uma ação. Essa transmissão de impulso entre neurônios ocorre na **sinapse** ou fenda sináptica, um tipo especial de junção que se encontra entre a terminação de um axônio e um dendrito ou corpo celular de outro neurônio. Na sinapse o axônio e o dendrito não se tocam, sendo, por essa razão, conhecida como conexão funcional. A sinapse é denominada placa motora quando conecta as terminações do axônio com o músculo (alvo).

Coordenação nervosa e sentidos Capítulo 25 265

Há três tipos principais de neurônio: os sensoriais, os motores e os de associação. Os neurônios sensoriais percebem o estímulo do ambiente externo por meio de receptores e levam essa informação, na forma de impulso nervoso, até o sistema nervoso. Os neurônios de associação, grupo de neurônios mais numeroso, transmitem o sinal dos neurônios sensoriais ao sistema nervoso central. Já os neurônios motores conduzem a resposta ao estímulo recebido, do sistema nervoso central ao órgão ou tecido estimulados.

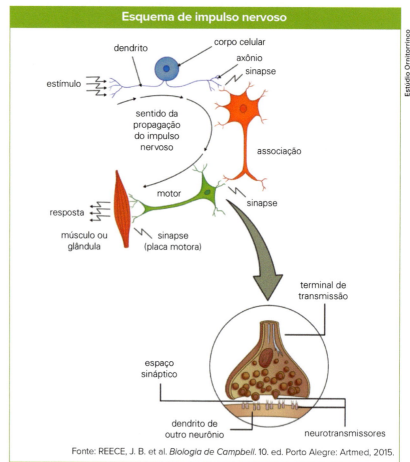

Ilustração sem escala; cores-fantasia.

Tipos de neurônio, sinapses e sentido de propagação do impulso nervoso. O neurônio de associação encontra-se na medula espinal ou no encéfalo. A sinapse atua como uma conexão funcional.

As substâncias que transmitem o impulso na sinapse são conhecidas, de modo geral, por mediadores químicos, ou **neurotransmissores**, sendo a acetilcolina, a adrenalina (ou epinefrina) e a noradrenalina as mais conhecidas nos vertebrados.

Quando o impulso nervoso chega à sinapse, provoca a liberação de mediadores químicos das vesículas localizadas na fenda sináptica. Essas moléculas originam um novo impulso nervoso no dendrito do neurônio seguinte, passando, assim, o impulso de um neurônio para o outro. Como não há vesícula sináptica na região do dendrito, torna-se impossível a passagem do impulso nervoso, através da sinapse, do dendrito para o axônio. Desse modo, a sinapse funciona como uma válvula que impede o retorno do impulso nervoso, fazendo com que ele sempre se desloque do axônio de um neurônio para o dendrito ou corpo celular do outro neurônio.

Na fenda sináptica, há potentes enzimas que degradam os mediadores químicos e evitam a estimulação contínua do dendrito, ou do músculo, caso seja uma placa motora. É importante que ocorra a destruição dos mediadores químicos na fenda sináptica porque, se eles permanecerem intactos, induzirão o tempo todo à formação de impulsos nervosos. Isso faria com que um músculo, por exemplo, se mantivesse permanentemente contraído.

> **Veja também**
>
> O endereço a seguir mostra uma animação que ajuda a compreender o funcionamento do impulso nervoso: <http://scienceblogs.com.br/rainha/2008/07/visualizando-o-impulso-nervoso>. Acesso em: 23 fev. 2016.

Sistema nervoso humano

O sistema de órgãos que recebe estímulos, interpreta-os e transforma-os em impulsos nervosos é o sistema nervoso. Anatomicamente, o sistema nervoso pode ser organizado em **sistema nervoso nentral** (SNC) e **sistema nervoso periférico** (SNP).

O sistema nervoso central é constituído pelo encéfalo e pela medula espinal. O encéfalo encontra-se no interior da caixa craniana e é formado por cérebro (telencéfalo), hipotálamo (diencéfalo), hipófise, cerebelo (metencéfalo) e bulbo raquidiano (mielencéfalo). O sistema nervoso periférico compreende os nervos (sensoriais e motores) e os receptores (sentidos).

Fisiologicamente, o sistema nervoso periférico compreende o **sistema nervoso somático** (SNS) e o **sistema nervoso autônomo** (SNA), também conhecido por sistema nervoso vegetativo. De modo geral, o SNS está ligado a ações voluntárias, enquanto o SNA a respostas involuntárias.

Sistema nervoso central

O sistema nervoso central é constituído pelo **encéfalo** e pela **medula espinal**. O encéfalo é formado por: cérebro, diencéfalo (tálamo, epitálamo e hipotálamo), mesencéfalo, cerebelo, ponte e bulbo. O mesencéfalo, a ponte e o bulbo formam, em conjunto, o tronco encefálico. Essas estruturas são protegidas por membranas denominadas meninges.

O **cérebro** ou telencéfalo é a porção mais maciça do sistema nervoso humano e está dividido em hemisférios. O hemisfério direito coordena o lado esquerdo do corpo e o hemisfério esquerdo, o lado direito. Junto à sua superfície encontram-se os corpos celulares dos neurônios, que formam o que denominamos córtex, cuja coloração é acinzentada. Os axônios estão na parte interna, onde a coloração é esbranquiçada.

O cérebro é responsável pela percepção consciente, pela associação, pela aprendizagem, pela memória e pelo pensamento. O hipotálamo é o centro de controle da temperatura corporal, da fome, da pressão sanguínea, da sede, do impulso sexual, do prazer, da dor, da ira e do sono.

O **cerebelo**, ou metencéfalo, coordena as contrações musculares dos movimentos, como andar, possibilitando movimentos harmônicos e equilibrados. Uma pessoa com lesões no cerebelo apresenta movimentos descoordenados. Uma pessoa alcoolizada tem dificuldade de se equilibrar, porque o cerebelo, que é sensível ao etanol, tem o seu funcionamento prejudicado e, como resultado disso, ocorre a perda do equilíbrio.

No **bulbo**, ou mielencéfalo, estão os centros nervosos que controlam a respiração, o ritmo circulatório, a dilatação e a contração dos vasos sanguíneos, a deglutição e o vômito.

Ilustração sem escala; cores-fantasia.

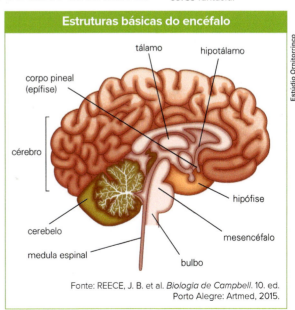

Estruturas básicas do encéfalo

Fonte: REECE, J. B. et al. *Biologia de Campbell*. 10. ed. Porto Alegre: Artmed, 2015.

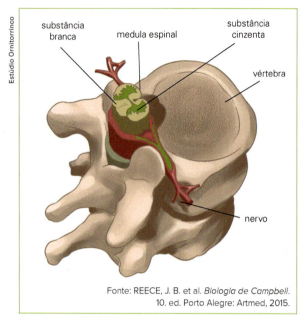

Fonte: REECE, J. B. et al. *Biologia de Campbell*. 10. ed. Porto Alegre: Artmed, 2015.

Medula espinal e coluna vertebral.

A medula espinal é um órgão tubular envolvido e protegido pelas vértebras e que tem como função a ligação do encéfalo com o restante do corpo, além de ser o centro do reflexo. Em corte transversal, a medula espinal apresenta, na região central, onde estão os corpos celulares dos neurônios, a substância cinzenta, e, mais externamente, a substância branca, formada por axônios dos neurônios. Essa disposição, como se percebe, é inversa à do cérebro. No centro da substância cinzenta há um pequeno canal, o canal do epêndima, preenchido pelo líquido cefalorraquidiano, de composição semelhante ao plasma sanguíneo.

A medula e o encéfalo encontram-se envolvidos por três membranas, as meninges.

Ilustrações dessa página estão sem escala; cores-fantasia.

As meninges têm a função de proteger o encéfalo e a medula espinal e controlar a composição do meio no qual eles estão.

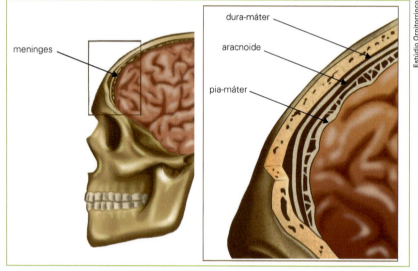

Fonte: REECE, J. B. et al. *Biologia de Campbell*. 10. ed. Porto Alegre: Artmed, 2015.

Foco em saúde

Lesões na medula espinal

Alguns traumas podem fraturar a medula espinal e romper sua continuidade. Como ela liga o encéfalo ao restante do corpo e transmite impulsos que coordenam diversas ações, a parte do corpo que fica abaixo da lesão terá comprometimento das funções nervosas e musculares que permitem os movimentos, e a pessoa perderá muito dos movimentos e das sensações. Em alguns casos, ela perderá a movimentação de pernas e braços.

Esse tipo de trauma ainda não tem tratamento, mas existem algumas pesquisas sobre esse tema, por exemplo, o uso de células-tronco para reconstituir a medula ou o desenvolvimento de exoesqueletos como o capitaneado pelo cientista Miguel Nicolelis, que fez um garoto paraplégico chutar uma bola na abertura da Copa do Mundo de futebol de 2014.

As sequelas desse tipo de lesão alteram profundamente a vida de uma pessoa, que passa a necessitar de cuidados especiais e ambientes projetados para se locomover. Também é importante pensar no aspecto psicológico de pessoas com esse tipo de lesão, pois elas podem demorar a se adaptar à nova condição.

1. Pesquise e responda: qual a diferença entre os termos paraplégico e tetraplégico?

Unidade 6 Fisiologia humana

Ato reflexo

O **ato reflexo** é uma reação corporal automática e involuntária a um estímulo. Ele pode ser consciente ou não. O reflexo inconsciente, o mais simples do sistema nervoso humano, é constituído pelo arco reflexo, formado por dois neurônios: o sensorial e o motor.

O neurônio sensorial é aquele que recebe o estímulo e o conduz, na forma de impulso nervoso, para o neurônio motor na medula espinal, o qual envia a resposta ao músculo, que efetua a ação. Essa resposta é conhecida por arco reflexo simples. No entanto, os arcos reflexos, em geral, envolvem também um neurônio de associação, que transmite o impulso do neurônio sensorial ao neurônio motor, que é aquele que desencadeia a resposta do alvo.

Nos casos em que o arco reflexo não envolve o neurônio de associação, os reflexos não envolvem o encéfalo, sendo, portanto, inconscientes; eles são processados na medula espinal. Esses reflexos são fundamentais à preservação da vida, protegendo o corpo de certos perigos. Um exemplo é o que ocorre quando algo se aproxima de nossos olhos. O reflexo de piscar é um arco reflexo simples.

Ilustração sem escala; cores-fantasia.

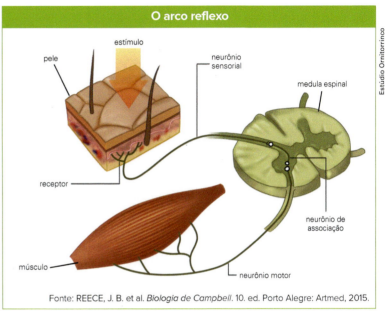

Fonte: REECE, J. B. et al. *Biologia de Campbell*. 10. ed. Porto Alegre: Artmed, 2015.

Esquema de um ato reflexo.

Sistema nervoso periférico

O sistema nervoso periférico é constituído de gânglios nervosos e nervos que conectam o sistema nervoso central aos demais órgãos do corpo. Os **nervos** são feixes de fibras nervosas que podem ser axônios, dendritos ou ambos, envoltos por tecido conjuntivo. Os **gânglios nervosos** são aglomerações de corpos celulares de neurônios sensitivos e controlam muitas funções viscerais.

Os nervos levam os estímulos dos órgãos e do ambiente externo ao sistema nervoso central e conduzem as ordens deste até os órgãos efetores (músculos ou glândulas), encarregados de executá-las. Tanto os gânglios como os nervos conduzem impulsos nervosos, o que permite a conexão entre o sistema nervoso central e as outras partes do corpo.

Os nervos podem ser classificados em três grupos, de acordo com sua função.

- Sensitivos (ou aferentes) – levam informações dos órgãos sensoriais (pressão, dor, calor, frio etc.) para os centros nervosos.
- Motores (ou eferentes) – constituídos por neurofibras motoras, que transmitem impulsos nervosos dos centros nervosos para os órgãos efetores.
- Mistos – formados por fibras sensitivas e fibras motoras. Transmitem os impulsos nervosos do sistema nervoso central para os órgãos efetores, e destes para o sistema nervoso central.

Segundo seu local de origem, os nervos podem ser cranianos ou espinais.

- **Nervos cranianos** – são 12 pares de nervos originados no encéfalo, identificados por algarismos romanos. Eles são conectados diretamente ao cérebro e saem da caixa craniana por orifícios.

- **Nervos espinais** (ou raquidianos) – dispostos em pares, partem da substância cinzenta da medula espinal e passam pelo espaço entre uma vértebra e outra. Há 31 pares de nervos espinais no ser humano, que inervam os músculos dos membros e do tronco.

Sistema nervoso autônomo

O sistema nervoso autônomo apresenta dois sistemas considerados antagônicos, o **sistema nervoso simpático** (SNA) e o **sistema nervoso parassimpático** (SNP). O SNA está associado ao controle de atividades involuntárias, como dilatação e contração dos bronquíolos, batimentos cardíacos, movimentos peristálticos do aparelho digestivo, contração, relaxamento da bexiga e regulação do funcionamento dos órgãos que não se encontram sob nosso controle, como estômago, rins, intestinos, fígado, baço, pulmões e pâncreas.

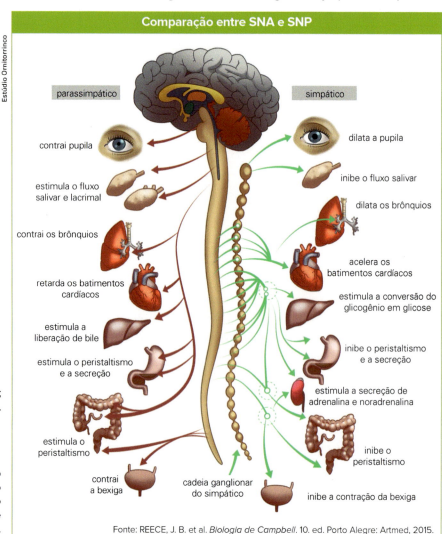

Ilustração sem escala; cores-fantasia.

Representação esquemática da ação do sistema nervoso autônomo simpático e parassimpático.

Fonte: REECE, J. B. et al. *Biologia de Campbell*. 10. ed. Porto Alegre: Artmed, 2015.

As terminações do sistema nervoso simpático liberam a noradrenalina (ou norepine-frina) nas fendas sinápticas e nos órgãos-alvo que regulam. As terminações do parassimpá-tico liberam a acetilcolina. Os sistemas simpático e parassimpático são conhecidos como antagônicos porque, enquanto o simpático inibe determinada ação, o parassimpático esti-mula essa mesma ação.

Um exemplo clássico desse antagonismo ocorre na regulagem dos batimentos car-díacos. O coração apresenta uma estrutura junto ao átrio direito, chamada marcapasso. Nele chegam dois nervos, um do sistema nervoso simpático e outro do parassimpático (também conhecido como nervo vago). Na outra extremidade desses nervos encontra-se o bulbo raquidiano. Quando é estimulado, o simpático libera a noradrenalina no coração, provocando o aumento dos batimentos. Se o estímulo for aplicado no nervo vago, o me-diador químico liberado será a acetilcolina, que reduz os batimentos.

> ### Para explorar
>
> Existem problemas de saúde relacionados ao sistema nervoso. Algumas dessas doenças são conhecidas como doenças neurodegenerativas e podem ser citados como exemplos o Alzheimer, o Parkinson e a esclerose múltipla. Faça uma pesquisa sobre uma dessas doenças e explique como ela se desenvolve, quais são os sintomas, qual é o tratamento e como ela afeta a qualidade de vida de uma pessoa.

▶ Controle sensório-motor

As informações do meio interno e do ambiente são captadas por receptores espe-ciais localizados nos órgãos internos e pelos órgãos dos **sentidos**. Os estímulos lumino-sos, mecânicos, químicos, térmicos etc. são convertidos em impulsos nervosos e transmi-tidos por nervos sensoriais do sistema nervoso periférico até o sistema nervoso central. O SNC analisa as informações e emite comandos para que o corpo responda ao estímulo.

Os sentidos humanos são: o tato, o olfato, a gustação, a visão e a audição, e os recep-tores podem ser classificados quanto à localização em:

- exteroceptores – respondem a estímulos externos, originados fora do organismo;
- proprioceptores – encontram-se no esqueleto (tendões, músculos esqueléti-cos) ou no labirinto vestibular da orelha interna; detectam a posição do indiví-duo no espaço, assim como o movimento, a tensão e o estiramento musculares;
- interoceptores – respondem a estímulos viscerais ou a outras sensações, como sede e fome.

Olhos e visão

Os olhos têm receptores que são capazes de perceber estímulos luminosos. A luz passa pela córnea, pelo humor aquoso e entra pela pupila; a íris regula essa entrada. Depois a luz passa pela lente e pelo humor vítreo. Tanto o humor vítreo como o aquoso agem como lentes e a luz sofre refração, sendo focalizada na retina. Com isso, os raios mu-dam de direção, convergindo para um ponto focal na retina. A imagem se forma invertida na superfície da retina, atrás do ponto focal.

Ilustração sem escala; cores-fantasia.

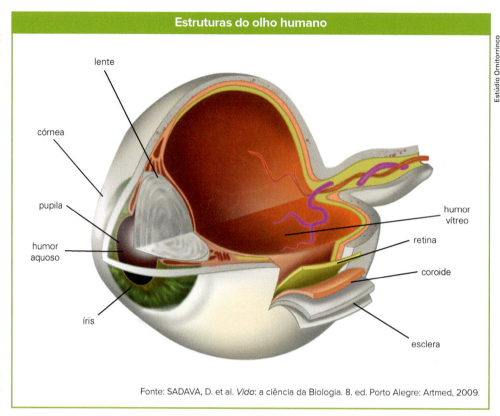

Representação do olho humano e de suas estruturas.

Fonte: SADAVA, D. et al. *Vida*: a ciência da Biologia. 8. ed. Porto Alegre: Artmed, 2009.

A lente é feita de material flexível e sofre ajustes (pelos ligamentos suspensores), que proporcionam o foco. Ao ser tensionada, a lente permite a visão de longe. Para focalizar um objeto próximo, a tensão diminui e a lente fica mais convexa. Esse processo é chamado de acomodação.

As células fotorreceptoras humanas podem ser cones ou bastonetes. Elas captam a energia luminosa e a transformam em impulso nervoso, que chega ao córtex visual do cérebro. O nervo óptico de cada olho sai da órbita e penetra na cavidade craniana, conectando-se com seu par no quiasma óptico. É o córtex cerebral que interpreta as imagens invertidas, orientando-as na posição original.

Pele e tato

As diferentes sensações na pele são sentidas pelo tato. Essas sensações são percebidas por meio das terminações nervosas e dos corpúsculos que formam os receptores táteis. Eles captam e enviam os estímulos aos nervos, que os encaminham ao cérebro, onde as informações são processadas e geram a sensação. As sensações podem ser percebidas por todo o corpo por meio de estruturas como os mecanorreceptores cutâneos, que detectam toque e pressão. Além desses, destacam-se:

- corpúsculos do tato (de Meissner): sensíveis a toques leves e mudanças de textura;
- corpúsculos lamelados (de Vater-Pacini): sensíveis à pressão profunda e a vibrações rápidas.
- terminações nervosas livres: sensíveis ao toque, à pressão e ao estiramento da pele, dos tendões e dos músculos.

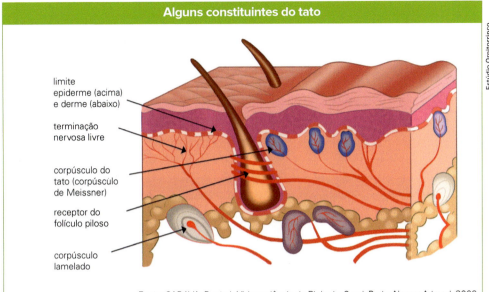

Alguns constituintes do tato

Fonte: SADAVA, D. et al. *Vida*: a ciência da Biologia. 8. ed. Porto Alegre: Artmed, 2009.

Esquema dos corpúsculos táteis na pele.

Orelhas e audição

Com a orelha percebemos os sons e as vibrações do ar. Nela, as ondas sonoras são conduzidas ao meato acústico externo e chegam à membrana timpânica, que vibra. Na orelha média, as ondas sonoras provocadas pelas vibrações timpânicas são transmitidas aos ossículos martelo, bigorna e estribo, chegando até a janela oval. As ondas sonoras passam para o meio líquido da cóclea e chegam às células sensoriais ciliadas, gerando potenciais de ação que são conduzidos pelo nervo auditivo até o córtex auditivo do cérebro, que os interpreta como sons.

Na orelha interna há o labirinto vestibular, ligado à cóclea. Ele é formado por dois pequenos dutos semicirculares, o utrículo e o sáculo, que nos ajudam a manter o equilíbrio. Dentro desses órgãos há líquidos, cristais e células ciliadas que, ao se moverem, fazem com que haja a percepção de equilíbrio. Através desse órgão podemos saber, por exemplo, se estamos com o corpo inclinado mesmo estando de olhos vendados.

O equilíbrio também é obtido por meio de outras estruturas do corpo, como receptores localizados nos músculos, tendões e órgãos internos.

As ilustrações dessa página estão sem escala; cores-fantasia.

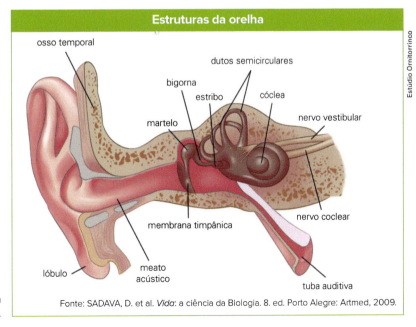

Estruturas da orelha

Esquema da orelha humana.

Fonte: SADAVA, D. et al. *Vida*: a ciência da Biologia. 8. ed. Porto Alegre: Artmed, 2009.

Coordenação nervosa e sentidos Capítulo 25 **273**

Nariz e olfato

Ao inalarmos, as substâncias odoríferas, moléculas que sensibilizam receptores olfativos, passam pela cavidade nasal e são umidificadas pelo muco, atingindo o bulbo olfatório.

No bulbo há o epitélio olfatório com milhões de neurônios olfatórios. As moléculas que chegam ao epitélio olfatório se ligam aos cílios dos quimiorreceptores. Os neurônios olfatórios geram, então, impulsos nervosos que chegam ao bulbo olfatório, de onde parte um nervo olfatório para o córtex cerebral.

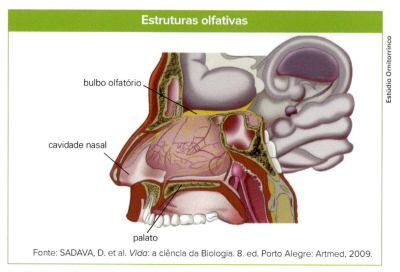

Fonte: SADAVA, D. et al. *Vida*: a ciência da Biologia. 8. ed. Porto Alegre: Artmed, 2009.

Localização do bulbo olfatório.

Língua e paladar

Antes mesmo de colocarmos a comida na boca, sentimos o cheiro do alimento. Já o gosto sentimos quando as substâncias entram em contato com a língua, que possui botões gustatórios, estruturas imersas na língua que reconhecem substâncias e são responsáveis pela percepção do gosto.

As ilustrações dessa página estão sem escala; cores-fantasia.

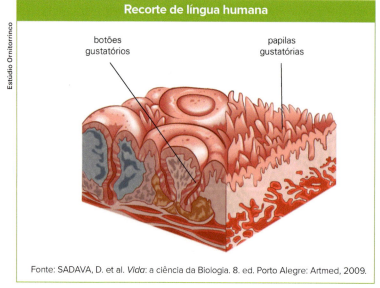

Fonte: SADAVA, D. et al. *Vida*: a ciência da Biologia. 8. ed. Porto Alegre: Artmed, 2009.

Papilas e botões gustatórios.

A maioria desses botões situa-se em porções especializadas da língua, as papilas gustatórias, mas também em outras áreas. A saliva umidifica os alimentos e facilita a percepção do gosto. As células gustatórias estimulam neurônios sensoriais associados, e fibras nervosas sensoriais levam a informação aos centros responsáveis pelo paladar, no córtex cerebral, no qual ela é interpretada e produz a sensação do gosto.

Pelo paladar detectamos o gosto de substâncias, e pelo olfato identificamos odores. Os dois sentidos estão intimamente relacionados. Tanto é assim que, quando estamos resfriados e a quantidade de muco aumenta em nossa cavidade nasal, o gosto dos alimentos fica prejudicado.

Deficiências sensoriais

As estruturas responsáveis pelos sentidos, assim como qualquer outra do corpo humano, podem apresentar falhas genéticas, de formação ou serem comprometidas durante a vida de alguém. Nesses casos, a percepção de estímulos ambientais, como a luz, o som, odores e texturas, é prejudicada, o que não quer dizer que uma pessoa nessas condições se torna incapaz de ter uma vida com qualidade.

Existem diversos graus de deficiências sensoriais. Por exemplo, uma pessoa pode perder uma parte da audição de uma orelha, mas manter parte desse sentido. Ou ela pode perder totalmente a audição. Em qualquer caso, é possível adaptar sistemas, equipamentos e processos para que pessoas com deficiências sensoriais sejam incluídas na sociedade e possam ter uma boa qualidade de vida. Por exemplo, alguns semáforos de pedestres emitem barulhos, fazendo um som específico quando a pessoa pode atravessar a rua. Assim, cegos podem saber o momento correto de atravessar a rua.

Atividades

1. Explique como ocorre a estimulação e a condução de um impulso nervoso.

2. Por que a coordenação feita pelo sistema nervoso tem efeito instantâneo?

3. Como um estímulo recebido na sola do pé é percebido pelo encéfalo?

4. Alguns reflexos, como o de retirar a mão de uma superfície quente, são involuntários. Que estrutura corpórea processa essas respostas?

5. Os órgãos dos sentidos têm a capacidade de transformar os diversos estímulos do ambiente em impulsos nervosos que são transmitidos ao sistema nervoso central, de onde partem as ordens que determinam as diferentes reações do organismo. Os números apresentam os receptores sensoriais e as letras, a sua caracterização. Relacione os números às respectivas letras.

   1. Exteroceptores

   2. Proprioceptores

   3. Interoceptores

   a) Localizam-se nos músculos, tendões, juntas e órgãos internos.

   b) Especializados em captar estímulos como luz, pressão e calor.

   c) Percebem as condições internas do corpo (pH, pressão osmótica, temperatura e composição química do sangue).

   d) Captam estímulos do interior do corpo.

   e) Localizados na epiderme.

6. Por que tapar o nariz impede a percepção de cheiros?

CAPÍTULO 26
COORDENAÇÃO HORMONAL

A coordenação hormonal é feita pelo sistema endócrino, que é formado por órgãos produtores de hormônios, substâncias que regulam diversas funções do corpo.

Os **hormônios** são substâncias liberadas por glândulas em pequenas quantidades e afetam a atividade de células de outro local. Os hormônios em geral são compostos proteicos (cadeias de aminoácidos de comprimento variável). Outros são esteroides, substâncias gordurosas derivadas do colesterol.

▶ Glândulas e sistema endócrino

As ilustrações desta página estão sem escala; cores-fantasia.

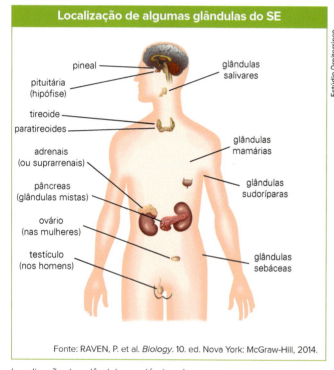

Localização das glândulas endócrinas humanas.

O sistema endócrino humano (SE) apresenta as seguintes glândulas: hipotálamo, glândula pineal, hipófise, tireoide, timo, paratireoides, epitélio glandular do estômago, epitélio glandular do intestino, ilhotas de Langerhans (localizadas no pâncreas), suprarrenais (ou adrenais) e gônadas (testículos e ovários). Essas glândulas são consideradas endócrinas, pois liberam sua secreção na corrente sanguínea, dentro do corpo. As glândulas sudoríferas, por exemplo, são consideradas glândulas exócrinas, já que liberam sua secreção fora do corpo.

Os hormônios produzidos pelas glândulas endócrinas têm diversos efeitos em células-alvo, que os reconhecem devido a receptores que se ligam aos hormônios. Como esses receptores se encontram apenas em algumas células, o efeito do hormônio é limitado a elas.

Os hormônios só atuam nas células-alvo porque elas possuem receptores com fins específicos. Se uma célula não apresentar receptor para determinado hormônio, ela não será sensibilizada.

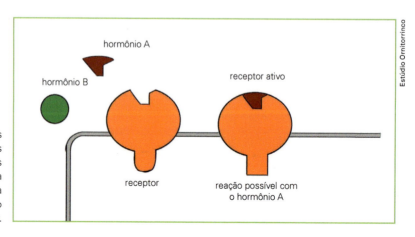

276 Unidade 6 Fisiologia humana

Hipófise

A hipófise (ou pituitária) apresenta duas partes, conhecidas por lobos, um posterior e outro anterior. Os hormônios liberados pelo lobo posterior, conhecido como neuro-hipófise, são: a **ocitocina** e o **hormônio antidiurético** (ADH), também conhecido como vasopressina. A ocitocina estimula as contrações uterinas, que aceleram o parto. O ADH atua sobre os néfrons, aumentando a reabsorção de água, o que reduz o volume urinário.

Os hormônios liberados pelo lobo anterior da hipófise, denominada adeno-hipófise, são: **gonadotrofinas** (FSH e LH), **tireotrofina** (TSH), **adrenocorticotrofina** (ACTH), **somatotrofina** e **prolactina**. Os hormônios trópicos ou tróficos (gonadotrofinas, tireotrofina), produzidos pela hipófise, estimulam o funcionamento de outras glândulas endócrinas.

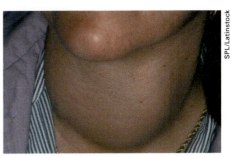

Fonte: RAVEN, P. et al. Biology. 10. ed. Nova York: McGraw-Hill, 2014.

Esquema mostrando a divisão da hipófise.

O hormônio folículo estimulante (FSH) e o hormônio luteinizante (LH), genericamente conhecidos por gonadotrofinas, agem sobre as gônadas. O hormônio estimulante da tireoide (TSH), ou tireotrofina, controla o funcionamento da tireoide. O hormônio adrenocorticotrófico (ACTH) regula a produção de hormônios do córtex da suprarrenal. A prolactina atua nas glândulas mamárias, estimulando a produção de leite. A somatotrofina ou hormônio do crescimento regula o crescimento corpóreo.

Tireoide

A tireoide é controlada pelo TSH (hormônio hipofisário) e produz os hormônios **T3** (tri-iodotironina), **T4** (tetraiodotironina ou tiroxina) e **calcitonina**.

A calcitonina diminui a concentração de cálcio no sangue e assim promove maior deposição desse elemento nos ossos. A tiroxina regula o metabolismo das células do corpo. Para produzir tiroxina e T3, a tireoide consome iodo, que geralmente é ingerido com sal iodado.

Essa glândula tem importante ação sobre órgãos como o cérebro, o coração, o fígado e os rins. Interfere ainda no crescimento e desenvolvimento de crianças e adolescentes, na regulação dos ciclos menstruais, na fertilidade, na memória, na concentração, no humor e no controle emocional. Seu mau funcionamento é prejudicial ao equilíbrio e à harmonia do organismo.

Hipotireoidismo e hipertireoidismo são estados de anormalidade da tireoide. O **hipertireoidismo** consiste na produção excessiva de tiroxina, que faz o metabolismo aumentar demasiadamente. Os sintomas do hipertireoidismo são: exoftalmia (olhos esbugalhados), nervosismo, excitabilidade e perda de massa corpórea (emagrecimento). A produção reduzida de tiroxina, consequência da baixa ingestão de iodo, provoca o **hipotireoidismo**, que se caracteriza pelos seguintes sintomas: bócio (ou papeira), mixedema (aparência inchada), aumento de massa corpórea, reações mentais lentas e constipação. Uma pessoa adulta que teve hipotireoidismo severo na infância tem o que chamamos de cretinismo, que se caracteriza principalmente por deficiência mental e baixa estatura.

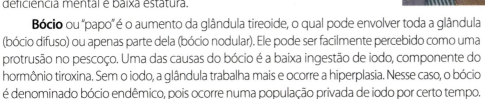

Pessoa com bócio, identificado por um aumento da glândula tireoide.

Bócio ou "papo" é o aumento da glândula tireoide, o qual pode envolver toda a glândula (bócio difuso) ou apenas parte dela (bócio nodular). Ele pode ser facilmente percebido como uma protrusão no pescoço. Uma das causas do bócio é a baixa ingestão de iodo, componente do hormônio tiroxina. Sem o iodo, a glândula trabalha mais e ocorre a hiperplasia. Nesse caso, o bócio é denominado bócio endêmico, pois ocorre numa população privada de iodo por certo tempo.

Paratireoides

As glândulas paratireoides são dois pares de glândulas endócrinas encaixadas na glândula tireoide (na parte posterior). Elas produzem **paratormônio**, cuja função é regular os níveis de fosfato e cálcio no sangue. Seu efeito é oposto ao da calcitonina, ou seja, aumenta a concentração de cálcio no sangue.

A função principal das paratireoides é manter o nível de cálcio no sangue dentro do estreito limite apropriado ao funcionamento dos sistemas nervoso e muscular. Receptores de cálcio na glândula são ativados quando esse elemento atinge determinado nível e libera o paratormônio na corrente sanguínea.

Suprarrenais

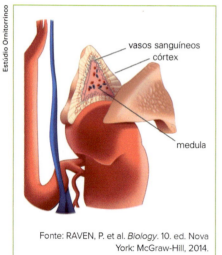

Ilustração sem escala; cores-fantasia.

Fonte: RAVEN, P. et al. *Biology*. 10. ed. Nova York: McGraw-Hill, 2014.

Esquema mostrando a divisão das suprarrenais em córtex, que produz cortisol e aldosterona, e medula, que produz a adrenalina.

As suprarrenais (ou adrenais) são duas glândulas posicionadas sobre os rins. Elas têm uma porção cortical, mais externa, e uma porção medular. Produzem os hormônios **cortisol** e **aldosterona**, que regulam o metabolismo de carboidratos e lipídios e o equilíbrio hídrico.

Elas também produzem **adrenalina**, liberada em situações de estresse e cuja atividade principal é a adaptação do organismo às situações de emergência (susto, medo, pânico, pavor, estresse, perigo de vida), que provoca as seguintes alterações: aumento da quantidade de glicose no sangue, dilatação dos bronquíolos, aceleração do ritmo cardíaco, aumento da pressão sanguínea e contração dos vasos sanguíneos próximos à pele (vasoconstrição periférica), que leva ao empalidecimento.

Pâncreas

O pâncreas é uma glândula mista, pois tem uma porção exócrina, ou seja, produz sucos digestivos que são lançados diretamente no intestino, e uma porção endócrina, que produz hormônios. A parte endócrina é composta pelas ilhotas de Langerhans.

As ilhotas de Langerhans produzem dois hormônios, a **insulina** e o **glucagon**, que atuam na regulagem da quantidade de glicose no sangue (glicemia).

A insulina promove a saída da glicose do sangue e sua entrada nas células, reduzindo, assim, a taxa de glicose sanguínea.

A glicose é armazenada no fígado na forma de glicogênio. O efeito do glucagon consiste em degradar o glicogênio do fígado transformando-o em glicose, que é posteriormente lançada no sangue. Desse modo, o glucagon impede que a taxa de glicose sanguínea baixe muito, e sua atuação é ativada durante a prática de exercícios intensos ou períodos de desnutrição, como o jejum.

A taxa de glicose sanguínea é um fator importante. A hiperglicemia, que é o excesso de glicose no sangue, pode causar cansaço, dores de cabeça, dificuldades para respirar, endurecimento e espessamento das paredes arteriais e envelhecimento precoce. Já a hipoglicemia, que é caracterizada pela baixa concentração de glicose no sangue, pode causar tremores, taquicardia, irritabilidade, dificuldades motoras e outros sintomas.

Existem doenças que se caracterizam por dificuldades em regular o nível de glicose no sangue. A **diabetes melito** é a baixa capacidade de as ilhotas de Langerhans secretarem insulina, o que mantém a taxa de glicose sanguínea em níveis elevados. A pessoa com *diabetes melito* elimina glicose na urina, além de produzir grande volume urinário. Pelo fato de produzir muita urina, outro sintoma característico da diabete é a intensa sede que a pessoa sente.

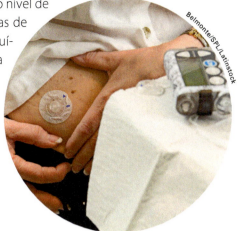

Em alguns casos de diabete, a pessoa precisa aplicar doses de insulina no corpo, que podem ser injetadas por seringa ou outros meios.

Biologia e história

A descoberta da insulina

Em 1869, o alemão Paul Langerhans (1847-1888), um estudante de medicina em Berlim, estudava a estrutura do pâncreas através de um microscópio quando reparou em células antes desconhecidas espalhadas pelo tecido exócrino. A função da "pequena porção de células", mais tarde denominada ilhotas de Langerhans, era desconhecida. Anos mais tarde Edouard Laguesse (1861-1927) sugeriu que essas células poderiam produzir algum tipo de secreção que participasse no processo de digestão.

Vários pesquisadores se empenharam para compreender a relação entre as ilhotas de Langerhans e a insulina, mas não conseguiam extrair a substância para administrá-la a pacientes diabéticos e, portanto, com carência de insulina, para verificar sua ação.

Frederick Grant Banting (1891-1941), médico canadense, tinha mostrado muito interesse pela diabetes e seguido de perto os trabalhos de vários pesquisadores. Porém, foi apenas em 1921 que Banting, realizando experimentos nas aulas de fisiologia, leu uma publicação que demonstrava que a ligadura do conduto pancreático ocasionava a degeneração das células produtoras da tripsina, embora as ilhotas de Langerhans permanecessem intactas.

Durante as férias, Banting e Charles Best (1899-1978), estudante de medicina, isolaram a suposta proteína. Eles ligaram o duto pancreático de vários cães e obtiveram um extrato de pâncreas livre de tripsina. Depois, provocaram uma diabetes experimental em outros cães e, uma vez desenvolvida a doença, comprovaram que a administração do extrato de pâncreas dos primeiros reduzia ou anulava a glicosuria em segundos. Tinham descoberto a insulina.

1. Como a descoberta da insulina impactou a vida humana?

Tecidos glandulares e outras glândulas

Além de estar sob controle nervoso, a digestão no estômago e no intestino encontra-se também regulada por controle hormonal. Algumas células da parede estomacal, não secretoras dos componentes do suco gástrico, produzem um hormônio, a **gastrina**, que estimula as glândulas gástricas a secretarem suco gástrico quando o alimento se encontra no interior do estômago.

Passando para o intestino, o alimento estimula a produção de três hormônios: **enterogastrona**, **secretina** e **colecistoquinina**, pelo duodeno. A enterogastrona inibe a produção de gastrina no estômago, que então se encontra vazio. A secretina estimula o pâncreas a secretar o suco pancreático, e a colecistoquinina provoca a contração da vesícula biliar, causando a liberação de bile.

Veja também

Mais informações sobre diabete podem ser obtidas em: <www.diabetes.org.br>. Acesso em: 23 fev. 2016.

Coordenação hormonal **Capítulo 26** 279

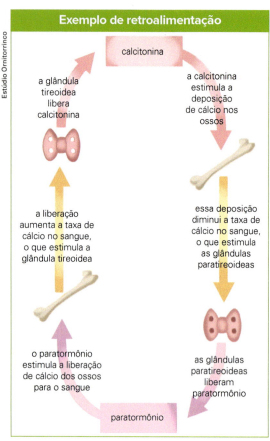

A calcitonina e o paratormônio são outro exemplo de retroalimentação.

A glândula pineal localiza-se próxima ao centro do cérebro, entre os dois hemisférios. Apesar das funções dessa glândula serem muito discutidas, parece não haver dúvidas quanto ao importante papel que ela exerce na regulação dos chamados ciclos circadianos, que são os ciclos vitais (principalmente o sono), e no controle das atividades sexuais e de reprodução. A **melatonina**, secretada pela glândula pineal, sinaliza para o meio interno se é noite ou dia no meio exterior.

▶Retroalimentação

Algumas glândulas endócrinas possuem um processo regulador e controlador denominado **retroalimentação** ou *feedback*. Para maior esclarecimento, analisaremos um caso de retroalimentação entre a hipófise e a tireoide. Nesse caso, o hormônio da tireoide controla o funcionamento da hipófise na produção do TSH e este, por sua vez, regula a produção de tiroxina.

A hipófise produz o TSH que chega à tireoide pelo sangue. Na tireoide, o TSH estimula a produção de tiroxina, causando aumento da quantidade de tiroxina em circulação. A tiroxina, no sangue, além de ativar o metabolismo das células, age sobre a hipófise, o que inibe a produção de TSH. Com pouco TSH no sangue, a tireoide, pouco estimulada, diminui a produção de tiroxina, recomeçando o ciclo.

Para explorar

Conforme mostrado na figura acima, a deposição de cálcio nos ossos está regulada por retroalimentação. Qual é a importância desse processo? Pesquise o que aconteceria se ele não ocorresse.

Atividades

1. O que são hormônios?
2. É obrigatório adicionar industrialmente iodo ao sal de cozinha. Explique o porquê dessa medida.
3. O teste do pezinho é obrigatório por lei em todo o Brasil. O Sistema Único de Saúde (SUS) instituiu o Programa Nacional de Triagem Neonatal, que cobre a identificação de até quatro doenças (fenilcetonúria, hipotireoidismo congênito, anemia falciforme e fibrose cística). O diagnóstico precoce oferece condições para que um tratamento seja iniciado nas primeiras semanas de vida do bebê e evite sequelas, como a deficiência mental. No caso do hipotireoidismo congênito:
   a) Quais são as consequências se não for tratado precocemente?
   b) Como deve ser o tratamento?
4. Hormônios podem ser sintetizados artificialmente e aplicados no corpo. Se uma pessoa que produz níveis adequados de todos os hormônios tomar uma injeção com grande quantidade de algum hormônio, o que pode ocorrer com ela?
5. Monte um esquema mostrando a retroalimentação que ocorre com a insulina e o glucagon.

PARA LER E REFLETIR

Nível de obesidade no Brasil é estável, mas excesso de peso aumenta

Há três anos, o Brasil mantém o nível de obesidade da população estável. É o que mostra a pesquisa Vigilância de Fatores de Risco e Proteção para Doenças Crônicas por Inquérito Telefônico (Vigitel 2014), [...]. Contudo, a pesquisa constatou que 52,5% dos brasileiros estão com excesso de peso.

Em 2012, a parcela da população obesa era 17,4% em 2012, passou para 17,5% em 2013 e chegou a 17,9% em 2014. Apesar do pequeno acréscimo, pode-se considerar o nível estável. Já o excesso de peso atinge 52,5% dos brasileiros, número que aumentou 23% nos últimos nove anos, quando a taxa era de 43%.

O sobrepeso é uma das principais preocupações do Ministério da Saúde, pois é um fator de risco para doenças crônicas, como as do coração, hipertensão e diabetes, responsáveis por 72% dos óbitos no Brasil.

"O mais importante para o Brasil neste momento é deter o crescimento da obesidade. E nós conseguimos segurar esse aumento. Isso já é um grande ganho para a sociedade brasileira. Em relação ao sobrepeso, não temos o mesmo impacto da obesidade, de estabilização, mas também não temos nenhuma tendência de crescimento disparando", salientou o ministro da Saúde, Arthur Chioro. [...]

A obesidade entre os homens (18,2%) é levemente maior que entre as mulheres (17,6%). Já na população com sobrepeso, os brasileiros são maioria, com 56,5% do total, enquanto as brasileiras representam 49,1%.

São consideradas obesas pessoas com índice de massa corporal igual ou maior que 30 kg/m². Os cidadãos com índice de massa corporal maior ou igual a 25 kg/m² são considerados com sobrepeso. [...]

Rotina mais saudável

Apesar do avanço de fatores de risco, como excesso de peso e colesterol alto, a população brasileira está mais atenta aos hábitos saudáveis, com crescimento do número de pessoas que se exercitam regularmente e daquelas que mantêm uma alimentação adequada, com maior presença de frutas e hortaliças e menos gordura.

Atualmente, 35% da população são consideradas ativas. Isto é, esta parcela executa mais de 150 minutos de atividades físicas semanais no tempo livre (média de 30 minutos por dia). Os homens (42%) são mais assíduos que as mulheres (30%). [...]

Portal Planalto. Disponível em: <www2.planalto.gov.br/noticias/2015/04/nivel-de-obesidade-no-brasil-e-estavel-mas-excesso-de-peso-aumenta>. Acesso em: fev. 2016.

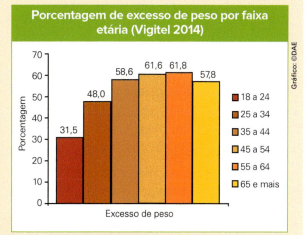

Fonte: Ministério da Saúde. Disponível em: <http://portalsaude.saude.gov.br/images/pdf/2015/abril/15/PPT-Vigitel-2014-.pdf>. Acesso em: fev. 2016.

QUESTÕES — Resolva os exercícios no caderno.

1. Quais são as possíveis consequências do aumento do sobrepeso e da obesidade na população brasileira?

2. O gráfico que acompanha o texto mostra que o índice de sobrepeso aumenta conforme a idade, ou seja, crianças e jovens apresentam menores índices dessa característica. O que isso pode indicar?

3. A má alimentação, ligada a diversos casos de obesidade, geralmente é relacionada ao sistema digestório. Porém, ela pode afetar o funcionamento de outros sistemas humanos? Justifique.

Ação e cidadania

Acessibilidade

Acessibilidade é permitir acesso a um lugar ou conjunto de lugares a todas as pessoas, ou seja, considerar as dificuldades de pessoas que apresentam características diferentes para chegar a lugares e utilizar produtos, serviços etc. Um exemplo simples é disponibilizar livros em braille em uma biblioteca pública, para que pessoas com dificuldade de visão possam utilizar esse local.

Existem diversas condições que exigem adaptações dos locais para torná-los acessíveis. É notório que tornar um local plenamente acessível é trabalhoso e caro, porém, é necessário quando se considera a população de uma cidade. Dificuldade de locomoção e interação com o ambiente são encontradas por pessoas com movimentos ou sentidos prejudicados, e ajudar nesse acesso torna a vida com limitações muito mais fácil.

Nesta atividade, o professor dividirá a sala em grupos. O grupo deverá escolher uma condição que dificulta o acesso a ambientes, descrever suas causas e como ela altera a acessibilidade. Podem ser estudadas condições como surdez, paraplegia, tetraplegia, cegueira, falta de algum membro, poliomielite etc. Cada grupo deve escolher uma condição diferente, e podem ser utilizadas outras além das citadas como exemplos.

Depois, cada grupo deve escolher um local ou trajeto e analisá-lo. Os grupos devem procurar um local que conheçam ou frequentem ou um trajeto que façam constantemente. Pode ser um ambiente da escola, o caminho feito de casa até a escola, uma linha de ônibus, um posto de saúde, hospital, parque etc. Se o grupo for utilizar um ambiente externo à escola, deve lembrar-se de levar um responsável junto. Depois de escolher o trajeto ou local, o grupo deve relacionar a acessibilidade deste com a condição escolhida anteriormente, buscando responder às perguntas: Que adaptações ele precisa ter para ser acessível? Ele já apresenta alguma dessas adaptações? Elaborem um plano para torná-lo acessível, sempre levando em conta a condição escolhida pelo grupo. Se necessário, os grupos devem pesquisar quais são as adaptações necessárias antes de visitar o local.

Depois de fazer o levantamento de todos esses dados, os grupos devem preparar uma apresentação à sala. Além dos dados levantados, os grupos devem responder à seguinte questão: É necessário melhorar a acessibilidade no ambiente visitado?

A forma da apresentação é livre, podendo-se utilizar qualquer recurso disponibilizado pela escola. Os grupos devem ser criativos e tornar a apresentação interessante e clara, bem como citar os benefícios das mudanças sugeridas ou das estruturas que aumentam a acessibilidade já presentes no local visitado.

Deficiente visual na cidade de Socorro (SP), 2015. O piso com marcas no chão, conhecido como piso tátil, é comum em calçadas e estabelecimentos e ajuda pessoas com dificuldade de visão a se locomoverem, pois forma regiões que ajudam a guiar bengalas.

Explorando habilidades e competências

Uma cidade apresenta os seguintes dados:

1. Sessenta por cento das mortes evitáveis ocorrem devido a problemas cardíacos.
2. Índice de fumantes: 52%.
3. Cinco pessoas mortas em decorrência de problemas respiratórios por dia.
4. Filas que chegam a durar uma semana para a realização de hemodiálise nos hospitais públicos.
5. 31% da população com diabetes.
6. Taxa de problemas no desenvolvimento intelectual relacionados à subnutrição: 8%.

Para melhorar esses indicadores, foram propostas as seguintes ações:

Coma melhor: campanha de conscientização da população sobre os tipos de alimento e a importância de uma alimentação adequada para a promoção da saúde. Ela também envolve a venda de frutas e verduras por preços mais baratos para os inscritos no projeto.

Mais hospitais: aumento da rede pública de hospitais e postos de saúde, com a criação de dois centros especializados em hemodiálise.

Respire bem: uma série de medidas que visa melhorar a qualidade do ar, como o barateamento de catalisadores automotivos (que diminuem a poluição dos automóveis), melhorias no transporte público, instalação de ciclovias e de medidores de qualidade do ar.

100% transparente: construção de um portal na internet que atualize constantemente os índices citados, de maneira que a população possa acompanhá-los e cobrar ações para alterá-los.

Mutirão da saúde: em um final de semana, diversos médicos e enfermeiros estarão nas ruas para aferir a pressão arterial e o nível de glicose no sangue da população.

Nascer melhor: projeto que instruirá os pais, antes do nascimento dos filhos e até os 2 anos de idade, sobre a forma mais saudável de cuidar das crianças.

Depois de analisar os dados e as ações, responda:

1. Relacione cada ação com os dados que ela pode alterar.
2. Existe alguma ação que não pode alterar esses dados? Justifique.
3. Um dos índices não foi contemplado pelas ações. Qual é ele? Como ele poderia ser diminuído?
4. Ações que visam à saúde de uma população podem ser classificadas como preventivas, que impedem um problema de se manifestar, e reativas, que combatem os efeitos desse problema. Entre as ações propostas, quais são preventivas e quais são reativas?
5. Elabore uma ação que afete pelo menos dois dos dados citados e que seja diferente das já propostas. Explique como ela funcionará e quais são os efeitos esperados.

1. gorduras e óleos = 1 a 3 porções por dia
2. leite e derivados: 2 a 3 porções
3. carnes e ovos: 1,5 a 4,5 porções
4. leguminosas: 1 a 2 porções
5. cereais e derivados: 4 a 11 porções
6. hortaliças: 3 a 5 porções
7. frutas: 3 a 5 porções

Recomendações de porções diárias de alimentos para um adulto saudável.

Coordenação hormonal   Capítulo 26   283

Para rever e estudar

Questões do Enem

1. (Enem – 2015) Durante uma expedição, um grupo de estudantes perdeu-se de seu guia. Ao longo do dia em que esse grupo estava perdido, sem água e debaixo de sol, os estudantes passaram a sentir cada vez mais sede. Consequentemente, o sistema excretor desses indivíduos teve um acréscimo em um dos seus processos funcionais.

   Nessa situação o sistema excretor dos estudantes

   a) aumentou a filtração glomerular.
   b) produziu maior volume de urina.
   c) produziu urina com menos ureia.
   d) produziu urina com maior concentração de sais.
   e) reduziu a reabsorção de glicose e aminoácidos.

2. (Enem – 2015) Normalmente, as células do organismo humano realizam a respiração aeróbica, na qual o consumo de uma molécula de glicose gera 38 moléculas de ATP. Contudo, em condições anaeróbicas, o consumo de uma molécula de glicose pelas células é capaz de gerar apenas duas moléculas de ATP.

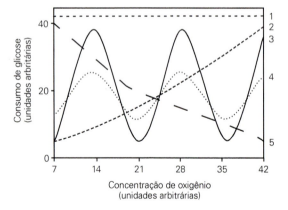

   Qual curva representa o perfil de consumo de glicose, para manutenção da homeostase de uma célula que inicialmente está em uma condição anaeróbica e é submetida a um aumento gradual de concentração de oxigênio?

   a) 1 b) 2 c) 3 d) 4 e) 5

3. (Enem – 2014) Um pesquisador percebe que o rótulo de um dos vidros em que guarda um concentrado de enzimas digestivas está ilegível. Ele não sabe qual enzima o vidro contém, mas desconfia de que seja uma protease gástrica, que age no estômago digerindo proteínas. Sabendo que a digestão no estômago é ácida e no intestino é básica, ele monta cinco tubos de ensaio com alimentos diferentes, adiciona o concentrado de enzimas em soluções com pH determinado e aguarda para ver se a enzima age em algum deles.

   O tubo de ensaio em que a enzima deve agir para indicar que a hipótese do pesquisador está correta é aquele que contém

   a) cubo de batata em solução com pH = 9.
   b) pedaço de carne em solução com pH = 5.
   c) clara de ovo cozida em solução com pH = 9.
   d) porção de macarrão em solução com pH = 5.
   e) bolinha de manteiga em solução com pH = 9.

4. (Enem-PPL – 2013) O sistema somatossensorial nos informa o que ocorre tanto na superfície do corpo como em seu interior, e processa muitas classes de diferentes estímulos, como pressão, temperatura, toque, posição. Em uma experiência, após vendar os olhos do indivíduo, foram feitos toques com as duas pontas de um compasso em diversas partes do corpo e em diferentes distâncias, visando à identificação das regiões e distâncias onde eram sentidos um ou dois toques. Os locais do corpo, a quantidade de toques que foram sentidos e a distância entre as duas pontas do compasso estão apresentados na tabela:

Distância (cm)	6	5	3,5	2,5	1	0,5	<0,5
Locais	**Número de toques**						
costas	2	2	1	1	1	1	1
panturrilha	2	1	1	1	1	1	1
antebraço	2	2	1	1	1	1	1
polegar	2	2	2	2	2	2	2
indicador	2	2	2	2	2	2	2

Fonte: DINIZ, C. W. P. *Desvendando o corpo dos animais*. Belém: UFPA, 2004.

As diferenças observadas entre as várias regiões do corpo refletem que a densidade dos receptores

a) não é a mesma em todos os pontos, existindo regiões com maior capacidade de discriminação e sensibilidade, como o indicador e o polegar.

b) apresenta pequena diferenciação entre os diversos pontos, existindo regiões com menor capacidade de discriminação e sensibilidade, como o indicador e a panturrilha.

c) apresenta pequena diferenciação entre os diversos pontos, diferenciando-se em regiões com maior capacidade de discriminação e sensibilidade, como as costas e o antebraço.

d) não é a mesma em todos os pontos, existindo regiões com maior capacidade de discriminação e sensibilidade, como a panturrilha e as costas.

e) se equivale, existindo pontos que manifestam uma maior sensibilidade e discriminação, como as costas e o antebraço.

5. (Enem – 2009) Analise a figura.

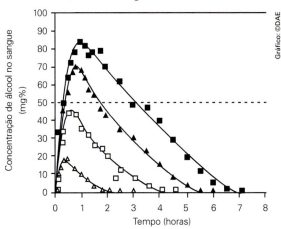

Disponível em: <http//www.alcoolgia.net>. Acesso em: 15 jul.2009.

Supondo que seja necessário dar um título para essa figura, a alternativa que melhor traduziria o processo representado seria:

a) Concentração média de álcool no sangue ao longo do dia.

b) Variação da frequência da ingestão de álcool ao longo das horas.

c) Concentração mínima de álcool no sangue a partir de diferentes dosagens.

d) Estimativa de tempo necessário para metabolizar diferentes quantidades de álcool.

e) Representação gráfica da distribuição de frequência de álcool em determinada hora do dia.

6. (Enem – 2009) Para que todos os órgãos do corpo humano funcionem em boas condições, é necessário que a temperatura do corpo fique sempre entre 36 °C e 37 °C.

Para manter-se dentro dessa faixa, em dias de muito calor ou durante intensos exercícios físicos, uma série de mecanismos fisiológicos é acionada.

Pode-se citar como o principal responsável pela manutenção da temperatura corporal humana o sistema

a) digestório, pois produz enzimas que atuam na quebra de alimentos calóricos.

b) imunológico, pois suas células agem no sangue, diminuindo a condução do calor.

c) nervoso, pois promove a sudorese, que permite perda de calor por meio da evaporação da água.

d) reprodutor, pois secreta hormônios que alteram a temperatura, principalmente durante a menopausa.

e) endócrino, pois fabrica anticorpos que, por sua vez, atuam na variação do diâmetro dos vasos periféricos.

Questões de vestibulares

1. (Fuvest-SP – 2016) Alimentos de origem vegetal e animal fornecem nutrientes utilizados pelo nosso organismo para a obtenção de energia e para a síntese de moléculas.

Após determinada refeição, completadas a digestão e a absorção, o nutriente majoritariamente absorvido foi a glicose.

Considerando as alternativas abaixo, é correto afirmar que essa refeição estava constituída de

a) contrafilé na brasa.

b) camarão na chapa.

c) ovo frito.

Para rever e estudar

d) frango assado.

e) arroz e feijão.

2. (Faculdade Albert Einstein – 2016) No processo de respiração humana, o ar inspirado chega aos alvéolos pulmonares. O oxigênio presente no ar difunde-se para os capilares sanguíneos, combinando-se com

a) a hemoglobina presente nas hemácias, e é transportado para os tecidos, sendo absorvido pelas células e em seguida utilizado na cadeia respiratória, que ocorre no citosol.

b) a hemoglobina presente nas hemácias, e é transportado para os tecidos, sendo absorvido pelas células e em seguida utilizado na cadeia respiratória, que ocorre na mitocôndria.

c) o plasma sanguíneo, e é transportado para os tecidos, sendo absorvido pelas células e em seguida utilizado na glicólise, que ocorre no citosol.

d) o plasma sanguíneo, e é transportado para os tecidos, sendo absorvido pelas células e em seguida utilizado na glicólise, que ocorre na mitocôndria.

3. (Uerj – 2016) Um morador de uma cidade situada no nível do mar decidiu passar um período de férias em uma cidade com altitude de 2 500 m. Antes da viagem, os resultados de seu exame de sangue eram compatíveis com a normalidade em todos os parâmetros medidos. No entanto, logo nos primeiros dias da viagem, sentiu fortes tonturas e dores de cabeça, apesar de não ter entrado em contato com agentes infecciosos ou com substâncias químicas nocivas ao organismo.

As condições ambientais responsáveis pelo surgimento desses sintomas são também responsáveis por estimular o organismo dessa pessoa a produzir um maior número de células denominadas:

a) linfócitos.

b) hemácias.

c) plaquetas.

d) megacariócitos.

4. (Uece – 2015) O quilo, produto da digestão, é composto pelos nutrientes transformados em moléculas muito pequenas, mais as vitaminas e sais minerais. As substâncias que formam o quilo podem ser absorvidas pelo organismo, por meio das vilosidades do intestino delgado. Uma amostra de quilo retirada do intestino de uma mulher que havia almoçado mostrou-se rica em aminoácidos e glicose, portanto é possível inferir acertadamente que essa pessoa alimentou-se de:

a) proteínas e ácidos graxos.

b) lipídios e amido.

c) lipídios e carboidratos.

d) proteínas e carboidratos.

5. (UEPG-PR – 2015) O sistema digestório humano é formado por um longo tubo com regiões especializadas e por glândulas anexas (salivares, pâncreas, fígado). Em relação às características, funções e patologias do sistema digestório humano, assinale o que for correto.

01) No esôfago, os capilares sanguíneos captam os aminoácidos, glicose, água e sais minerais, e os capilares linfáticos recolhem água, ácidos graxos e glicerol.

02) A massa formada pelo alimento mastigado e insalivado é chamada de bolo alimentar.

03) A gastrite é uma inflamação da mucosa gástrica. A inflamação pode ser apenas superficial ou em casos mais graves provocar atrofia da mucosa gástrica.

04) O processo de digestão envolve fenômenos físicos e químicos. Os fenômenos físicos envolvem a trituração do alimento em partículas menores e seu transporte ao longo do tubo digestório. Os processos químicos permitem a transformação dos alimentos em seus constituintes químicos.

05) A transformação química que ocorre no estômago denomina-se quilificação. Nesta etapa, o bolo alimentar se transforma em outra massa, que é denominada quilo, a qual está pronta para ser absorvida.

Siglas de instituições de ensino, Exames e Vestibular

Enem – Exame Nacional do Ensino Médio

Enem PPL – Exame Nacional do Ensino Médio para Pessoas Privadas de Liberdade

FGV-SP – Fundação Getúlio Vargas (São Paulo)

FMP-RJ – Faculdade de Medicina de Petrópolis (Rio de Janeiro)

Fuvest-SP – Fundação Universitária para o Vestibular (São Paulo)

PUC-MG – Pontifícia Universidade Católica de Minas Gerais

PUC-PR – Pontifícia Universidade Católica do Paraná

PUC-RJ – Pontifícia Universidade Católica do Rio de Janeiro

PUC-SP – Pontifícia Universidade Católica de São Paulo

UCS-RS – Universidade de Caxias do Sul (Rio Grande do Sul)

Udesc – Universidade do Estado de Santa Catarina

Uece – Universidade Estadual do Ceará

UEG-GO – Universidade Estadual de Goiás

UEL-PR – Universidade Estadual de Londrina (Paraná)

UEM-PR – Universidade Estadual de Maringá (Paraná)

UEM-PAS (Processo de Avaliação Seriada) – Universidade Estadual de Maringá (Paraná)

Uema – Universidade Estadual do Maranhão

UEMG – Universidade Estadual de Minas Gerais

Uepa – Universidade do Estado do Pará

UEPB – Universidade Estadual da Paraíba

UEPG-PR – Universidade Estadual de Ponta Grossa (Paraná)

Uerj – Universidade do Estado do Rio de Janeiro

Uern – Universidade do Estado do Rio Grande do Norte

Uesc-BA – Universidade Estadual de Santa Cruz (Bahia)

Ufes – Universidade Federal do Espírito Santo

UFG-GO – Universidade Federal de Goiás

UFMA – Universidade Federal do Maranhão

UFMG – Universidade Federal de Minas Gerais

UFPB – Universidade Federal da Paraíba

UFRGS-RS – Universidade Federal do Rio Grande do Sul

UFSC – Universidade Federal de Santa Catarina

UFSM-RS – Universidade Federal de Santa Maria (Rio Grande do Sul)

Unesp-SP – Universidade Estadual Paulista "Júlio de Mesquita Filho" (São Paulo)

Unicamp-SP – Universidade Estadual de Campinas (São Paulo)

Unifesp – Universidade Federal de São Paulo

UPE – Universidade de Pernambuco

UPF-RS – Universidade de Passo Fundo (Rio Grande do Sul)

UPM-SP – Universidade Presbiteriana Mackenzie (São Paulo) [antiga Mack-SP]

Bibliografia

AMORIN, D. S. *Elementos básicos de sistemática filogenética*. 3. ed. Ribeirão Preto: Holos, 2002.

BARNES, R. D.; RUPPERT, E. E. *Zoologia dos invertebrados*. 6. ed. São Paulo: Roca, 1996.

CARVALHO, I. S. *Paleontologia*. Rio de Janeiro: Interciência, 2000.

CURI, R.; PROCÓPIO, J. *Fisiologia básica*. Rio de Janeiro: Guanabara Koogan, 2009.

CURTIS, H. *Biologia geral*. Rio de Janeiro: Guanabara Koogan, 1997.

DARWIN, C. *Origem das espécies*. Belo Horizonte: Vila Rica, 1994.

FUTUYMA, D. J. *Biologia evolutiva*. 3. ed. Ribeirão Preto: Funpec, 2009.

GUYTON, A. C. *Fisiologia humana*. 6. ed. Rio de Janeiro: Guanabara Koogan, 1988.

HERCULANO-HOUZEL, S. *O cérebro nosso de cada dia*: descobertas da neurociência sobre a vida cotidiana. Rio de Janeiro: Vieira e Lent, 2002.

HICKMAN et al. *Princípios integrados de Zoologia*. 11. ed. Rio de Janeiro: Guanabara Koogan, 2004.

JOLY, A. B. *Botânica*: introdução à taxonomia vegetal. São Paulo: Companhia Editora Nacional, 1998.

JUNQUEIRA, L. C. U.; CARNEIRO, J. *Histologia básica*. 10. ed. Rio de Janeiro: Guanabara Koogan, 2004.

LENT, R. *Cem bilhões de neurônios*: conceitos fundamentais de neurociências. São Paulo: Atheneu, 2001.

MAYR, E. *Isto é Biologia*: a ciência do mundo vivo. São Paulo: Companhia das Letras, 2005.

_____. *O desenvolvimento do pensamento biológico*. Brasília: Ed. UnB, 1998.

MEYER, D.; EL-HANI, C. N. *Evolução*: o sentido da biologia. São Paulo: Unesp, 2005.

OPÁRIN, A. *A origem da vida*. 7. ed. São Paulo: Símbolo, 1978.

ORR, R. T. *Biologia dos vertebrados*. 5. ed. São Paulo: Roca, 1996.

POUGH, F. H.; HEISER, J. B.; JANIS, C. M. *A vida dos vertebrados*. São Paulo: Atheneu, 2003.

RAVEN, P. H.; EVERT, R. F.; EICHHORN, S. E. *Biologia vegetal*. 6. ed. Rio de Janeiro: Guanabara Koogan, 2001.

REECE, J. B. et al. *Biologia de Campbell*. 10. ed. Porto Alegre: Artmed, 2015.

REHEN, S.; PAULSEN, B. *Células-tronco*: O que são? Para que servem? Rio de Janeiro: Vieira e Lent, 2005. (Coleção Ciência no Bolso).

SANTOS, B. S. *Um discurso sobre as ciências*. 5. ed. São Paulo: Cortez, 2008.

SCHMIDT-NIELSEN, K. *Fisiologia animal*: adaptação e meio ambiente. 5. ed. São Paulo: Santos, 1999.

SOCIEDADE BRASILEIRA DE ANATOMIA. *Terminologia anatômica*. Barueri: Manole, 2001.

STORER, T. I.; STEBBINS, R. C. *Zoologia geral*. São Paulo: Companhia Editora Nacional, 2000.

TEIXEIRA, W. et al. (Org.). *Decifrando a Terra*. São Paulo: Oficina de Textos, 2000.

TORTORA, G. J.; GRABOWSKI, S. R. *Corpo humano*: fundamentos de anatomia e fisiologia. 6. ed. Porto Alegre: Artmed, 2006.

WILSON, E. O. (Org.). *Biodiversidade*. Rio de Janeiro: Nova Fronteira, 1997.

_____. *Cartas a um jovem cientista*. São Paulo: Companhia das Letras, 2015.

SITES

Academia de Ciência (Instituto Fernand Braudel de Economia Mundial)
Disponível em: <www.academiadeciencia.org.br/site>.
Acesso em: 17 mar. 2016.

Associação Brasileira de Transplante de Órgãos (ABTO)
Disponível em: <www.abto.org.br>.
Acesso em: 17 mar. 2016.

Biblioteca Digital de Ciências (Laboratório de Tecnologia Educacional do
Departamento de Bioquímica, Instituto de Biologia, Universidade Estadual
de Campinas – Unicamp-SP)
Disponível em: <www.bdc.ib.unicamp.br/bdc/index.php>. Acesso em:
17 mar. 2016.

Biblioteca Virtual em Saúde (Ministério da Saúde)
Disponível em: <http://bvsms.saude.gov.br>.
Acesso em: 17 mar. 2016.

Centro de Pesquisa sobre o Genoma Humano e Células-tronco (Instituto
de Biociências da Universidade de São Paulo)
Disponível em: <http://genoma.ib.usp.br>.
Acesso em: 17 mar. 2016.

Dr. Drauzio
Disponível em: <http://drauziovarella.com.br>.
Acesso em: 17 mar. 2016.

DST – Aids e hepatites virais (Secretaria de Vigilância em Saúde do
Ministério da Saúde)
Disponível em: <www.aids.gov.br>.
Acesso em: 17 mar. 2016.

Eco-animateca
Disponível em: <www.ecoanimateca.com.br>.
Acesso em: 17 mar. 2016.

Embrapa (Empresa Brasileira de Pesquisa Agropecuária, Ministério da
Agricultura, Pecuária e Abastecimento)
Disponível em: <www.embrapa.br>.
Acesso em: 17 mar. 2016.

Entendendo a evolução – Evosite (Instituto de Biociências da Universidade
de São Paulo, IB-USP)
Disponível em: <www.ib.usp.br/evosite>.
Acesso em: 17 mar. 2016.

Espaço Interativo de Ciências (Instituto Nacional de Biotecnologia Estrutural
e Química Medicinal em Doenças Infecciosas [INBEQMeDI/CNPq/MCT/MS]
e Centro de Biologia Molecular Estrutural [CBME/Cepid/Fapesp])
Disponível em: <http://cbme.usp.br>.
Acesso em: 17 mar. 2016.

Fapesp (Fundação de Amparo à Pesquisa do Estado de São Paulo)
Disponível em: <http://fapesp.br>.
Acesso em: 17 mar. 2016.

Fiojovem (Fundação Oswaldo Cruz)
Disponível em: <www.fiojovem.fiocruz.br>.
Acesso em: 17 mar. 2016.

Instrumentação para o Ensino de Ciências – IEC (Instituto de Biociências
da Universidade de São Paulo, IB-USP)
Disponível em: <www.ib.usp.br/iec>.
Acesso em: 17 mar. 2016.

Instituto Ciência Hoje
Disponível em: <http://cienciahoje.uol.com.br>.
Acesso em: 17 mar. 2016.

Ministério do Meio Ambiente
Disponível em: <www.mma.gov.br>.
Acesso em: 17 mar. 2016.

Museu do Índio (Fundação Nacional do Índio)
Disponível em: <www.museudoindio.gov.br>.
Acesso em: 17 mar. 2016.

Museu Escola (Instituto de Biociências da Universidade Estadual Paulista
"Júlio de Mesquita Filho", IB-UNESP)
Disponível em: <www.museuescola.ibb.unesp.br/index.php>.
Acesso em: 17 mar. 2016.

Museu Goeldi (Museu Paraense Emílio Goeldi)
Disponível em: <www.museu-goeldi.br/portal>.
Acesso em: 17 mar. 2016.

Portal da Casa das Ciências: recursos digitais para professores
Disponível em: <www.casadasciencias.org/cc>.
Acesso em: 17 mar. 2016.

Portal da Fiocruz (Fundação Oswaldo Cruz)
Disponível em: <http://portal.fiocruz.br/pt-br>.
Acesso em: 17 mar. 2016.

Portal da Saúde (Ministério da Saúde)
Disponível em: <http://portalsaude.saude.gov.br>.
Acesso em: 17 mar. 2016.

Portal da Sociedade Brasileira de Dermatologia
Disponível em: <www.sbd.org.br>.
Acesso em: 17 mar. 2016.

Portal do Instituto Brasileiro de Museus – Ibram (Guia dos Museus
Brasileiros)
Disponível em: <www.museus.gov.br/guia-dos-museus-brasileiros>.
Acesso em: 17 mar. 2016.

Projeto Tamar
Disponível em: <http://tamar.org.br>.
Acesso em: 17 mar. 2016.

Revista Ciência e Cultura (Sociedade Brasileira para o Progresso da Ciên-
cia –SBPC)
Disponível em: <www.sbpcnet.org.br/site/publicacoes/ciencia-e-cultura.php>.
Acesso em: 17 mar. 2016.

Revista Ciência Hoje (Instituto Ciência Hoje)
Disponível em: <http://cienciahoje.uol.com.br/revista-ch>.
Acesso em: 17 mar. 2016.

Revista Pesquisa Fapesp (Fundação de Amparo à Pesquisa do Estado
de São Paulo)
Disponível em: <http://revistapesquisa.fapesp.br>.
Acesso em: 17 mar. 2016.

SciELO – Scientific Electronic Library Online (FAPESP, CNPq, BIREME/
OPAS/OMS, FapUnifesp)
Disponível em: <www.scielo.org/php/index.php>.
Acesso em: 17 mar. 2016.

Sociedade Brasileira de Diabetes
Disponível em: <www.diabetes.org.br>.
Acesso em: 17 mar. 2016.

Sociedade Brasileira de Imunizações (SBIM)
Disponível em: <www.sbim.org.br>.
Acesso em: 17 mar. 2016.

Sociedade Brasileira para o Progresso da Ciência (SBPC)
Disponível em: <www.sbpcnet.org.br/site>.
Acesso em: 17 mar. 2016.

UFRGS Ciência – Secretaria de Comunicação Social da Universidade Federal
do Rio Grande do Sul – Secom/UFRGS
Disponível em: <www.ufrgs.br/secom/ciencia>.
Acesso em: 17 mar. 2016.